AS AGÊNCIAS REGULADORAS FEDERAIS DE SERVIÇOS PÚBLICOS E O CONTROLE DO TRIBUNAL DE CONTAS DA UNIÃO

LUCIANA LUSO DE CARVALHO

Prefácio
Carlos Ari Sundfeld

Apresentação
Rafael Maffini

AS AGÊNCIAS REGULADORAS FEDERAIS DE SERVIÇOS PÚBLICOS E O CONTROLE DO TRIBUNAL DE CONTAS DA UNIÃO

Belo Horizonte

2022

© 2022 Editora Fórum Ltda.

É proibida a reprodução total ou parcial desta obra, por qualquer meio eletrônico, inclusive por processos xerográficos, sem autorização expressa do Editor.

Conselho Editorial

Adilson Abreu Dallari	Floriano de Azevedo Marques Neto
Alécia Paolucci Nogueira Bicalho	Gustavo Justino de Oliveira
Alexandre Coutinho Pagliarini	Inês Virgínia Prado Soares
André Ramos Tavares	Jorge Ulisses Jacoby Fernandes
Carlos Ayres Britto	Juarez Freitas
Carlos Mário da Silva Velloso	Luciano Ferraz
Cármen Lúcia Antunes Rocha	Lúcio Delfino
Cesar Augusto Guimarães Pereira	Marcia Carla Pereira Ribeiro
Clovis Beznos	Márcio Cammarosano
Cristiana Fortini	Marcos Ehrhardt Jr.
Dinorá Adelaide Musetti Grotti	Maria Sylvia Zanella Di Pietro
Diogo de Figueiredo Moreira Neto (*in memoriam*)	Ney José de Freitas
Egon Bockmann Moreira	Oswaldo Othon de Pontes Saraiva Filho
Emerson Gabardo	Paulo Modesto
Fabrício Motta	Romeu Felipe Bacellar Filho
Fernando Rossi	Sérgio Guerra
Flávio Henrique Unes Pereira	Walber de Moura Agra

Luís Cláudio Rodrigues Ferreira
Presidente e Editor

Coordenação editorial: Leonardo Eustáquio Siqueira Araújo
Aline Sobreira de Oliveira

Rua Paulo Ribeiro Bastos, 211 – Jardim Atlântico – CEP 31710-430
Belo Horizonte – Minas Gerais – Tel.: (31) 2121.4900
www.editoraforum.com.br – editoraforum@editoraforum.com.br

Técnica. Empenho. Zelo. Esses foram alguns dos cuidados aplicados na edição desta obra. No entanto, podem ocorrer erros de impressão, digitação ou mesmo restar alguma dúvida conceitual. Caso se constate algo assim, solicitamos a gentileza de nos comunicar através do *e-mail* editorial@editoraforum.com.br para que possamos esclarecer, no que couber. A sua contribuição é muito importante para mantermos a excelência editorial. A Editora Fórum agradece a sua contribuição.

Dados Internacionais de Catalogação na Publicação (CIP) de acordo com ISBD

C331a

Carvalho, Luciana Luso de

As agências reguladoras federais de serviços públicos e o controle do Tribunal de Contas da União / Luciana Luso de Carvalho. - Belo Horizonte : Fórum, 2022.
314 p. ; 14,5cm x 21,5cm.

Inclui bibliografia.
ISBN: 978-65-5518-352-8

1. Direito Administrativo. 2. Direito da Regulação. 3. Direito Econômico. 4. Direito da Infraestrutura. 5. Tribunais de Contas. I. Título.

CDD 341.3
2022-808 CDU 342.9

Elaborado por Odilio Hilario Moreira Junior - CRB-8/9949

Informação bibliográfica deste livro, conforme a NBR 6023:2018 da Associação Brasileira de Normas Técnicas (ABNT):

CARVALHO, Luciana Luso de. *As agências reguladoras federais de serviços públicos e o controle do Tribunal de Contas da União*. Belo Horizonte: Fórum, 2022. 314 p. ISBN 978-65-5518-352-8.

Ao Álvaro, pelo constante incentivo, carinho e compreensão nessa jornada de pesquisa e estudo.

AGRADECIMENTOS

Este livro é fruto do mestrado realizado na Faculdade de Direito da Universidade Federal do Rio Grande do Sul, onde fiz minha graduação e à qual retornei para retomar os estudos formais após já ter percorrido uma boa estrada no Direito. Era o momento pessoal de enfrentar novos desafios e aprofundar o conhecimento, sobretudo em Direito Administrativo e Regulação, que são áreas de minha atuação profissional.

E, nessa jornada, além do ambiente já conhecido da Faculdade de Direito, tive gratos momentos com colegas cooperativos e excelentes professores. Em especial, agradeço aos Professores José Guilherme Giacomuzzi, Bruno Miragem e César Santolim pelas valiosas contribuições recebidas em minha qualificação, bem como aos Professores Carlos Ari Sundfeld, Juliana Bonacorsi de Palma e Carlos Eduardo Dieder Reverbel, que integraram a banca examinadora e contribuíram para o aperfeiçoamento da dissertação.

Ao meu orientador Professor Rafael Maffini dirijo um agradecimento especial pela disponibilidade e orientações precisas na pesquisa acadêmica, que certamente fazem parte deste livro.

Agradeço com muito carinho àqueles que encorajaram a minha decisão de ingressar no mestrado e acompanharam com interesse todo o período desse desafio, especialmente ao Álvaro Saldanha de Souza, pelo companheirismo, às amigas Carmen Busatto e Mafalda Serveira, ao amigo Nilton Telichevesky, bem como à Eliane Scricco e à Carolina Gallois, que igualmente estiveram junto comigo nessa caminhada, que também foi de grande crescimento pessoal.

Finalmente, meu agradecimento aos colegas da Diretoria de Assuntos Jurídicos da AGERGS pelo convívio e constante aprendizado na vivência da regulação dos serviços públicos delegados no Estado do Rio Grande do Sul.

LISTA DE ABREVIATURAS E SIGLAS

ADI Ação Direta de Inconstitucionalidade

AGERGS Agência Estadual de Regulação dos Serviços Públicos Delegados do Rio Grande do Sul

AIR Análise de Impacto Regulatório

ANA Agência Nacional de Águas e Saneamento Básico

ANAC Agência Nacional de Aviação Civil

ANATEL Agência Nacional de Telecomunicações

ANCINE Agência Nacional de Cinema

ANEEL Agência Nacional de Energia Elétrica

ANM Agência Nacional de Mineração

ANP Agência Nacional do Petróleo, Gás Natural e Biocombustíveis

ANTAQ Agência Nacional de Transportes Aquaviários

ANTT Agência Nacional de Transportes Terrestres

ANVISA Agência Nacional de Vigilância Sanitária

BNDES Banco Nacional de Desenvolvimento Econômico e Social

CADE Conselho Administrativo de Defesa Econômica

CAP Conselho de Autoridade Portuária

CCEE Câmara de Comercialização de Energia Elétrica

CEEE-D Companhia Estadual de Energia Elétrica – Distribuição

CELPE Companhia Energética de Pernambuco

CEMIG Companhia Energética de Minas Gerais

CND Conselho Nacional de Desestatização

CEPISA Companhia Energética do Piauí

CODEBA Companhia das Docas do Estado da Bahia

COELCE Companhia Energética do Ceará

CRT Concessionária Rio-Teresópolis S.A.

CSN Companhia Siderúrgica Nacional

DNER Departamento Nacional de Estradas de Rodagem

EC Emenda Constitucional

ELETROBRAS	Centrais Elétricas Brasileiras S.A.
ELETROPAULO	Eletropaulo Metropolitana Eletricidade de São Paulo S.A.
EPE	Empresa de Pesquisa Energética
ESCELSA	Espírito Santo Centrais Elétricas S.A.
FND	Fundo Nacional de Desestatização
IBAMA	Instituto Brasileiro do Meio Ambiente e dos Recursos Naturais
IN	Instrução Normativa
INTOSAI	*International Organization of Supreme Audit Institutions*
ISSAI	*International Standards of Supreme Audit Institutions*
IPEA	Instituto de Pesquisas Econômicas Aplicadas
LIGHT	Light Serviços de Eletricidade S.A.
MAE	Mercado Atacadista de Energia
NAT	Normas de Auditoria do TCU
OCDE	Organização para a Cooperação e Desenvolvimento Econômico
ONS	Operador Nacional do Sistema Elétrico
PAC	Programa de Aceleração do Crescimento
PER	Programa de Exploração Rodoviária
PND	Programa Nacional de Desestatização
RAP	Receita Anual Permitida
RFFSA	Rede Ferroviária Federal S.A.
SECEX	Secretaria de Controle Externo/TCU
SECOB	Secretaria de Fiscalização de Obras e Patrimônio da União/TCU
SEFIP	Secretaria de Fiscalização de Pessoal/TCU
SEINFRACOM	Secretaria de Infraestrutura Hídrica, de Comunicações e de Mineração/TCU
SEGECEX	Secretaria-Geral de Controle Externo/TCU
SEP	Secretaria Especial de Portos/Presidência da República
SERUR	Secretaria de Recursos/TCU
SMP	Serviço Móvel Pessoal
STF	Supremo Tribunal Federal
STJ	Superior Tribunal de Justiça
TAC	Termo de Ajustamento de Conduta
TCE	Tribunal de Contas do Estado
TIR	Taxa Interna de Retorno

SUMÁRIO

PREFÁCIO
Carlos Ari Sundfeld 13

APRESENTAÇÃO
Rafael Maffini 17

INTRODUÇÃO 19

CAPÍTULO 1
AS AGÊNCIAS REGULADORAS E A LEI Nº 13.848/2019 25
1.1 A ordem econômica nas constituições republicanas 25
1.2 A implementação do Estado Regulador pela Constituição Federal
de 1988 32
1.3 A função reguladora 36
1.3.1 Regulação e poder de polícia: distinções necessárias 41
1.4 A autonomia qualificada das agências 45
1.5 As competências regulatórias e a discricionariedade 57
1.6 A competência normativa 67
1.6.1 A teoria da deslegalização 73
1.6.2 A competência regulamentar 75
1.7 O processo regulatório 78
1.7.1 Audiências e consultas públicas 82
1.7.2 Análise de Impacto Regulatório 86
1.8 A governança regulatória 91

CAPÍTULO 2
O CONTROLE EXTERNO PELO TRIBUNAL DE CONTAS
DA UNIÃO 101
2.1 A função de controle externo 101
2.2 O Tribunal de Contas da União nas Constituições Federais 106
2.3 A natureza jurídica do Tribunal de Contas da União 115

2.4	Parâmetros de controle	118
2.5	Competências do Tribunal de Contas da União na Constituição Federal	131
2.5.1	Competência para apreciar as contas do Presidente da República	136
2.5.2	Competência para o julgamento de contas de administradores	139
2.5.3	Competência sancionadora	144
2.5.4	Competência fiscalizadora	148
2.5.4.1	Considerações gerais	148
2.5.4.2	A auditoria operacional	153
2.5.5	Competência para determinar providências e sustar atos administrativos	158
2.5.6	Competências normativa e para responder à consulta	169
2.5.7	Competência para a prestação de informações ao Poder Legislativo	173
2.5.8	Competências para representar ao poder competente e para examinar denúncia	174
2.6	Natureza jurídica das decisões dos Tribunais de Contas	177

CAPÍTULO 3

O CONTROLE DAS AGÊNCIAS REGULADORAS FEDERAIS DE SERVIÇOS PÚBLICOS PELO TRIBUNAL DE CONTAS DA UNIÃO 185

3.1	O Programa Nacional de Desestatização e a atuação do TCU no período de 1990 a 1996	187
3.2	O controle das agências reguladoras pelo TCU no período de 1997 a 2006	197
3.2.1	O controle da regulação da energia elétrica	202
3.2.2	O controle da regulação das telecomunicações	214
3.2.3	O controle dos transportes e das respectivas infraestruturas	220
3.3	O controle das agências reguladoras pelo TCU no período de 2007 a 2021	229
3.3.1	O controle da regulação da energia elétrica	232
3.3.2	O controle da regulação das telecomunicações	250
3.3.3	O controle dos transportes e das respectivas infraestruturas	265

CONSIDERAÇÕES FINAIS 297

REFERÊNCIAS 305

PREFÁCIO

Atualmente, quem se dedicar ao Direito Público brasileiro logo irá se deparar com diversos debates envolvendo o Tribunal de Contas da União. Desde o início dos anos 2000 tem havido gradativo agigantamento dessa instituição, com decisões de impacto direto nas agendas jurídica e político-partidária.

Notando esse protagonismo, a academia tem, aos poucos, despertado para a importância de acompanhar de perto a atuação do órgão. Junto com outros colegas, tenho me voltado à pesquisa a esse respeito há alguns anos, inclusive no Observatório do TCU, projeto do Grupo Público da FGV Direito SP e da Sociedade Brasileira de Direito Público – SBDP (v., p.ex., Carlos Ari Sundfeld e André Rosilho (org.). *Tribunal de Contas da União no Direito e na Realidade*. São Paulo: Almedina, 2020).

A constatação geral é que o TCU, muitas vezes indo além de suas competências constitucionais e legais, vem impactando a dinâmica de funcionamento do Estado nos mais diversos campos.

Agências reguladoras têm o importante papel de propiciar que as políticas públicas direcionadas a setores econômicos específicos, alguns dos quais definidos como *serviços públicos*, sejam modeladas com consistência ao longo do tempo e, em seguida, aplicadas com isenção e transparência, a partir de premissas técnicas, compatíveis com os interesses estatais, do mercado e dos usuários, promovendo equilíbrio setorial.

As agências – que, nos anos 1990, na sequência da chamada *reforma do estado*, tinham gerado uma avalanche de pesquisas – nos anos mais recentes parecem ter ficado meio de lado nas preocupações da comunidade acadêmica. Passados cerca de 25 anos do surgimento das agências, a poeira da empolgação inicial baixou bastante. É uma pena. O papel delas se mantém relevante, sua fragilização é um risco para o país e, por isso, elas merecem a constante atenção dos pesquisadores do Direito.

O TCU, como controlador federal de contas, tem, claro, competência quanto à atuação das agências reguladoras, que são entidades administrativas. Mas, segundo o Direito, essa competência teria de ser exercida exclusivamente no ambiente da jurisdição de contas. Controlador de contas não é revisor geral da Administração Pública, nem é controlador da regulação. Regulação e controle de contas são mundos juridicamente distintos: não se encontram, não se misturam, não têm razão para se chocar.

Só que, na prática, o TCU vem desafiando a distinção jurídica entre os mundos do controle de contas e da regulação e, em casos de grande relevância, acaba por atuar como autoridade superior da regulação, dando inclusive a palavra final. É um movimento que também tenho procurado entender em minhas pesquisas – e que frequentemente critico, por considerá-lo juridicamente equivocado, além de muito perigoso para o equilíbrio da regulação. Infelizmente, inovações legislativas recentes em matéria regulatória não foram capazes de corrigir essas distorções (v. Carlos Ari Sundfeld e Gustavo Leonardo Maia Pereira, "Lei Geral das Agências: os avanços na governança regulatória e o que ficou por fazer", em *A Revolução Regulatória na Nova Lei das Agências*. César Mattos (org.). São Paulo: Editora Singular, 2021).

Cabe, portanto, à academia persistir na compreensão do fenômeno, para iluminar o debate público. É a isso que o presente trabalho se dedica.

Com seriedade e rigor acadêmico, Luciana Luso de Carvalho, além de apresentar os elementos relevantes sobre o TCU e as agências reguladoras – auxiliando quem não possui proximidade com os temas a entrar no debate –, faz, com base nas decisões concretas do órgão de contas, uma competente reconstrução sobre o histórico das relações entre controle de contas e regulação a partir de 1997, nos diversos setores.

É um amplo levantamento, que impressiona. Por isso, este trabalho será uma referência importante para a rediscussão do tema. A autora constata, com base fática consistente, que, no geral, o TCU tem se valido "de determinações com nítido conteúdo regulatório sem o apontamento de qualquer descumprimento legal pela agência, contrariando precedentes do próprio Tribunal". Ademais, identifica ser "significativamente menor" o grupo de decisões em que o TCU "apresentou deferência às competências regulatórias discricionárias".

Seu alerta é que "a atuação do TCU repercute no ambiente de segurança jurídica e estabilidade setorial", podendo inclusive "tornar ineficaz o devido processo regulatório", por conta da "substituição indevida do entendimento do regulador pela posição do Tribunal".

São alertas bastante importantes, que devem ser levados em conta na *nova reforma do estado* que nosso país terá de enfrentar. O controle de contas acabou por se incluir entre os fatores que atrapalham o desenvolvimento da regulação no Brasil. Será preciso corrigir isso.

Carlos Ari Sundfeld
Professor Titular da FGV Direito SP

APRESENTAÇÃO

Não é exagero afirmar que o Direito Administrativo surgiu e se desenvolveu (e continuará a se desenvolver) para viabilizar o controle da Administração Pública. Por isso, aliás, é que quando trato, com meus alunos, já nos capítulos derradeiros de nossas disciplinas, do tema "Controle da Administração Pública", costumo dizer, num tom quase jocoso, que é o momento de uma revisão de toda a matéria.

Em tempos mais recentes, o tema vem ganhando complexidade, a qual penso decorrer do que considero a conjugação de efeitos colaterais de duas importantes conquistas do Direito Administrativo, típicas do período pós-Constituição de 1988.

A primeira grande conquista foi a superação da noção de estrita legalidade como o único parâmetro de higidez das condutas administrativas. Em razão de tal evolução, a validade da ação estatal administrativa dependerá do respeito à Lei e ao Direito, no que vem sendo denominado "juridicidade administrativa". Isso certamente amplia a controlabilidade que recai sobre a Administração Pública, eliminando ou, ao menos, minimizando os círculos de imunidade do Poder, luta esta que já de há muito foi proposta por Eduardo García de Enterría. O inevitável efeito colateral de tal importante conquista consiste numa inevitável fluidez das normas sobre as quais o controle deve incidir. Tal cenário, estreme de dúvidas, ocasiona grande insegurança jurídica.

A segunda grande conquista, a qual é diretamente emergente da Constituição de 1988, foi o grande prestígio endereçado, em termos formais, materiais e orçamentários, aos órgãos de controle. O efeito colateral de tal conquista consiste no fato de que os órgãos de controle se legitimam justamente pelo controle que realizam e isso, por evidente, faz com que os órgãos de controle frequentemente acabem por controlar mais do que devem.

Ou seja, o atual estágio do Direito Administrativo parece recomendar que surjam critérios racionais de "controle do controle sobre a Administração Pública", não para reduzi-lo ou menoscabá-lo, mas para aprimorá-lo. Necessita-se, pois, de um controle melhor, ainda que isso signifique reduzir suas dimensões.

Justamente por isso é que se deve comemorar o surgimento de trabalhos como o que aqui se apresenta, qual seja, o livro "As agências reguladoras federais de serviços públicos e o controle do Tribunal de Contas da União", escrito por Luciana Luso de Carvalho. Trata-se uma versão de dissertação de mestrado defendida – e aprovada com grau A – perante o PPGD da UFRGS, em banca composta pelos professores Carlos Ari Sundfeld, Juliana Bonacorsi de Palma e Carlos Eduardo Dieder Reverbel. Tive a honra de orientar tal trabalho acadêmico e posso testemunhar o comprometimento e a seriedade da pesquisadora, que, como não poderia deixar de ser, redundaram num trabalho extremamente importante e cujas qualidades e utilidade certamente deixarão marcas para os que vierem a pesquisar os temas tratados.

Aliás, o trabalho traz consigo interessantes abordagens sobre vários assuntos (*v.g.* ordem econômica na Constituição, competência para legislar sobre Direito Administrativo, função reguladora, serviços públicos, deferência), todos adequadamente articulados para embasar a abordagem sobre os limites do controle das agências reguladoras federais que regulam serviços públicos pelo TCU. Realizou-se uma interessante abordagem histórica de várias decisões em que o TCU controlou as agências reguladoras.

Mostrou-se, segundo percebi de tal pesquisa, que há uma indevida intromissão do TCU em matéria regulatória, numa verdadeira patologia do sistema. Confirmou-se, no trabalho, que não há competência constitucional que legitime a atuação do TCU no tocante a aspectos tipicamente regulatórios, os quais pertencem à alçada de competências das agências reguladoras. E o que é pior, mostrou-se que a argumentação utilizada pelo TCU para justificar tais formas indevidas de controle ocorre "à la carte", sem qualquer racionalidade ou sistematização. Nos debates havidos quando da defesa da dissertação, numa referência por Carlos Ari Sundfeld, feita com sua costumeira precisão, contatou-se que o Tribunal de Contas e, em geral, todos os órgãos de controle, só invocam o conceito de deferência quando concordam com as condutas controladas. Isso, evidentemente, não é deferência.

Por todas estas razões é que muito me orgulha ter orientado a dissertação de mestrado que agora se transforma neste brilhante livro, o qual certamente passa a figurar nas leituras obrigatórias sobre o tema.

Porto Alegre, fevereiro de 2022.

Rafael Maffini
Professor de Direito Administrativo da UFRGS,
Mestre e Doutor em Direito, Advogado.

INTRODUÇÃO

A Lei nº 13.848, de 25 de julho de 2019, constitui diploma há muito tempo aguardado no ambiente regulatório em face da importância de estabelecer um regime jurídico geral para as agências reguladoras federais com instrumentos para o fortalecimento institucional dessas entidades, a previsibilidade de sua atuação normativa, a qualificação da prestação de contas, bem como para a ampliação da participação e do controle social.

Há que lembrar também que o fortalecimento da autonomia das agências reguladoras e do perfil técnico de sua atuação visa a mitigar a ingerência política nos setores regulados, de modo a promover um ambiente negocial de maior segurança jurídica, estabilidade setorial e atratividade para investimentos, além da qualificação dos serviços públicos, tendo em vista que as agências atuam em setores econômicos estratégicos para a economia e de grande relevância social.

E, para isso, a autonomia qualificada das agências, caracterizada em especial pela investidura a termo de seus diretores, constitui aspecto central do regime jurídico regulatório para promover a independência técnica no desempenho das múltiplas atividades que integram a regulação, visando à consecução das finalidades dessas entidades.

A regulação é desempenhada pelas agências federais no âmbito da administração policêntrica,[1] em que há intensa interlocução com diversos centros de poder e, no que tange ao controle, essa interface dá-se com diversos órgãos: Congresso Nacional e suas Casas,

---

[1] BINENBOJM, Gustavo. *Uma teoria do Direito Administrativo*: direitos fundamentais, democracia e constitucionalização. 3. ed. rev. e atual. Rio de Janeiro: Renovar, 2014, p. 259.

Poder Judiciário, Ministério Público, Tribunal de Contas da União e Controladoria-Geral da União.

Todas essas instituições interagem diretamente com as agências reguladoras, em intensidade variável, de ofício ou por provocação, à exceção do Poder Judiciário, cuja atuação é orientada pelo princípio dispositivo. Há, portanto, intenso controle institucional dos serviços públicos e das demais atividades reguladas, bem como das agências, sem falar no controle social, que cresce com a ampliação das fontes de informação.

A pesquisa que originou esta obra insere-se nesse ambiente de interlocução entre agência e controlador, mais propriamente entre as agências reguladoras federais de serviços públicos e o Tribunal de Contas da União (TCU), instituições que têm graus de maturidade bastante distintos, mas apresentam em comum o exercício da função controladora, ainda que esta não seja a única e tampouco a principal atividade das agências.

Com efeito, o TCU é órgão centenário, plenamente consolidado, cujas principais atribuições têm matriz constitucional, o que é decisivo para a estabilidade da instituição. Tais atribuições foram muito ampliadas na Constituição Federal de 1988, que também estabeleceu novos parâmetros de controle, bem como a auditoria operacional como novo instrumento de atuação do Tribunal.

As agências reguladoras, por seu turno, são autarquias especiais inspiradas na experiência norte-americana, disciplinadas por lei ordinária, com maior grau de autonomia do que as autarquias comuns. Essas entidades resultaram da redução da atuação do Estado na economia, que passou a ser indireta, fundada no princípio da subsidiariedade de que trata o art. 173, *caput*, da Constituição Federal. São instituições jovens, criadas a partir do final da década de 90.

Diga-se, a propósito, que o próprio termo "regulação" não é muitas vezes bem compreendido, constando frequentemente em diplomas legais como sinônimo de normatização ou regulamentação setorial, a exemplo da Lei nº 11.445/2007, que implantou o denominado marco regulatório do saneamento básico, redução semântica que foi reproduzida na Lei nº 14.026/2020, que estabeleceu importantes alterações à Lei nº 11.445/2007.

Contudo, adota-se aqui, em conformidade com a doutrina especializada, o conceito amplo de regulação, que, no âmbito das agências, abrange uma série de atribuições, como a normatização setorial, a fiscalização, a aplicação de sanções, a atuação para o equilíbrio econômico-financeiro dos serviços, a mediação e a decisão de conflitos, bem como as delegações de serviços públicos.[2] Essas atribuições são intensamente escrutinadas pelo Tribunal de Contas da União como se verá em capítulo próprio, tendo em vista que as agências são responsáveis ou atuam em conjunto com outras instituições públicas nos projetos de desestatização, de grande vulto econômico-financeiro e complexidade técnica, além de acompanharem a execução de contratos de concessão, que são de longa duração.

Observe-se também que a Lei nº 13.848/2019 dispõe expressamente sobre o controle externo das agências reguladoras pelo TCU, estabelecendo que as agências remeterão ao Tribunal o plano de gestão, o relatório anual de atividades e o relatório de ouvidoria, relacionados todos às atividades finalísticas das agências.

Assim, a pesquisa teve como foco examinar o alcance do controle do TCU e seus limites sobre a atividade finalística das seguintes agências reguladoras federais de serviços públicos: Agência Nacional de Energia Elétrica (ANEEL), Agência Nacional de Telecomunicações (ANATEL), Agência Nacional de Transportes Terrestres (ANTT), Agência Nacional de Transportes Aquaviários (ANTAQ) e Agência Nacional de Aviação Civil (ANAC).

Para a realização desse objetivo, foi realizada a segregação entre agências reguladoras de serviços públicos e agências reguladoras de atividades econômicas *stricto sensu* de interesse coletivo, optando-se pelo primeiro grupo de agências, que tem a nota comum da regulação de serviços públicos delegados. Assim, não foram examinadas as atividades da Agência Nacional do Petróleo, Gás Natural e Biocombustíveis (ANP), Agência Nacional de Vigilância Sanitária (ANVISA), Agência Nacional de Saúde Suplementar (ANS), Agência Nacional de Cinema (ANCINE) e Agência Nacional de Mineração (ANM).

---

[2] MARQUES NETO, Floriano de Azevedo. *Agências reguladoras independentes:* fundamentos e seu regime jurídico. Belo Horizonte: Fórum, 2005, p. 37-38. Nessa linha, cabe referir também o pensamento de Pedro Henrique Poli de Figueiredo para a regulação de serviços públicos, que dá a exata noção da abrangência de atribuições das agências, incluindo o controle: "[...] atividade administrativa desempenhada por pessoa jurídica de direito público consistente no disciplinamento, na regulamentação, na fiscalização e no controle do serviço prestado por outro ente da Administração Pública ou por concessionário, permissionário ou autorizatário do serviço público, à luz de poderes que lhe tenham sido por lei atribuídos para a busca da adequação daquele serviço, do respeito às regras fixadoras da política tarifária, da harmonização, do equilíbrio e da composição dos interesses de todos os envolvidos na prestação do serviço, bem como da aplicação de penalidades pela inobservância das regras condutoras da sua execução". *In:* FIGUEIREDO, Pedro Henrique Poli de. *A regulação do serviço público concedido.* Porto Alegre: Síntese, 1999, p. 40.

Registre-se, ainda, que a Agência Nacional de Águas e Saneamento Básico (ANA), que originalmente regulava somente o uso de recursos hídricos, atua agora nos serviços de saneamento, passando a constituir também agência reguladora de serviços públicos. No entanto, os atos dessa Agência e sua interface com o TCU não serão aqui analisados, uma vez que a relevante ampliação de suas atribuições iniciais deu-se com a edição recente da Lei nº 14.026, de 15 de julho de 2020, razão pela qual até 2021 ainda não havia jurisprudência do Tribunal sobre as novas atribuições da ANA.

Além disso, não constituiu objeto da pesquisa o controle das atividades-meio das agências, relacionadas a sua gestão, sobre a qual não existem grandes controvérsias, bem como a análise do Direito comparado, quer em relação às agências reguladoras, quer em relação ao Tribunal de Contas da União.

O objeto da pesquisa foi, isto sim, investigar o seguinte problema: o controle da atividade finalística das agências reguladoras federais de serviços públicos pelo TCU implica exercício de atribuições regulatórias, com deliberações substitutivas das competências legalmente estabelecidas para essas entidades?

Em face desse problema, três hipóteses podem ser vislumbradas. Na primeira, pode-se chegar à constatação de que as deliberações emitidas pelo Tribunal de Contas da União não desbordam de suas competências constitucionais.

Na segunda hipótese aventada, haveria a constatação de que as deliberações do TCU – determinações e recomendações – avançam sobre as atribuições legais das agências reguladoras, substituindo-as indevidamente, com o exercício da regulação setorial pelo Tribunal.

A terceira hipótese constitui posição intermediária entre as duas anteriores, em que se estaria frente à jurisprudência oscilante do Tribunal de Contas da União, que ora atua com deferência às atribuições regulatórias, ora as exerce mediante medidas substitutivas das funções das agências reguladoras. E, para a verificação da eventual oscilação, considerar-se-á a existência (ou não) de expressivo número de acórdãos nos dois sentidos, de maneira razoavelmente equilibrada.

Para isso, a obra analisa a atuação do Tribunal de Contas da União em face dos atos finalísticos das agências reguladoras, em especial diante dos atos discricionários que traduzem escolhas técnicas adotadas nas diversas atividades exercidas pelas agências.

O Capítulo 1 trata das agências reguladoras, com o exame do contexto histórico de sua instituição no país, na esteira da redefinição da atuação estatal no domínio econômico realizada pela Constituição Federal de 1988, bem como o estudo da função reguladora, seu regime jurídico, competências das agências, processo decisório e governança regulatória, em conformidade com a Lei nº 13.848/2019.

O Capítulo 2, referente ao Tribunal de Contas da União, apresenta a perspectiva histórica do Tribunal: sua instituição e suas atribuições nas constituições federais, de modo a formar o panorama da evolução e do fortalecimento desse órgão. Além disso, são examinadas a função de controle, a natureza jurídica do TCU e de suas decisões, suas principais atribuições, bem como os parâmetros de controle adotados pelo Tribunal.

Estudadas as premissas que concentram a base teórica do estudo, segue-se para o Capítulo 3, em que é examinada a jurisprudência do Tribunal de Contas da União de 1997 a 2021, bem como alguns atos normativos diretamente relacionados ao controle das agências reguladoras.

Houve, assim, a conjugação dos métodos monográfico e de estudo de casos da jurisprudência do Tribunal de Contas da União em relação às agências reguladoras, com ampla pesquisa bibliográfica, além da pesquisa normativa, documental e dos julgados do TCU.

Para essa finalidade, foram examinados especificamente 202 acórdãos no período de 1990 a setembro de 2021, extraídos da pesquisa às decisões relacionadas à atuação finalística de cada agência no portal do TCU,[3] realizada ano a ano, por agência.

Para a seleção dos acórdãos, consideraram-se alguns dos principais temas que são objeto das atribuições de cada agência, em face de sua repercussão econômica e social, bem como a frequência em que foram ou são objeto de controle pelo TCU, como os atos de desestatização, as revisões tarifárias das distribuidoras de energia elétrica, o atendimento aos consumidores dos serviços públicos regulados, as revisões tarifárias nos contratos de concessões rodoviárias, a edição de atos normativos regulatórios e a fiscalização dos serviços públicos delegados.

Antes de tratar propriamente das decisões do TCU em relação às agências reguladoras, buscou-se verificar também qual a linha do Tribunal adotada no período de 1990 a 1996, em que ocorreu intensa desestatização sob a égide da Lei nº 8.031/90, sobretudo nos setores petroquímico, siderúrgico e de fertilizantes.

---

[3] Disponível em: https://pesquisa.apps.tcu.gov.br/#/pesquisa/integrada.

Com esse exame prévio pretendeu-se verificar o comportamento do Tribunal antes e depois da instituição das agências em relação ao controle dos atos de desestatização e também em face da então recente Constituição Federal, que ampliara as competências do TCU.

Essa perspectiva justifica-se porque as agências reguladoras também participam ou conduzem processos de delegação de serviços públicos, o que ocorreu e ainda ocorre muito intensamente na geração e transmissão de energia elétrica, telecomunicações e concessões rodoviárias, portuárias e aeroportuárias.

Como se percebe, o tema desta obra está alinhado à Lei nº 13.848/2019, recente diploma legal que tem por objetivo fortalecer as agências reguladoras e potencializar suas atividades, mediante a previsão de alguns instrumentos relevantes para garantir a autonomia qualificada das agências, atributo esse que não constitui um fim em si mesmo, mas é essencialmente instrumental para o atingimento das finalidades legais dessas entidades.

E, nesse cenário de inovação legislativa, a par das leis específicas das agências, a atuação do Tribunal de Contas da União em relação às atividades regulatórias, especialmente as de cunho discricionário, pode ser um elemento de deferência à autonomia reafirmada na Lei nº 13.848/2019, sem prejuízo da colaboração institucional, ou, ao contrário, de restrição desse atributo, com reflexos nos serviços públicos delegados, na segurança jurídica e na estabilidade setorial.

CAPÍTULO 1

AS AGÊNCIAS REGULADORAS E A LEI Nº 13.848/2019

1.1 A ordem econômica nas constituições republicanas

A adequada compreensão da regulação como função estatal e das atribuições das agências reguladoras não se dá de modo isolado, como, a rigor, ocorre com os demais fenômenos jurídicos, que expressam o contexto social, político, econômico e cultural de sua época, apresentando a regulação estreita relação com a ordem econômica e, mais recentemente, com o denominado Estado Regulador, instaurado pela Constituição Federal de 1988.

Por isso, o exame prévio, ainda que breve, da ordem constitucional econômica e da atuação[4] estatal nas constituições republicanas faz-se útil para essa compreensão, demonstrando o movimento pendular do Estado na economia a que se refere Caio Tácito.[5]

Essa abordagem também se faz necessária porque a atividade reguladora, como expressão de uma das funções administrativas do Estado, não constitui novidade surgida com a instituição das agências reguladoras a partir do final da década de 90. Ao contrário, como se verá, já no início do século XX verificava-se, no país, a disciplina da atividade econômica setorial por entidades e órgãos públicos, ainda que de forma incipiente e identificada muitas vezes com o poder de polícia.

---

[4] Adota-se aqui a posição de Eros Roberto Grau, que distingue a *atuação* do Estado para as atividades que lhe são inerentes, realizadas no âmbito público, da *intervenção*, termo adotado para as atividades executadas pelo Estado na esfera privada. *In*: GRAU, Eros Roberto. *A ordem econômica na Constituição de 1988*. 10. ed. rev. e atual. São Paulo: Malheiros, 2006, p. 93-94.

[5] TÁCITO, Caio. O retorno do pêndulo: serviço público e empresa privada. O exemplo brasileiro. *Revista de Direito Administrativo*, Rio de Janeiro, v. 202, p. 1-10, out./dez. 1995.

A Constituição de 1891, embora refletisse mudança política de grande relevo, não significou ruptura no modelo socioeconômico, expressando o liberalismo econômico[6] até então vigente, que preconizava a redução das funções do Estado à garantia da liberdade individual perante o Poder Público, provendo a segurança, a justiça e os serviços essenciais conforme concepção ideológica da época, caracterizada pela livre concorrência e mínima intervenção estatal.

No campo econômico, a Constituição afirmava a liberdade contratual, a propriedade privada e a livre-iniciativa.[7] Em razão disso, nas duas primeiras décadas do século XX, a atuação estatal na economia restringia-se, em regra, à normatização de atividades.[8] A doutrina aponta como primeira entidade de cunho regulador o Instituto de Defesa Permanente do Café, criado pelo Decreto nº 4.548/22 para a atuação do Estado no principal setor econômico do país na época.[9]

A atuação do Estado na economia foi alterada em intensidade e abrangência na década de 30, com Getúlio Vargas.[10] Influenciada pelas constituições mexicana e de Weimar, pela crise econômica de 1929, bem como pelos movimentos sociais e políticos europeus do período, a Constituição de 1934 foi a primeira Constituição brasileira a prever capítulo referente à ordem econômica e social,[11] apresentando a preocupação com o bem-estar social e econômico e a existência digna,[12] expressamente referidos na Carta.

A Constituição de 1934 reafirmou a economia de mercado vigente. Contudo, estabeleceu dispositivos relacionados à intervenção do Estado na economia mediante a possibilidade de monopólios da União (art. 116), nacionalização progressiva de bancos e empresas

---

6   FONSECA, João Bosco Leopoldino da. *Direito Econômico*. 8. ed. rev. e atual. Rio de Janeiro: Forense, 2015, p. 78.

7   BARROSO, Luís Roberto. Agências reguladoras, constituição, transformações do Estado e legitimidade democrática. *Revista de Direito Administrativo*, Rio de Janeiro, v. 229, p. 285-311, jul./set. 2002, p. 285-286.

8   SILVA, Almiro do Couto e. *Conceitos fundamentais do direito no Estado Constitucional*. São Paulo: Malheiros, 2015, p. 194.

9   GROTTI, Dinorá Adelaide Musetti. As agências reguladoras. *Revista Interesse Público*, Porto Alegre, n. 22, p. 29-55, nov./dez. 2003, p. 32.

10   No início da década de 30, cabe referir o Instituto do Açúcar e do Álcool, criado pelo Decreto nº 22.789/33, como entidade de regulação setorial.

11   FONSECA, João Bosco Leopoldino da. *Direito Econômico*. 8. ed. rev. e atual. Rio de Janeiro: Forense, 2015, p. 82-83.

12   "Art. 115 - A ordem econômica deve ser organizada conforme os princípios da Justiça e as necessidades da vida nacional, de modo que possibilite a todos existência digna. Dentro desses limites, é garantida a liberdade econômica." *In*: BRASIL. Constituição (1934). Constituição da República dos Estados Unidos do Brasil, de 16 de julho de 1934.

de seguros (art.117) e nacionalização progressiva das minas, jazidas e quedas d'água, essenciais à defesa econômica ou militar do país (art. 119, §4º).[13]

A Constituição de 1937, por seu turno, a par dos dispositivos de exceção, próprios de governos autoritários, aprofundou a possibilidade de intervenção estatal na economia, autorizada para suprir as deficiências do mercado e resguardar os interesses do governo, na forma de controle, estímulo ou gestão direta.[14] Sob a égide dessa Constituição, foram criados o Instituto Nacional do Mate (1938), o Instituto Nacional do Sal (1940) e o Instituto Nacional do Pinho (1941) como entidades de fomento e proteção a esses setores econômicos.[15]

Além disso, foi mantida a política de nacionalização de minas, jazidas e quedas d'água e outras fontes de energia, já prevista na Constituição de 1934, com ampliação para a nacionalização de indústrias básicas ou essenciais à segurança econômica ou militar.[16]

A Constituição de 1946 inaugurou nova fase democrática do país, com o compromisso com a liberdade e com os direitos fundamentais, fase essa que se refletiu na ordem econômica e social, que aliou a livre-iniciativa à justiça social e à valorização do trabalho, com previsão do uso da propriedade condicionada ao bem-estar social.

A possibilidade de intervenção na economia permaneceu prevista, bem como o monopólio estatal de determinadas indústrias ou atividades, com base no interesse público e limitado pelos direitos fundamentais. No entanto, as restrições aos acionistas estrangeiros de

---

[13] Conforme registra Almiro do Couto e Silva, o Estado passou a desempenhar atividade econômica de natureza industrial e comercial mediante autarquias *In:* SILVA, Almiro do Couto e. *Conceitos fundamentais do direito no Estado Constitucional.* São Paulo: Malheiros, 2015, p. 193-194.

[14] "Art. 135 - Na iniciativa individual, no poder de criação, de organização e de invenção do indivíduo, exercido nos limites do bem público, funda-se a riqueza e a prosperidade nacional. A intervenção do Estado no domínio econômico só se legitima para suprir as deficiências da iniciativa individual e coordenar os fatores da produção, de maneira a evitar ou resolver os seus conflitos e introduzir no jogo das competições individuais o pensamento dos interesses da Nação, representados pelo Estado." *In:* BRASIL. Constituição (1937). Constituição dos Estados Unidos do Brasil, de 10 de novembro de 1937.

[15] GROTTI, Dinorá Adelaide Musetti. As agências reguladoras. *Revista Interesse Público,* Porto Alegre, n. 22, p. 29-55, nov./dez. 2003, p. 32.

[16] Caio Tácito registra que, em 1939, foi criado o Instituto de Resseguros do Brasil; em 1941, a Companhia Siderúrgica Nacional; em 1942, a Companhia Vale do Rio Doce; em 1943, a Companhia Nacional de Álcalis; em 1945, a Companhia Hidrelétrica do São Francisco e, em 1946, a Companhia Nacional de Motores. *In:* TÁCITO, Caio. O retorno do pêndulo: serviço público e empresa privada: o exemplo brasileiro. *Revista de Direito Administrativo,* Rio de Janeiro, v. 202, p. 1-10, out./dez. 1995, p. 2.

bancos, empresas seguradoras e concessionárias de serviços públicos previstas nos arts. 145 e 146 da Constituição de 1937 não mais restaram presentes na Constituição de 1946.

Contudo, apesar do caráter liberal da Constituição de 1946, após a Segunda Guerra Mundial houve sensível incremento da intervenção estatal na economia, motivado pelas graves consequências econômicas e sociais decorrentes da guerra, que promoveram o denominado Estado Social ou Estado Providência, fundado na doutrina econômica intervencionista de John Maynard Keynes. O Estado assume papel de condutor do desenvolvimento e de responsável por políticas distributivas, com a consolidação dos direitos sociais.[17]

No país, a intervenção estatal ocorreu não mais com a predominância das autarquias, mas sim por sociedades de economia mista e empresas públicas,[18] que prestavam serviços públicos essenciais e estratégicos para o desenvolvimento econômico nacional.

A Constituição de 1967, alterada pela Emenda Constitucional nº 1, de 17.10.1969, refletiu a Doutrina da Segurança Nacional,[19] implementada pelo Decreto-Lei nº 314/68.[20] No campo econômico, o desenvolvimento nacional foi a prioridade dos governos militares.[21]

Assim, apesar da previsão constitucional da intervenção do Estado em caráter suplementar à iniciativa privada (art. 170, §1º), a União foi protagonista na indústria e na prestação de serviços públicos e

---

[17] BARROSO, Luís Roberto. Agências reguladoras, constituição, transformações do Estado e legitimidade democrática. *Revista de Direito Administrativo*, Rio de Janeiro, v. 229, p. 285-311, jul./set. 2002, p. 286.

[18] SILVA, Almiro do Couto e. *Conceitos fundamentais do direito no Estado Constitucional*. São Paulo: Malheiros, 2015, p. 194.

[19] FONSECA, João Bosco Leopoldino da. *Direito Econômico*. 8. ed. rev. e atual. Rio de Janeiro: Forense, 2015, p. 88-89.

[20] FONSECA, João Bosco Leopoldino da, *op. cit.*, p. 88.

[21] A atuação econômica do Estado nesse período estava orientada pelo Programa Aliança para o Progresso, instituído pelos Estados Unidos em 1961, de cunho político-econômico, com a preocupação anticomunista com os países periféricos no âmbito da Guerra Fria, sobretudo na América Latina, após a Revolução Cubana ocorrida em 1959. No Brasil, esse programa, em linhas bastante resumidas, condicionava a concessão de empréstimos externos à implementação de política econômica para a contenção da inflação, redução do déficit orçamentário, ampliação de investimentos na indústria de infraestrutura, principalmente energia e transporte, inclusive com intervenção estatal na economia, aumento de exportações, ampliação do mercado interno e desenvolvimento da agricultura. In: POLLINI JÚNIOR, Airton Brazil. *A Aliança para o Progresso versus o Consenso de Washington*: recomendações dos organismos econômicos internacionais. 1999. 111f. Dissertação (Mestrado em Economia) – Universidade Estadual de Campinas. Campinas 1999, p. 31,34, 88-89. Disponível em: http://repositorio.unicamp.br/jspui/handle/REPOSIP/285388. Acesso em: 14 abr. 2020.

de infraestrutura, uma vez que a intervenção estatal no domínio econômico e o monopólio de indústria ou atividade econômica encontravam fundamento na defesa da segurança nacional (art. 163, *caput*).

Além da função central das empresas estatais no desenvolvimento econômico nas décadas de 60 a 80, a União também se fazia presente como acionista controladora de empresas privadas, muitas sem qualquer relação com o interesse público, em função da inadimplência destas com bancos oficiais federais, como o Banco do Brasil e o BNDE (posteriormente BNDES), situação que também ocorria com os bancos estaduais.[22]

Nesse período, pode-se citar como entidades reguladoras, embora sem a autonomia que hoje se confere às agências, o Banco Central do Brasil,[23] instituído pela Lei nº 4.595, de 31 de dezembro de 1964, e a Comissão de Valores Mobiliários, criada pela Lei nº 6.385, de 7 de dezembro de 1976, e reestruturada pela Lei nº 10.411, de 26 de fevereiro de 2002, como instituições que, nas respectivas áreas, exercem a função reguladora dos respectivos setores de atuação em âmbito nacional.

Para dar a exata noção do crescimento da intervenção do Estado na economia, Sérgio Guerra registra que, nas décadas de 60 e 70, foram criados os grandes grupos estatais: Eletrobras, Siderbrás, Nuclebrás, Portobrás e Telebras.[24] Caio Tácito refere também que, até 1930, o país contava com 17 empresas estatais, passando o número para 70 na década de 50 e, na década de 80, para 582 entidades estatais.[25]

Cumpre referir ainda, nessa contextualização histórica, a ocorrência do denominado "milagre brasileiro", que decorreu da política de endividamento externo expressivo e da intensa industrialização, que alavancou o desenvolvimento econômico do país, caracterizado, contudo, pela elevada concentração de renda.[26]

---

[22] SILVA, Almiro do Couto e. *Conceitos fundamentais do direito no Estado Constitucional*. São Paulo: Malheiros, 2015, p. 195.

[23] Registre-se a promulgação da recente Lei Complementar nº 179, de 24.02.2021, que estabeleceu, dentre outros aspectos, a autonomia qualificada do Banco Central do Brasil, com previsão de mandatos para seus diretores. *In*: BRASIL. Lei Complementar nº 179, de 24 de fevereiro de 2021. *Planalto*. Disponível em: http://www.planalto.gov.br/ccivil_03/Leis/LCP/Lcp179.htm. Acesso em: 2 maio 2021.

[24] GUERRA, Sérgio. *Controle Judicial dos Atos Regulatórios*. Rio de Janeiro: Lumen Juris, 2005, p. 34- 35.

[25] TÁCITO, Caio. O retorno do pêndulo: serviço público e empresa privada. O exemplo brasileiro. *Revista de Direito Administrativo*, Rio de Janeiro, v. 202, p. 1-10, out./dez. 1995, p. 5.

[26] BASTOS, Celso Ribeiro. *Curso de Direito Constitucional*. 22. ed. atual. São Paulo: Saraiva, 2001, p. 147.

O curso desse desenvolvimento foi abalado por duas crises do petróleo, ocorridas em 1973 e 1979, e pela crise da dívida externa, decorrente de sucessivos financiamentos contratados com taxas de juros flutuantes, com graves repercussões econômico-financeiras e sociais. No país, tais crises implicaram aumento excessivo da dívida externa, redução de importações, elevação da inflação, aumento do desemprego, maior concentração de renda, acirramento das tensões trabalhistas e sindicais e aprofundamento da desigualdade social.

Em relação à atividade econômica, o cenário era de absoluta escassez de recursos para investimentos pelas empresas estatais e atraso tecnológico, em grande parte motivados por interferência política nos preços públicos, o que repercutia na impossibilidade de atendimento pleno do mercado interno e influenciava a competitividade no mercado internacional.

Quanto aos serviços de infraestrutura e aos serviços públicos essenciais, verifica-se a mesma situação de crise financeira e deterioração na qualidade e na abrangência da prestação, com limitação da necessária expansão dos serviços, como abastecimento de água, esgotamento sanitário, fornecimento de energia elétrica, telefonia e malha rodoviária, refletindo-se também no desenvolvimento da atividade econômica realizada pela iniciativa privada. Cabe registrar também a inexistência de gestão profissional das empresas estatais, que eram (e ainda o são, em grande parte) aparelhadas pelos partidos políticos, em detrimento da gestão profissional e técnica.

No cenário externo, vale referir alguns episódios políticos e econômicos, que influenciaram o ambiente interno para a redefinição da função do Estado na economia e para o incremento da regulação. Cite-se, por exemplo, o fim da ditadura em diversos países latino-americanos durante a década de 80,[27] em que se iniciou também a derrocada dos governos socialistas no leste europeu, simbolizada na queda do Muro de Berlim em 1989, o fim da Guerra Fria, a desintegração

---

[27] A partir do início dos anos 80, verificou-se alteração da política de concessão de empréstimos do Banco Mundial e do FMI para os países com déficit no balanço de pagamentos, com ampliação de condições. Dentre elas, a redefinição do papel do Estado, com privatizações, desconcentração do sistema financeiro e eliminação de barreiras ao comércio exterior. *In*: POLLINI JÚNIOR, Airton Brazil. *A Aliança para o Progresso versus o Consenso de Washington*: recomendações dos organismos econômicos internacionais. 1999. 111f. Dissertação (Mestrado em Economia) – Universidade Estadual de Campinas – UNICAMP. Campinas, 1999, p. 70-71. Disponível em: http://repositorio.unicamp.br/jspui/handle/REPOSIP/285388. Acesso em: 14 abr. 2020.

da União Soviética e a hegemonia dos Estados Unidos, favorecendo a nova compreensão ideológica do papel a ser desempenhado pelo Estado na economia.

A Constituição Federal de 1988, além de afirmar o Estado Democrático de Direito e uma série de direitos fundamentais individuais, coletivos e difusos, promoveu a redefinição do papel do Estado na economia, na esteira de idêntico movimento já iniciado anteriormente em países da Europa na década de 80,[28] sob o influxo de ventos neoliberais e do cenário apresentado, que propugnavam a redução da intervenção do Estado na economia, a abertura do mercado nos países subdesenvolvidos e o protagonismo da atividade econômica pela iniciativa privada.

O Título VII da Constituição Federal de 1988 disciplina a ordem econômica e financeira, sem, todavia, ser exauriente, uma vez que diversos dispositivos relacionados à matéria se encontram dispersos em outros títulos, sobretudo nos arts. 1º, 3º e 5º, que estabelecem os fundamentos do Estado Democrático de Direito, os objetivos da República e os direitos e garantias fundamentais, respectivamente, que devem orientar a interpretação e conformar a aplicação dos dispositivos do Título VII da Constituição.

O art. 170, como todas as constituições anteriores, consagra a economia de mercado, com fundamento na livre-iniciativa, na propriedade privada e na livre concorrência. Contudo, o art. 173 da Constituição implicou importante alteração quanto à função do Estado na economia, passando a prescrever que a exploração direta na atividade econômica[29] pelo Estado "só será permitida quando necessária aos imperativos da segurança nacional ou a relevante interesse coletivo, conforme definidos em lei".[30]

---

[28] Cite-se o governo de Margareth Thatcher, iniciado no Reino Unido em 1979, o de Ronald Reagan, nos Estados Unidos em 1980, e o de Helmut Kohl na então Alemanha Ocidental em 1982. *In:* GUERRA, Sérgio. *Controle judicial dos atos regulatórios.* Rio de Janeiro: Lumen Juris, 2005, p. 23.

[29] Eros Roberto Grau sustenta que a restrição ao desempenho da atividade econômica diretamente pelo Estado a que se refere o art. 173 ocorre em relação à atividade econômica em sentido estrito, e não a serviços públicos, cuja prestação estatal não está condicionada à segurança nacional ou a relevante interesse coletivo. *In:* GRAU, Eros Roberto. *A ordem econômica na Constituição de 1988.* 10. ed., rev. e atual. São Paulo: Malheiros, 2006, p. 105 e 278. Na mesma linha, SILVA, José Afonso da. *Curso de Direito Constitucional Positivo.* 42. ed. rev. e atual. São Paulo: Malheiros, 2019, p. 818.

[30] Para Leopoldino da Fonseca, isso significa que, "a partir da promulgação da Constituição de 1988, *todas as participações acionárias do Estado se tornaram inconstitucionais*", exigindo que "*sejam transferidas para a iniciativa privada* todas as participações do Estado na *atividade*

Com a Constituição Federal de 1988, o Estado passa a exercer a função reguladora da atividade econômica *lato sensu*, implicando atuação indireta nessa seara, mediante o exercício de atribuições normativa, fiscalizadora, sancionadora, de fomento e de planejamento, atribuições essas que serão tratadas na seção 1.4 com maior detalhe.

1.2 A implementação do Estado Regulador pela Constituição Federal de 1988

Apresentado o panorama dos movimentos do Estado na ordem econômica nas sucessivas constituições republicanas, cabe passar ao exame da implementação do Estado Regulador, conforme definido na Constituição Federal de 1988.

Na linha dos acontecimentos posteriores à Constituição Federal que contribuíram para as medidas de desestatização retomadas[31] após 1988 e, sobretudo, posteriormente às Emendas Constitucionais (EC) nºs 05/95 a 08/95 e 09/96, de que se falará em seguida, não é demais referir o Consenso de Washington e suas recomendações aos países latino-americanos, que exerceu importante influência nas respectivas reformas econômicas.[32]

O denominado Consenso de Washington resultou de seminário ocorrido na capital dos Estados Unidos em novembro de 1989, convocado pelo *Institute for International Economics*, que contou com funcionários do governo norte-americano, do Fundo Monetário Internacional, do Banco Mundial e do Banco Interamericano de Desenvolvimento (BID),[33] bem como representantes dos países integrantes do Grupo dos

---

econômica direta" (grifos do autor). *In*: FONSECA, João Bosco Leopoldino da. *Direito Econômico*. 8. ed. rev. e atual. Rio de Janeiro: Forense, 2015, p. 102.

[31] Almiro do Couto e Silva refere que, anteriormente à Constituição de 1988, sob a vigência do Decreto nº 86.215/81, no Governo João Figueiredo, foram privatizadas vinte empresas. No Governo de José Sarney, com base no Decreto nº 95.886/88, foram privatizadas dezoito empresas. *In*: SILVA, Almiro do Couto e. *Conceitos fundamentais do direito no Estado Constitucional*. São Paulo: Malheiros, 2015, p. 198.

[32] Nesse sentido, BATISTA, Paulo Nogueira. *O Consenso de Washington*: a visão neoliberal dos problemas latino-americanos. 1994, p. 26. Disponível em: http://fau.usp.br/cursos/graduacao/arq_urbanismo/disciplinas/aup0270/4dossie/nogueira94/nog94-cons-washn.pdf (acesso em: 21 abr. 2020) e também POLLINI JÚNIOR, Aírton Brazil. *A Aliança para o Progresso versus o Consenso de Washington*: recomendações dos organismos econômicos internacionais. 1999. 111f. Dissertação (Mestrado em Economia) – Universidade Estadual de Campinas – UNICAMP. Campinas, 1999, p. 101-102. Disponível em: http://repositorio.unicamp.br/jspui/handle/REPOSIP/285388. Acesso em: 14 abr. 2020.

[33] BATISTA, Paulo Nogueira, *loc. cit.*

Sete, com o objetivo de avaliar as reformas econômicas ocorridas na América Latina. Nessa avaliação, foram reiteradas as recomendações que constituíam condição para a concessão de financiamentos aos países em desenvolvimento por entidades financeiras internacionais.[34]

No âmbito nacional, a Lei nº 8.031, de 12 de abril de 1990, teve grande importância para a desestatização da economia, sendo resultado da conversão da Medida Provisória nº 155/90, que instituiu o Programa Nacional de Desestatização, com objetivos expressos de reordenar a posição do Estado na economia, contribuir para a redução da dívida pública, permitir a retomada dos investimentos, possibilitar a concentração da atividade estatal nas áreas prioritárias e contribuir para a modernização do parque industrial e para o fortalecimento do mercado de capitais.

A Lei nº 8.031/90 estabeleceu uma série de instrumentos para a redução da intervenção da União na economia, como alienação da participação e do controle societário, abertura de capital e dissolução de empresas, bem como atos que não representam privatização propriamente dita, apesar da adoção desse termo, como locação, comodato ou cessão de bens e instalações.

É preciso registrar também que a Lei nº 8.031/90 não estabelecia diretamente, como formas operacionais de desestatização, a concessão e a permissão de serviços públicos. Havia previsão, isto sim, conforme art. 7º, *caput*, de que "a privatização de empresas que prestam serviços públicos, efetivada mediante uma das modalidades previstas no art. 4º, pressupõe a delegação, pelo Poder Público, da concessão ou permissão do serviço objeto da exploração".

---

[34] Eis as dez recomendações do Consenso de Washington: 1) corte do déficit público, limitado a 2% do PIB; 2) corte de gasto público, principalmente subsídios, com priorização de gastos na infraestrutura, saúde e educação; 3) reforma tributária, com ampliação da base de arrecadação e redução das alíquotas; 4) taxas de juros, que devem incentivar a poupança interna e desencorajar a fuga de capital; 5) taxa de câmbio competitiva e estável, que leve ao aumento das exportações mais baratas no exterior; 6) abertura comercial, com eliminação de barreiras não tarifárias e impostos de exportação; 7) investimento direto estrangeiro, que deve ser incentivado; 8) privatização das estatais para aumentar o nível de eficiência econômica; 9) desregulação da economia, incluindo o trabalho; 10) afirmação do direito de propriedade, incluindo a propriedade intelectual. Convém notar que inexistiu a suposta convergência de soluções que o nome desse conjunto de recomendações econômicas supõe, pois, além de apresentar contradição com as práticas dos Estados Unidos e dos países desenvolvidos, não apresentou diferenciação de propostas em relação a cada país, de acordo com suas peculiaridades. *In:* BATISTA, Paulo Nogueira. *O Consenso de Washington*: a visão neoliberal dos problemas latino-americanos, 1994, p. 26. Disponível em: http://fau.usp.br/cursos/graduacao/arq_urbanismo/disciplinas/aup0270/4dossie/nogueira94/nog94-cons-washn.pdf. Acesso em: 21 abr. 2020.

Para os fins deste capítulo, cabe referir as Emendas Constitucionais nº 5, 6, 7 e 8, todas de 15.08.1995, bem como a Emenda nº 9, de 9.11.95, que deram contorno diverso à intervenção do Estado em relação à redação original da Constituição Federal, aprofundando a abertura do mercado à iniciativa privada nacional e estrangeira.[35]

Às alterações constitucionais iniciais seguiram-se importantes diplomas legais para instrumentalizar a desestatização da economia, cumprindo citar a Lei nº 8.987/95, que dispõe sobre a concessão e permissão de serviços públicos; a Lei nº 9.074/95, que estabelece medidas relacionadas às concessões e permissões, sobretudo de energia elétrica; a Lei nº 9.491/97, que revogou a Lei nº 8.031/90, mas repetiu grande parte de seus dispositivos; a Lei nº 8.630/93, de modernização dos portos (já revogada); a Lei nº 9.637/98, que dispõe sobre organizações sociais e o contrato de gestão; a Lei nº 9.790/99, que dispõe sobre as organizações da sociedade civil de interesse público (OSCIPs); e a Lei nº 11.079/2004, que disciplina as parcerias público-privadas.

Contudo, como aponta Luís Roberto Barroso, cabe fazer a ressalva de que os movimentos de redução da intervenção do Estado na economia não determinaram o retorno ao Estado mínimo,[36] o que seria inesperado no estágio atual da sociedade brasileira complexa, globalizada, com profundas demandas sociais e com acentuada

---

[35] A EC nº 5/95 alterou o art. 25, §2º, da CF, possibilitando a concessão dos serviços locais de distribuição de gás canalizado, de titularidade dos estados, à iniciativa privada, o que na redação original do dispositivo estava previsto apenas em relação às empresas estatais. A EC nº 6/95 alterou os arts. 170, IX, e 176, §1º, da CF. Este último possibilitou a delegação, mediante autorização ou concessão, da pesquisa e lavra de recursos minerais e o aproveitamento de potenciais de energia hidráulica a qualquer empresa, nacional ou de origem estrangeira, ao contrário da redação original, que só possibilitava tal delegação a brasileiros ou a empresa brasileira de capital nacional. A EC nº 7/95 excluiu a exigência de predominância dos armadores nacionais e navios de bandeira e registros brasileiros, a reserva a brasileiros da propriedade, armação e tripulação de embarcações, e o caráter privativo de embarcações nacionais na navegação de cabotagem e interior. Por seu turno, a EC nº 8/95 alterou o art. 21, XI e XII, "a", da Constituição, estabelecendo a possibilidade de delegação de serviços de telecomunicações, sem a restrição estabelecida à concessão para empresas sob controle societário estatal, conforme redação original da CF. Além disso, estabeleceu a previsão da criação de órgão regulador para o setor. Por fim, tem-se a EC nº 9/95, que definiu alterações relevantes no setor do petróleo, prevendo que a União poderá contratar empresas privadas para as atividades de pesquisa e lavra, refino do petróleo nacional ou estrangeiro, importação e exportação dos produtos e derivados básicos, e o transporte de petróleo bruto, seus derivados ou gás natural. Estabeleceu tal emenda, ainda, a criação de um órgão regulador do monopólio da União.

[36] BARROSO, Luís Roberto. Agências reguladoras, constituição, transformações do Estado e legitimidade democrática. *Revista de Direito Administrativo*, Rio de Janeiro, v. 229, p. 285-311, jul./set. 2002, p. 290.

desigualdade entre os cidadãos e entre suas regiões, fenômenos esses que a Constituição reconhece nos arts. 3º e 170, III e VII, dentre outros dispositivos.

Nesse cenário, foi instituída, mediante a Lei nº 9.427, de 26.12.1996, a Agência Nacional de Energia Elétrica (ANEEL), primeira agência reguladora do Brasil, que exerce a regulação nas áreas de geração, transmissão, distribuição e comercialização da energia elétrica.

À ANEEL seguiu-se, no âmbito federal, a criação da Agência Nacional de Telecomunicações (Lei nº 9.472/97), Agência Nacional do Petróleo (Lei nº 9.478/97), Agência Nacional de Vigilância Sanitária (Lei nº 9.782/99), Agência Nacional de Saúde Suplementar (Lei nº 9.961/2000), Agência Nacional de Águas[37] (Lei nº 9.984/2000), Agência Nacional de Transportes Aquaviários e Agência Nacional de Transportes Terrestres (ambas criadas pela Lei nº 10.233/01), Agência Nacional de Cinema (MP nº 2.228/01), Agência Nacional de Aviação Civil (Lei nº 11.182/05) e, por último, a Agência Nacional de Mineração (Lei nº 13.575/17).[38]

A par da criação de agências federais, foram criadas agências reguladoras no âmbito dos estados,[39] municípios e regiões que formam consórcios reguladores, o que foi incrementado pela Lei nº 11.445/2007, que estabelece diretrizes nacionais para o saneamento básico, dentre as quais a existência de agência reguladora como condição de validade de contratos.[40]

Note-se, todavia, que a instituição das agências reguladoras, inspiradas no modelo norte-americano, não se deveu somente aos potenciais benefícios para a economia e para o desenvolvimento do país que poderiam resultar da criação de instituições dotadas de maior autonomia e redução da ingerência política nas atividades reguladas.

---

[37] Atualmente Agência Nacional de Águas e Saneamento Básico, conforme a Lei nº 14.026/2020.

[38] A atividade das agências reguladoras já foi objeto da PEC nº 81/2003, arquivada em 2011, e da PEC nº 71/2007, arquivada em 2014, ambas apresentadas pelo Senado Federal. Houve apresentação, também, do Projeto de Lei do Senado nº 495/2015, arquivado em 2018, que previa alteração na Lei nº 9.986/2000 e nas leis específicas das agências reguladoras. Registre-se ainda a Proposta de Emenda à Constituição nº 35/2016, *em tramitação*, que acrescenta o art. 175-A à Constituição Federal, estabelecendo os princípios para o exercício da função reguladora.

[39] A Agência Estadual de Regulação dos Serviços Públicos Delegados do Rio Grande do Sul -AGERGS, criada pela Lei nº 10.931, de 9 de janeiro de 1997, foi a primeira agência a ser instalada no país e a primeira agência estadual. *In*: A HISTÓRIA da AGERGS, *Marco Regulatório*. Edição Especial. Porto Alegre: AGERGS, jul. 2001, p. 17.

[40] Ver especialmente os arts. 11, 12 e o Capítulo V da Lei nº 11.445/2007.

A instituição de agências reguladoras teve causa bastante pragmática na exigência dos bancos internacionais para o financiamento de investimentos no país e para a segurança jurídica e maior estabilidade das empresas transnacionais e dos próprios financiadores.[41]

Passados cerca de 25 anos da criação da primeira agência reguladora, foi editado importante diploma legal – a Lei nº 13.848,[42] de 25 de junho de 2019 –, que dispõe sobre a organização, gestão, processo decisório e controle social das agências reguladoras federais, e que estabelece relevantes alterações na Lei nº 9.986/2000 e nas leis específicas das agências, relacionadas aos requisitos para a investidura de seus dirigentes.

Tais disposições de ordem geral aplicáveis às agências federais, que asseguram a autonomia dessas entidades e a independência técnica de suas decisões, já eram há muito tempo aguardadas pelos reguladores e agentes regulados, uma vez que promovem maior segurança jurídica à regulação e às atividades reguladas, bem como uniformidade institucional às agências federais, com previsão de importantes instrumentos que ampliam a legitimidade de sua atuação, como a Análise de Impacto Regulatório e as consultas e audiências públicas, qualificando a regulação.

1.3 A função reguladora

O termo regulação é razoavelmente recente na legislação brasileira, ganhando maior difusão com as leis que instituíram as agências reguladoras e com o crescente estudo do tema pela doutrina especializada. Contudo, ainda enseja diferentes compreensões e definições,[43] como se pode verificar em diversos diplomas legais que ora identificam a regulação à normatização, ora a identificam ao conjunto

---

[41] MENDES, Conrado Hübner. A reforma do Estado e as agências reguladoras: estabelecendo os parâmetros de discussão. *In:* SUNDFELD, Carlos Ari (coord.). *Direito Administrativo Econômico.* São Paulo: Malheiros, 2000, p. 108-109.

[42] A Lei nº 13.848/2019 foi originada do Projeto de Lei do Senado nº 52/2013. Registre-se também o anterior Projeto de Lei nº 3.337/2004, encaminhado pelo Poder Executivo à Câmara Legislativa, com tramitação em diversas comissões, inclusive comissão especial criada para a apreciação do projeto, ao final retirado em 1º.04.2013.

[43] Veja-se, por exemplo, a Lei nº 9.782/99, que instituiu a ANVISA, e se refere à regulação como uma das atividades dos entes federados do Sistema Nacional de Vigilância Sanitária, juntamente com a normatização, controle e fiscalização (art. 1º). Por sua vez, a Lei nº 11.445/2007, que estabelece as diretrizes nacionais para o saneamento básico, identifica a regulação à competência normativa (arts. 11 e 12).

de instrumentos ou de atribuições para a atuação estatal indireta na economia.

A identificação da regulação à competência normativa estatal tem origem provável no termo inglês *regulation*, sendo associada frequentemente apenas à regulamentação da atividade econômica, o que configura redução da função reguladora.[44] Floriano de Azevedo Marques Neto salienta o equívoco, asseverando que nem mesmo no Direito norte-americano existe essa redução conceitual da regulação, que abrange diversas atribuições de atuação estatal no domínio econômico.[45]

Como se disse linhas atrás, a função reguladora desempenhada pelo Estado não é nova, sendo realizada, no Brasil, já no início do século XX, com o objetivo de disciplina e fomento setoriais. Posteriormente, com a diversificação da economia, o crescimento da população, o aumento das demandas sociais e a ampliação da intervenção do Estado na economia, a função reguladora foi atribuída a novos órgãos e entidades públicos, de modo que, em muitos setores, o próprio Estado era prestador e regulador, com a confusão de papéis.[46]

Nesse contexto, por exemplo, a redução ou majoração de tarifas de serviços públicos eram determinadas não em razão de seus custos, mas sim em decorrência da política monetária, fiscal, social ou econômica adotada pelo governante,[47] o que repercutia negativamente na possibilidade de investimento visando à expansão e à qualificação dos serviços.

Majone destaca que a "suposição central foi sempre a de que a propriedade pública aumentaria a capacidade do governo de regular a economia e proteger o interesse público", quer por meio das decisões de produção, quer por intermédio de decisões sobre os preços públicos.[48]

---

[44] Almiro do Couto e Silva refere que, diversamente do que se deu no Brasil, nos Estados Unidos, a redefinição do papel do Estado deu-se por meio da desregulamentação setorial. *In*: SILVA, Almiro do Couto e. *Conceitos fundamentais do direito no Estado Constitucional*. São Paulo: Malheiros, 2015, p. 196.

[45] MARQUES NETO, Floriano de Azevedo. *Agências reguladoras independentes*: fundamentos e seu regime jurídico. Belo Horizonte: Fórum, 2005, p. 39.

[46] MARQUES NETO, Floriano de Azevedo. A nova regulação dos serviços públicos. *Revista de Direito Administrativo*, Rio de Janeiro, n. 228, p. 13-29, abr./jun. 2002, p. 19-20.

[47] MARQUES NETO, Floriano de Azevedo, *op. cit.*, p. 28-29.

[48] MAJONE, Giandomenico. As transformações do Estado Regulador. *Revista de Direito Administrativo*, Rio de Janeiro, n. 262, p. 11-43, jan./abr. 2013, p. 12-13.

No entanto, além de problemas na adequada responsabilização de gestores, as empresas públicas "obtiveram o pior dos dois mundos: faltava a elas direção adequada do Estado para orientar estratégias de longo prazo e, ao mesmo tempo, estavam sujeitas à intervenção do governo em suas operações diárias".[49]

Apesar da inexistência de novidade na função, evidentemente ela não é exercida atualmente nos mesmos moldes do passado e, tampouco, com os mesmos objetivos,[50] cumprindo atentar para o desempenho dessa função também por instituições razoavelmente novas – as agências reguladoras –, o que exige atuação voltada para os fins constitucionais do Estado, bem como para o contexto da economia globalizada, que requer estabilidade setorial e segurança jurídica para a atração de investimentos que o Estado não mais consegue realizar, bem como para a qualificação da prestação dos serviços públicos.

Dessa forma, a concepção estritamente econômica da regulação, própria do liberalismo clássico, como instrumento de atuação indireta do Estado para a correção das falhas de mercado (externalidades negativas, assimetria de informações, custos de transação, concentração de mercado), não mais pode ser acolhida, cumprindo considerar que a regulação constitui função inserida no Estado Democrático de Direito, que a conforma aos valores, princípios e finalidades constitucionais, bem como aos direitos e garantias fundamentais.

Nesse sentido, Marçal Justen Filho trata da regulação social, identificando-a com a segunda onda regulatória, na qual "o Estado não poderia ser concebido como um simples 'corretor dos defeitos econômicos' do mercado, mas lhe incumbiria promover a satisfação de inúmeros outros interesses, relacionados a valores não econômicos".[51]

Idêntica crítica à concepção meramente econômica da regulação é feita por Calixto Salomão Filho, para quem a Escola Neoclássica ou Econômica apresenta a negação de interesse público na regulação e o objetivo dessa função de substituição ou correção de mercados, o que é visão equivocada, pois reduz a regulação a um de seus aspectos (da mesma forma que ocorre com a Escola do Serviço Público). Eis a razão pela qual o autor defende a convivência dos aspectos econômicos e

---

[49] MAJONE, Giandomenico. As transformações do Estado Regulador. *Revista de Direito Administrativo*, Rio de Janeiro, n. 262, p. 11-43, jan./abr. 2013, p. 12.

[50] MAJONE, Giandomenico, *loc. cit.*

[51] JUSTEN FILHO, Marçal. *O direito das agências reguladoras independentes*. São Paulo: Dialética, 2002, p. 38.

sociais da regulação, cuja preponderância de um ou outro pode variar segundo o setor regulado.[52]

No mesmo sentido, Bruno Miragem salienta que falar "a qualquer pretexto em exclusividade ou prioridade do aspecto econômico na atividade de regulação, que é estatal, não encontra sustentação jurídica mínima em nosso sistema".[53] Idêntica posição quanto a esse aspecto é manifestada por Floriano de Azevedo Marques Neto, para quem a regulação, além de preservar o equilíbrio do mercado, tem finalidade redistributiva, como ocorre nas funções de incentivo e planejamento.[54]

Nessa linha, a regulação consiste na atuação indireta do Estado sobre a atividade econômica *lato sensu*, abrangendo a normatização, fiscalização, aplicação de sanções, decisão e mediação de conflitos, fomento e planejamento, sendo este indicativo para a iniciativa privada, como refere a Constituição.

Registre-se que a referência do art. 174 da Constituição ao Estado como "agente normativo e regulador" expressa relação de espécie e gênero, respectivamente, uma vez que a regulação abrange diversas atribuições de atuação estatal indireta na ordem econômica, como ora sustentado.

Importa destacar que a regulação aqui tratada não diz respeito apenas às atividades desempenhadas pelas agências reguladoras, abrangendo a atuação estatal mais ampla, muitas vezes resultante da coordenação entre Poder Executivo e Poder Legislativo, refletida na aprovação de políticas públicas e de marcos regulatórios gerais ou setoriais.

De igual forma se dá com o planejamento e o fomento, atividades que nem sempre são desempenhadas pelas agências reguladoras, razão pela qual não há que identificar necessariamente a regulação somente às atribuições exercidas pelas agências.

Cabe salientar também que, à exceção do fomento e do planejamento, a regulação, sobretudo aquela exercida pelas agências, constitui atividade de controle, apresentando um sentido forte e um sentido fraco, como aponta Marçal Justen Filho. O primeiro diz respeito à disciplina,

---

[52] SALOMÃO FILHO, Calixto. *Regulação da atividade econômica*: princípios e fundamentos jurídicos. 2. ed. rev. e ampl. São Paulo: Malheiros, 2008, p. 27 e 33.

[53] MIRAGEM, Bruno. *A nova administração pública e o Direito Administrativo*. 2. ed. rev. e atual. São Paulo: Revista dos Tribunais, 2013, p. 66.

[54] MARQUES NETO, Floriano de Azevedo. *Agências reguladoras independentes*: fundamentos e seu regime jurídico. Belo Horizonte: Fórum, 2005, p. 36.

pelo Estado, do conteúdo da conduta do particular, de acordo com fins específicos. O sentido fraco remete à fiscalização da conduta.

Assim, em que pese a maior abrangência da atuação privada no Estado Regulador, a regulação implica menor liberdade qualitativa do particular, pois a autonomia privada estará limitada ao alcance de determinadas finalidades legais e contratuais, com definições do modo de atuação, no que diz respeito às grandes linhas da atividade.[55]

Cumpre referir ainda aspecto que será retomado com mais detalhamento na seção 1.6, relacionado ao novo ambiente público no qual se insere e se desenvolve a função reguladora, marcado por um novo padrão de atuação do Estado, e exigido cada vez mais pelos cidadãos, que visa à ampliação da transparência, da participação social e da atuação administrativa dialógica.

Com efeito, a redemocratização do país no final da década de 80, os valores e princípios constitucionais e o alcance de um novo patamar de proteção dos direitos fundamentais individuais, coletivos e difusos, resultaram em um novo padrão de relação entre Estado e sociedade, de não aceitação da postura passiva pelos cidadãos, que exigem o direito de serem ouvidos pelo Estado, em consonância com o princípio democrático.

A regulação, como função que perpassa serviços públicos essenciais e atividades econômicas de interesse coletivo, é permeável a esse novo padrão de atuação estatal e de exigência social, o que ocorre, por exemplo, mediante o respeito à processualidade administrativa, em que se destacam instrumentos de participação e cooperação social, como as consultas e as audiências públicas que, se ainda não atingiram a plena potencialidade que oferecem, constituem um bom caminho para que a sociedade participe e controle as ações regulatórias.

Nesse sentido, a Lei nº 13.848/2019 apresentou importantes avanços em relação ao processo administrativo regulatório, à participação e ao controle social e à ampliação da transparência, com a previsão de regras processuais mínimas para a validade da produção normativa das agências reguladoras, como a Análise de Impacto Regulatório, a realização de consultas públicas e a observância do respectivo procedimento.

---

[55] JUSTEN FILHO, Marçal. O *direito das agências reguladoras independentes*. São Paulo: Dialética, 2002, p. 29-30.

1.3.1 Regulação e poder de polícia: distinções necessárias

Dito isso, cabe examinar outro aspecto relacionado à função reguladora, em especial às atribuições normativa e fiscalizadora, que remetem ao poder de polícia, cujo conceito, constante do art. 78 do Código Tributário Nacional, acarreta o questionamento referente à identificação ou não dessas duas funções estatais.

Conforme lição de Celso Antônio Bandeira de Mello, o poder de polícia tem um sentido amplo, que abrange o condicionamento da liberdade e da propriedade mediante atos do Legislativo e do Executivo; e um sentido restrito, que compreende apenas a atividade do Poder Executivo. Neste sentido, o poder de polícia tem como objeto a restrição da atividade do particular mediante a vedação de comportamentos para evitar consequências antissociais.[56]

Rafael Maffini observa que o poder de polícia é exercido por meios primários de execução, como atos normativos e atos de efeitos concretos, bem como meios secundários de execução, consistentes em sanções, pecuniárias ou não, ambos incidentes sobre bens, direitos e atividades de quem se encontra em subordinação geral à Administração Pública, e não àqueles que com ela mantêm vínculo específico.[57]

A doutrina administrativa e a jurisprudência não apresentam unanimidade nessa matéria, pois há entendimento que identifica a regulação ao exercício do poder de polícia, sem qualquer distinção, bem como entendimento diverso, que não identifica tais atribuições estatais ao menos na sua integralidade.

Na primeira corrente, tem-se o entendimento de Celso Antônio Bandeira de Mello, que classifica a atuação estatal em três espécies: a) poder de polícia, isto é, mediante leis e atos administrativos expedidos para executá-las, como "agente normativo e regulador da atividade econômica"; b) incentivos à iniciativa privada; e c) atuação empresarial em casos excepcionais.[58]

Essa também parece ser a posição de Marçal Justen Filho ao tratar do regime das agências e da taxa cobrada por algumas dessas

---

[56] MELLO, Celso Antônio Bandeira de. *Curso de Direito Administrativo*. 15. ed. rev., ampl. e atual. São Paulo: Malheiros, 2003, p. 709 e 711.

[57] MAFFINI, Rafael. *Elementos de Direito Administrativo*: atualizado até a Lei 13.303/2016 – Estatuto das Estatais. Porto Alegre: Livraria do Advogado, 2016, p. 81 e 84.

[58] MELLO, Celso Antônio Bandeira de. *Curso de Direito Administrativo*. 15. ed. rev., ampl. e atual. São Paulo: Malheiros, 2003, p. 632.

entidades, pois, embora afirme que as competências regulatórias são "reconduzíveis ao instituto do poder de polícia", o que não refletiria a exata identificação dessas funções, mais adiante em sua excelente obra assevera que "assim e na medida em que a lei atribuiu o exercício do poder de polícia (competência regulatória) à agência reguladora, será admissível que outra disposição legal institua uma taxa destinada a tal atividade".[59]

Em outra linha está Carlos Ari Sundfeld, que atribui a identificação do denominado poder de polícia ao Estado mínimo, "desinteressado em interferir na economia, voltado sobretudo à imposição de limites negativos à liberdade e à propriedade, criando condições para a convivência dos direitos".[60]

Observa ainda Sundfeld que o poder de polícia (ou a administração ordenadora) tal como concebido no liberalismo clássico não é compatível com o Estado atual, que não visa apenas a harmonização dos direitos individuais, mas "impõe projetos a serem implementados coletivamente: o desenvolvimento nacional, a redução das desigualdades, a proteção do meio ambiente, a preservação do patrimônio histórico". A definição de sua incidência dependerá do tipo de vínculo entre o particular e o Estado.[61]

Entendimento semelhante é apresentado por Alexandre Santos de Aragão, que adota perspectiva do poder de polícia consentânea ao Estado Democrático de Direito, mas não o identifica integralmente com a regulação, pois o poder de polícia não abrange a regulação dos serviços públicos e algumas atribuições reguladoras a ela inerentes, como a composição de conflitos.[62]

Para Calixto Salomão Filho, "a concepção claramente liberal e passiva do poder de polícia não é suficiente para atender às necessidades de sistemas econômicos com tantas imperfeições estruturais como são as modernas economias capitalistas".[63]

---

[59] JUSTEN FILHO, Marçal. O *direito das agências reguladoras independentes*. São Paulo: Dialética, 2002, p. 343 e 478.

[60] SUNDFELD, Carlos Ari. *Direito Administrativo Ordenador*. 1. ed. São Paulo: Malheiros, 1997, p. 14.

[61] SUNDFELD, Carlos Ari, *op. cit.*, p. 14 e 20.

[62] ARAGÃO, Alexandre Santos de. *Agências reguladoras e a evolução do Direito Administrativo Econômico*. Rio de Janeiro: Forense, 2003, p. 36.

[63] SALOMÃO FILHO, Calixto. *Regulação da atividade econômica*: princípios e fundamentos jurídicos. 2. ed. rev. e ampl. São Paulo: Malheiros, 2008, p. 26.

Realmente, a regulação apresenta-se como atuação indireta do Estado na economia, o que nem sempre ocorrerá com o poder de polícia, que é frequentemente exercido para outras finalidades preponderantes, como ordenação urbanística e sanitária. Além disso, o poder de polícia manifesta-se em grande parte mediante a imposição de vedação de condutas do particular e abstenções, e não mediante prescrições de condutas ou a indução de comportamentos desejáveis para a consecução de finalidades constitucionais.

Nesse sentido, Gustavo Binenbojm salienta a existência de algumas atribuições comuns entre as duas funções, sem que isso implique exata identificação:

> Há uma tendência a se reconhecer no poder de polícia uma espécie de *ancestral* da regulação (...). Nada obstante, não parece haver identidade total entre as duas noções, como se o poder de polícia houvesse se *metamorfoseado e vertido* na regulação econômica. Os conceitos exibem uma grande zona de intersecção – na qual a regulação se vale do instrumental de polícia administrativa para realizar seus fins -, mas como em dois *círculos secantes*, remanescem, de lado a lado, campos distintos e inconfundíveis (grifos do autor).[64]

A função reguladora do Estado é exercida não somente por meio da disciplina normativa, da fiscalização e aplicação de sanções, mas também pela decisão e mediação de conflitos, bem como pelo fomento e planejamento da economia, como dispõe o art. 174 da Constituição Federal. Nesse sentido, Floriano de Azevedo Marques Neto apresenta o seguinte conceito de regulação:

> A regulação estatal envolve – dentro das balizas acima divisadas – funções muito mais amplas que a função regulamentar (consistente em disciplinar uma atividade mediante a emissão de comandos normativos, de caráter geral, ainda que com abrangência meramente setorial). A regulação estatal envolve, como veremos adiante mais amiúde, atividades coercitivas, adjudicatórias, de coordenação e organização, funções de fiscalização, sancionatórias, de conciliação (composição e arbitragem de interesses), bem como o exercício de poderes coercitivos e funções de subsidiar e recomendar a adoção de medidas de ordem

---

[64] BINENBOJM, Gustavo. *Poder de polícia, ordenação, regulação*: transformações político-jurídicas, econômicas e institucionais do direito administrativo ordenador. 3. ed. Belo Horizonte: Fórum, 2020, p. 77.

geral pelo poder central. Sem essa completude de funções não estaremos diante do exercício de função regulatória.[65]

Além disso, a regulação é exercida muitas vezes no âmbito de relação ou vinculação especial com o particular, o que não ocorre com o poder de polícia, cujo exercício se verifica na relação de vinculação geral entre o Estado e o particular.

Portanto, regulação e poder de polícia, além de serem manifestações estatais de poder-dever, têm como ponto de contato a adoção de alguns instrumentos jurídicos ou atribuições comuns para a atuação indireta na economia, qual seja a normatização de atividades, a fiscalização e a aplicação de sanções. No entanto, a regulação, que alcança relações jurídicas gerais e especiais, não se esgota no exercício dessas atribuições.

Bruno Miragem, com inteira propriedade, destaca outra distinção entre poder de polícia e regulação, que é o caráter promocional da função reguladora, que não se constitui "em atividade meramente restritiva, senão que se dirige a estimular comportamentos dos agentes econômicos e demais particulares, no exercício da indução e/ou direção da atividade privada".[66]

E, nessa seara, é oportuno destacar, com Justen Filho, que a regulação não apresenta apenas a dimensão econômica, tão enfatizada com os ventos liberais da atualidade. Para o autor, "Toda regulação é concomitantemente econômica e social. Isso significa que a intervenção estatal no âmbito econômico corresponde sempre à promoção de valores sociais".[67]

Nessa linha de coadunar o exercício da regulação às novas exigências sociais, éticas e ambientais do século XXI, além dos objetivos puramente econômicos, Juarez Freitas propõe o conceito de regulação administrativa sustentável, em que o objetivo é o desenvolvimento multidimensional e intergeracional em conformidade com os valores e princípios constitucionais, as políticas públicas constitucionalizadas e os direitos fundamentais.[68]

---

[65] MARQUES NETO, Floriano de Azevedo. *Agências reguladoras independentes:* fundamentos e seu regime jurídico. Belo Horizonte: Fórum, 2005, p. 37-38.

[66] MIRAGEM, Bruno. *A nova administração pública e o Direito Administrativo.* 2. ed. rev. e atual. São Paulo: Revista dos Tribunais, 2013, p. 60.

[67] JUSTEN FILHO, Marçal. *Curso de Direito Administrativo.* São Paulo: Saraiva, 2005, p. 447.

[68] FREITAS, Juarez. Teoria da regulação administrativa sustentável. *Revista de Direito Administrativo*, Rio de Janeiro, v. 270, p. 117-145, set./dez. 2015, p. 118-119.

E de acordo com esse pensamento, na análise da relação custo-benefício sobre a forma e a intensidade da atuação reguladora, Freitas alerta para "o erro crasso de maximizar o apelo exclusivo à eficiência econômica" e para a existência de fins nem sempre monetizáveis que também devem ser considerados pelo regulador em um ambiente de "racionalidade dialógica, colaborativa, pluralista e prospectiva".[69]

Para o desempenho dessa função estatal, que compreende uma série de atribuições, o legislador estabeleceu a autonomia qualificada ou reforçada do regime autárquico, previsto na lei de cada agência federal e agora de modo amplo e uniforme na Lei nº 13.848/2019, aspecto de natureza instrumental, que será analisado no tópico seguinte.

1.4 A autonomia qualificada das agências

No Brasil, as agências foram criadas para a atuação estatal indireta na economia, no âmbito do Estado Regulador instituído pela Constituição Federal de 1988, com competências normativas, executivas e decisórias em serviços públicos essenciais e atividades econômicas *stricto sensu* de interesse coletivo, a exemplo do que ocorrera em países da Europa e da América Latina.

A finalidade para a qual as agências foram criadas, conforme já referido na seção 1.1, foi a atuação estatal em serviços e atividades em grande parte desestatizados, para a redução de ingerências político-partidárias nos setores em que a regulação era realizada com viés político ou pelo próprio prestador do serviço público, sobretudo quando este era estatal.

Além disso, as agências constituíram exigência de bancos e investidores internacionais para o financiamento de investimentos no país, uma vez que o regime jurídico dessas entidades tem por objetivo conferir maior estabilidade setorial e segurança jurídica para empresas e organizações nacionais e estrangeiras, com "a redução dos custos de tomada de decisão e o aprimoramento de um compromisso crível em torno de uma política de longo prazo".[70]

---

[69] FREITAS, Juarez. Teoria da regulação administrativa sustentável. *Revista de Direito Administrativo*, Rio de Janeiro, v. 270, p. 117-145, set./dez. 2015, p. 121-122 e 133.

[70] Organização para a Cooperação e Desenvolvimento Econômico (OCDE). Relatório sobre a *Reforma Regulatória. Brasil*: fortalecendo a governança para o crescimento. 28.05.2008. p. 222. Disponível em: http://www.biblioteca.presidencia.gov.br/publicacoes-oficiais/catalogo/lula/ocde-2013-relatorio-sobre-a-reforma-regulatoria-brasil-fortalecendo-a-governanca-para-o-crescimento. Acesso em: 8 jun. 2020.

Como se sabe, as agências reguladoras brasileiras foram inspiradas no modelo norte-americano de autoridades administrativas setoriais independentes, surgido com a *Interstate Commerce Commission*, agência criada nos Estados Unidos em 1887 para a regulação do transporte ferroviário interestadual.[71][72]

Cabe referir, de início, que o termo "agência" não estabelece qualquer qualificação determinada acerca da espécie de instituição administrativa de que ora se trata,[73] pois o termo é utilizado de longa data para significar local de atendimento ao público, para denominar algumas autarquias independentes e também para denominar órgãos públicos e autarquias comuns, como a Agência Brasileira de Inteligência (ABIN) e a Agência Espacial Brasileira (AEB).[74]

De outra parte, têm-se também entidades reguladoras que não são denominadas "agências", como é o caso da Comissão de Valores Mobiliários no âmbito federal. No Estado de São Paulo, por exemplo, tinha-se a Comissão de Serviços Públicos de Energia – CSPE, agência reguladora estadual de energia elétrica e gás canalizado, criada pela Lei Complementar nº 833/1997, que cedeu lugar à Agência Reguladora de Saneamento e Energia do Estado de São Paulo, criada pela Lei Complementar nº 1.025/2007.

E há que distinguir também as agências executivas, que são autarquias comuns ou fundações, qualificadas como tal em decreto do Poder Executivo para ampliação de sua autonomia gerencial, nos âmbitos financeiro, orçamentário, operacional e de recursos humanos, conforme requisitos estabelecidos na Lei nº 9.649/98 e nos Decretos nº 2.487/98 e nº 2.488/98.[75] Não há, contudo, a investidura a termo de

---

[71] Dinorá Musetti Grotti registra que na Inglaterra, a partir de 1834, foram instituídos órgãos autônomos criados pelo Parlamento para concretizar medidas legais e decidir controvérsias resultantes da lei. In: GROTTI, Dinorá Adelaide Musetti. As agências reguladoras. *Revista Interesse Público*, Porto Alegre, n. 22, p. 29-55, nov./dez. 2003, p. 30-31.

[72] Gustavo Binenbojm ressalta que "foi somente com o *New Deal* que as agências reguladoras tornaram-se elemento característico da Administração Pública norte-americana". In: BINENBOJM, Gustavo. *Uma teoria do Direito Administrativo*: direitos fundamentais, democracia e constitucionalização. 3. ed. rev. e atual. Rio de Janeiro: Renovar, 2014, p. 281.

[73] JUSTEN FILHO, Marçal. *O direito das agências reguladoras independentes*. São Paulo: Dialética, 2002, p. 340.

[74] A Agência Brasileira de Inteligência (ABIN) é órgão central do Sistema Brasileiro de Inteligência, vinculado ao Gabinete de Segurança Institucional da Presidência da República, criado pela Lei nº 9.883/99. A Agência Espacial Brasileira (AEB) é autarquia federal criada pela Lei nº 8.854/94.

[75] Exemplo de agência executiva é o INMETRO, que, até 30 de abril de 2021, mantinha contrato de gestão com o Ministério de Economia, conforme consta em sua página eletrônica. Disponível em:

seus dirigentes, própria das agências reguladoras, de modo que é livre a exoneração destes pelo Chefe do Poder Executivo.

Maria Sylvia Zanella Di Pietro observa, com propriedade, que o termo "agência" foi vulgarizado a partir dos anos 90,[76] como se a simples aposição do termo ao nome de órgão ou entidade lhe conferisse sinal de modernidade e eficiência, postura que decorre em parte da demasiada importância dada no Brasil ao que é estrangeiro, sobretudo norte-americano. Prova disso é a recente Lei nº 14.002, de 22 de maio de 2020, que extinguiu a autarquia EMBRATUR e autorizou a criação do serviço social autônomo denominado Agência Brasileira de Promoção Internacional do Turismo (EMBRATUR).

São as características institucionais das agências reguladoras que configuram o seu regime especial, conferindo-lhes a qualificação de entidade reguladora,[77] chame-se agência ou não.

Contudo, recentemente, a Lei nº 13.848/2019, no art. 2º, estabeleceu elenco taxativo de agências federais, o que fixa o campo de aplicação da lei, sem prejuízo da aplicação desse diploma a outras agências criadas a partir de sua publicação, desde que verificados os requisitos de uma agência reguladora.[78] [79] As agências elencadas são: ANEEL, ANP, ANATEL, ANVISA, ANS, ANA, ANTAQ, ANTT, ANCINE, ANAC e ANM.

As agências são autarquias e, como tal, gozam de autonomia administrativa, patrimonial e financeira.[80] Contudo, essas entidades ostentam ainda característica fundamental que as distingue das

---

https://www.gov.br/inmetro/pt-br/centrais-de-conteudo/publicacoes/CG_Inmetro_2020_2_termo_aditivo.pdf. Acesso em: 2 out. 2021. Em 1º.07.2021, o INMETRO firmou contrato de desempenho com a União, vigente até 30.04.2023, conforme noticiado no site da autarquia. Disponível em: https://www.gov.br/inmetro/pt-br/centrais-de-conteudo/noticias/inmetro-celebra-primeiro-contrato-de-desempenho-do-governo-federal. Acesso em: 3 out. 2021.

[76] DI PIETRO, Maria Sylvia Zanella. *Parcerias na administração pública*: concessão, permissão, franquia, terceirização e outras formas. 3. ed. São Paulo: Atlas, 1999, p. 144. Na mesma linha, é a crítica de Celso Antônio Bandeira de Mello. *In*: MELLO, Celso Antônio Bandeira de. *Curso de Direito Administrativo*. 15. ed. rev., ampl. e atual. São Paulo: Malheiros, 2003, p. 158.

[77] JUSTEN FILHO, Marçal. *O direito das agências reguladoras independentes*. São Paulo: Dialética, 2002, 340-341.

[78] CORREIO, Luís Gustavo Faria Guimarães. Comentários sobre a lei geral de agências reguladoras. *Revista de Direito da Administração Pública*, v. 1, n. 2, p. 77-111, jul./dez. 2019, p. 88.

[79] O art. 51 da Lei nº 13.848/2019 estabeleceu a aplicação ao CADE dos arts. 3º e 14 a 20, no que lhe for cabível.

[80] Cabe registrar que a autonomia administrativa da ANATEL prevista nos arts. 8º e 9º foi questionada na ADI nº 1.668, que, por unanimidade não foi conhecida quanto a esses dispositivos. *In*: BRASIL. Supremo Tribunal Federal. Plenário Ação Direta de Inconstitucionalidade nº 1.668. Relator: Min. Marco Aurélio. Brasília, 20.08.1998.

autarquias comuns, que é a denominada autonomia reforçada ou qualificada, que consiste fundamentalmente na previsão legal de investidura a termo de seus dirigentes.

Essa autonomia qualificada é um dos fatores que promove a independência técnica dessas entidades para impedir a livre exoneração de seus dirigentes pelo chefe do Poder Executivo em face de divergência com determinada política regulatória que contrarie interesses político-partidários ou interesses econômicos.

Externas à responsabilidade política do governo, as agências reguladoras integram a administração policêntrica, diversa da administração piramidal, em que as ações administrativas são concentradas no governo, em decorrência da unidade da administração.[81]

Alexandre Santos de Aragão observa que a autonomia qualificada das agências se refere à relação com o chefe do Poder Executivo e seus subordinados, e não propriamente ao Poder Executivo, uma vez que as agências o integram,[82] não constituindo instituições apartadas da Administração Pública Central.

A autonomia qualificada acarreta importante consequência relacionada à impossibilidade de recurso hierárquico impróprio[83] ao ministério a que está vinculada a Agência ou ao próprio chefe do Poder Executivo,[84] resultando no caráter definitivo das decisões regulatórias no âmbito administrativo,[85] como sustenta Alexandre Santos de Aragão:

---

[81] BINENBOJM, Gustavo. *Uma teoria do Direito Administrativo:* direitos fundamentais, democracia e constitucionalização. 3. ed. rev. e atual. Rio de Janeiro: Renovar, 2014, p. 259.

[82] ARAGÃO, Alexandre Santos de. *Agências reguladoras e a evolução do Direito Administrativo Econômico*. Rio de Janeiro: Forense, 2003, p. 313 e 341.

[83] Não é demais lembrar que o recurso impróprio já foi admitido pela Advocacia-Geral da União em relação à decisão da ANTAQ no Parecer AGU/MS-04/2006, ao qual foi conferido caráter normativo pelo Presidente da República, sob o fundamento do direito de petição do recorrente e da supervisão ministerial a que se encontram sujeitas as agências reguladoras.

[84] O Ministro Gilmar Mendes, no julgamento da ADI nº 2.095/RS, sustentou a impossibilidade do recurso hierárquico impróprio às decisões das agências reguladoras. *In*: BRASIL. Supremo Tribunal Federal. *Ação Direta de Inconstitucionalidade nº 2.095/RS*. Requerente: Governador do Estado do Rio Grande do Sul. Intimados: Assembleia Legislativa do Rio Grande do Sul e Governador do RS. Relatora: Min. Cármen Lúcia. Brasília, 11.10.2019.

[85] A I Jornada de Direito Administrativo, promovida pelo Conselho da Justiça Federal em 7.8.2020, aprovou o Enunciado 25 com a seguinte redação: "A ausência de tutela a que se refere o art. 3º, *caput*, da Lei 13.848/2019 impede a interposição de recurso hierárquico impróprio contra decisões finais proferidas pela diretoria colegiada das agências reguladoras, ressalvados os casos de previsão legal expressa e assegurada, em todo caso, a apreciação judicial, em atenção ao disposto no art. 5º, XXXV, da Constituição Federal. Disponível em: https://www.cjf.jus.br/cjf/noticias/2020/08-agosto/i-jornada-de-direito-Administrativo-aprova-40-enunciados/view. Acesso em: 8 ago. 2020.

Ademais, a admissão de recursos hierárquicos impróprios deitaria por terra todo o arcabouço institucional traçado pelo ordenamento jurídico para as agências reguladoras, tornando inócua, por exemplo, a vedação de exoneração *ad nutum* dos seus dirigentes. O espírito da disciplina destas entidades, que é justamente o de afastá-las das injunções político-eleitorais fugazes e casuísticas [...], restaria totalmente corrompido se o Ministro ou o Presidente da República pudesse a qualquer momento impor caso a caso a sua vontade.[86]

A investidura a termo dos dirigentes das agências reguladoras é, também, o mais importante indicador de independência das agências reguladoras federais norte-americanas, como acentuado por Miriam Seifter,[87] com o objetivo de garantir, na função reguladora, o afastamento da interferência política do Presidente.[88]

E, quando se fala em autonomia das agências reguladoras, não se pode deixar de referir precedente fundamental do Supremo Tribunal Federal ao analisar o pedido de Medida Cautelar na ADI nº 1.949-0/RS, formulado pelo Governador do Rio Grande do Sul em face dos arts. 7º e 8º da Lei Estadual nº 10.931/97, que instituiu a Agência Estadual de Regulação dos Serviços Públicos Delegados do Rio Grande do Sul (AGERGS).

Esses dispositivos estabeleciam a aprovação do nome dos conselheiros pela Assembleia Legislativa após a indicação pelo Poder Executivo (art. 7º)[89] e a destituição dos conselheiros por *decisão* da Assembleia Legislativa (art. 8º),[90] cumprindo referir que os conselheiros da AGERGS na época haviam sido nomeados e empossados pelo

---

[86] ARAGÃO, Alexandre Santos de. *Agências reguladoras e a evolução do Direito Administrativo Econômico*. Rio de Janeiro: Forense, 2003, p. 349.

[87] SEIFTER, Miriam. Understanding state agency independence. *Michigan Law Review*, v. 117, n. 8, p. 1537-1591, jun. 2019, p. 1547-1550. Disponível em: www.heinonline.org. Acesso em: 20 maio 2020.

[88] SEIFTER, Miriam, *loc. cit.* A autora também observa que as agências estaduais americanas apresentam frequentes alterações no regime jurídico, ingerências políticas dos governadores e inexistência de legislação apta a assegurar a independência das agências, diversamente do que ocorre com as agências federais.

[89] "Art. 7º - Os membros do Conselho Superior da AGERGS terão mandato de 4 (quatro) anos, somente serão empossados após terem seus nomes aprovados pela Assembleia Legislativa do Estado, devendo satisfazer, simultaneamente, as seguintes condições: [...]". BRASIL. Rio Grande do Sul. Lei nº 10.931, de 9 de janeiro de 1997. *Assembleia Legislativa do Estado do Rio Grande do Sul.*

[90] "Art. 8º - O Conselheiro só poderá ser destituído, no curso de seu mandato, por decisão da Assembleia Legislativa." *In:* BRASIL. Rio Grande do Sul. Lei nº 10.931, de 9 de janeiro de 1997.

governador Antônio Brito, do PMDB, que perdera a eleição para Olívio Dutra, do PT.

É inegável, portanto, a questão política subjacente à discussão constitucional que se travou no Supremo Tribunal Federal, inclusive em relação ao modelo de atuação do Estado na economia. O então governador sustentou, dentre outros argumentos, que as agências reguladoras são auxiliares do Poder Executivo, cujo chefe detém a prerrogativa de nomeação e destituição dos conselheiros.

Como um dos fundamentos de seu denso voto, o Ministro Nélson Jobim apresentou o voto do Ministro Victor Nunes Leal, em que este analisara as agências reguladoras americanas e a respectiva jurisprudência no Mandado de Segurança nº 8.693. No voto de Jobim, destaca-se a independência instrumental das agências para a consecução de seus fins. Ao final, o acórdão restringiu a destituição dos conselheiros da AGERGS pelo chefe do Poder Executivo sem justo motivo, sem prejuízo da legislação válida superveniente.[91] O julgamento definitivo da ADI nº 1.949-0/RS ocorreu em 17.09.2014, data em que foi confirmada a decisão da medida cautelar.[92]

Outros aspectos institucionais das agências reguladoras que visam ao reforço dessa autonomia qualificada são a decisão colegiada e a previsão de mandatos não coincidentes de seus dirigentes, ao menos em parte, medidas essas que estão previstas em parcela das leis das agências reguladoras, na Lei nº 9.986/2000 e, agora, na Lei nº 13.848/2019.[93]

Acrescente-se também a vedação à recondução como medida positiva para o reforço da autonomia, também estabelecida na Lei nº 13.848/2019, evitando que o dirigente da agência seja capturado em face da possibilidade de recondução, o que, aliás, já foi apontado pela Organização para a Cooperação e o Desenvolvimento Econômico (OCDE) em 2008.[94]

---

[91] BRASIL. Supremo Tribunal Federal. *Ação Direta de Inconstitucionalidade nº 1.949-0/RS - MC*. Requerente: Governador do Estado do Rio Grande do Sul. Requerida: Assembleia Legislativa do Estado do Rio Grande do Sul. Relator: Min. Sepúlveda Pertence. Brasília, 18.11.1999, voto do Min. Nélson Jobim, p. 187.

[92] BRASIL. Supremo Tribunal Federal. *Ação Direta de Inconstitucionalidade nº 1.949-0/RS*. Requerente: Governador do Estado do rio Grande do Sul. Requerida: Assembleia Legislativa do Estado do Rio Grande do Sul. Relator: Min. ADI nº 1.949-0. Relator: Min. Dias Toffoli. 17.09.2014.

[93] Aliás, diga-se que eventual decisão monocrática por delegação interna deverá ser sujeita ao reexame do órgão colegiado, como dispõem os §§1º e 2º do art. 7º da Lei nº 13.848/2019.

[94] Organização para a Cooperação e Desenvolvimento Econômico (OCDE). Relatório sobre a Reforma Regulatória. Brasil – Fortalecendo a Governança para o Crescimento. 28.05.2008.

Tais medidas impedem a concentração de poder em um único indivíduo e produzem a diversidade nas nomeações dos dirigentes das agências, que não são indicados por um único chefe do Poder Executivo, reduzindo as pressões externas político-partidárias e dos agentes regulados.[95] Quanto à não coincidência[96] dos mandatos, Justen Filho observa o seguinte:

> A adoção de decisões que desagradem aos ocupantes do poder político não autorizará a remoção do administrador da agência, tal como não será possível ao governante utilizar-se de seu poder de nomeação para obter a adesão de adversários. Especialmente quando se adota a sistemática de mandatos descoincidentes, a solução das agências apresenta benefícios potenciais ainda maiores. Um determinado governante não consegue produzir a nomeação de todos os diretores da agência, o que impede a imposição de decisões fundadas em vínculos de confiança política – nem sempre geradores das decisões mais corretas.[97]

O modelo de agências e sua autonomia qualificada significa claro avanço contrário à confusão entre as figuras do regulador e do operador estatal, bem como a regulação oriunda do jogo político-partidário, pois constitui também um dos fatores de credibilidade do país no cenário interno e internacional, que será tanto maior quanto mais for respeitada a autonomia regulatória.

Nesse sentido, Giandomenico Majone refere que uma das consequências da globalização foi tornar a credibilidade mais importante que a coerção para o sucesso da política pública, em face da interdependência entre política e economia e porque a política interna é cada vez mais projetada para além das fronteiras nacionais, com decisiva influência na eficácia da política pública.[98]

---

p. 228. Disponível em: http://www.biblioteca.presidencia.gov.br/publicacoes-oficiais/catalogo/lula/ocde-2013-relatorio-sobre-a-reforma-regulatoria-brasil-fortalecendo-a-governanca-para-o-crescimento. Acesso em: 08 jun. 2020.

[95] JUSTEN FILHO, Marçal. *O direito das agências reguladoras independentes*. São Paulo: Dialética, 2002, p. 426, 427 e 446.

[96] Celso Antônio Bandeira de Mello tem conhecida posição contrária à descoincidência dos mandatos dos dirigentes das agências em relação ao chefe do Poder Executivo, sob o fundamento de comprometer as políticas públicas do governante eleito. *In:* MELLO, Celso Antônio Bandeira de. *Curso de Direito Administrativo*. 15. ed. rev., ampl. e atual. São Paulo: Malheiros, 2003, p. 159.

[97] JUSTEN FILHO, Marçal, *op. cit.*, p. 363.

[98] MAJONE, Giandomenico. As transformações do Estado Regulador. Traduzido por Tatiana Mesquita. *Revista de Direito Administrativo*, Rio de Janeiro, n. 262, p. 11-43, jan./abr. 2013, p. 33-34.

No entanto, a mera previsão legal da autonomia qualificada, mediante mandatos não coincidentes dos dirigentes, não assegura a efetiva autonomia, uma vez que podem ser adotados expedientes para restringir tal atributo, o que muitas vezes efetivamente ocorre, como nomeação de diretores com perfil político, e não técnico, aparelhamento político dos principais cargos de chefia das agências, ausência de procuradoria jurídica (nas agências subnacionais), contingenciamento dos recursos orçamentários, inexistência de contínua defesa das prerrogativas regulatórias pela agência e falta de transparência.

Tais práticas restringem as atribuições regulatórias, permitem a atuação preponderante dos agentes econômicos nos setores regulados, com ausência de participação efetiva dos consumidores, além de possibilitarem o uso político da agência, reduzindo a independência técnica.

Por isso, parece acertada a observação de que as agências são "instâncias de deliberação *tendencialmente* mais técnicas no interior do processo político-democrático", conforme Gustavo Binenbojm, em face da existência de desvinculação parcial da lógica político-partidária e eleitoral.[99]

Note-se que a Lei nº 13.848/2019 ampliou o significado da natureza especial das agências reguladoras, estabelecendo no art. 3º que o caráter especial das agências dá-se pela ausência de tutela ou de subordinação, pela autonomia funcional, decisória, administrativa e financeira, bem como pela investidura a termo dos dirigentes, estabilidade durante os mandatos e com vedação à recondução.

Como se percebe, a lei incluiu no regime especial das agências atributos que são próprios também das autarquias comuns, como autonomia administrativa e financeira, bem como ausência de subordinação, em redação que tem objetivos claramente pragmáticos, revelando que, após vinte e cinco anos da instituição da primeira agência reguladora no Brasil, a contínua afirmação da autonomia é ainda bastante necessária.[100]

---

[99] BINENBOJM, Gustavo. *Poder de polícia, ordenação, regulação*: transformações político-jurídicos, econômicas e institucionais do direito administrativo ordenador. 3. ed. Belo Horizonte: Fórum, 2020, p. 262.

[100] Veja-se, por exemplo, que o §2º do art. 3º da Lei nº 13.848/2019 estabelece em que consiste a autonomia administrativa das agências: solicitação direta ao Ministério da Economia de autorização para a realização de concursos públicos, provimento de cargos e alterações no quadro de pessoal; concessão de diárias e passagens para deslocamentos nacionais e internacionais; bem como a celebração e prorrogação de contratos para atividades de custeio.

A previsão de minúcias em uma lei geral, como a previsão de celebração e prorrogação de contratos, bem como a ausência de subordinação, que é inerente ao regime autárquico, justifica-se somente em decorrência das excessivas amarras para a gestão eficiente dessas entidades, que restringiam – e ainda restringem – a autonomia prevista na lei de cada agência, quer mediante constantes requerimentos aos ministérios aos quais estão vinculadas, quer mediante contingenciamentos de sua receita própria.

Aliás, diga-se que a referência à ausência de tutela constante no art. 3º da Lei nº 13.848/2019 parece equivocada, pois, embora tal termo não seja o mais adequado, expressa o controle finalístico da administração indireta pela administração direta, em uma relação de vinculação, que é o que ocorre entre a agência reguladora federal e o respectivo ministério.[101]

Nesse sentido é a posição apresentada por Alexandre Santos de Aragão, que aponta a confusão do art. 3º, *caput,* da Lei nº 13.848/2019 na conceituação da natureza especial das agências, referindo que a ausência de subordinação já é atributo das entidades integrantes da administração indireta. Além disso, o autor observa que alguma forma de tutela sempre irá existir e que o §2º do art. 3º da Lei nº 13.848/2019 demonstra a existência da denominada tutela – prefere-se o termo "vinculação" – na previsão de pedido de autorização da agência ao Ministério da Economia para realização de concurso público.[102]

De outra parte, embora a lei fale em autonomia financeira, nada foi estabelecido em relação à vedação de contingenciamento, sobretudo em relação às agências cujas receitas decorrem de taxas específicas para o custeio da regulação.

Assim, tais agências, em todas as esferas, sofrem importantes restrições à autonomia e à execução de suas atividades finalísticas com o contingenciamento e a utilização indevida de suas receitas para o custeio de outras despesas do Poder Executivo, em desvio de finalidade da receita tributária.

Este é um importante aspecto que contrasta a autonomia legal, prevista nas leis das agências reguladoras e agora na Lei nº 13.848/2019,

---

[101] Sobre esse aspecto, Maria Sylvia Zanella Di Pietro assevera que a tutela não se presume e que "supõe a existência de duas pessoas jurídicas, uma das quais exercendo controle sobre a outra, existindo onde haja descentralização administrativa". *In:* DI PIETRO, Maria Sylvia Zanella. *Curso de Direito Administrativo.* 11. ed. São Paulo: Atlas, 1999, p. 393.

[102] ARAGÃO, Alexandre Santos de. Considerações iniciais sobre a lei geral das agências reguladoras. *Revista de Direito da Administração Pública,* v. 1, n. 1, p. 10, jan./jun. 2020.

e a autonomia real, que é bastante cerceada nos âmbitos financeiro e administrativo em razão do contingenciamento orçamentário e da centralização administrativa, que exige que atos da rotina estejam sujeitos a autorizações dos ministérios ou de secretarias a que as agências estão vinculadas.

O Tribunal de Contas da União já analisou o contingenciamento imposto às agências reguladoras federais em auditoria realizada em 2009 sobre a governança regulatória das agências de infraestrutura, a requerimento do Congresso Nacional, nas quais se verificou que não existiam mecanismos formais para garantir estabilidade na descentralização de recursos orçamentários.[103]

O TCU apontou também as três formas de restrição do Poder Executivo à autonomia financeira das agências: alteração de fontes por meio de portaria, desvinculação de receitas, que, mediante lei, possibilita a transferência de recursos vinculados arrecadados pelas agências a outras despesas, tornando-os recursos ordinários, e o contingenciamento orçamentário para geração de superávit primário.[104] O relator do Acórdão nº 2.261/2011 destacou em seu voto que a autonomia financeira é fundamental para a autonomia decisória:

> 26. Especificamente quanto ao contingenciamento de recursos, verifico que em alguns exercícios o governo federal contingenciou grande parte dos recursos destinados às atividades de regulação e fiscalização das agências, fazendo com que esses serviços essenciais não fossem desenvolvidos a contento. *E o que se contingencia, em algumas agências, a exemplo da Aneel e Anatel, são valores recolhidos dos usuários dos serviços à custa de taxas de fiscalização ou em face de sanções aplicadas, isto é, são recursos próprios que deveriam ser aplicados nas atividades finalísticas das agências* (grifos nossos).[105]

---

[103] Eis outro trecho do Acórdão nº 2.261/2011: "80. A previsão de que as agências fossem financiadas por recursos próprios é inerente à autonomia financeira. Todavia, percebemos que, em geral, não existe a autossuficiência e os reguladores setoriais são financiados por uma combinação de recursos orçamentários ordinários e recursos gerados pelo exercício da atividade regulatória (recursos próprios). 81. Nesse aspecto, existe uma discrepância muito grande entre as agências. Por exemplo, a Anatel e a Aneel são custeadas por recursos próprios, sendo que esta última teve sua despesa liquidada integralmente custeada pela fonte de recursos Receita de Concessões e Permissões (recurso próprio) no período 2004-2009. Por outro lado, a Antaq, em 2009, teve 98,8% de sua despesa financiada por recursos ordinários". *In*: BRASIL. Tribunal de Contas da União. *Acórdão nº 2.261/2011*. Plenário. Relator: Min. José Jorge. Brasília, 24.08.2011.

[104] BRASIL. Tribunal de Contas da União. Acórdão nº 2.261/2011. Plenário. Relator: Min. José Jorge. Brasília, 24.08.2011.

[105] BRASIL. Tribunal de Contas da União. Acórdão nº 2.261/2011. Plenário. Relator: Min. José Jorge. Brasília, 24.08.2011.

A Auditoria do TCU realizada em 2013, objeto do Acórdão nº 240/2015, não apontou qualquer evolução do Poder Executivo para assegurar a autonomia financeira das agências. Contudo, verifica-se que foi acolhida, no art. 3º, §1º, da Lei nº 13.848/19, a recomendação do Tribunal de Contas da União apresentada nesses dois acórdãos para que as agências constituíssem órgãos setoriais, de modo a desvincular o seu orçamento dos ministérios a que estão vinculadas.

Além do que já foi referido linhas atrás, a Lei nº 13.848/2019 trouxe importantes alterações à Lei nº 9.986/2000, que dispõe sobre os recursos humanos das agências, sobretudo para a ampliação da autonomia institucional e do controle social, como a existência de procuradoria com representação judicial em cada agência e ouvidoria independente, e a previsão de requisitos mais rígidos para a ocupação dos cargos de dirigentes,[106] de forma a evitar a confusão de interesses político-partidários e econômicos com as funções reguladoras.[107]

Outra relevante alteração na Lei nº 9.986/2000, realizada pela Lei nº 13.848/2019 e referente diretamente à autonomia qualificada das agências reguladoras, diz respeito às causas para a extinção do mandato: renúncia, condenação judicial transitada em julgado, condenação em processo administrativo disciplinar e infringência às vedações do art. 8º-B.[108]

Portanto, a Lei nº 13.848/2019 implicou significativo avanço nas condições indispensáveis para ampliar a autonomia das agências

---

[106] A ADI nº 6.276, ajuizada perante o STF pela Confederação Nacional do Transporte (CNT), foi julgada improcedente em 20.9.2021, com o reconhecimento da constitucionalidade do art. 8º-A, III e VII, da Lei nº 9.986/2000, alterada pela Lei nº 13.848.2019. Os embargos declaratórios opostos pela CNT foram rejeitados, ocorrendo o trânsito em julgado da decisão em 23.11.2021. *In:* BRASIL. Supremo Tribunal Federal. Ação Direta de Inconstitucionalidade nº 6.276. Relator: Min. Edson Fachin. Brasília, 20.9.2021.

[107] Foi prevista também a ampliação de mandatos para cinco anos e a possibilidade de, em caso de vacância, substituição de diretores por servidores ocupantes de cargos de superintendência ou equivalente, bem como a redução da duração do mandato que não for provido no mesmo ano de sua vacância, a fim de evitar a paralisia decisória da agência, uma vez que a realidade demonstrou longos períodos para a nomeação de novos diretores das agências, comprometendo o exercício das funções reguladoras.

[108] Nesse aspecto, cabe referir que algumas agências tinham previsão legal de causas de extinção de mandatos que enfraqueciam a autonomia qualificada. É o caso, por exemplo, da Agência de Saúde Suplementar (ANS), cuja Lei nº 9.961/2000 estabelecia causas específicas para a perda do mandato somente após quatro meses de exercício, com previsão, após esse período, de exoneração por descumprimento injustificado de objetivos e metas acordados no contrato de gestão, dentre outras causas. De forma semelhante ocorria em relação à ANVISA, conforme o art. 12 da Lei nº 9.782/1999, hoje revogado.

reguladoras federais e para o fortalecimento da independência técnica dessas entidades. Contudo, a qualificação da estrutura institucional não será suficiente se algumas práticas políticas tiverem continuidade, como a indicação de dirigentes com atuação marcadamente política, em que pese o currículo formalmente técnico, e a condescendência do Poder Legislativo nas sabatinas, que pouco rigor apresentam em relação ao conhecimento técnico dos indicados.

Além disso, após a indicação, a postura deferente à autonomia regulatória pelo chefe do Executivo e seus Ministros, e pelos próprios dirigentes das agências, é fundamental para evitar a interferência política informal e a restrição à autonomia por vias indiretas.

Por isso, é preciso evitar influências indevidas nas agências – econômicas e políticas – não apenas mediante quadro legal satisfatório, mas sim com a efetiva atuação dos Poderes da República e dos órgãos e entidades públicos em conformidade com esse atributo institucional. Adicionalmente, é preciso que os órgãos de controle exerçam a autocontenção de suas atribuições, de modo a evitar o exercício indevido da função reguladora. E às agências compete, de igual forma, a defesa permanente de suas prerrogativas para que possam cumprir suas finalidades legais.

Nesse aspecto, o Relatório da OCDE de 2018 – Perspectivas da Política Regulatória[109] – demonstra que a preocupação da Organização e de seus países membros não mais está centrada na afirmação da autonomia institucional, uma vez que tal etapa que já foi superada, ao contrário do que ocorre no Brasil em relação às agências de todos os níveis federativos, que não apresentam na vida prática, em maior ou menor grau, a autonomia prevista em lei.[110]

O Relatório da OCDE apresenta o foco na qualidade regulatória, que abrange a legislação setorial – leis e regulamentos –, salientando a importância da avaliação prévia dos impactos econômicos e sociais, da consideração dos avanços tecnológicos que permeiam as atividades reguladas, da observância do processo regulatório, que deve promover a transparência e a participação dos interessados, bem como a relevância

---

[109] Organisation for Economic Co-operation and Development – OECD. *Regulatory Policy Outlook 2018*, OCDE Publishing. Paris, 2018. Disponível em: https://doi.org/10.1787/9789264303072-pt. Acesso em: 11 jun. 2020.

[110] Nesse sentido, não é demais citar, como exemplo, a ameaça à extinção da ANCINE realizada pelo Presidente da República em 2019, referindo-se à necessidade de "filtros culturais" na entidade, conforme noticiado em 19.07.2019. Disponível em: https://g1.globo.com/politica/noticia/2019/07/19/se-nao-puder-ter-filtro-nos-extinguiremos-a-ancine-diz-bolsonaro.ghtml. Acesso em: 12 jun. 2020.

da contínua avaliação da necessidade e da adequação da normatização setorial.[111]

Examinada a autonomia qualificada das agências, entendida como instrumento para o desempenho independente das diversas atribuições compreendidas na função reguladora, cumpre agora analisar exatamente tais atividades, bem como a discricionariedade no exercício das atribuições das agências. É a proposta da seção que segue.

1.5 As competências regulatórias e a discricionariedade

As atribuições das agências reguladoras perpassam desde a entrada dos agentes econômicos nos respectivos mercados até sua saída, como ocorre na extinção de contratos de concessão e de permissão de serviços públicos. A execução contratual é acompanhada pelas agências em todas as suas dimensões (jurídica, técnica, comercial e econômico-financeira), com interfaces com entidades e órgãos de defesa da concorrência, de proteção ambiental, de defesa do consumidor, dentre outros específicos de cada setor.

Diga-se, aliás, que a Lei nº 13.848/2019 andou bem ao prever expressamente a articulação e a colaboração das agências e de órgãos e entidades responsáveis pela defesa e promoção desses segmentos, na linha da administração pública dialógica e cooperativa, o que exige a atuação concertada não apenas entre a iniciativa privada e o setor público, mas entre os integrantes da própria Administração Pública.

As agências reguladoras federais de serviços públicos exercem atribuições executivas, normativas e judicantes, que podem ser resumidas nas seguintes atividades: participação na modelagem de editais de licitação ou sua execução, expedição de delegações específicas, emissão de regulamentos técnicos, econômico-financeiros e comerciais para os respectivos setores, acompanhamento das atividades reguladas mediante fiscalização, aplicação de sanções, reajustes e revisões contratuais periódicos, bem como a decisão de conflitos entre agentes e entre estes e os consumidores. Nesse sentido, a síntese de Marçal Justen Filho:

---

[111] Organisation for Economic Co-operation and Development – *OECD. Regulatory Policy Outlook 2018*, OCDE Publishing. Paris, 2018. Disponível em: https://doi.org/10.1787/9789264303072-pt. Acesso em: 11 jun. 2020.

As agências são estruturas burocráticas não enquadradas na estruturação hierárquica dos poderes tradicionais. Recebem competências de diversa ordem para fiscalizar a formulação de decisões políticas, verificar o cumprimento dos deveres institucionais por parte das autoridades públicas, promover a implementação de valores fundamentais consagrados constitucionalmente, concentrar conhecimento técnico e a produção de decisões dele derivadas e assim por diante.[112]

Cabe, nessa seara, distinguir também as políticas de estado e de governo, bem como as políticas públicas e as políticas regulatórias, conforme apresentado por Floriano de Azevedo Marques Neto. As primeiras são aquelas estabelecidas na Constituição e nas leis, no processo que envolve os Poderes Executivo e Legislativo, e são estruturantes das políticas governamentais e regulatórias.[113] As políticas de governo são as medidas concretas apresentadas para determinado setor pelo governante eleito, condicionadas pelas políticas de estado.[114]

Ambas – políticas de estado e de governo – formam as denominadas políticas públicas, que consistem em princípios, programas, objetivos e metas que visam a articular e a coordenar a ação e os recursos financeiros públicos e privados para alcançar interesses públicos relevantes em dado momento histórico. As políticas públicas são implementadas em dado setor em grande parte pela política regulatória, mediante os diversos instrumentos da regulação.[115]

No entanto, o desempenho dessas múltiplas e complexas atividades requer o alinhamento das ações regulatórias com as políticas públicas traçadas na lei pelo Poder Executivo, conforme adverte Floriano de Azevedo Marques Neto:

> Não se admite que o manejo das políticas regulatórias contrarie, negue ou esvazie as políticas públicas. Porém, será no âmbito das políticas regulatórias que será definido o timing e o resultado de uma política pública setorial. [...] Nessa perspectiva, a política regulatória envolverá a

---

[112] JUSTEN FILHO, Marçal. *O direito das agências reguladoras independentes*. São Paulo: Dialética, 2002. p. 358.

[113] Nesse sentido, veja-se que o art. 15, *caput*, da Lei nº 13.848/2019 estabelece que a política setorial é definida pelos Poderes Legislativo e Executivo: "Art. 15. A agência reguladora deverá elaborar relatório anual circunstanciado de suas atividades, no qual destacará o cumprimento da política do setor, definida pelos Poderes Legislativo e Executivo, e o cumprimento dos seguintes planos:".

[114] MARQUES NETO, Floriano de Azevedo. *Agências reguladoras independentes:* fundamentos e seu regime jurídico, Belo Horizonte: Fórum, 2005, p. 85-86.

[115] MARQUES NETO, Floriano de Azevedo, *op. cit.*, p. 86-88.

margem de liberdade do regulador em ponderar os interesses regulados e equilibrar os instrumentos disponíveis no sentido de intervir no sistema sem inviabilizar seus pressupostos.[116]

No exercício de suas atribuições, as agências exercem, a par da competência vinculada, larga margem de discricionariedade informada por critérios técnicos, sobretudo na emissão de normas infralegais. Eis a razão do exame da atuação discricionária das agências reguladoras nesta seção, em especial quanto aos conceitos indeterminados e à existência da denominada discricionariedade técnica, que é objeto de dissenso na doutrina nacional e estrangeira.

Assim, cumpre relembrar, de início, que o exercício da discricionariedade decorre de previsão legal, apresentando-se vinculada a alguns dos elementos do ato administrativo – forma, competência e finalidade –, além da vinculação aos princípios constitucionais, bem como aos direitos e garantias fundamentais que informam a atuação da Administração Pública.

Por isso, Gustavo Binenbojm ressalta que a discricionariedade vinculada à ordem jurídica como um todo trouxe a percepção de que não há diferença de natureza entre o ato vinculado e o ato discricionário, mas sim quanto ao grau de vinculação.[117]

Portanto, o exercício da discricionariedade não resulta da ausência de lei sobre determinado aspecto, que, dessa forma, daria ao administrador a possibilidade de ação. Ao contrário. Como adverte Bandeira de Mello, tal competência decorre exatamente da existência da lei, constituindo um dever-poder da Administração.[118]

Com a previsão legal, o administrador terá autorização, conforme o caso, para avaliar sua atuação ou não, em juízo subjetivo quanto ao objeto (conteúdo) e ao motivo (pressuposto fático), verificando a necessidade e o momento de sua ação, ou seja, a conveniência e a oportunidade, que formam o mérito administrativo.

Tais observações são razoavelmente consensadas na doutrina e na jurisprudência, inclusive quanto à insindicabilidade do mérito pelo Poder Judiciário, que constitui a esfera legítima de atuação da

---

[116] MARQUES NETO, Floriano de Azevedo. *Agências reguladoras independentes:* fundamentos e seu regime jurídico. Belo Horizonte: Fórum, 2005, p. 88.

[117] BINENBOJM, Gustavo. *Uma teoria do Direito Administrativo:* direitos fundamentais, democracia e constitucionalização. 3. ed. rev. e atual. Rio de Janeiro: Renovar, 2014, p. 224.

[118] MELLO, Celso Antônio Bandeira de. *Discricionariedade e controle jurisdicional.* 2. ed. São Paulo: Malheiros, 2017, p. 13-14.

Administração Pública. Mas saliente-se que essa contenção do controle judicial não é ampla, já que poderá incidir sobre os aspectos vinculados já assinalados, ainda que tenha de examinar o mérito administrativo, evidentemente sem substituir a escolha do administrador.

Tem-se, assim, o controle negativo, que ocorre mediante invalidação dos atos discricionários que contrariam os elementos vinculados de tais atos, assim como o ordenamento jurídico, em especial os princípios, direitos e garantias constitucionais. O controle positivo é excepcional e ocorre quando, em face do caso concreto, for verificado que só há uma solução administrativa a ser adotada, com o que se tem a discricionariedade reduzida a zero.[119]

Ainda no que tange ao controle, é oportuna a distinção apresentada por Rafael Maffini entre o controle de atribuição e o controle de exercício, ambos com fundamento no art. 5º, XXXV, da Constituição Federal. O primeiro diz respeito ao controle de constitucionalidade das normas discricionárias em face de eventual margem de liberdade excessiva conferida ao administrador pela lei, o que afastaria indevidamente o controle do Judiciário quanto a ameaças ou lesões a direitos; o segundo refere-se ao controle das condutas administrativas discricionárias que eventualmente infringirem o Direito, afetando, portanto, a validade do ato administrativo.[120]

No exercício de suas competências legais, as agências reguladoras disciplinam, de modo prospectivo, aspectos técnicos e científicos extrajurídicos relativos a setores relevantes da economia, não sendo admissível a substituição de determinada solução técnica, decorrente do exercício legítimo de suas prerrogativas e do devido processo regulatório, pela solução apresentada pelo perito judicial no âmbito do controle judicial, sob pena de infringência ao princípio da separação de poderes e à reserva de administração.

Mas se os principais aspectos da discricionariedade alcançam razoável consenso na doutrina e na jurisprudência, pode-se apontar tema que ainda é alvo de debates importantes, com duas correntes principais identificadas quanto aos conceitos indeterminados, relativas à integração ou não de tais conceitos à discricionariedade administrativa.

---

[119] GUERRA, Sérgio. *Controle Judicial dos Atos Regulatórios*. Rio de Janeiro: Lumen Juris, 2005, p. 269-276.

[120] MAFFINI, Rafael. Discricionariedade administrativa: controle de exercício e controle de atribuição. *Revista do Instituto do Direito Brasileiro*. Faculdade de Direito da Universidade de Coimbra, n. 5, p. 2839-2841, 2012. Disponível em: www.idb-fdul.com. Acesso em: 10 jun. 2020.

Tal debate não é apenas teórico ou acadêmico, mas apresenta reflexos importantes na sindicabilidade dos atos administrativos discricionários pelos órgãos de controle e pelo Poder Judiciário.

Para uma das correntes doutrinárias, os conceitos indeterminados[121] não integram a competência discricionária. Situam-se no âmbito da interpretação e aplicação do Direito, possibilitando a plena sindicabilidade dos atos administrativos. Pode-se citar, dentre seus defensores, Enterría e Fernandéz e Eros Grau.

Para Enterría e Fernández, os conceitos jurídicos indeterminados são definidos no momento de aplicação da lei, diante do caso concreto, podendo abranger conceitos de experiência ou de valor. No entanto, tais conceitos, por ocasião da aplicação da lei, admitirão apenas uma solução justa mediante atividade de cognição. Na competência discricionária, ao contrário, o administrador exerce ato de vontade, escolhendo entre alternativas igualmente justas.[122]

Eros Grau, na linha dos autores espanhóis, faz vigorosa defesa da distinção entre a discricionariedade e os conceitos indeterminados, destacando os seus reflexos na sindicabilidade do ato administrativo, que, no caso da discricionariedade, é restrita, ao contrário do que ocorre em relação à apreciação judicial dos conceitos indeterminados.[123]

No entanto, Eros Grau faz uma ressalva relevante quanto à unidade de solução justa afirmada por Enterría e Fernández em relação aos conceitos indeterminados:

> Embora convicto da correção das conclusões a que encaminha a tese postulada, uma ressalva devo opor a um dos seus fundamentos, precisamente o que faz repousar na "unidade de solução justa" a distinção entre as duas técnicas consideradas. [...] De qualquer modo, cumpre prontamente observarmos que inexistem, no âmbito do direito, soluções *exatas* – uma para cada caso – porém, sempre, para cada caso, um elenco de soluções corretas.

---

[121] Registre-se aqui a crítica de Eros Grau quanto à expressão "conceitos indeterminados" adotada para designar conceitos vagos ou imprecisos, pois, segundo o autor, a indeterminação reside no *termo*, que é o "signo linguístico do conceito". Este é determinado; aquele é que pode, conforme o caso, expressar indeterminação. *In:* GRAU, Eros Roberto. *O direito posto e o direito pressuposto.* 3. ed. São Paulo: Malheiros, 2000, p. 147-148.

[122] GARCÍA DE ENTERRÍA, Eduardo; FERNÁNDEZ, Tomaz-Ramón. *Curso de Derecho Administrativo.* Notas de Agustín Gordillo. 1. ed. Buenos Aires: La Ley, 2006, v. 1, p. 465-466.

[123] GRAU, Eros Roberto. *O direito posto e o direito pressuposto.* 3. ed. São Paulo: Malheiros, 2000, p. 150.

Penso, assim, podemos apartar as duas técnicas na consideração dos juízos aos quais correspondem. No exercício da *discricionariedade* o sujeito cuida da emissão de *juízos de oportunidade*, na eleição entre *indiferentes jurídicos;* na aplicação de *conceitos indeterminados* o sujeito cuida da emissão de *juízos de legalidade.* Por isso é que – e não porque o número de *soluções justas* varia de uma outra hipótese – são distintas as duas técnicas. (grifos do autor)[124]

De outra parte, tem-se a corrente doutrinária que considera os conceitos indeterminados integrantes da discricionariedade administrativa. Para Celso Antônio Bandeira de Mello, a discricionariedade não se limita aos juízos de conveniência e oportunidade, alcançando também a interpretação de conceitos vagos, apresentando ambos os mesmos efeitos.[125]

No mesmo sentido é o entendimento de Maria Sylvia Zanella Di Pietro, que aponta esta corrente como a predominante no Direito brasileiro, em que pese reconhecer a dificuldade de definir, *a priori*, as hipóteses em que os conceitos indeterminados implicarão discricionariedade, o que requer, sempre, o exame da lei no caso concreto.[126] [127]

Nesse passo, Gustavo Binenbojm ressalta que, apesar do caráter inconfundível da discricionariedade e dos conceitos jurídicos indeterminados, ambas são técnicas legislativas que contêm abertura das normas jurídicas e requerem complementação.[128]

No que tange aos conceitos indeterminados, Binenbojm destaca que o controle também é limitado, pois, além de um núcleo preciso de significado, há um halo periférico de incerteza, que possibilita a margem de interpretação do administrador e que limita o controle judicial pleno à área de certeza positiva e de certeza negativa. Na chamada zona de

---

[124] GRAU, Eros Roberto. *O direito posto e o direito pressuposto.* 3. ed. São Paulo: Malheiros, 2000, p. 150.

[125] MELLO, Celso Antônio Bandeira de. *Discricionariedade e controle jurisdicional.* 2. ed. São Paulo: Malheiros, 2017, p. 25.

[126] DI PIETRO, Maria Sylvia Zanella. *Curso de Direito Administrativo.* 11. ed. São Paulo: Atlas, 1999, p. 200.

[127] Sérgio Guerra também sustenta idêntica posição, admitindo a possibilidade de mais de uma solução justa para a integração de conceitos indeterminados. Apresenta a corrente doutrinária espanhola que, dissentindo de Enterría e Fernández, não estabelece a distinção entre a discricionariedade e a definição, no caso concreto, de conceitos jurídicos indeterminados. O autor menciona o entendimento de Mariano Bacigalupo, Miguel Sánchez Moron, Miguel Beltrán de Felipe e Mariano Magide Herrera. *In:* GUERRA, Sérgio. *Controle Judicial dos Atos Regulatórios.* Rio de Janeiro: Lumen Juris, 2005, p. 179-180 e 184.

[128] BINENBOJM, Gustavo. *Uma teoria do Direito Administrativo:* direitos fundamentais, democracia e constitucionalização. 3. ed. rev. e atual. Rio de Janeiro: Renovar, 2014, p. 231.

penumbra, o controle é parcial, à semelhança do que se dá no controle da discricionariedade.[129] [130]

O tema em exame remete também para a controvertida questão da existência ou não da denominada discricionariedade técnica desenvolvida na Itália, e com noção muito próxima aos conceitos jurídicos indeterminados, com a limitação da administração a critérios técnicos, realizando juízo de valor no caso concreto, enquanto na discricionariedade pura haveria juízo de valor e de vontade.[131]

César Guimarães Pereira propõe o abandono da expressão "discricionariedade técnica", pois nos casos em que é adotada a expressão – e somente em alguns deles – haveria, na verdade, a discricionariedade pura, não se podendo confundir as apreciações técnicas realizadas pela Administração para a tomada de decisões com uma peculiar espécie de discricionariedade. Além disso, a expressão faz supor equivocamente, segundo o autor, que todos os juízos técnicos adotados pela Administração são unívocos e insindicáveis.[132]

Para Sérgio Guerra, de igual forma, não há discricionariedade técnica, de modo que a valoração e a aplicação de critérios técnicos ocorrem no âmbito da discricionariedade pura.[133]

Registre-se, ainda, a posição de Maria Sylvia Zanella Di Pietro, para quem a atividade técnica das agências não pode ser excluída *a priori* do controle judicial, inclusive com o auxílio de peritos para dirimir questões técnicas,[134] posição essa que, no limite, poderia tornar regulador setorial o perito judicial, com invasão de competência reguladora pelo Poder Judiciário.

Em sentido contrário é a posição de Diogo de Figueiredo Moreira Neto, que admite a discricionariedade técnica das agências reguladoras em face da finalidade para a qual foram instituídas, qual seja o

---

[129] BINENBOJM, Gustavo. *Uma teoria do Direito Administrativo*: direitos fundamentais, democracia e constitucionalização. 3. ed. rev. e atual. Rio de Janeiro: Renovar, 2014, p. 234-235.

[130] "Nestes termos, um controle judicial gradual dos conceitos indeterminados, variando a sua densidade de acordo com a respectiva área temática e o grau de objetividade do conceito, parece a solução mais adequada para alcançar uma concordância prática entre os princípios da separação de poderes e a inafastabilidade do controle jurisdicional." *In*: BINENBOJM, Gustavo, *op. cit.*, p. 239.

[131] GUERRA, Sérgio. *Controle Judicial dos Atos Regulatórios*. Rio de Janeiro: Lumen Juris, 2005, p. 191-195.

[132] PEREIRA, César A. Guimarães. Discricionariedade e apreciações técnicas da administração. *Revista de Direito Administrativo*, Rio de Janeiro, v. 231, p. 217-267, jan./mar. 2003, p. 262 e 264.

[133] GUERRA, Sérgio, *op. cit.*, p. 208.

[134] DI PIETRO, Maria Sylvia Zanella. *Parcerias na administração pública*: concessão, permissão, franquia, terceirização e outras formas. 3. ed. São Paulo: Atlas, 1999, p. 145.

afastamento das decisões regulatórias da discricionariedade político-administrativa, orientada por juízos de conveniência e oportunidade.[135] Diz o autor, textualmente:

> Ao se estabelecer esta nítida clivagem entre a discricionariedade político-administrativa, geralmente de amplo espectro de alternativas válidas, que devem ser avaliadas por políticos e burocratas, e a discricionariedade técnica, geralmente comportando opções mais restritas e que devem ser consideradas à luz de regras científicas para que se determine a melhor escolha, está se ministrando não só o critério diferenciador entre os dois tipos de discricionariedade como o próprio fundamento de validade das normas reguladoras que devem ser baixadas pelas agências reguladoras.[136]

Marcos Juruena Villela Souto também adota o mesmo entendimento, aduzindo que a discricionariedade técnica "envolve a aplicação de regras experimentadas, comprovadas e comumente certas, ou em outras palavras, a valoração de fatos opináveis segundo pautas técnico-administrativas". Diz o autor, ainda, que a "discricionariedade técnica é a variedade de pressupostos capazes de produzir um maior ou menor grau de apreciação (vários juízos técnicos), ao passo que o conceito jurídico só admite uma opção válida [...]".[137]

Como se vê, há forte controvérsia sobre a discricionariedade técnica na doutrina. Todavia, em relação especificamente às agências reguladoras, a jurisprudência do Superior Tribunal de Justiça tem adotado a expressão no sentido prevalente de deferência à capacidade institucional das agências e a sua especialização técnica setorial. Mas também se verificou, ainda que em menor número, a referência à discricionariedade pura com o mesmo sentido da discricionariedade técnica.[138]

No entanto, é preciso destacar que as decisões regulatórias não são herméticas quanto aos aspectos técnicos, pois, diante de uma situação ou problema regulatório, dificilmente haverá uma única

---

[135] MOREIRA NETO, Diogo de Figueiredo. *Mutações do Direito Administrativo*. 2. ed. atual. e ampl. Rio de Janeiro: Renovar, 2001, p. 169.

[136] MOREIRA NETO, Diogo de Figueiredo, *loc. cit.*

[137] SOUTO, Marcos Juruena Villela. *Direito Administrativo Regulatório*. Rio de Janeiro: Lumen Juris, 2002, p. 358.

[138] Vejam-se, a título de exemplo, os seguintes acórdãos e decisões monocráticas do Superior Tribunal de Justiça: AREsp 1.682.389, REsp 1.859.807, AgRg no REsp 1.564.132, Ag. Int. no REsp 1.689.801 e REsp 1.803.137.

solução técnica em determinada área e, ainda mais, não relacionada a outras áreas do conhecimento, como Economia, Estatística, Direito, Engenharia, dentre outras.

Por isso, após a análise das premissas técnicas disponíveis, em exame necessariamente multidisciplinar, ocorrem escolhas de políticas regulatórias quanto às diferentes soluções técnicas aplicáveis a determinado problema regulatório em face de custos, benefícios, riscos e resultados diante das opções disponíveis.

E, nesse passo, a observação de Marçal Justen Filho quanto à inexistência de neutralidade regulatória apresenta-se bastante oportuna, ressaltando o autor que em poucas ocasiões haverá certeza científica absoluta de apenas uma solução cabível ou a restrição de autonomia do regulador em face da lei, com apenas uma alternativa legal, o que refletiria perspectiva positivista incompatível com a realidade contemporânea.[139]

E, realmente, o exercício da competência normativa pelas agências reguladoras, em um cenário de hipercomplexidade social, interdisciplinaridade técnica, novas relações entre o Estado e a sociedade, avanço tecnológico constante e globalização, não permite afirmar a possibilidade de sempre haver uma única solução adequada para determinado caso.

Assim, se é inaceitável a opção meramente econômica, sem atenção para a legalidade do ato, seria equivocada, por exemplo, opção técnica que, ao menos, não *considerasse* as consequências econômico-financeiras para os agentes regulados e para os usuários, na linha dos princípios da motivação, razoabilidade, proporcionalidade e, mais recentemente, do art. 20 do Decreto-Lei nº 4.657/42.

Há, na elaboração normativo-regulatória, uma fase interna, que se dá antes da disponibilização da proposta para a participação social, que envolve a avaliação da necessidade da atuação normativa, os estudos técnicos e comparativos sobre o problema regulatório, com a valoração dos conceitos técnicos, densificação de conceitos indeterminados e a definição das alternativas técnicas possíveis.

Essa avaliação das alternativas disponíveis requer a visão prospectiva e o trabalho multidisciplinar, considerando-se a legalidade da solução, seus custos, benefícios, riscos e resultados possíveis e desejados.

---

[139] JUSTEN FILHO, Marçal. *O direito das agências reguladoras independentes*. São Paulo: Dialética, 2002, p. 526-527.

Veja-se, a propósito, que, para a edição de atos normativos, a OCDE[140] já recomenda há muito tempo a Análise de Impacto Regulatório, realizada de modo pioneiro por algumas agências federais, como a ANVISA, e recentemente prevista em dois diplomas legais aplicáveis ao âmbito federal: a Lei nº 13.874/2019 – Lei da Liberdade Econômica – e a Lei nº 13.848/2019 – Lei das Agências Reguladoras Federais.

A decisão regulatória, que densifica leis que estabelecem conceitos indeterminados ou finalidades a serem alcançadas, compreende, portanto, múltiplos fatores que se relacionam e se condicionam mutuamente, o que dificulta a acolhida da tese da solução única para o exercício da competência normativa nessa seara.[141]

E, nessa linha de atuação, cabe finalizar a seção com o magistério de Juarez Freitas quanto à relação entre a discricionariedade legítima e o direito fundamental à boa administração pública,[142] tendo em vista que a competência discricionária (incluindo os conceitos indeterminados) compreende a atuação da Administração orientada para as melhores escolhas no caso concreto, observada a motivação, a transparência, a imparcialidade, a proporcionalidade, a probidade e o devido processo administrativo.[143]

Com efeito, a produção normativa das agências não pode prescindir do devido processo regulatório, tema que é fundamental e será retomado na seção 1.7. Por ora, importa dizer que a motivação do ato administrativo, a par da previsão na Lei nº 4.717/1965 e na Lei nº 9.784/99, foi recentemente estabelecida na alteração do Decreto-Lei nº 4.657/42 pela Lei nº 13.655/2018, constituindo medida indispensável ao processo e aos princípios constitucionais da transparência e da participação social, além de possibilitar o respectivo controle, quer institucional (controle interno, judicial e de contas), quer o controle social.

---

[140] Organisation for Economic Co-operation and Development – *OECD. Regulatory Impact Analysis: Best Practices for Regulatory Quality and Performance*, Paris, 1997. Disponível em: http://www.oecd.org/gov/regulatory-policy/2391768.pdf. Acesso em: 17 jul. 2020.

[141] Nesse sentido, é a posição de Juarez Freitas. *In:* FREITAS, Juarez. *Discricionariedade administrativa e o direito fundamental à boa administração pública.* São Paulo: Malheiros, 2007, p. 8-9.

[142] Juarez Freitas define o direito fundamental à boa administração pública com base no art. 41 da Carta dos Direitos Fundamentais da União Europeia (Carta de Nice), como a norma implícita de direta e imediata eficácia no sistema constitucional brasileiro, que visa a impedir a atuação administrativa discricionária fora ou aquém dos limites previstos. *In:* FREITAS, Juarez, *op. cit.*, p. 7.

[143] FREITAS, Juarez, *op. cit.*, p. 20-22.

Analisada a discricionariedade, que é um dos fundamentos jurídicos para o exercício da competência normativa das agências, aliada, é claro, à expressa previsão legal de tal competência, cumpre agora examinar sua natureza jurídica, investigando se ela se insere no âmbito da deslegalização ou se constitui expressão do poder regulamentar.

1.6 A competência normativa

No que tange à natureza da competência normativa das agências reguladoras, a controvérsia não é menor, destacando-se duas correntes principais: a que defende tal competência como expressão da deslegalização e a corrente que sustenta a atribuição regulamentar das agências.

Contudo, antes de iniciar o exame ora proposto, cumpre trazer a concepção de Maria Sylvia Zanella Di Pietro, manifestada desde a instituição das primeiras agências reguladoras, que reflete um olhar bastante crítico quanto a essas entidades, o que abrange a competência normativa.

A autora reconhecia a competência normativa somente àquelas agências previstas na Constituição – ANATEL e ANP –, aplicando-se apenas aos particulares que estão em relação de sujeição especial ao Estado.[144]

Tal entendimento apresenta-se isolado na doutrina brasileira, que não restringe o reconhecimento da competência normativa das agências à previsão constitucional genérica – mesmo porque tal previsão sequer foi necessária para a criação das demais agências, e tampouco a ANATEL e a ANP apresentam regime jurídico diverso das agências instituídas posteriormente a essas duas entidades.

Assim, a referência a um "órgão regulador" das telecomunicações e do petróleo não confere às respectivas agências *status* e competências constitucionais, à semelhança do que se dá com o Tribunal de Contas da União, por exemplo. Veja-se, aliás, a recente Lei nº 13.848/2019, que estabelece regime geral para todas as onze agências reguladoras federais, que não diferem em função da previsão constitucional genérica de que resultaram a ANATEL e a ANP.

---

[144] DI PIETRO, Maria Sylvia Zanella. *Parcerias na administração pública*: concessão, permissão, franquia, terceirização e outras formas. 3. ed. São Paulo: Atlas, 1999, p. 146-147.

Além disso, a prevalecer a posição transcrita, as agências que não estabelecem relação de sujeição especial com os particulares, como a ANVISA, não exerceriam competência normativa no âmbito da regulação (assim como outras competências regulatórias), limitando-se possivelmente ao exercício do tradicional poder de polícia.

Cumpre, por isso, compreender a competência normativa das agências não somente no contexto político e constitucional de redemocratização do país, mas também diante das profundas alterações econômicas que marcaram a reforma do Estado, conforme já tratado anteriormente.

É preciso compreender ainda que o Brasil passou – e ainda passa – por mudança de paradigmas jurídicos e institucionais, na esteira de outros países ocidentais, oriundos inclusive de países com sistema jurídico da *common law*, que desafiam os conceitos tradicionais e instigam a reflexão sobre a constitucionalidade de novos institutos jurídicos originados de outros sistemas jurídicos e de outras realidades nacionais.

Para Alexandre Santos de Aragão, a competência normativa das agências reguladoras não infringe o princípio da separação de poderes, uma vez que cada poder não exerce necessariamente apenas uma função, entendimento clássico que não pode ser adotado como dogma, o que seria incompatível com a sociedade contemporânea complexa e pluralista, cuja disciplina não se esgota na atividade do Poder Legislativo, em especial quanto às questões eminentemente técnicas.[145]

Em relação ao princípio da legalidade, é bastante oportuno o magistério de Gustavo Binenbojm quanto às causas de sua crise no Brasil, fenômeno que não é apenas nacional, mas verificado em outras democracias ocidentais, apresentando ângulo estrutural referente à legitimidade de representação e ângulo funcional relacionado à lei como principal parâmetro de conduta.[146]

O autor apresenta cinco causas para a crise da lei formal e de sua autoridade como o principal instrumento para a disciplina de condutas: a) excesso de leis, com o comprometimento da autoridade da lei e da segurança jurídica; b) utilização da lei como instrumento

---

[145] ARAGÃO, Alexandre Santos de. *Agências reguladoras e a evolução do Direito Administrativo Econômico*. Rio de Janeiro: Forense, 2003, p. 372 e 379.

[146] BINENBOJM, Gustavo. *Uma teoria do Direito Administrativo*: direitos fundamentais, democracia e constitucionalização. 3. ed. rev. e atual. Rio de Janeiro: Renovar, 2014, p. 131.

legitimador de injustiças; c) ascensão do constitucionalismo após a Segunda Guerra Mundial, que passa a ser, inclusive no âmbito da Administração Pública, fonte direta de competências e de critérios para a tomada de decisão, com destaque para os princípios constitucionais e para os direitos fundamentais; d) fundamentação de grande parte da atuação administrativa em atos infralegais; e e) controle do processo legislativo pelo Poder Executivo mediante diversos instrumentos, institucionalizados ou não.[147]

Diogo de Figueiredo Moreira Neto, que escreve há muito sobre as mutações do Estado e do Direito Administrativo, refere que o período pós-moderno é caracterizado pela globalização política, econômica e cultural, desenvolvimento científico e tecnológico em todas as áreas do conhecimento, interdependência de mercados, centralidade da Constituição, do princípio democrático e dos direitos fundamentais no ordenamento jurídico.[148]

Acrescenta o autor também a força normativa dos princípios, o reposicionamento do Estado, as novas formas consensuais de composição de litígios, a valorização da atuação dos denominados órgãos neutrais, bem como os novos centros e fontes de poder e de produção normativa, inclusive transestatais, a exemplo do que ocorre na União Europeia.[149]

E, considerando a sociedade hipercomplexa e o convívio de institutos jusadministrativos tradicionais ao lado de novos paradigmas necessários para responder às antigas e às novas demandas sociais, políticas, econômicas, tecnológicas e culturais, a regulação realizada por entidades independentes assume relevante papel, especificamente no cenário jurídico e institucional brasileiro, como destaca Moreira Neto:

> A *regulação*, técnica decisional de origem anglo-saxônica, supera ambos os inconvenientes: por um lado, por prescindir de novos pronun-
> ciamentos do legislador, a cada momento em que se demande uma norma adequada para responder a uma necessidade técnica, o que atende perfeitamente o requisito de *presteza*; por outro lado, por adotar a processualização aberta da decisão administrativa, reduz sensivelmente

---

[147] BINENBOJM, Gustavo. *Uma teoria do Direito Administrativo*: direitos fundamentais, demo-cracia e constitucionalização. 3. ed. rev. e atual. Rio de Janeiro: Renovar, 2014, p. 133-140.

[148] MOREIRA NETO, Diogo de Figueiredo. *Poder, direito e Estado*: o direito Administrativo em tempos de globalização – *In memoriam* de Marcos Juruena Villela Souto. Belo Horizonte: Fórum, 2011, p. 113-157.

[149] MOREIRA NETO, Diogo de Figueiredo, *op. cit.*, p. 113-157.

os costumeiros inconvenientes da unilateralidade, da parcialidade e do arbítrio nas decisões burocráticas (grifos do autor).[150]

Nesse contexto, Marçal Justen Filho refere a existência da crise da distinção entre fontes normativas, que reflete a crise da tripartição clássica de poderes, decorrente da ampliação das funções estatais no âmbito do Estado do Bem-Estar Social, da execução estatal de atividades econômicas privadas, do incremento das demandas sociais, e das alterações econômicas e políticas ao longo do tempo.[151]

Isso não significa, em absoluto, a redução da relevância da lei formal, mesmo porque há os casos de reserva legal, que constitui garantia fundamental, ou a defesa do regulamento autônomo, em relação ao qual há corrente amplamente majoritária da doutrina nacional quanto a sua incompatibilidade com o ordenamento constitucional brasileiro, salvo o disposto no art. 84, VI, da Constituição Federal.

As transformações constitucionais e, especialmente, no Direito Administrativo verificadas no país a partir da Constituição de 1988 estão relacionadas, isto sim, à ampliação do conceito de legalidade para abranger os princípios constitucionais e os direitos fundamentais, que não mais restringem a atuação da Administração Pública à legalidade estrita, que muitas vezes encerra aplicação autômata da lei.[152]

Há, portanto, descentralização da produção normativa do Estado, que não concentra mais no Poder Legislativo toda a disciplina social e econômica, em grande parte técnica, que, todavia, não pode prescindir da observância dos lineamentos básicos estabelecidos em lei formal. A esse respeito, é a observação de Alexandre Santos de Aragão sobre os ordenamentos setoriais, decorrentes dessa pluralidade de fontes normativas:

> Neste ponto, convém alertar que não se deve encarar os ordenamentos setoriais dentro do tradicional esquema de "norma especial *versus* normal geral". Os ordenamentos setoriais envolvem aspectos muito mais amplos e complexos, atinentes à própria concepção e estruturação do Estado e do Direito, sendo possível, inclusive concebê-los como

---

[150] MOREIRA NETO, Diogo de Figueiredo. *Poder, direito e Estado:* o direito Administrativo em tempos de globalização – *In memoriam* de Marcos Juruena Villela Souto. Belo Horizonte: Fórum, 2011, p. 148.

[151] JUSTEN FILHO, Marçal. *O direito das agências reguladoras independentes.* São Paulo: Dialética, 2002, p. 491.

[152] FREITAS, Juarez. *O controle dos atos administrativos e os princípios fundamentais.* 5. ed. rev. e ampl. São Paulo: Malheiros, 2013.

subsistemas integrantes do sistema jurídico total, envolvendo questões de grande importância teórica e prática, concernentes às interpenetrações e reenvios entre os diversos subsistemas jurídicos parciais e destes com o sistema jurídico central.[153]

Nesse sentido, o Supremo Tribunal Federal já se pronunciou em diversas oportunidades, como a ADI nº 4.093, relacionada à competência da ANVISA para restringir a comercialização de produtos de conveniência em farmácias.[154]

Na fundamentação desse acórdão, foi decidido por unanimidade que as agências reguladoras exercem a competência normativa em âmbito qualitativamente diferente da competência legiferante para implementação das diretrizes, finalidades, objetivos e princípios estabelecidos pela Constituição e pela legislação setorial, embora sem a possibilidade de criação ou extinção de direitos e obrigações.[155]

Isso não significa, contudo, que os regulamentos realizem a mera repetição da lei ou a explicitação normativa de questões secundárias, pois a produção normativa das agências é bastante ampla, abrangendo a disciplina de aspectos técnicos, jurídicos e econômico-financeiros dos setores regulados, formando um microssistema jurídico setorial.

E, nessa linha, Egon Bockmann Moreira e Heloísa Caggiano advertem que, se de um lado, não podem os regulamentos das agências criar direitos e deveres autônomos, é certo que, de outro, tais normas não se destinam a meramente replicar a lei, podendo apresentar inovações desde que existente a autorização legal, pois, "se não podem substituir

---

[153] ARAGÃO, Alexandre Santos de. *Agências reguladoras e a evolução do Direito Administrativo Econômico*. Rio de Janeiro: Forense, 2003, p. 195.

[154] AÇÃO DIRETA DE INCONSTITUCIONALIDADE PROPOSTA PELO GOVERNADOR DO ESTADO DE SÃO PAULO. LEI ESTADUAL Nº 12.623/2007. DISCIPLINA DO COMÉRCIO DE ARTIGOS DE CONVENIÊNCIA EM FARMÁCIAS E DROGARIAS. USURPAÇÃO DA COMPETÊNCIA DA UNIÃO. IMPROCEDÊNCIA. [...] Às agências reguladoras não compete legislar, e sim promover a normatização dos setores cuja regulação lhes foi legalmente incumbida. A norma regulatória deve se compatibilizar com a ordem legal, integrar a espécie normativa primária, adaptando e especificando o seu conteúdo, e não substituí-la ao inovar na criação de direitos e obrigações. *Em espaço que se revela qualitativamente diferente daquele em que exercida a competência legiferante, a competência regulatória é, no entanto, conformada pela ordem constitucional e legal vigente.* As normas da ANVISA que extrapolem sua competência normativa – como é o caso da proibição de comércio de artigos de conveniência em farmácias e drogarias – não se revelam aptas a obstar a atividade legiferante dos entes federados. Ação direta de inconstitucionalidade julgada improcedente (grifos nossos). *In:* BRASIL. Supremo Tribunal Federal. *Ação Direta de Inconstitucionalidade nº 4.093.* Relatora: Min. Rosa Weber. Brasília, 24.09.2014.

[155] BRASIL. Supremo Tribunal Federal. *Ação Direta de Inconstitucionalidade nº 4.093.* Relatora: Min. Rosa Weber. Brasília, 24.09.2014.

a lei, os atos normativos das agências não se limitam à sua mera execução".[156] E mais: "se o regulamento não pudesse inovar em nenhum aspecto, ou todos seriam dispensáveis em face das leis, ou nulos".[157]

A legislação dos diferentes setores regulados é repleta de diplomas legais que atribuem não somente a disciplina, mas remetem às agências a previsão de direitos e obrigações de agentes regulados e consumidores, com maior espaço para a atuação regulatória quanto mais técnicas se apresentam as questões a serem normatizadas. Exemplo desses diplomas legais são a Lei nº 10.848/2004,[158] que constitui importante diploma legal do setor elétrico, e, mais recentemente, a Lei nº 11.445/2007, com as alterações realizadas pela Lei nº 14.026/2020.[159]

Portanto, é essa a compreensão que se apresenta mais adequada quanto à impossibilidade de o regulamento criar direitos e deveres de modo autônomo, uma vez que, salvo as matérias reservadas à lei formal, a legislação setorial exige o substrato técnico, não raro interdisciplinar, para a integral conformação de direitos e deveres previstos ou autorizados em lei.

---

[156] MOREIRA, Egon Bockmann; CAGGIANO, Heloísa Conrado. O poder normativo das agências reguladoras na jurisprudência do STF: mutação constitucional do princípio da legalidade? *Revista de Direito Público da Economia – RDPE*, Belo Horizonte, n. 43, p. 35-57, jul./set. 2013, p. 46.

[157] MOREIRA, Egon Bockmann; CAGGIANO, Heloísa Conrado, *loc. cit.* Idêntico entendimento é manifestado por Ricardo Duarte Jr.: "... se os regulamentos não tivessem força para criar direitos e obrigações, a sua função se reduziria praticamente a zero, inviabilizando a produção de qualquer regulamento, pois se limitariam a aplicar estritamente a lei, o que só acontece em raríssimas hipóteses". *In:* DUARTE JR., Ricardo. A natureza jurídica dos atos normativos elaborados pelas agências reguladoras. A&C – *Revista de Direito Administrativo e Constitucional*, Belo Horizonte, n. 61, p. 181-207, jul./set. 2015, p. 188.

[158] "Art. 1º A comercialização de energia elétrica entre concessionários, permissionários e autorizados de serviços e instalações de energia elétrica, bem como destes com seus consumidores, no Sistema Interligado Nacional – SIN, dar-se-á mediante contratação regulada ou livre, nos termos desta Lei e do seu regulamento, o qual, observadas as diretrizes estabelecidas nos parágrafos deste artigo, deverá dispor sobre: [...] §6º A comercialização de que trata este artigo será realizada nos termos da Convenção de Comercialização, *a ser instituída pela Agência Nacional de Energia Elétrica – ANEEL, que deverá prever: I - as obrigações e os direitos dos agentes do setor elétrico;*" (grifos nossos).

[159] "Art. 12 [...] §1º *A entidade de regulação definirá, pelo menos:* I - as normas técnicas relativas à qualidade, quantidade e regularidade dos serviços prestados aos usuários e entre os diferentes prestadores envolvidos; II - as normas econômicas e financeiras relativas às tarifas, aos subsídios e aos pagamentos por serviços prestados aos usuários e entre os diferentes prestadores envolvidos; III - a garantia de pagamento de serviços prestados entre os diferentes prestadores dos serviços; IV - os mecanismos de pagamento de diferenças relativas a inadimplemento dos usuários, perdas comerciais e físicas e outros créditos devidos, quando for o caso; V - o sistema contábil específico para os prestadores que atuem em mais de um Município. Veja-se também o art. 23, que estabelece uma série de atribuições para as agências reguladoras dos serviços de saneamento básico, com inegável definição de obrigações e direitos para os prestadores" (grifos nossos).

Feitas essas considerações, cabe passar ao exame da teoria da deslegalização ou delegificação, que, na doutrina nacional, tem como expoentes Diogo de Figueiredo Moreira Neto e Alexandre Santos de Aragão.

1.6.1 A teoria da deslegalização

A deslegalização constitui espécie de delegação legislativa, ao lado da delegação receptícia e da remissão legal, em que o legislador retira determinada matéria do domínio da lei, transferindo-a para o domínio do regulamento.[160] Moreira Neto acrescenta que a deslegalização "sempre será possível na ordem constitucional vigente", salvo, por óbvio, se houver proibição específica e expressa.[161]

Segundo essa teoria, as agências reguladoras exercem a competência normativa por força da técnica de deslegalização de matérias, em que a lei estabelece lineamentos gerais, com princípios, finalidades e valores a serem observados, atribuindo à agência a disciplina de determinado aspecto. As leis-quadro realizam, mediante essa técnica, a degradação normativa hierárquica de determinada matéria da lei para o regulamento, que irá densificar a questão objeto da deslegalização.[162]

Cumpre notar também, com Enterría e Fernández, aspecto fundamental da técnica: uma vez deslegalizada determinada matéria, ela poderá ser modificada por regulamentos posteriores, inclusive com inovações e derrogações de leis anteriores à lei de deslegalização, o que não seria possível sem a lei que reduz a hierarquia da disciplina normativa de certo aspecto.[163]

A jurisprudência do Superior Tribunal de Justiça e do Supremo Tribunal Federal é reduzida sobre a matéria, conforme pesquisa realizada para os termos deslegalização e delegificação. Em relação ao Superior Tribunal de Justiça,[164] verificou-se que as decisões referem o

---

[160] MOREIRA NETO, Diogo de Figueiredo. *Mutações do Direito Administrativo*. 2. ed. atual. e ampl. Rio de Janeiro: Renovar, 2001, p. 164-167.

[161] MOREIRA NETO, Diogo de Figueiredo, *op. cit.*, p. 172.

[162] ARAGÃO, Alexandre Santos de. *Agências reguladoras e a evolução do Direito Administrativo Econômico*. Rio de Janeiro: Forense, 2003, p. 418 e 422-423.

[163] GARCÍA DE ENTERRÍA, Eduardo; FERNÁNDEZ, Tomás-Ramón. *Curso de Derecho Administrativo*. Notas de Agustín Gordillo. 1. ed. Buenos Aires: La Ley, 2006, v. 1, p. 277.

[164] Em pesquisa na jurisprudência do STJ com o argumento "deslegalização", a página eletrônica apresentou 1 (um) acórdão e 24 (vinte e quatro) decisões monocráticas. Disponível em: https://scon.stj.jus.br/SCON/decisoes/toc.jsp?livre=DESLEGALIZA%C7% C3O&b=DTXT&p=true. Acesso em: 17 jun. 2021.

termo "deslegalização" no relatório ou em rápida menção doutrinária. Contudo, o tema não foi efetivamente examinado e decidido.

Em pesquisa à jurisprudência do Supremo Tribunal Federal, cabe citar a ADI nº 4.874,[165] em que foi discutida a constitucionalidade do art. 7º, III e XV, parte final, da Lei nº 9.782/99, bem como da Resolução da Diretoria Colegiada nº 14/2012, emitida pela ANVISA, que proibiu o uso de aditivos aos produtos derivados do tabaco. Nesse julgamento, houve longo debate sobre a competência normativa das agências reguladoras e seus limites, no qual foi reconhecida a natureza normativa de polícia da resolução da ANVISA. Entretanto, em seu voto, o Min. Luiz Fux adotou expressamente a doutrina da deslegalização, conforme se vê no seguinte trecho:

> Desse modo, é amplamente possível, e modernamente aconselhável, a chamada deslegalização, que, como visto acima, é válida desde que operada com o estabelecimento de parâmetros inteligíveis, em prestígio ao princípio democrático.
>
> Para que a deslegalização seja considerada legítima, (i) não poderá envolver matérias sujeitas, por decisão constitucional, à reserva de lei, e (ii) há de ser acompanhada de parâmetros mínimos e claros, que, de modo enfático, limitem a atuação da agência reguladora, e permitam a fiscalização dos seus atos.[166]

Mais recentemente, pode-se citar a ADI nº 2.095/RS,[167] em que foi examinada a competência da Agência Estadual de Regulação dos Serviços Públicos Delegados do Rio Grande do Sul (AGERGS) para a regulação do saneamento básico. Embora o tema específico não fosse determinado ato infralegal, e sim a competência prevista na Lei Estadual nº 10.931/97, o voto do ministro Gilmar Mendes abordou a questão nos seguintes termos:

> O afastamento do Estado dessas atividades, que passaram a ser exercidas pela iniciativa privada mediante contratos de concessão ou permissão,

---

[165] BRASIL. Supremo Tribunal Federal. *Ação Direta de Inconstitucionalidade nº 4.874*. Relatora: Min. Rosa Weber. Brasília, 1º.02.2018. Registre-se que os pedidos foram julgados improcedentes e, em função da falta de *quórum* para a maioria absoluta, o pedido sucessivo, referente à inconstitucionalidade da RDC 14/2012, foi destituído de eficácia *erga omnes* e efeito vinculante.

[166] BRASIL Supremo Tribunal Federal. *Ação Direta de Inconstitucionalidade nº 4.874*. Excerto do voto do Ministro Luiz Fux.

[167] BRASIL. Supremo Tribunal Federal. *Ação Direta de Inconstitucionalidade nº 2.095*. Relatora: Min. Cármen Lúcia. Brasília, 11.10.2019.

exigiu a instituição de órgãos reguladores, com típica atividade de controle da prestação dos serviços públicos e da atuação das pessoas privadas que passaram a executá-lo.

Assim, com vistas a evitar o abuso do poder econômico, a dominação de mercado e a eliminação da concorrência, conferiu-se a essas agências poder normativo, conhecido pela doutrina como *"deslegalização"*, que consiste na edição de normas gerais de caráter técnico que não usurpam a competência de órgãos ou pessoas da Administração Pública, sobretudo por se tratar de norma particularizada e contextualizada, a exigir resposta estatal rápida diante das inovações tecnológicas e mudanças econômicas e sociais vivenciadas pelo setor econômico em questão.

Ressalte-se, no entanto, que a norma regulatória deve estar compatibilizada com a ordem legal, adaptando e especificando o seu conteúdo, não podendo inovar na criação de direito e obrigações. Assim, a atuação normativa dessas agências não se confunde com a atividade legiferante, conforme alegado na inicial.[168]

Contudo, percebe-se que, também no Supremo Tribunal Federal, as decisões do colegiado que consagram a doutrina da deslegalização são reduzidas. O que há, na maior parte dos acórdãos pesquisados, são posições individuais manifestadas em favor da deslegalização.

A possibilidade de um regulamento revogar a lei formal anterior, ainda que por autorização expressa da lei que deslegaliza determinada matéria, bem como a aptidão para inovação constituem as razões pelas quais grande parte da doutrina brasileira não admite a teoria da deslegalização.

1.6.2 A competência regulamentar

A corrente majoritária da doutrina administrativista não adota a teoria da deslegalização, sustentando que a competência normativa das agências decorre da atribuição para regulamentação de leis, diversa da competência do chefe do Poder Executivo, prevista no art. 84, IV, da Constituição Federal. São expoentes dessa corrente Marçal Justen Filho, Gustavo Binenbojm, Sérgio Guerra, Carlos Ari Sundfeld e Juarez Freitas, que afirmam a competência regulamentar das agências reguladoras.

Marçal Justen Filho afirma a inaplicabilidade da teoria da deslegalização ao Direito brasileiro, que não admite delegação permanente

---

[168] BRASIL. Supremo Tribunal Federal. *Ação Direta de Inconstitucionalidade nº 2.095*. Relatora: Min. Cármen Lúcia. Brasília, 11.10.2019. Excerto do voto do Ministro Gilmar Mendes.

do Congresso Nacional para entidade integrante do Poder Executivo e tampouco a possibilidade de revogação de leis por atos infralegais, ainda que mediante autorização legal.[169]

Justen Filho reconhece, contudo, a possibilidade de delegação normativa secundária, identificada com a atribuição de competência discricionária, no âmbito da competência regulamentar.[170] Para o autor, a competência regulamentar não é privativa do Chefe do Poder Executivo. No entanto, não é admissível pelo ordenamento constitucional brasileiro que a lei se limite a prever *standards* – padrões abstratos e genéricos – para que o regulamento discipline a matéria de modo quase integral.[171]

Na mesma linha, tem-se a posição de Gustavo Binenbojm, que não admite a possibilidade de os regulamentos das agências revogarem leis anteriores que disciplinavam determinada matéria, e sustenta que a deslegalização equivaleria a uma delegação inominada genérica, não prevista na Constituição Federal.[172] Isso não significa, contudo, a restrição de atuação da agência reguladora ao mero detalhamento da lei, que pode inclusive estabelecer apenas disposições mínimas ou parâmetros a serem disciplinados na norma secundária.

No mesmo sentido, tem-se a posição de Carlos Ari Sundfeld, que sustenta a submissão da competência normativa das agências à lei, que deve estabelecer *standards* suficientes, sob pena de haver a delegação inconstitucional da função legislativa. Reconhece o autor, contudo, a dificuldade dessa definição, que requer a interpretação sistemática da legislação.[173]

Essa também é a lição de Rafael Maffini, que, ao examinar a ADI nº 4.568, tratou dos atos estatais *intra legem*, que correspondem à "categoria *sui generis* de regulamento executivo, peculiarizada pela existência de *standards* legais dotados de precisão jurídica e semântica, os quais serão explicitados por meio de normas administrativas".[174]

---

[169] JUSTEN FILHO, Marçal. *O direito das agências reguladoras independentes*. São Paulo: Dialética, 2002, p. 495 e 497.

[170] JUSTEN FILHO, Marçal, *op. cit.*, p. 495 e 497.

[171] JUSTEN FILHO, Marçal, *op. cit.*, p. 519 e 524.

[172] BINENBOJM, Gustavo. *Uma teoria do Direito Administrativo*: direitos fundamentais, democracia e constitucionalização. 3. ed. rev. e atual. Rio de Janeiro: Renovar, 2014, p. 299-300 e 305.

[173] SUNDFELD, Carlos Ari. Introdução às Agências Reguladoras. *In*: SUNDFELD, Carlos Ari (coord.). *Direito Administrativo Econômico*. São Paulo: Malheiros, 2000, p. 27-28.

[174] MAFFINI, Rafael, ADI n. 4.568: os atos normativos *intra legem* na jurisprudência do Supremo Tribunal Federal. *In*: PEREIRA, Flávio Henrique Unes *et al.* (coord.). *O Direito*

Por sua vez, Sérgio Guerra sustenta a existência de competência regulamentar secundária das agências, fundada em critérios eminentemente técnicos e distinta da competência regulamentar primária exercida pelo chefe do Poder Executivo, de cunho marcadamente político.[175]

A jurisprudência majoritária também segue essa linha. Veja-se, a propósito, e a título de exemplo, a decisão cautelar na Ação Direta de Inconstitucionalidade nº 1.668,[176] em que foram impugnados, dentre diversos dispositivos, os incisos IV e X do art. 19 da Lei nº 9.472 – Lei Geral de Telecomunicações, que instituiu a ANATEL.

No acórdão foi deferida a medida cautelar para dar interpretação conforme aos incisos IV e X do art. 19, que versam sobre a competência normativa da ANATEL, "com o objetivo de fixar exegese segundo a qual a competência da Agência Nacional de Telecomunicações para expedir normas subordina-se aos preceitos legais e regulamentares que regem a outorga, prestação e fruição dos serviços de telecomunicações no regime público e no regime privado [...]".[177]

De igual forma, no Superior Tribunal de Justiça é essa a corrente que prevalece, embora existam variações de entendimento que, de um lado, sujeitam o regulamento das agências reguladoras à estrita observância da lei, sem quaisquer inovações ou alterações e, de outro, admitem decisões mais flexíveis quanto à possibilidade de inovação no âmbito técnico e desde que em conformidade com os parâmetros e finalidades estabelecidos em lei.

Portanto, a natureza regulamentar dos atos normativos das agências é majoritária, cumprindo lembrar que a competência regulamentar não se exaure na atuação do chefe do Poder Executivo, ocorrendo por remissão legal às agências reguladoras. No entanto, a doutrina da deslegalização tem defensores importantes, como se viu.

Note-se, a esse respeito, que o Capítulo I da Lei nº 13.848/2019, que trata em grande parte da competência normativa das agências reguladoras, com previsão da Análise de Impacto Regulatório, de

---

Administrativo na jurisprudência do STF e do STJ: homenagem ao Professor Celso Antônio Bandeira de Mello. Belo Horizonte: Fórum, 2014, p. 482.

[175] GUERRA, Sérgio. *Controle Judicial dos Atos Regulatórios.* Rio de Janeiro: Lumen Juris, 2005, p. 112, 122-123.

[176] BRASIL. Supremo Tribunal Federal. Plenário *Ação Direta de Inconstitucionalidade nº 1.668.* Relator: Min. Marco Aurélio. Brasília, 20.08.1998. Registre-se que o julgamento definitivo ainda não foi realizado.

[177] BRASIL. Supremo Tribunal Federal. Plenário *Ação Direta de Inconstitucionalidade nº 1.668.* Relator: Min. Marco Aurélio. Brasília, 20.08.1998.

realização de consulta e audiência públicas, bem como de agenda anual para o planejamento da atividade normativa, foi designado genericamente "processo decisório", sem a referência acerca da natureza jurídica do ato normativo, o que, aliás, é técnica positiva, tendo em vista a divergência na doutrina e na jurisprudência, como demonstrado.

1.7 O processo regulatório

O processo regulatório das agências federais insere-se no contexto da administração pública dialógica, inaugurado com a Constituição Federal de 1988, orientada pelo princípio democrático, com a previsão de contraditório e da ampla defesa também nos processos administrativos.[178]

Com efeito, a partir da restauração do regime democrático, da Constituição Federal e da centralidade dos direitos fundamentais no ordenamento jurídico nacional, iniciou-se o processo de profunda alteração na Administração Pública brasileira e na relação com a cidadania, que reflete movimento global e abrange a redução do exercício unilateral de prerrogativas estatais, a ampliação institucional do diálogo e a busca do consenso, a instituição de agências reguladoras, novas formas de cooperação entre o público e o privado, ações voltadas para a promoção da participação e do controle social, e a qualificação da transparência pública, dentre outras transformações.

Essas alterações evidentemente refletiram-se no próprio Direito Administrativo, cujos institutos passam a ser reexaminados sob a principiologia constitucional. E, nesse aspecto, é oportuno referir, com Gustavo Binenbojm, que, ao longo de sua evolução, o Direito Administrativo de tradição continental manteve-se descolado do Direito Constitucional, com diversos conceitos próprios do Direito Administrativo desvinculados das regras e princípios constitucionais, como é o caso do interesse público e da discricionariedade administrativa.[179]

---

[178] Note-se que na Constituição Federal de 1967 o contraditório estava previsto apenas para a instrução criminal. Além disso, a CF estabelecia que *a lei* asseguraria aos *acusados* a ampla defesa. Veja-se textualmente: "Art. 150 [...] §15 - A lei assegurará aos acusados ampla defesa, com os recursos a ela inerentes. Não haverá foro privilegiado nem Tribunais de exceção. §16 - A instrução criminal será contraditória, observada a lei anterior quanto ao crime e à pena, salvo quando agravar a situação do réu".

[179] BINENBOJM, Gustavo. *Uma teoria do Direito Administrativo:* direitos fundamentais, democracia e constitucionalização. 3. ed. rev. e atual. Rio de Janeiro: Renovar, 2014, p. 18-19.

Como acentuado por Rafael Maffini, perante o Estado, e segundo a perspectiva superada, o cidadão apresentava-se de modo irrelevante ou como mero destinatário da atuação administrativa, paradigma esse que se alterou, a fim de possibilitar a participação da cidadania nas decisões administrativas.[180]

Nesse novo cenário, as normas constitucionais ganham não apenas relevância, mas preponderância na interpretação e aplicação dos institutos de Direito Administrativo, orientados pelos valores consagrados na Constituição Federal, com o que o princípio da legalidade passa a ganhar nova dimensão.

A consensualidade na Administração Pública, além de promover a democracia nesse ambiente – o que já seria finalidade louvável –, acarreta a ampliação da cooperação entre o Estado e a cidadania, a legitimação dos atos administrativos, a maior aderência social quanto ao cumprimento desses atos, bem como a maior eficiência no desempenho das funções administrativas.

O processo administrativo também sofre os influxos da constitucionalização do Direito Administrativo, em evolução que ainda não se perfectibilizou, uma vez que a democratização desse instituto e o respeito às garantias fundamentais não são valores ainda plenamente internalizados na Administração Pública, o que pode ser constatado no exame da jurisprudência, que é frequente em invalidar tais processos em razão da inobservância de garantias fundamentais.

Nesse sentido, Sérgio Ferraz e Adilson Abreu Dallari apresentam reflexão crítica quanto ao processo administrativo e seu viés autoritário:

> A consequência dessa idiossincrasia do direito administrativo brasileiro é por todos conhecida: a Administração sempre se considerou senhora e dona do processo administrativo, decidindo a seu talante, como e quando instaurá-lo, seu *iter*, a dimensão da atividade dos administrados em seu bojo, sua publicidade ou reserva etc. [...]
>
> Ora, somente se pode pensar em efetiva realização do princípio democrático quando e onde possa o administrado participar da feitura do querer administrativo, ou da sua concretização efetiva. Para tanto, imprescindível que se assegura ao cidadão o postular junto à

---

[180] MAFFINI, Rafael. Administração Pública Dialógica (proteção procedimental da segurança em torno da Súmula Vinculante nº 3, do Supremo Tribunal Federal). *Revista de Direito Administrativo*, Rio de Janeiro, v. 253, p. 159-172, 2010, p. 159-160.

Administração, com a mesma coorte de garantias que lhe são deferidas no processo jurisdicional – particularmente as certezas do contraditório, da prova, do recurso e da publicidade.[181]

Em que pese a evolução já verificada, há ainda tensão atual entre parcela da sociedade, que demanda constante participação, e a Administração Pública brasileira, que ainda age com antigas práticas autoritárias e unilaterais, cujas decisões são muitas vezes questionadas mediante instrumentos não estatais, próprios da hiperconexão social, como petições públicas e pressão da cidadania realizada nas redes sociais.

Cabe ressaltar que o devido processo administrativo constitui a expressão do direito à boa administração pública na esfera processual, em que a Administração Pública não apenas respeita, mas promove a participação social nas decisões administrativas, que devem ser motivadas, transparentes, emitidas em tempo razoável e orientadas para os princípios fundamentais e para a teleologia constitucional.[182]

Além disso, o processo administrativo constitui garantia constitucional dos particulares, instrumento de limitação do poder e meio de controle, quer institucional, quer social. Por isso, a adequada observação de Justen Filho ao afirmar que a processualização da decisão administrativa exerce função similar à separação de poderes, acarretando o fracionamento do poder estatal em diferentes fases e competências.[183]

Portanto, constitui sério equívoco equiparar ou reduzir o processo administrativo a uma instância ou questão "burocrática", que naturalmente carrega sentido pejorativo, quase sempre para afastar o cumprimento da legislação processual em nome da celeridade do ato e da economia de recursos financeiros ou ainda em razão de interesses velados. Corretíssima, por isso, a observação de Carlos Ari Sundfeld em relação aos reguladores, aplicável a todos os que lidam, de alguma forma, com o processo administrativo:

---

[181] FERRAZ, Sérgio; DALLARI, Adilson Abreu. *Processo Administrativo*. São Paulo: Malheiros, 2001, p. 21-22.

[182] FREITAS, Juarez. *O controle dos atos administrativos e os princípios fundamentais*. 5. ed. rev. e ampl. São Paulo: Malheiros, 2013, p. 25-27.

[183] JUSTEN FILHO, Marçal. *O direito das agências reguladoras independentes*. São Paulo: Dialética, 2002, p. 561-562.

O desprezo pelo Direito é sempre um caminho desastroso; os reguladores que têm tarefas e poderes imensos precisam ser alertados disso. O dever de obedecer ao Direito nem é uma velharia nem um item a mais do "custo Brasil". Todo Estado civilizado respeita sua ordem jurídica e luta por sua preservação, mesmo durante as grandes transformações.[184]

A Lei nº 9.784/99 significou importante avanço para o processo administrativo federal, em face da previsão de princípios e regras gerais aplicáveis à Administração Pública Federal, dentre estes a legalidade, entendida em sua forma ampla (art. 2º, I), abrangendo a lei e o Direito.[185]

Nesse ambiente, ao mesmo tempo em que sofre a influência da constitucionalização do Direito Administrativo, o processo regulatório também atua como fator de qualificação democrática do processo administrativo, pois contempla institutos até então pouco utilizados pela Administração Pública, como as consultas e as audiências públicas e, mais recentemente, a Análise de Impacto Regulatório, que constitui técnica de motivação do ato normativo. Além de novos instrumentos processuais, Floriano de Azevedo Marques Neto destaca o novo padrão de conduta do Estado no ambiente regulatório:

> Fruto da reestruturação do papel do Estado nas suas relações com a sociedade, verifica-se o surgimento de um novo padrão de atuação regulatória, onde a imposição unilateral e autoritária de pautas, condutas e comportamentos dá lugar à articulação de interesses e ao estabelecimento de pautas regulatórias negociadas com os diversos interesses envolvidos numa dada atividade (operadores, usuários efetivos e potenciais). Ganha lugar aquilo que se convencionou chamar de regulação reflexiva, na qual o Estado deixa de ser um adjudicador de direitos e passa a ser um mediador de interesses, sem perder a função de tutor das hipossuficiências sociais.[186]

Consultas e audiências públicas, bem como a Análise de Impacto Regulatório, serão os institutos tratados a seguir, que representam instrumentos de participação social adotados pelas agências

---

[184] SUNDFELD, Carlos Ari. Introdução às Agências Reguladoras. *In*: SUNDFELD, Carlos Ari (coord.). *Direito Administrativo Econômico*. São Paulo: Malheiros, 2000, p. 38.

[185] Recentemente, a Lei nº 9.784/99 teve sua abrangência ampliada para outras esferas da federação que não contam com norma própria de processo administrativo, por força do que estabelece a Súmula 633 do Superior Tribunal de Justiça.

[186] MARQUES NETO, Floriano de Azevedo. A nova regulação dos serviços públicos. *Revista de Direito Administrativo*, Rio de Janeiro, n. 228, p. 13-29, abr./jun. 2002, p. 16.

reguladoras e de aprofundamento da motivação administrativa no âmbito regulatório, respectivamente.

1.7.1 Audiências e consultas públicas

A audiência pública foi prevista inicialmente no ordenamento jurídico brasileiro[187] de forma facultativa e sem procedimento específico, com a Resolução nº 01/86, emitida em 23.01.1986 pelo Conselho Nacional do Meio Ambiente (CONAMA)[188] para a apresentação e discussão do Relatório de Impacto Ambiental.

Com a Constituição Federal, em decorrência do princípio democrático e do art. 37, §3º, a participação nas decisões administrativas passou a constituir direito fundamental, além de conferir legitimidade democrática à atuação da Administração Pública,[189] sobretudo nos casos em que as decisões são tomadas por quem não detém a representação popular, como ocorre nas agências reguladoras.

Assim, foram previstas pela Constituição audiências públicas pelas comissões do Congresso e de suas Casas (art. 58, §2º, II) e, na legislação ordinária, para as licitações de elevado valor (art. 39 da Lei nº 8.666/93). Contudo, foram as primeiras agências federais que estabeleceram esses instrumentos de participação social de forma sistemática, como a Lei nº 9.427/96 (ANEEL, com previsão de audiência), a Lei nº 9.472/97 (ANATEL, com previsão de consulta) e a Lei nº 9.478/97 (ANP, com previsão de audiência).

Em 1999, a previsão de realização de consultas e audiências públicas alcançou a Administração Pública Federal com a Lei nº 9.784/99, que estabelece a realização de tais atos na fase instrutória do processo administrativo para matérias de interesse geral, com o dever de resposta

---

[187] SILVA, Laís Sales do Prado e; SANTOS, Murilo Giordan; PAULINO, Virgínia Juliane Adami. Audiências públicas: histórico, conceito, características e estudo de caso. *A&C – Revista de Direito Administrativo & Constitucional*, Belo Horizonte, ano 15, n. 62, out./dez. 2015, p. 239.

[188] "Art. 11 [...] §2º - Ao determinar a execução do estudo de impacto ambiental e apresentação do RIMA, o órgão estadual competente ou o IBAMA ou, quando couber o Município, determinará o prazo para recebimento dos comentários a serem feitos pelos órgãos públicos e demais interessados e, sempre que julgar necessário, promoverá a realização de audiência pública para informação sobre o projeto e seus impactos ambientais e discussão do RIMA".

[189] ARAGÃO, Alexandre Santos de. A legitimação democrática das agências reguladoras. *Revista de Direito Público da Economia – RDPE*, Belo Horizonte, ano 2, n. 6, p. 9-26, abr./jun. 2004, p. 19-20.

da Administração Pública às contribuições dos interessados, sem prejuízo da adoção de outros meios de participação social.[190] Mais recentemente, a Lei nº 13.655/2018 alterou a Lei de Introdução às Normas do Direito Brasileiro, com a previsão de realização de prévia consulta pública para atos normativos da Administração, em caráter facultativo, o que, por isso, não alcança a finalidade pretendida de transparência e participação social.

A consulta pública estabelecida na Lei nº 13.848/2019 é ato de manifestação escrita dos interessados em relação à proposta de ato normativo de interesse geral dos agentes econômicos e consumidores, e sua realização por, no mínimo, 45 dias é cogente, de modo que constitui condição de validade do ato normativo regulatório, como estabelece o art. 9º, *caput* e §§1º e 2º, da lei.

A Lei nº 13.848/2019 dispõe que as contribuições da consulta deverão estar disponíveis na página eletrônica da agência após 10 dias do seu término, o que é medida salutar de transparência, de modo que todos conheçam os interesses em jogo na produção normativa regulatória.

Contudo, a lei estabeleceu também, no art. 9º, §5º, que o exame da agência sobre as contribuições recebidas será disponibilizado em até 30 dias úteis *após* a deliberação final sobre a matéria, o que constitui medida prejudicial à transparência regulatória, pois a lei deveria ter estabelecido a disponibilização do exame da área técnica afeta à matéria em questão *antes* da decisão, sem vincular a diretoria colegiada.

Afora essa questão, Alexandre Santos de Aragão sustenta o retrocesso de tal previsão, uma vez que as contribuições apresentadas nas consultas e audiências públicas constituem expressão do Direito Constitucional de petição e, como tal, exigiriam a respectiva resposta com a decisão, e não no período posterior ao ato, como estabelecido na lei.[191] Mesmo entendimento é adotado por Luiz Gustavo Correio em comentários sobre a Lei nº 13.848/2019.[192]

---

[190] Registre-se também a Lei nº 9.985/2000 (institui o Sistema Nacional de Unidades de Conservação da Natureza) e a Lei nº 10.257/2001 (Estatuto da Cidade), que estabelecem a realização de consultas e audiências públicas.

[191] ARAGÃO, Alexandre Santos de. Considerações iniciais sobre a lei geral das agências reguladoras. *Revista de Direito da Administração Pública*, Rio de Janeiro, v. 1, n. 1, p. 7-23, jan./jun. 2020, p. 17.

[192] CORREIO, Luís Gustavo Faria Guimarães. Comentários sobre a lei geral de agências reguladoras. *Revista de Direito da Administração Pública*, Rio de Janeiro, v. 1, p. 77-111, jul./dez. 2019, p. 94.

A resposta preliminar da agência *antes* da decisão qualificaria a participação dos interessados na audiência pública, que acontece geralmente após o período de consulta pública e sobretudo na sessão pública de deliberação do ato normativo, para eventual manifestação oral de associações e demais legitimados processuais.

A audiência pública, por seu turno, é ato facultativo realizado pela agência para manifestação oral dos interessados, como previsto no art. 10 da Lei nº 13.848/2019. De forma semelhante ao que ocorre na consulta pública, o relatório da audiência é disponibilizado em até 30 dias úteis após seu encerramento, podendo ser prorrogado por igual período em casos de grande complexidade.

De todo modo, a Lei nº 13.848/2019 significou avanço em relação às consultas e às audiências públicas ao estabelecer procedimento uniforme para as agências reguladoras e, quanto às consultas, a necessária realização da medida previamente aos atos normativos.

É fundamental ressaltar, quanto ao procedimento da consulta, que as alterações substanciais na minuta do ato normativo, em sentido não apresentado inicialmente pela agência à participação social, deverão ser objeto de nova consulta pública, sob pena de fraudar a finalidade do ato e invalidá-lo, uma vez que o objetivo da consulta é dar transparência à proposta normativa e possibilitar o oferecimento de contribuições prévias à decisão da agência, tornando efetiva a participação de agentes regulados, consumidores e demais interessados.[193]

No entanto, não se pode deixar de observar que esses atos envolvem participação muito desigual entre agentes econômicos e consumidores, incluindo suas associações. A assimetria de informações em setores altamente complexos é enorme, de modo que há um longo caminho para as agências reguladoras democratizarem a participação dos consumidores, inserindo-os verdadeiramente no processo de elaboração normativa.

Essa percepção também foi manifestada pela OCDE em relatório de 2008 realizado especificamente para análise das agências reguladoras brasileiras, em que registrou o seguinte:

> A consulta pública poderia ser aproveitada mais plenamente. Mesmo ao assegurar o acesso por meios eletrônicos, garantir a participação efetiva dos cidadãos, o procedimento de consulta pública continua sendo

---

[193] BRUNA, Sérgio Varella. *Agências reguladoras*: poder normativo, consulta pública, revisão judicial. São Paulo: Revista dos Tribunais, 2003, p. 273.

CAPÍTULO 1
AS AGÊNCIAS REGULADORAS E A LEI Nº 13.848/2019 | 85

um desafio. O baixo nível de participação social pode ser comparado à dificuldade de representação da sociedade civil. Há também a necessidade de fazer com que a voz dos consumidores seja efetivamente ouvida.[194]

A esse respeito, foi apresentada ao Ministério da Justiça em 2010 a pesquisa sobre as agências reguladoras e a tutela do consumidor, realizada pelo Instituto Brasileiro de Defesa do Consumidor (IDEC), que abrangeu a ANEEL, ANATEL e ANS.[195]

Essa pesquisa, além de apontar o descumprimento da legislação consumerista na atuação dessas agências e a ênfase na regulação econômica, em detrimento da regulação social, registrou a reduzida participação social no processo regulatório em razão da assimetria técnica e financeira das instituições de defesa do consumidor, da falta de articulação das agências com instituições estatais e não estatais de defesa do consumidor e da ausência de adequada transparência.[196]

Com efeito, os consumidores estavam e continuam em grande desvantagem informacional e de participação nesses atos. Nesse sentido, Roberto Pfeiffer observou que as dificuldades de compreensão da linguagem técnica e de contratação de especialistas por parte de consumidores e de suas associações contribuem para que "a regulação não leve em consideração os seus interesses, que, na maior parte das vezes, não são adequadamente identificados, defendidos ou sequer vocalizados".[197]

---

[194] Organização para a Cooperação e Desenvolvimento Econômico – OCDE. Relatório sobre a Reforma Regulatória. Brasil – Fortalecendo a Governança para o Crescimento. Brasília, 28.05.2008, p. 8.
Disponível em: http://www.biblioteca.presidencia.gov.br/publicacoes-oficiais/catalogo/lula/ocde-2013-relatorio-sobre-a-reforma-regulatoria-brasil-fortalecendo-a-governanca-para-o-crescimento. Acesso em: 8 jun. 2020.

[195] SODRÉ, Marcelo Gomes (coord.). *Agências reguladoras e a tutela dos consumidores*. Série Pensando o Direito nº 21/2010. Instituto Brasileiro de Defesa do Consumidor – IDEC. Brasília: Ministério da Justiça. 2010. Disponível em: https://www.justica.gov.br/seus-direitos/elaboracao-legislativa/pensando-o-direito/publicacoes/anexos/21pensando_direito.pdf/view. Acesso em: 21 jun. 2019.

[196] Além de recomendações para corrigir esses aspectos, o IDEC propôs a ampliação da informação acerca das funções exercidas pelas agências, a integração entre as agências e o Sistema Nacional de Defesa do Consumidor, a elaboração de agenda regulatória de curto, médio e longo prazos, a redução de tecnicismos, a resposta pública às contribuições recebidas, observando também sobre a necessidade de capacitação dos reguladores e a mudança cultural nas agências reguladoras em relação à defesa do consumidor. *In:* SODRÉ, Marcelo Gomes (coord.). *Agências reguladoras e a tutela dos consumidores*. Série Pensando o Direito nº 21/2010. Instituto Brasileiro de Defesa do Consumidor – IDEC. Brasília: Ministério da Justiça. 2010.

[197] PFEIFFER, Roberto Augusto Castellanos. Código de Defesa do Consumidor e serviços públicos: balanço e perspectivas. *Revista de Direito do Consumidor*, v. 104, p. 65-98, mar./abr. 2016.

Há, portanto, um caminho a ser percorrido pelas agências reguladoras para tornar efetiva a participação e o controle social, o que somente será conseguido mediante a redução das assimetrias de informação, de linguagem e de acesso à agência, com a adoção de medidas que prestigiem não apenas a regulação econômica, mas a regulação social, de modo a também serem consideradas as demandas e a perspectiva dos consumidores.

Mas, além desses aspectos, também são indispensáveis a qualificação dos reguladores nessa área e a mudança cultural nas agências, que muitas vezes atribuem equivocadamente a defesa do consumidor preponderantemente aos PROCONs, como se tal defesa fosse competência exclusiva dessas instituições, olvidando que a defesa do consumidor é direito fundamental e princípio da ordem econômica brasileira.

1.7.2 Análise de Impacto Regulatório

A Análise de Impacto Regulatório (AIR) constitui técnica de aprofundamento da motivação, proporcionalidade, transparência e eficiência na emissão do ato normativo, atualmente positivada na Lei nº 13.874, de 20.09.2019 – "Lei da Liberdade Econômica" –, na Lei nº 13.848/2019, bem como no Decreto nº 10.411, de 30.06.2020, que regulamenta essa medida técnica no âmbito federal.

Vale ressaltar que a AIR não constitui instrumento privativo das agências reguladoras, devendo ser adotada por órgãos e entidades que exerçam competência normativa. Contudo, como as agências exercem amplamente a função normativa em uma série de atividades econômicas *lato sensu*, é provável que AIR venha a ser adotada com mais intensidade pelas agências, mesmo porque a Lei nº 13.848/2019 estabelece a obrigatoriedade de sua realização como regra.

A Análise de Impacto Regulatório (AIR) é medida que tem sido recomendada pela OCDE aos seus membros e países parceiros desde 1995, inicialmente na forma de *checklist* realizado com base na experiência anterior de países membros, tanto para a emissão de normas novas quanto para a revisão de normas já existentes.[198]

---

[198] Organisation for Economic Co-operation and Development (OECD), *Recommendation of the Council on Improving the Quality of Government Regulation*, OECD/LEGAL/0278. 1995. Disponível em: https://legalinstruments.oecd.org/en/instruments/OECD-LEGAL-0278. Acesso em: 16 jul. 2020.

Nesse documento, a OCDE apresenta dez questões que devem permear a elaboração normativa estatal, partindo da premissa de interdependência global, da necessidade de transparência das normas, da relevância da regulação para a competição, o crescimento econômico e a efetividade das políticas governamentais.

Aliás, registre-se que a OCDE tem dedicado grande atenção à Análise de Impacto Regulatório. Em 1997, elaborou longo relatório com as principais experiências dos países membros, em que foram examinadas a importância, a metodologia, o processo e os desafios da implementação desse instrumento regulatório, quer para a elaboração de leis, quer para a emissão de regulamentos.[199]

Em 2005, a OCDE lançou o *Guiding Principles for Regulatory Quality and Performance*, em que os princípios são ampliados, com grande enfoque na transparência, na não discriminação de agentes regulados (e não de consumidores), bem como na eliminação de barreiras ao comércio e aos investimentos.[200]

Em 2008, a OCDE apresentou relatório específico para o Brasil,[201] conforme já referido anteriormente, em que enfatiza as vantagens da realização da Análise de Impacto Regulatório e a importância da institucionalização do procedimento, que deveria ter apoio dos mais altos níveis políticos e a capacitação de reguladores, uma vez que se trata de processo complexo, que depende da coleta de dados confiáveis, da adoção de metodologia adequada e de transparência.

Na mesma linha, registre-se o manual para a realização de AIR, lançado em 2008 pela OCDE, no qual são examinados os critérios de custo-benefício, custo-efetividade e multicritério para a aferição de vantagens e desvantagens na elaboração de determinada norma, bem como questões relacionadas à participação dos interessados, ao efetivo cumprimento da norma pelos destinatários e à relevância da comunicação dos objetivos pretendidos e dos resultados alcançados.[202]

---

[199] Organisation for Economic Co-operation and Development (OECD) *Regulatory Impact Analysis: Best Practices for Regulatory Quality and Performance*, Paris, 1997. Disponível em: http://www.oecd.org/gov/regulatory-policy/2391768.pdf. Acesso em: 17 jul. 2020.

[200] Organisation for Economic Co-operation and Development (OECD). *Guiding Principles for Regulatory Quality and Performance*, Paris, 2005. Disponível em: http://www.oecd.org/fr/reformereg/34976533.pdf. Acesso em: 17 jul. 2020.

[201] Organização para a Cooperação e Desenvolvimento Econômico (OCDE). Relatório sobre a Reforma Regulatória. Brasil – Fortalecendo a Governança para o Crescimento. Brasília, 28.05.2008. Disponível em: http://www.biblioteca.presidencia.gov.br/publicacoes-oficiais/catalogo/lula/ocde-2013-relatorio-sobre-a-reforma-regulatoria-brasil-fortalecendo-a-governanca-para-o-crescimento. Acesso em: 8 jun. 2020.

[202] Organisation for Economic Co-operation and Development – OECD. Introductory Handbook for Undertaking Regulatory Impact Analysis (RIA). Version 1.0. October 2008.

Registre-se também a Recomendação do Conselho da OCDE sobre a Política e Governança Regulatória emitida em 2012, que tem como um dos pontos principais o processo regulatório, no qual se inclui a AIR, bem como a constante revisão do denominado estoque regulatório.[203]

A Análise de Impacto Regulatório é um estudo necessariamente multidisciplinar, inclusive comparativo com outras realidades, adotado para fundamentar a atuação normativa adequada da agência em determinado setor econômico, ou mesmo sua não ação nessa seara.

Nesse estudo devem ser considerados vários cenários de normatização ou de não expedição ou alteração de norma, com as externalidades positivas e negativas no âmbito econômico, social e ambiental, custos, benefícios e respectivos efeitos. A AIR destina-se, assim, a subsidiar a decisão da agência quanto a sua atuação ou não e, em caso positivo, quanto à intensidade dessa atuação.[204]

Conforme assinala Alexandre Santos de Aragão, a AIR não se confunde com pareceres e notas técnicas emitidas pela agência reguladora para fundamentar determinado regulamento.[205] Com efeito, a própria Lei nº 13.848/2019 prevê tal distinção ao dispor, no art. 6º, §5º, que, em caso de dispensa da realização da AIR, deverá ser apresentada nota técnica ou documento equivalente emitido para subsidiar a proposta da norma regulatória.[206]

Disponível em: http://www.oecd.org/gov/regulatory-policy/44789472.pdf. Acesso em: 18 jul. 2020.

[203] Organização para a Cooperação e Desenvolvimento Econômico - OCDE. Recomendação do Conselho sobre Política Regulatório e Governança. 22.03.2012. Disponível em: www.oecd.org/regreform/regulatorypolicy/2012recommendation.htm. Acesso em: 18 jul. 2020.

[204] A I Jornada de Direito Administrativo promovida pelo Conselho da Justiça Federal aprovou o Enunciado nº 38, referente à Análise de Impacto Regulatório, com a seguinte redação: "A realização de Análise de Impacto Regulatório (AIR) por órgãos e entidades da administração pública federal deve contemplar a alternativa de não regulação estatal ou desregulação, conforme o caso". Disponível em: https://www.cjf.jus.br/cjf/noticias/2020/08-agosto/i-jornada-de-direito-Administrativo-aprova-40-enunciados/view. Acesso em: 8 ago. 2020.

[205] "Assim, as Notas Técnicas e meros Pareceres exarados pelas entidades da Administração Pública indireta não demonstram ser verdadeiras análises de impacto regulatório. Esses, como pudemos resumir, são procedimentos muito mais aprofundados e detalhados do que aqueles comumente verificamos no dia a dia das Agências Reguladoras, por exemplo. Muitas vezes, tais entidades alegam a realização de uma análise de impacto regulatório, quando, na verdade, o que existe é apenas uma nota técnica ou um parecer comum a respeito da matéria, sem, por exemplo, nenhuma estatística econométrica específica para a situação a ser debelada pela proposta." *In:* ARAGÃO, Alexandre Santos de. Considerações iniciais sobre a lei geral das agências reguladoras. *Revista de Direito da Administração Pública*, Rio de Janeiro, v. 1, p. 7-23, jan./jun. 2020, p. 16.

[206] Gustavo Binenbojm faz oportuna observação ao referir que a AIR nem sempre será obrigatória: "Por envolver custos elevados, tempo significativo e emprego de pessoal, a

Portanto, a validade da norma regulatória estará condicionada à realização da Análise de Impacto Regulatório ou, em caso de dispensa, à respectiva justificativa e apresentação de nota técnica ou outro estudo equivalente.

E, nesse aspecto, destaca-se que o art. 21 do Decreto nº 10.411/2021 infringe a Lei nº 13.848/2019, constituindo incentivo para o seu descumprimento, ao dispor que: "a inobservância ao disposto neste Decreto não constitui escusa válida para o descumprimento da norma editada e nem acarreta a invalidade da norma editada".

Apesar do alinhamento da previsão de AIR pelas agências reguladoras com a prática internacional difundida pela OCDE, o Instituto de Pesquisa Econômica Aplicada (IPEA),[207] em análise ao PL nº 6.621/2016, que resultou na Lei nº 13.848/2019, destacou alguns aspectos negativos que merecem atenção, para que a AIR cumpra adequadamente suas finalidades.

Entre eles, pode-se citar a realização meramente formal, o engessamento do processo regulatório, considerando a complexidade da realização da AIR, a possibilidade de utilização da AIR para validação de decisões já previamente tomadas, bem como as dificuldades na capacitação adequada de seus servidores para o uso desse instrumento.

Além desses aspectos, a Nota Técnica nº 22/2016, do IPEA, apontou questão que pode aprofundar ainda mais a assimetria de informações e de participação entre os agentes regulados e os consumidores, denominado de "impacto distributivo da AIR", relacionado às diferenças de "capacidade e fluência técnica, econômica e política entre grupos de interesse", o que, segundo o Instituto, estaria a merecer atenção por parte do Poder Executivo.[208]

O Decreto nº 10.411/2020 estabelece instrumento relevante de aferição da necessidade de continuidade da vigência da norma

---

AIR deve ser compreendida como um recurso escasso, cuja utilização deve justificar os benefícios que dela possam advir para a sociedade". *In*: BINENBOJM, Gustavo. *Poder de polícia, ordenação, regulação*: transformações político-jurídicos, econômicas e institucionais do direito administrativo ordenador. 3. ed. Belo Horizonte: Fórum, 2020, p. 185.

[207] CUNHA, Bruno Queiroz. Nota Técnica nº 22/2018 – Projeto de Lei nº 6.621/2016 – a proposta de Lei das Agências Reguladoras. Diretoria de Estudos e Políticas do Estado, das Instituições e da Democracia. Instituto de Pesquisa Econômica Aplicada – IPEA. 18.04.2018. Disponível em: https://www.ipea.gov.br/portal/index.php?option=com_conte nt&view=article&id=33065&catid=189&Itemid=6. Acesso em: 15 jul. 2020.

[208] CUNHA, Bruno Queiroz. Nota Técnica nº 22/2018 – Projeto de Lei nº 6.621/2016 – a proposta de Lei das Agências Reguladoras. Diretoria de Estudos e Políticas do Estado, das Instituições e da Democracia. Instituto de Pesquisa Econômica Aplicada – IPEA. 18.04.2018. Disponível em: https://www.ipea.gov.br/portal/index.php?option=com_conte nt&view=article&id=33065&catid=189&Itemid=6. Acesso em: 15 jul. 2020.

regulatória, bem como de sua qualidade e efeitos, que é a Avaliação de Resultado Regulatório (ARR). Esse estudo deverá ser iniciado segundo os critérios do art. 13, §3º, do Decreto, estabelecidos em função da relevância da norma ou do tempo mínimo de cinco anos de sua vigência. Além disso, prevê o art. 12 que a norma objeto de dispensa de AIR será submetida à Avaliação de Resultado Regulatório no prazo de três anos.

Essa avaliação retrospectiva também é fundamental e permite a aferição concreta de resultados, após a vigência de determinada norma regulatória, para que a agência examine, por exemplo, os efeitos produzidos pela normatização, se a atuação normativa implicou incentivos indevidos a determinado agente ou a grupo de agentes regulados, a interface com outras normas, bem como a existência de normas duplicadas, defasadas ou que não atingiram seus objetivos.[209]

É o que se denomina de gestão do estoque regulatório, avaliação que já foi iniciada pelas agências reguladoras federais, ainda que de modo não uniforme. Contudo, é preciso fazer com que tal política regulatória seja permanente, não limitada à atuação das agências, mas adotada por todas as entidades e órgãos que exercem competência normativa.

Dessa forma, apresenta-se adequada a previsão da Lei nº 13.848/2019, de realização da Análise de Impacto Regulatório pelas agências reguladoras brasileiras, uma vez que consagra a qualificação da motivação, da proporcionalidade, da transparência e da eficiência no processo de formação da norma regulatória, além de destinar-se à prevenção ou correção das falhas de regulação.

Todavia, entende-se que, embora fundamental, o fomento à concorrência não deve ser o principal foco da ponderação entre custos e benefícios da normatização, pois, ao contrário da maior parte dos membros da OCDE, o Brasil apresenta, como se sabe, enorme desigualdade econômica e social entre a população e entre suas regiões, situação que não pode ser ignorada na elaboração normativa.

Por isso, as agências reguladoras, sobretudo as que regulam serviços públicos essenciais, não podem considerar secundário esse cenário, sobretudo diante das consequências da pandemia de covid-19, que afetarão com mais intensidade a camada mais vulnerável da população, aprofundando a desigualdade no país.

---

[209] JORDÃO, Eduardo; CUNHA, Luiz Filippe. Da AIR Prospectiva para a AIR Retrospectiva. *In*: LEAL, Fernando; José MENDONÇA, Vicente Santos de (org.). *Transformações do Direito Administrativo*: liberdades econômicas e regulação. Rio de Janeiro: FGV Direito Rio, 2019. Pdf, p. 13.

Elemento que concorre para a consecução das finalidades das agências reguladoras, estreitamente afinado com o princípio da eficiência, é a denominada governança regulatória, tema que foi objeto de atenção da Lei nº 13.848/2019 ao tratar do planejamento da gestão e da atuação reguladora, bem como de outros instrumentos a seguir analisados.

1.8 A governança regulatória

A governança regulatória pode ser definida como "o conjunto de mecanismos que buscam equacionar a relação entre reguladores, regulados, poder concedente e usuários, garantindo uma boa política regulatória".[210] A governança abrange a autonomia qualificada já tratada e também aspectos de planejamento, de prestação de contas, de controle social e de mitigação de riscos regulatórios, questões essas que estão estreitamente relacionadas entre si e dizem respeito também aos princípios da eficiência, transparência, probidade administrativa e participação social.

E, quanto aos riscos regulatórios, não se pode deixar de referir o comprometimento do regulador com interesses privados ou políticos, denominado captura regulatória, que constitui desvio de finalidade da atuação das agências reguladoras, fenômeno que é examinado por diversas teorias, dentre as quais a teoria do ciclo de vida das agências, desenvolvida por Marver Bernstein, e a teoria econômica da regulação, de George Stigler.[211]

A teoria do ciclo de vida das agências faz a analogia dessas instituições com o ciclo de vida humano, identificando quatro fases dessas instituições: gestação, juventude, maturidade e velhice. Na maturidade, as agências não têm apoio político e popular. Perdem sua vitalidade, afastam-se das atribuições de controle e fiscalização e, na quarta fase, atuam visando à segurança de suas decisões e à manutenção do setor econômico regulado, adotando a postura de passividade.[212]

---

[210] FUNDAÇÃO GETÚLIO VARGAS. Centro de Estudo em Regulação e Infraestrutura – FGV CERI. *Regulação e Infraestrutura*: em busca de uma nova arquitetura. Rio de Janeiro, 2018. Disponível em: https://ceri.fgv.br/sites/default/files/publicacoes/2018-10/63_63_regulacao-e-infraestrutura-em-busca-de-uma-nova-arquitetura-2018.pdf. Acesso em: 24 jul. 2020. Disponível em: https://ceri.fgv.br/sites/default/files/publicacoes/2018-10/63_63_regulacao-e-infraestrutura-em-busca-de-uma-nova-arquitetura-2018.pdf. Acesso em: 24 jul. 2020.

[211] Cf. BAGATIN, Andreia Cristina. *Captura das agências reguladoras independentes*. São Paulo: Saraiva, 2013, p. 45-76.

[212] BAGATIN, Andreia Cristina, *op. cit.*, p. 45-50.

Por sua vez, a teoria econômica da regulação desenvolvida por George Stigler[213] trata dos benefícios estatais utilizados pelos grupos privados para a maximização de seus interesses e, em especial, a "obtenção" de legislação favorável aos interesses privados e sua estreita relação com o processo político eleitoral, destacando-se a demanda e a oferta da regulação, os respectivos custos e a lógica do comportamento racional dos atores no âmbito da regulação.[214]

Assim, a captura pelos agentes regulados pode ocorrer, por exemplo, mediante a previsão normativa de benefícios indevidos a esses agentes, omissão na fiscalização das atividades e na aplicação de sanções, prestação de informações confidenciais ou privilegiadas aos agentes, definição de critérios restritivos à entrada de novos agentes no mercado, dentre outras hipóteses.

A captura política ocorre sobretudo pelo Poder Executivo, que não raro realiza nomeações políticas para cargos técnicos das agências ou utiliza outros expedientes para atingir tal objetivo, como a não nomeação dos dirigentes das agências, com a vacância proposital de cargos de direção por longos períodos, a nomeação de interinos sem a aprovação do Senado Federal ou mediante a atuação de órgão jurídico governamental nas agências reguladoras – as procuradorias –, que acabam por condicionar ou alterar posições técnico-regulatórias mediante pareceres jurídicos, que muitas vezes sequer são vinculantes.

Ressalte-se que a captura nem sempre se relaciona com corrupção ou outros ilícitos, podendo decorrer também da identificação do regulador e do agente regulado, quer por experiências profissionais

---

[213] STIGLER, George. The theory of economic regulation. *The Bell Journal Economics and Management Science*, v. 2, n. 1, 1971. Disponível em: www.sjsu.edu/faculty/watkins/stigler. htm. Acesso em: 5 jun. 2021.

[214] Carrigan e Coglianese reconhecem o grande impacto da Teoria Econômica da Regulação, que apontou a demanda dos grupos de interesse pela regulação, bem como o tratamento teórico e empírico do fenômeno por George Stigler. Contudo, os autores sintetizam algumas críticas à teoria: generalização das ações dos agentes regulados e de sua abrangência; valorização crescente dos interesses coletivos e difusos, como o meio ambiente e os direitos do consumidor; inexistência de distinção de tratamento da teoria entre legisladores e reguladores; evidências empíricas limitadas a dois casos (transporte rodoviário e licenciamento profissional), relatadas em seu famoso artigo (nota 213); e redução das motivações dos reguladores a apenas uma causa (ganho privado). *In*: CARRIGAN, Christopher; COGLIANESE, Cary. Capturing regulatory reality: Stigler's The theory of economic regulation. *Faculty Scholarship at Penn Law*. 2016. Disponível em: https://scholarship.law.upenn.edu/faculty_scholarship/1650. Acesso em: 3 jun. 2021.

comuns anteriores,[215] quer em decorrência do alinhamento ideológico de ambos – servidor público ou dirigente e empresários.

A Lei nº 13.848/2019 estabeleceu acertadamente instrumentos de planejamento, de transparência, de controle social e de comunicação, tratados a seguir, que contribuem de modo decisivo também para a mitigação dessa grave falha regulatória.

Além disso, estabeleceu a Lei, no art. 3º, §3º, o dever de a agência adotar práticas para a gestão de riscos e para o controle interno, bem como instituir programa de integridade, que constituem medidas positivas, uma vez que as agências reguladoras atuam em setores de grande relevo econômico e social, estratégicos para o desenvolvimento nacional, com a consequente repercussão política de tal expressão.

Registre-se, aliás, que o relatório da OCDE apresentado em 2008 já tratava da governança regulatória, constatando, além da ausência de planejamento, a falta de transparência das agências: "O Brasil não dispõe de um processo consolidado ou mesmo de um documento que indique as ações regulatórias mais importantes que o Poder Executivo tenciona adotar, seja no nível da administração central, seja no nível das agências reguladoras".[216]

E, como se sabe, as instituições públicas brasileiras não têm a cultura do planejamento, o que também foi verificado em relação às agências reguladoras, cenário esse que já tem apresentado algumas mudanças positivas, como a elaboração do planejamento estratégico das agências.

De igual forma, pode-se dizer em relação à transparência e ao controle social, que têm apresentado avanços, quer em função de diplomas legais, como a Lei nº 12.527/2011 (Lei de Acesso à Informação), que instituem o dever de ampliação do conhecimento e da participação social nos atos da Administração Pública, quer em razão das transformações sociais e culturais da sociedade, que gradativamente exigem a observância de tais deveres pelas instituições públicas.

A Lei nº 13.848/2019 demonstra a relevância da governança regulatória e da participação da sociedade para a qualificação da gestão das agências reguladoras e para o atingimento das respectivas finalidades,

---

[215] JUSTEN FILHO, Marçal. *O direito das agências reguladoras independentes*. São Paulo: Dialética, 2002, p. 370-371.

[216] Organização para a Cooperação e Desenvolvimento Econômico – OCDE. Recomendação do Conselho sobre Política Regulatório e Governança. 22.03.2012. Disponível em: www.oecd.org/regreform/regulatorypolicy/2012recommendation.htm. Acesso em: 18 jul. 2020, p. 50.

refletindo tendência internacional verificada em outros países e em parte já adotada pelas agências brasileiras.

Em relação ao planejamento regulatório, a Lei nº 13.848/2019 estabeleceu o dever de elaboração dos planos estratégico, de gestão anual e de comunicação, e a divulgação da agenda regulatória em relação aos atos normativos pretendidos pelas agências. Tais instrumentos são relevantes e visam à modificação da cultura institucional brasileira para que seja implementado o planejamento adequado das atividades e sua divulgação, possibilitando a participação e o controle social.

Assim, o planejamento estratégico e o plano de gestão anual se destinam a sistematizar os objetivos, as ações e os resultados esperados pela agência para médio prazo (quatro anos) e para o curto prazo (a cada ano), respectivamente, conferindo certa previsibilidade a sua atuação, o que é relevante tanto para os agentes regulados como para as entidades de defesa do consumidor, que podem iniciar a qualificação para a discussão das matérias previstas nesses atos.

E, quanto a essa qualificação, que é muito mais sensível em relação às entidades de defesa do consumidor, já que os agentes regulados dominam sua atividade, a agenda regulatória ganha especial relevo, uma vez que é instrumento destinado ao planejamento da atividade *normativa* da agência, conforme dispõe o art. 21 da Lei nº 13.848/2019.

Tais planos têm, para Alexandre Santos de Aragão, a finalidade de tornar previsível a função reguladora e evitar impulsos determinados por demandas políticas.[217]

Outro importante instrumento para qualificação da atuação regulatória e a promoção do controle social é a previsão do cargo de ouvidor e das respectivas atribuições de maneira uniforme para todas as agências, cujo ocupante será escolhido pelo Presidente da República após aprovação do Senado Federal para o mandato de três anos. Portanto, não há subordinação entre a diretoria da agência e seu ouvidor.

---

[217] Diz Alexandre de Aragão: "À primeira vista, a realização de um planejamento estratégico pode parecer aquela narrativa padrão, encontrada em qualquer *site* de empresa. Entretanto, no âmbito das Agências Reguladoras, se esses planos forem bem feitos, podem ser de grande relevo. Assim como na análise de impacto regulatório, há uma importância axiológica, que é evitar o impulso regulatório, o tarefismo regulatório, aquela impulsividade de se estabelecer ou limitar liberdades com base no calor do momento, ou para dar conta de uma demanda política inesperada – como ocorreu, por exemplo, na greve dos caminhoneiros". *In*: ARAGÃO, Alexandre Santos de. Considerações iniciais sobre a lei geral das agências reguladoras. *Revista de Direito da Administração Pública*, v. 1, n. 1, p. 7-23, jan./jun. 2020, p. 19.

O cargo de ouvidor inspira-se no *ombudsman* criado na Suécia, em 1809, em razão da abdicação do rei Gustavo Afonso IV, para possibilitar o controle do Parlamento sobre o Poder Executivo. Atualmente, os órgãos com atribuições de controle de instituições públicas ou privadas recebem diversas denominações nos diferentes países em que se encontram instituídos.[218]

A primeira ouvidoria brasileira com a função de mediação entre a cidadania e o Poder Público foi criada em Curitiba em 1986. No âmbito nacional, foi criada em 1995 a Ouvidoria-Geral da República, integrante do Ministério da Justiça. Em 2003, esse órgão foi transferido para a Controladoria-Geral da República, passando a ser denominado Ouvidoria-Geral da União.[219]

Bruno Speck ressalta que a atuação do *ombudsman* e das ouvidorias públicas distingue-se porque nestas o ouvidor se reporta aos chefes do Executivo, de um ministério ou de determinada instituição, com a finalidade de ampliar a informação do chefe sobre a forma de atendimento da instituição, enquanto o *ombdusman*, que não existe no Brasil, é ligado ao Legislativo com a função de receber informações e investigar, com independência, o desempenho, falhas e eventuais abusos do governo.[220]

No âmbito das agências reguladoras, a ouvidoria também deve constituir instância de mediação entre a cidadania e essas entidades, destinando-se ao controle social do desempenho da função reguladora – e não dos serviços prestados pelos agentes regulados.

Para isso, o ouvidor recebe reclamações, faz averiguações e emite recomendações para a qualificação das atividades finalísticas desempenhadas pela agência, observando os princípios da independência, neutralidade, informalidade e confidencialidade. Não detém, contudo, a competência para decidir formalmente controvérsias ou determinar medidas aos órgãos da agência.[221]

---

[218] PAOLI, José S. Estudo sobre a organização e funcionamento das ouvidorias das agências, incluindo comparação entre os casos existentes no Brasil e a experiência internacional. *In:* PROENÇA, Jadir Dias (org.). *PRO-REG*: Contribuições para melhoria da qualidade da regulação no Brasil. Brasília: Semear/Presidência da República, 2010, p. 71.

[219] Conforme informações da página eletrônica: https://www.gov.br/ouvidorias/pt-br/ cidadao/conheca-a-ouvidoria/historia-das-ouvidorias. Acesso em: 2 jul. 2020.

[220] SPECK, Bruno Wilhelm. *Inovação e rotina no Tribunal de Contas da União*: o papel da Instituição superior de controle financeiro no sistema político-administrativo do Brasil. São Paulo: Fundação Konrad Adenauer, 2000, p. 20.

[221] PAOLI, José S. Estudo sobre a organização e funcionamento das ouvidorias das agências, incluindo comparação entre os casos existentes no Brasil e a experiência internacional. *In:*

Assim, a forma de atuação das ouvidorias, além de aproximação do cidadão e do Poder Público, constitui expressão da administração pública dialógica, que busca instrumentos não contenciosos para a solução de conflitos, promove a participação social e adota meios não coercitivos para a qualificação da função pública. Ilustra bem essa postura da administração, além da própria ouvidoria, a instituição de conselhos de usuários previstos no Decreto nº 10.228, de 05.02.2020,[222] para o acompanhamento e avaliação dos serviços públicos *lato sensu*.

A ouvidoria está instituída em todas as agências reguladoras federais, mas, na maioria delas, a atividade apresenta-se equivocadamente híbrida, para abranger também reclamações relacionadas aos serviços regulados, que deveriam ser realizadas por órgãos técnicos da agência, conforme observa José Paoli em estudo específico sobre a matéria:

> A maior diferença entre os *Ombudsmen* e os Ouvidores das agências regulatórias se encontra no escopo de suas competências. No resto do mundo, está claro que os *Ombudsmen* organizacionais atendem reclamações vinculadas exclusivamente com a Agência a que pertencem. Por outro lado, para algumas agências regulatórias federais, as Ouvidorias também são as responsáveis pela atenção das reclamações dos usuários às empresas reguladas. Nestes casos, as Ouvidorias das agências intervêm diretamente no sistema de controle dos serviços públicos, além de sua função de defesa do cidadão diante de uma ação do Estado (a Agência).[223]

Aliás, registre-se que o exame acerca da função das ouvidorias foi objeto da auditoria operacional do Tribunal de Contas da União realizada em 2009,[224] já referida anteriormente, e que apontou, na época, a inexistência de ouvidoria na ANA e na ANP, ausência de independência funcional (salvo na ANATEL) e também ausência de desempenho de funções típicas de ouvidoria.

PROENÇA, Jadir Dias (org.). *PRO-REG:* Contribuições para melhoria da qualidade da regulação no Brasil. Brasília: Semear/Presidência da República, 2010, p. 70, 72 e 84.

[222] O Decreto nº 10.228/2020 altera o Decreto nº 9.492/2018, que regulamenta a Lei nº 13.460/2017, que dispõe sobre a participação, proteção e defesa dos direitos do usuário dos serviços públicos da administração pública.

[223] PAOLI, José S. Estudo sobre a organização e funcionamento das ouvidorias das agências, incluindo comparação entre os casos existentes no Brasil e a experiência internacional. *In:* PROENÇA, Jadir Dias (org.). *PRO-REG:* Contribuições para melhoria da qualidade da regulação no Brasil. Brasília: Semear/Presidência da República, 2010, p. 83.

[224] BRASIL. Tribunal de Contas da União. *Acórdão nº 2.261/2011.* Plenário. Relator: Min. José Jorge. Brasília, 24.08.2011.

As disposições da Lei nº 13.848/2019 visam à correção desse problema e a atuação adequada do ouvidor, que é instância para a qualificação da função reguladora, estabelecendo que são atribuições do ouvidor zelar pela qualidade e tempestividade *das atividades regulatórias*, acompanhar as apurações de denúncias e reclamações *à atuação da agência* e elaborar relatório anual de suas atividades *em relação à agência*, encaminhando-o ao ministério a que a agência está vinculada, à Câmara Federal, ao Senado e ao Tribunal de Contas da União, além da divulgação da internet.[225]

Cabe referir também aspecto registrado pelo Tribunal de Contas da União na Auditoria Operacional realizada em 2009, que é a gestão de riscos, relacionada ao planejamento regulatório, ao processo normativo das agências, à transparência e à prestação de contas. Essa espécie de gestão visa ao monitoramento dos riscos a que estão expostas as agências, a fim de orientar a seleção das prioridades quanto ao processo decisório e possibilitar a mitigação dos riscos, quer regulatórios, quer institucionais.[226]

Nessa auditoria, foi verificado que nenhuma das agências tinha, na época, processo formal de gerenciamento de riscos, com sistema de informações e controles para tal gerenciamento, em que pese a atuação parcialmente orientada pelos riscos apresentado por algumas agências, ainda que isoladamente, destacando-se a ANEEL.[227]

Finalmente, cumpre observar que a Lei nº 13.848/2019 não estabeleceu o contrato de gestão entre a agência reguladora e o respectivo ministério, tema esse que já foi objeto de debate nas agências reguladoras e na doutrina, tendo em vista a previsão desse instrumento em algumas leis das agências.[228]

---

[225] Assinale-se que as ouvidorias do Poder Executivo federal estão organizadas em um sistema, como dispõe o Decreto nº 9.492, de 5.09.2018, coordenado pela Ouvidoria-Geral da União, ao qual estão integradas as ouvidorias das agências reguladoras. Nesse sistema deverão ser observadas as peculiaridades estabelecidas pela Lei nº 13.848/2019 para o ouvidor das agências reguladoras, em especial a ausência de subordinação hierárquica, o mandato de três anos e o desempenho exclusivo do cargo.

[226] BRASIL. Tribunal de Contas da União. *Acórdão nº 2.261/2011*. Plenário. Relator: Min. José Jorge. Brasília, 24.08.2011.

[227] BRASIL. Tribunal de Contas da União. *Acórdão nº 2.261/2011*. Plenário. Relator: Min. José Jorge. Brasília, 24.08.2011.

[228] A celebração de contrato de gestão estava prevista no Projeto de Lei nº 3.337/2004, com razoável detalhamento, na linha do que já estava previsto na Lei nº 9.427/96, que instituiu a ANEEL, na Lei nº 9.782/1999, que criou a ANVISA, na Lei nº 9.961/2000, que criou a ANS, e na Medida Provisória nº 2.228/01, que instituiu a ANCINE.

A doutrina aponta que o contrato de gestão carrega imprecisão técnica em sua denominação, uma vez que constitui acordo organizativo de natureza normativa, e não instrumento de relação de interesses contrapostos.[229] Nesse sentido também é a crítica contundente de Celso Antônio Bandeira de Mello, que, diante da inexistência de lei, sustentava sua impossibilidade jurídica ou sua invalidade, no caso de assinatura do referido contrato. Além disso, o autor afirmava que o acordo não poderia alterar disposições de lei, que fixam os limites da autonomia de determinada entidade.[230]

Em que pese ter manifestado concordância com a previsão de exoneração do dirigente da agência em razão do descumprimento injustificado do contrato de gestão, desde que observada a ampla defesa, Aragão reconhece que, em relação às agências reguladoras, que já contam com a previsão legal de autonomia qualificada, tal contrato destinava-se ao maior controle da Administração direta sobre essas entidades.[231] Isso revela, desde logo, desvio de finalidade do instrumento, que é destinado a ampliar a autonomia do órgão ou entidade, e não a sua redução.

Com efeito, o acompanhamento rígido de metas e de seus indicadores, a previsão de recursos financeiros e do cronograma de desembolso – apesar do contingenciamento contínuo das receitas das agências – e a previsão de estipulação de medidas para o descumprimento das obrigações e das metas não se apresentavam compatíveis com as características e as finalidades institucionais das agências reguladoras.[232]

Por isso, Floriano de Azevedo Marques Neto ressalta, com propriedade, que o contrato de gestão era instrumento incompatível com o regime jurídico e as finalidades das agências reguladoras:

---

[229] ARAGÃO, Alexandre Santos de. *Agências reguladoras e a evolução do Direito Administrativo Econômico*. Rio de Janeiro: Forense, 2003, p. 359.

[230] MELLO, Celso Antônio Bandeira de. *Curso de Direito Administrativo*. 15. ed. rev., ampl. e atual. São Paulo: Malheiros, 2003, p. 209-214.

[231] ARAGÃO, Alexandre Santos de, *op. cit.*, p. 360.

[232] Veja-se, a propósito, que a Lei nº 9.782/1999, que criou a ANVISA, estabelecia no art. 12 o descumprimento injustificado do contrato de gestão como uma das causas de exoneração do diretor. A redação original da Lei nº 9.427/96, que criou a ANEEL, também estabelecia que o descumprimento injustificado do contrato de gestão seria causa de exoneração do respectivo dirigente, conforme art. 8º, parágrafo único, o que foi revogado pela Lei nº 9.986/2000.

De outro lado, parece fora de dúvida que as metas e objetivos do órgão regulador não devam estar previstos em contratos. Eles correspondem à própria política pública para o setor e, como tal, deverão vir contidos na lei ou nos instrumentos normativos por ela indicados. Também não nos parece razoável atrelar a atividade dos dirigentes de uma agência a metas de gestão em função do atingimento das quais possam receber bônus (!) ou, então, perder o cargo. A estabilidade dos dirigentes do órgão regulador, já dissemos, é elemento central para sua autonomia.[233]

Por isso, é louvável a Lei nº 13.848/2019, que, além de não prever o "contrato" para o acompanhamento de gestão, que é limitador da autonomia legal das agências, expressamente revogou os dispositivos de lei que ainda o estabeleciam para a ANEEL, ANVISA e ANS.

No entanto, isso não significa ausência de instrumentos de gestão e de sua avaliação. A Lei nº 13.848/2019 determina que as agências apresentem plano estratégico quadrienal e plano de gestão anual, que se destinam à qualificação da função reguladora, bem como à previsibilidade e à transparência de suas ações.

Além disso, tais instrumentos possibilitam a supervisão ministerial em relação à implantação das políticas públicas mediante ações regulatórias, o controle externo, realizado pelo Poder Legislativo, Poder Judiciário, Ministério Público e Tribunal de Contas da União, bem como o controle social que, embora incipiente no Brasil, é potencializado pela internet e pelas redes sociais, que constituem forte instrumento de divulgação de informações e pressão da cidadania e dos grupos de interesse afetados pela atuação regulatória.

Apresentado o panorama sobre a regulação e as agências reguladoras, cumpre passar ao exame do Tribunal de Contas da União e das questões correlatas a essa instituição, analisando em especial a natureza jurídica de seus atos e as suas atribuições no controle das agências reguladoras federais de serviços públicos, que constituem também serviços de infraestrutura para as demais atividades econômicas.

---

[233] MARQUES NETO, Floriano de Azevedo. A nova regulação estatal e as agências independentes. *In:* SUNDFELD, Carlos Ari (coord.). *Direito Administrativo Econômico.* São Paulo: Malheiros, 2000, p. 72-98.

CAPÍTULO 2

O CONTROLE EXTERNO PELO TRIBUNAL DE CONTAS DA UNIÃO

2.1 A função de controle externo

O controle externo apresenta-se como função pública que, segundo lição de Celso Antônio Bandeira de Mello, constitui, no Estado Democrático de Direito, "a atividade exercida no cumprimento do *dever* de alcançar o interesse público, mediante o uso dos poderes instrumentalmente necessários conferidos pela ordem jurídica".[234] Acrescente-se ainda que a função envolve relação de referência entre a norma de competência e os seus fins.[235]

A função de controle externo[236] da administração pública tal como se conhece na atualidade decorre da forma de governo republicana e

---

[234] O autor, discorrendo sobre os critérios para a distinção das funções de Estado, elenca o critério subjetivo ou orgânico, identificando a função com o órgão que a realiza; e o critério objetivo, que se subdivide em material ou substancial e formal. O critério subjetivo é insatisfatório, uma vez que não há exclusividade no exercício de uma função, mas sim preponderância. O critério objetivo material também não é adequado, uma vez que não há razão essencial para a qualificação de determinada função, que é identificada em conformidade com o ordenamento jurídico, motivo pelo qual o critério formal é o adequado para a qualificação das funções estatais em conformidade com o que estabelece determinado ordenamento jurídico. *In:* MELLO, Celso Antônio Bandeira de. *Curso de Direito Administrativo.* 15. ed. rev., ampl. e atual. São Paulo: Malheiros, 2003, p. 27; 30-34. Na mesma linha, Carlos Ari Sundfeld, que define função como "o poder de agir cujo exercício traduz verdadeiro *dever jurídico* e que só se legitima quando dirigido ao atingimento da específica *finalidade* que gerou sua atribuição ao agente". *In:* SUNDFELD, Carlos Ari. *Fundamentos de Direito Público.* 2. ed. São Paulo: Malheiros, 1996, p. 156.

[235] CANOTILHO, Gomes J. J. *Direito Constitucional e Teoria da Constituição.* 7. ed. 21ª reimp. Coimbra: Almedina, 2003, p. 544.

[236] Francisco Sérgio Maia Alves registra que "o termo 'controle' surgiu na administração fiscal medieval, constituindo um galicismo da expressão *contre-rôle*, uma espécie de segundo papel ou registro, em que se anotava a comparação de uma coisa ou objeto de

da democracia como regime de governo instauradas na idade moderna pela Revolução Francesa, em face da necessidade de controle recíproco das funções estatais pelos órgãos que os exercem.

Assim, o controle externo está estreitamente relacionado aos direitos fundamentais reconhecidos ao cidadão de ter conhecimento sobre os assuntos públicos e de receber a prestação de contas dos administradores acerca do emprego de recursos públicos. É o que está assegurado na Declaração dos Direitos do Homem e do Cidadão, de 26 de agosto de 1789:

> Art. 14º. Todos os cidadãos têm direito de verificar, por si ou pelos seus representantes, da necessidade da contribuição pública, de consenti-la livremente, de observar o seu emprego e de lhe fixar a repartição, a coleta, a cobrança e a duração.
>
> Art. 15º. A sociedade tem o direito de pedir contas a todo agente público pela sua administração.[237]

Portanto, o controle da atividade estatal é decorrência do princípio da divisão de funções estatais entre poderes ou órgãos e do Estado de Direito, orientado pelo primado da lei como fundamento da função administrativa e pela responsabilidade dos gestores, em que se garante ao cidadão o direito de fiscalizar o emprego de recursos públicos, ainda que indiretamente, mediante a ação de seus representantes, e ao administrador atribui-se o dever de prestar contas.[238]

O conhecimento, pelo cidadão, do exercício das funções estatais e do emprego dos recursos públicos constitui direito fundamental, assim como a exigência de prestação de contas pelo administrador público. Registre-se também o direito fundamental à boa administração pública, de feição mais moderna, que engloba não apenas os direitos

---

controle com uma outra coisa, o *rôle* ideal". *In:* ALVES, Francisco Sérgio Maia. Controle da Administração Pública pelo Tribunal de Contas da União: espaço objetivo de incidência e parâmetro de legalidade. *Interesse Público – IP*, Belo Horizonte, ano 20, n. 108, p. 197-223, mar./abr. 2018, p. 199.

[237] DECLARAÇÃO dos Direitos do Homem e do Cidadão. 1789. Disponível em: http://www.direitoshumanos.usp.br/. Acesso em: 15 ago. 2020.

[238] Em que pesem algumas instituições mais antigas, como na Espanha e Áustria, é a partir do século XIX que foi criada a maior parte das instituições de controle financeiro europeias, como na França (1807), Holanda (1814), Bélgica (1830), Portugal (1842), Itália (1862) e Inglaterra (1866). *In:* SPECK, Bruno Wilhelm. *Inovação e rotina no Tribunal de Contas da União*: o papel da Instituição superior de controle financeiro no sistema político-administrativo do Brasil. São Paulo: Fundação Konrad Adenauer, 2000, p. 28.

à informação e à participação do cidadão nas decisões públicas, mas também a gestão eficiente, voltada ao atingimento de resultados previstos ao menor custo possível.

Com efeito, a liberdade do administrador requer não apenas a observância à lei, mas também aos princípios, valores e objetivos constitucionais, aos direitos fundamentais, bem como à apresentação transparente dos motivos de suas decisões. Mas ainda não é tudo: a atuação administrativa deve ser congruente com padrões de eficiência, eficácia e economicidade.

O controle externo, entendido como função que enfeixa atividades instrumentais para a consecução de finalidades estatais positivadas no ordenamento jurídico, não constitui monopólio de determinado órgão ou entidade. Tal função, no Estado pós-moderno, caracterizado pelo pluralismo de fontes de poder, encontra-se distribuída por centros de imputação de poder.[239]

Jacoby Fernandes apresenta o conceito de controle externo, cuja transcrição é útil e envolve a questão da revisibilidade do ato controlado como integrante do conceito de controle:

> O sistema de controle externo pode ser conceituado como o conjunto de ações de controle desenvolvidas por uma estrutura organizacional, com procedimentos, atividades e recursos próprios, não integrados na estrutura controlada, visando à fiscalização, verificação e correção de atos.[240]

Na mesma linha, tem-se a definição de Lucas Rocha Furtado, para quem o controle é a "possibilidade de verificação e correção de atos ou de atividades",[241] bem como José dos Santos Carvalho Filho, que considera a revisão elemento básico do controle.[242]

No entanto, esse conceito não é unânime. A revisibilidade do ato administrativo como elemento definidor do controle é objeto de

---

[239] MOREIRA NETO, Diogo de Figueiredo. Algumas notas sobre órgãos constitucionalmente autônomos (um estudo de caso sobre os tribunais de contas no Brasil). *Revista de Direito Administrativo*, Rio de Janeiro, n. 223, p. 1-24, jan./mar. 2001, p. 8.

[240] FERNANDES, Jorge Ulisses Jacoby. *Tribunais de Contas do Brasil*: jurisdição e competência. 4. ed. rev. atual. e ampl. Belo Horizonte: Fórum, 2016, p. 103.

[241] FURTADO, Lucas Rocha. *Curso de Direito Administrativo*. 4. ed. rev. e atual. Belo Horizonte: Fórum, 2013, p. 859.

[242] CARVALHO FILHO, José dos Santos. *Manual de Direito Administrativo*. 16. ed. rev., ampl. e atual. até 30.06.2006. Rio de Janeiro: Lumen Juris, 2006, p. 789.

crítica, uma vez que nem sempre caberá ao Tribunal de Contas adotar medidas para a correção de atos da Administração.[243]

A doutrina costuma apresentar diversos critérios para a classificação do controle da função administrativa,[244] que muitas vezes se conjugam. São eles: quanto à oportunidade, tem-se o controle prévio, concomitante e *a posteriori* ou controle corretivo; quanto à natureza, o controle poderá ser de mérito, de legalidade ou de boa administração;[245] quanto à iniciativa, o controle pode ser realizado de ofício ou por provocação; e, finalmente, quanto ao âmbito do controle, poderá ser interno ou externo. Este, por sua vez, subdivide-se em judicial, parlamentar direto e o exercido pelos tribunais de contas.[246]

Assim, o controle externo é exercido institucionalmente pelo Poder Legislativo, pelo Poder Judiciário, pelos Tribunais de Contas e pelo Ministério Público, no âmbito das respectivas competências constitucionais, abrangendo reciprocamente as funções dos poderes e órgãos constitucionais, observado o art. 5º, XXXV, da Constituição Federal.

Portanto, os arts. 70 e 71 da Constituição Federal, que atribuem ao Congresso Nacional o controle externo com o auxílio do Tribunal de Contas da União, devem ser interpretados de forma sistemática com os demais dispositivos constitucionais relacionados às funções do Ministério Público e do Poder Judiciário, para serem compreendidos como um dos órgãos de controle externo, a teor do que dispõe o art. 49, V e IX, da Constituição, a que se somam algumas das competências fiscalizatórias no âmbito financeiro e orçamentário estabelecidas no art. 71, uma vez que tal dispositivo prevê competências exclusivas para o TCU.

Com efeito, ao Congresso Nacional, a quem compete legislar, dentre outras matérias, sobre o sistema tributário, a arrecadação e distribuição de rendas, leis orçamentárias, operações de crédito e dívida

---

[243] HELLER, Gabriel; SOUZA, Guilherme Carvalho e. Função de controle externo e função administrativa: separação e colaboração na Constituição de 1988. *Revista de Direito Administrativo*, Rio de Janeiro, v. 278, n. 2, p. 71-96, maio/ago. 2019, p. 89.

[244] Observe-se que o significado de função administrativa conforme aqui adotado não se identifica somente com a atividade do Poder Executivo, mas também com atividades dessa natureza exercidas de modo instrumental pelo Poder Judiciário e pelo Poder Legislativo.

[245] MEDAUAR, Odete. *Direito Administrativo Moderno*. 21. ed. rev. atual. e ampl. Belo Horizonte: Fórum, 2018, p. 376.

[246] FURTADO, Lucas Rocha. *Curso de Direito Administrativo*. 4. ed. rev. e atual. Belo Horizonte: Fórum, 2013, p. 859.

CAPÍTULO 2
O CONTROLE EXTERNO PELO TRIBUNAL DE CONTAS DA UNIÃO | 105

pública, matéria financeira, bem como políticas públicas, é assegurado também o controle sobre a execução e o cumprimento dessa legislação, em face de sua representação popular, atribuição essa que é tradicional no país e no Direito comparado.[247]

Note-se, contudo, que há uma série de entidades e órgãos públicos integrantes do Poder Executivo que exercem atividades de controle que não alcançam somente a atividade privada, mas também a seara pública. É o caso das agências reguladoras, do Conselho Administrativo de Defesa Econômica (CADE), do Banco Central, da Comissão de Valores Mobiliários e dos conselhos profissionais.

Além disso, há que salientar o controle social como expressão do controle externo, decorrente do princípio democrático e ainda incipiente no Brasil, mas com instrumentos legais que visam a sua promoção, como audiências e consultas públicas, ouvidorias e consultas populares para a eleição das políticas públicas prioritárias, a exemplo do denominado orçamento participativo.

Há também controle social mediante o uso intensivo e generalizado de redes sociais, que constituem mais um importante instrumento para veicular as demandas da sociedade, próprio da sociedade globalizada e hipercomplexa, em que os meios de comunicação assumem papel importante no controle das atividades públicas.

A par do controle externo, não é demais lembrar a existência do controle interno de cada Poder, seus órgãos e instituições, controle esse que está previsto nos arts. 31, 70 e 74 da Constituição Federal e, na Administração Pública Federal indireta, ocorre de modo dúplice, com órgãos internos de cada instituição, como autarquias e fundações, e o controle interno centralizado da Administração Federal exercido pela Controladoria-Geral da União.[248]

O Tribunal de Contas da União exerce o controle externo da Administração Pública no âmbito financeiro *lato sensu*, ora em auxílio técnico ao Poder Legislativo, ora de modo autônomo,

---

[247] Bruno Speck refere que o parlamento inglês foi o precursor da instalação de comissões internas e de instituições externas para assessorar a função de fiscalização das contas da administração com a criação, em 1861, do Comitê de Contas Públicas, que, a partir de 1866, passou a ser assistido por um auditor-geral externo. *In:* SPECK, Bruno Wilhelm. *Inovação e rotina no Tribunal de Contas da União:* o papel da Instituição superior de controle financeiro no sistema político-administrativo do Brasil. São Paulo: Fundação Konrad Adenauer, 2000, p. 34.

[248] MELLO, Celso Antônio Bandeira de. *Curso de Direito Administrativo.* 15. ed. rev., ampl. e atual. São Paulo: Malheiros, 2003, p. 803.

preponderantemente *a posteriori*, por provocação e de ofício, e fundado nos parâmetros de legalidade, legitimidade e economicidade.

Trata-se de instituição centenária, cujo exame do tratamento constitucional ao longo da República é útil para a compreensão de sua evolução, que culminou na ampliação importante de suas competências pela Constituição Federal de 1988.

Em que pesem as muitas críticas à atuação do TCU, ora por desbordar de suas atribuições constitucionais, ora por sua omissão, é inegável que o atual quadro constitucional de suas competências contribuiu para o fortalecimento institucional e certo reconhecimento social, sendo resultado da evolução histórica e também da oportunidade política ocorrida na Assembleia Nacional Constituinte de 1987, como detalhadamente examinado por Bruno Speck[249] e André Rosilho.[250]

Assim, será apresentado na seção seguinte um brevíssimo panorama acerca dos modelos de controle adotados pelo TCU e de suas competências constitucionais nas constituições republicanas.

2.2 O Tribunal de Contas da União nas Constituições Federais

Considerando que este estudo trata de duas instituições com maturidade bastante distintas, decorrentes em grande parte de sua evolução histórica – bem recente em relação às agências reguladoras e de mais de um século em relação ao Tribunal de Contas da União –, esta seção apresentará o panorama do TCU nas Constituições Federais.

Essa breve incursão na história do Tribunal desde sua criação tem por objetivo demonstrar a trajetória da instituição ao longo das sucessivas Constituições da República, a ampliação paulatina de suas atribuições, muitas delas decorrentes de atos próprios, a alteração do sistema de controle, bem como a construção da autoimagem reforçada do TCU, aspectos esses que se refletem no controle realizado atualmente

---

[249] SPECK, Bruno Wilhelm. *Inovação e rotina no Tribunal de Contas da União*: o papel da Instituição superior de controle financeiro no sistema político-administrativo do Brasil. São Paulo: Fundação Konrad Adenauer, 2000.

[250] ROSILHO, André Janjácomo. *Controle da Administração Pública pelo Tribunal de Contas da União*. 2016, 358 f. Tese (Doutorado em Direito) – Universidade de São Paulo, São Paulo, 2016. Disponível em: https://teses.usp.br/teses/disponiveis/2/2134/tde-08022017-165131/publico/Andre_Rosilho_Controle_da_Administracao_Publica_pelo_TCU_INTEGRAL.pdf. Acesso em: 25 ago. 2020.

e contribuem para a compreensão das atribuições do Tribunal em seus múltiplos campos de atuação.

O Tribunal de Contas da União foi instituído com o advento da República pelo Decreto nº 966-A, de 7 de novembro de 1890, por força da iniciativa de Rui Barbosa, Ministro da Fazenda do Governo Provisório.

No entanto, a criação de órgão de controle financeiro e orçamentário já era discutida ao tempo do Império, após a Constituição de 1824, sem, contudo, sua instituição ter logrado êxito.[251] Vale assinalar, todavia, que o dever de prestação de contas já estava previsto no art. 172 dessa Constituição.

Na República, o Tribunal de Contas ganhou *status* constitucional no art. 89 da Constituição de 1891, constando das disposições gerais. Contudo, foi com o Decreto Legislativo nº 1.166, de 17 de dezembro de 1892, apresentado pelo Ministro da Fazenda Innocêncio Serzedello Correa, que o Tribunal foi efetivamente implementado em 17 de novembro de 1893.[252]

Para a criação do Tribunal de Contas, Rui Barbosa adotou expressamente o modelo de controle externo italiano, que, conforme Exposição de Motivos do Decreto nº 966-A/1890,[253] era o mais adequado, uma vez que possibilitava o controle prévio das contas públicas, ao contrário do sistema francês, cujo controle ocorria *a posteriori*.

Na época, o sistema de controle prévio era adotado, além da Itália, pela Holanda, Portugal, Bélgica, Chile e Japão, enquanto que o sistema francês era adotado na França, Suécia, Espanha, Grécia, Sérvia, Romênia e Turquia.[254] Eis as palavras de Rui Barbosa para a adoção do sistema italiano:

> Dois tipos capitais discriminam essa instituição, nos países que a têm adotado: o francês e o italiano. [...]
>
> No primeiro sistema a fiscalização se limita a impedir que as despesas sejam ordenadas, ou pagas, além das faculdades do orçamento. No outro a ação dessa magistratura vai muito mais longe: antecipa-se ao abuso, atalhando em sua origem os atos do poder executivo susceptíveis de gerar despesa ilegal.

---

[251] DECOMAIN, Pedro Roberto. *Tribunais de Contas no Brasil*. São Paulo: Dialética, 2006, p. 17.

[252] ZYMLER, Benjamin; ALMEIDA, Guilherme Henrique de La Rocque. *O controle externo das concessões de serviços públicos e das parcerias público-privadas*. Belo Horizonte: Fórum, 2008, p. 133.

[253] BARBOSA, Rui. Exposição de motivos de Rui Barbosa sobre a criação do TCU. *Revista do Tribunal de Contas da União*, Brasília, v. 30, n. 82, p. 253-262, out./dez. 1999.

[254] BARBOSA, Rui, *op. cit.*, p. 257.

Dos dois sistemas, o ultimo é o que satisfaz cabalmente os fins da instituição, o que dá toda a elasticidade necessária ao seu pensamento criador. Não basta julgar a administração, denunciar o excesso cometido, colher a exorbitância, ou a prevaricação, para as punir. Circunscrita a estes limites, essa função tutelar dos dinheiros, públicos será muitas vezes inútil, por omissa, tardia ou impotente. Convém levantar, entre o poder que autoriza periodicamente a despesa e o poder que quotidiana-mente a executa, um mediador independente, auxiliar de um e de outro, que, comunicando com a legislatura, e intervindo na administração, seja não só o vigia, como a mão forte da primeira sobre a segunda, obstando a perpetração das infrações orçamentarias por um veto oportuno aos atos do executivo, que direta ou indireta, próxima ou remotamente discrepem da linha rigorosa das leis de finanças.[255]

Todavia, o controle prévio não era uniforme em todos os países que o adotavam, identificando-se dois subtipos. Na Itália, o Tribunal tinha poder de vetar definitivamente a despesa, enquanto que na Bélgica o veto poderia ser contrariado pelo Poder Executivo, que tinha a última palavra. A legislação de 1892 a 1896 estabelecia o modelo italiano para o TCU. No entanto, a legislação editada a partir de 1896 adotou o modelo belga, que possibilitava a superação do veto do Tribunal pelo Poder Executivo.[256]

Além disso, a mitigação do modelo italiano deu-se em relação à matéria, pois, na Itália, o controle do tribunal de contas alcançava não apenas aspectos orçamentários e financeiros, abrangendo quaisquer deliberações do governo.[257]

Portanto, o objetivo de Rui Barbosa foi a realização de controle preventivo das despesas, de modo a evitar que fossem realizados gastos ilícitos pelo Estado, situação em que os prejuízos ao Erário seriam muito mais difíceis de serem ressarcidos.

Quanto ao modelo de órgão de controle, o sistema adotado no país seguiu a linha preponderante dos países de tradição romano-germânica, que consiste no controle realizado por tribunais de contas, com competência para o julgamento e a responsabilização de gestores,

---

[255] BARBOSA, Rui. Exposição de motivos de Rui Barbosa sobre a criação do TCU. *Revista do Tribunal de Contas da União*, Brasília, v. 30, n. 82, p. 253-262, out./dez. 1999, p. 257.

[256] SPECK, Bruno Wilhelm. *Inovação e rotina no Tribunal de Contas da União*: o papel da Instituição superior de controle financeiro no sistema político-administrativo do Brasil. São Paulo: Fundação Konrad Adenauer, 2000, p. 64.

[257] BARBOSA, Rui, *loc. cit.*

sendo adotado em Portugal, Espanha, Itália, França e Bélgica, Grécia, Japão, Alemanha, Uruguai e União Europeia.[258]

Os países de colonização inglesa, por seu turno, adotam o sistema de controle realizado por órgão unipessoal – controladoria ou auditoria-geral –, com atuação opinativa ou consultiva, sem competências decisórias e coercitivas, como ocorre no Reino Unido, Estados Unidos, Canadá, Austrália, Nova Zelândia, África do Sul, além de países latinos como a Colômbia, México e Argentina.[259]

No Brasil, as funções de liquidação das contas dos administradores e a elaboração de parecer prévio sobre as contas do governo para permitir o julgamento do Congresso Nacional não foram exercidas de maneira satisfatória pelo Tribunal de Contas da União. Isso ocorreu porque a prestação de contas pelo Presidente da República e pelos demais responsáveis não foi realizada durante toda a República Velha. Portanto, a principal competência realmente exercida pelo TCU e com grande impacto político era o registro prévio das despesas.[260]

A Constituição de 1934 manteve o Tribunal de Contas, inserindo-o no Capítulo VI – "Dos Órgãos de Cooperação nas Atividades Governamentais", juntamente com o Ministério Público e os Conselhos Técnicos. Os ministros eram nomeados pelo Presidente da República, após aprovação do Senado, já contando com as mesmas garantias dos ministros da então denominada Corte Suprema. A sua função era acompanhar a execução orçamentária e julgar as contas dos responsáveis por dinheiros ou bens públicos, conforme art. 99. A atuação prévia desse tribunal estava prevista no art. 101 da Carta.

Duas novidades importantes nessa Constituição: a previsão do controle prévio de despesas decorrentes de contratos firmados pela Administração Pública e a previsão expressa do dever de prestação de contas do Presidente da República.[261] Assim, a primeira vez que o Presidente da República apresentou contas ao Poder Legislativo ocorreu em 1935, referente ao ano de 1934.

---

[258] LIMA, Luiz Henrique. *Controle Externo*: teoria, jurisprudência e mais de 500 questões (recurso eletrônico). 4. ed. rev., ampl. e atual. Rio de Janeiro: Elsevier, 2011, p. 10.

[259] LIMA, Luiz Henrique, *op. cit.*, p. 11.

[260] SPECK, Bruno Wilhelm. *Inovação e rotina no Tribunal de Contas da União*: o papel da Instituição superior de controle financeiro no sistema político-administrativo do Brasil. São Paulo: Fundação Konrad Adenauer, 2000, p. 51.

[261] SPECK, Bruno Wilhelm, *op. cit.*, p. 60 e 66.

A Constituição de 1937, refletindo sua feição autoritária, excluiu o dever de prestação de contas pelo Presidente da República.[262] Quanto ao Tribunal de Contas, houve a referência em apenas um artigo, excluindo a competência para o registro prévio dos atos dos quais resultassem despesas (e consequentemente a sua sustação na falta desse registro). Incluiu a Constituição, contudo, o julgamento da legalidade dos contratos firmados pela União.

A Constituição de 1946 apresentou como novidade a inserção do Tribunal de Contas no capítulo referente ao Poder Legislativo, integrando a Seção VI, pertinente ao orçamento. O texto constitucional adotou o termo "jurisdição" para referir o alcance de suas competências em todo o território nacional, renovando também a competência para julgar as contas e a legalidade dos contratos, além de incluir o registro das aposentadorias, reformas e pensões.

O caráter prévio do controle foi ratificado, sobretudo em relação aos contratos, que só seriam considerados perfeitos após o registro do Tribunal de Contas. Em relação aos demais atos que implicassem despesa, houve o temperamento para estabelecer que o registro seria prévio ou posterior conforme a previsão legal. Ficou estabelecido também que a recusa por falta de saldo ou imputação a crédito impróprio teriam caráter proibitivo (art. 77, §§1º a 3º, da CF/46).

A Constituição de 1967 disciplinou o Tribunal de Contas em nova seção, ainda no âmbito do Poder Legislativo, pertinente à fiscalização financeira e orçamentária, estabelecendo que essa competência seria exercida pelo Congresso Nacional mediante controle externo e pelo sistema de controle interno do Poder Executivo.

Essa Constituição prescreveu que o controle externo do Congresso seria realizado com o auxílio do Tribunal de Contas, o que viria a ser repetido na Constituição de 1988, assegurando-lhe a competência para a apreciação das contas do Presidente da República, o julgamento das contas dos responsáveis por bens e valores públicos, o julgamento das aposentadorias, reformas e pensões e – o que foi novidade – a auditoria financeira e orçamentária nos três Poderes da União.

Todavia, a inovação maior foi a alteração do sistema de controle, que deixou de ser prévio para tornar-se essencialmente posterior à

---

[262] Observe-se que em 1937 não foi realizada a prestação de contas pelo Presidente Getúlio Vargas e, no período de 1938 a 1945, as contas foram aprovadas por decreto do próprio Presidente. *In*: SPECK, Bruno Wilhelm. *Inovação e rotina no Tribunal de Contas da União*: o papel da Instituição superior de controle financeiro no sistema político-administrativo do Brasil. São Paulo: Fundação Konrad Adenauer, 2000, p. 63.

CAPÍTULO 2
O CONTROLE EXTERNO PELO TRIBUNAL DE CONTAS DA UNIÃO | 111

realização da despesa,[263] o que, se traz riscos à recuperação de recursos públicos indevidamente despendidos, tem a vantagem de não impedir ou retardar o prosseguimento da execução orçamentária e da atuação administrativa.

E, nesse contexto, cumpre lembrar o fortalecimento do Poder Executivo em relação aos demais poderes, o crescimento da Administração Pública e o projeto desenvolvimentista do Estado, exercido em um país de dimensão continental, com grande população e com enormes demandas sociais a serem atendidas.

Assim, houve a sensível redução da atuação "quase administrativa" dos tribunais de contas,[264] que exerciam certa partilha das decisões financeiras com o Poder Executivo, para o controle posterior centrado na repressão ao gasto ilegal de recursos públicos, de modo que as despesas governamentais deixaram de ser previamente autorizadas pelas cortes de contas para sua execução.[265]

A par da alteração do sistema de controle, a Constituição de 1967 estabeleceu a determinação do Tribunal de Contas para, de ofício ou por provocação do Ministério Público, em caso de ilegalidade da despesa, determinar prazo para a adoção de providências pela Administração Pública ou, em caso de não atendimento, sustar o ato, salvo em relação aos contratos, cuja competência cabia ao Congresso Nacional. Tal previsão constituía expressão da competência cautelar do Tribunal realizada em controle concomitante de determinados atos, o que também ocorre atualmente.[266]

Importante referir também a previsão expressa do sistema de controle interno no art. 72 da Constituição de 1967, relacionado diretamente à alteração do momento do controle pelo TCU, que deixou de ser prévio. Cabia ao controle interno assegurar a regularidade da despesa e da receita, criar condições para a eficácia do controle externo,

---

[263] BUGARIN, Bento José. O controle externo: evolução, características e perspectivas. *Revista do Tribunal de Contas da União*, Brasília, v. 31, n. 86, p. 338-352, out./dez. 2000, p. 339.

[264] SPECK, Bruno Wilhelm. *Inovação e rotina no Tribunal de Contas da União*: o papel da Instituição superior de controle financeiro no sistema político-administrativo do Brasil. São Paulo: Fundação Konrad Adenauer, 2000, p. 53.

[265] SUNDFELD, Carlos Ari; CÂMARA, Jacintho Arruda. Controle das Contratações Públicas pelos Tribunais de Contas. *Revista de Direito Administrativo*, Rio de Janeiro, v. 257, p. 111-144, maio/ago. 2011, p. 115-116.

[266] O Ato Complementar nº 40/1968 definiu outra competência relevante para o Tribunal de Contas da União, referente ao cálculo das cotas estaduais e municipais do Fundo de Participação dos Estados e do Fundo de Participação dos Municípios, respectivamente (art. 26, §1º), estabelecendo a imparcialidade na distribuição tributária federal.

acompanhar a execução dos programas de trabalho e de orçamento, avaliar os resultados alcançados pelos administradores e verificar a execução dos contratos. [267]

Outro aspecto relevante a ser assinalado no período sob a égide da Constituição de 1967 e da EC nº 1/69 diz respeito ao alcance das competências do TCU somente em relação às autarquias, conforme estabelecia o art. 71, §5º. As empresas públicas e as sociedades de economia mista somente passaram a prestar contas ao TCU e aos demais tribunais de contas por força da Lei nº 6.223/75.

A Constituição de 1988 significou novo patamar de atribuições e de abrangência de atuação para o Tribunal de Contas da União, e, por simetria, para as demais cortes de contas. Atualmente, o Brasil tem, além do Tribunal de Contas da União, vinte e sete Tribunais de Contas Estaduais, dois Tribunais de Contas Municipais, no Rio de Janeiro e São Paulo, e três Tribunais de Contas dos Municípios, nos Estados da Bahia, Goiás e Pará.

A Constituição ampliou as competências do TCU, passando a prever expressamente a auditoria operacional, a fiscalização das empresas supranacionais das quais a União participe de forma direta ou indireta e a aplicação de sanções por ilegalidade da despesa ou irregularidade de contas, atribuindo eficácia de título executivo às decisões das quais resulte a imputação de débito ou a aplicação de multa.

Observe-se, a propósito, que o anteprojeto apresentado pelo TCU à Assembleia Nacional Constituinte foi inspirado na Declaração de Lima sobre Diretrizes para Preceitos de Auditoria,[268] de outubro de 1977.

Essa declaração estabelece diretrizes relevantes para o controle externo exercido pelas Entidades Fiscalizadoras Superiores, nas quais se destacam a independência em relação ao controlado, a previsão

---

[267] Registre-se que a Emenda Constitucional nº 1/69 estabeleceu que a fiscalização financeira e orçamentária dos municípios seria realizada pela Câmara Municipal com o auxílio do Tribunal de Contas do Estado ou outro órgão estadual com essa incumbência (art. 16, §1º), o que, aliada à previsão do art. 13, IX, possibilitava a criação dos tribunais de contas nos estados. No entanto, diversos estados já tinham tribunais de contas bastante antigos, constituindo exemplos o TCE/BA, criado em 1915; o TCE/SP, criado em 1921; o TCE/RS, TCE/CE e TCE/MG, criados em 1935; e o TCE/AL, criado em 1947. *In*: FERNANDES, Jorge Ulisses Jacoby. *Tribunais de Contas do Brasil*: jurisdição e competência. 4. ed. rev. atual. e ampl. Belo Horizonte: Fórum, 2016, p. 641-645.

[268] ROSILHO, André Janjácomo. *Controle da Administração Pública pelo Tribunal de Contas da União*. 2016, 358 f. Tese (Doutorado em Direito) – Universidade de São Paulo, São Paulo, 2016, p. 44. Disponível em: https://teses.usp.br/teses/disponiveis/2/2134/tde-08022017-165131/publico/Andre_Rosilho_Controle_da_Administracao_Publica_pelo_TCU_INTEGRAL.pdf. Acesso em: 25 ago. 2020.

das principais atribuições e da independência no texto constitucional, a promoção da eficiência, eficácia e economia da gestão financeira, a atuação para evitar ou dificultar desvios, a afirmação do controle *a posteriori* como essencial a essas entidades, bem como a importância da auditoria operacional para a avaliação do desempenho da Administração Pública.[269]

Além da legalidade, a fiscalização realizada pelos tribunais de contas deverá verificar a legitimidade e a economicidade, o que constituiu também aprofundamento de suas atribuições, que não se restringem à verificação da legalidade estrita.

Tal ampliação tem sido, aliás, objeto de debates importantes na doutrina e na jurisprudência, que apontam o excesso da atuação dos tribunais de contas por desbordar de suas competências constitucionais, com interferência indevida nas competências de outros órgãos e instituições, o que será objeto de análise específica no Capítulo 3.

Aspecto que também constitui novidade da Constituição de 1988 é a previsão de denúncia ao TCU por qualquer cidadão, partido político, associação ou sindicato sobre ilegalidades ou irregularidades (art. 74, §2º), o que promove o controle social.

Além disso, estabeleceu a Constituição de 1988, quanto à composição do TCU, os requisitos para a indicação dos ministros e a substituição de ministro por auditor concursado, bem como a equiparação de seus ministros aos Ministros do Superior Tribunal de Justiça quanto as suas prerrogativas, garantias, impedimentos, vencimentos e vantagens, o que vai ao encontro de seu fortalecimento institucional.

E, no âmbito da escolha dos ministros, o Presidente da República tem a prerrogativa agora de indicar apenas um terço dos ministros, ao contrário da previsão da Constituição de 1967 e da EC nº 1/69, que atribuíam ao Presidente a indicação de todos os membros do Tribunal para aprovação pelo Senado Federal, revelando, agora, o fortalecimento do Poder Legislativo nessa seara. Contudo, apesar dessa alteração no provimento dos cargos de ministros, não se pode deixar de apontar o viés político ainda existente, tendo em vista a origem de muitos dos membros do TCU.[270]

---

[269] DECLARAÇÃO de Lima sobre Diretrizes para Preceitos de Auditoria. Disponível em: https://portal.tcu.gov.br/biblioteca-digital/declaracao-de-lima.htm.

[270] Flávio Garcia Cabral observa que: "Apesar do texto constitucional não fazer nenhuma exigência quanto à origem dos seus Ministros, a prática durante toda a Constituição de 1988 demonstra que o Tribunal costuma abrigar os pares dos membros do Congresso,

Portanto, como é pacífico na doutrina, os tribunais de contas sofreram grande incremento de atribuições na Constituição de 1988, inclusive em relação aos tribunais de contas europeus:

> O modelo constitucional brasileiro de Tribunal de Contas é indubitavelmente, mais amplo e complexo do que os estudados anteriormente, em especial o francês e o italiano. A extensão dedicada a essa Corte no Brasil não guarda paralelo com seus congêneres europeus. O regime constitucional abrange desde o regime de seus membros e da própria instituição, tendo como paradigma o Poder Judiciário, quanto as suas atribuições, amplas como nunca foram desde a instituição das Cortes de Contas. Na França, na Itália e na Espanha, ao contrário, pouco se consolidou no texto constitucional, dependendo sua atuação, na maior parte, do disposto na legislação infraconstitucional.[271]

Na Constituição de 1988, o Tribunal de Contas da União tem a disciplina de sua estrutura básica e de suas competências estabelecidas na Seção IX – Da Fiscalização Contábil, Financeira e Orçamentária, que integra o capítulo de organização e competências do Poder Legislativo.

No entanto, o maior fortalecimento do TCU na Constituição Federal de 1988 não implicou, de imediato, a atuação correspondente a essa nova feição do Tribunal. Conforme apontado por Flávio Garcia Cabral, até meados dos anos 90, o TCU apresentava atuação tímida, "fortemente atrelada à atuação política dos Poderes Legislativo e Executivo". Somem-se a isso algumas discussões enfrentadas na Assembleia Constituinte, como a possibilidade de perda da vitaliciedade, que requeriam atuação mais discreta.[272]

O fortalecimento e ampliação do controle exercido pelo Tribunal de Contas da União deu-se, na prática, no final dos anos 90 e início dos anos 2000, com o aparelhamento tecnológico e financeiro do TCU, ampliação do quadro funcional, criação de instâncias de diálogo com a

---

bem como ex-ocupantes de diversos cargos de natureza política, como parlamentares ou Secretários e Ministros de Estado". *In:* CABRAL, Flávio Garcia. Como o Tribunal de Contas da União tem se comportado ao longo da Constituição de 1988? *A&C – Revista de Direito Administrativo e Constitucional*, Belo Horizonte, n. 85, p. 161-183, jul./set. 2021, p. 167-168.

[271] CARVALHO, Fábio Lins de Lessa; RODRIGUES, Ricardo Schneider. O Tribunal de Contas no Brasil e seus congêneres europeus: um estudo comparativo. *A&C – Revista de Direito Administrativo & Constitucional*, Belo Horizonte, ano 18, n. 71, p. 225-248, jan./mar. 2018, p. 243.

[272] CABRAL, Flávio Garcia. Como o Tribunal de Contas da União tem se comportado ao longo da Constituição de 1988? *A&C – Revista de Direito Administrativo e Constitucional*, Belo Horizonte, n. 85, p. 161-183, jul./set. 2021, p. 163-165.

sociedade e a assunção gradual de um protagonismo até então inédito em diversos âmbitos da Administração Pública.[273]

Como se verá adiante, essa atuação do Tribunal tem sido objeto de muitas críticas pela doutrina quanto ao exercício indevido de competências. Também é objeto de dissenso doutrinário a sua natureza jurídica, tema fundamental para a compreensão de suas atribuições, que será enfrentado no tópico seguinte.

2.3 A natureza jurídica do Tribunal de Contas da União

Os tribunais de contas são titulares, como se viu, de parcela do controle externo. Para a expressiva parte da doutrina, os tribunais de contas não integram nenhum dos poderes da República, constituindo órgãos autônomos que ora atuam em cooperação técnica e apoio ao controle externo exercido pelo Poder Legislativo, sem qualquer subordinação; ora exercem competências exclusivas.[274]

No entanto, ainda se verificam algumas poucas posições divergentes, que consideram o Tribunal de Contas da União integrante do Poder Legislativo, como José dos Santos Carvalho Filho.[275] Essa também era a posição de Bento José Bugarin.[276]

Diogo de Figueiredo Moreira Neto, em artigo específico, no qual sustenta a autonomia dos tribunais de contas, analisa a questão à luz do Estado contemporâneo, cuja organização não se limita apenas aos três poderes clássicos, constituindo expressão do policentrismo estatal:

---

[273] CABRAL, Flávio Garcia. Como o Tribunal de Contas da União tem se comportado ao longo da Constituição de 1988? A&C – *Revista de Direito Administrativo e Constitucional*, Belo Horizonte, n. 85, p. 161-183, jul./set. 2021, p. 167-171.

[274] Observe-se que Marçal Justen Filho chega a equipará-lo a um Poder da República, embora não reconheça tal qualificação formal: "Nem a circunstância de a Constituição ter tratado do Tribunal de Contas dentro do Capítulo do Poder Legislativo apresenta alguma relevância, já que o art. 44 da CF/88 deixa claro que o Tribunal de Contas não é 'órgão' do aludido Poder. Em suma, a não qualificação formal do Tribunal de Contas como um 'Poder' específico derivou apenas da tradição, voltada a manter fidelidade a um esquema setecentista de tripartição de Poderes do Estado". *In*: JUSTEN FILHO, Marçal. *Curso de Direito Administrativo*. São Paulo: Saraiva, 2005, p. 751.

[275] CARVALHO FILHO, José dos Santos; ALMEIDA, Fernando Dias Menezes de. Tratado de Direito Administrativo [livro eletrônico]: controle da administração pública e responsabilidade do Estado. *In*: DI PIETRO, Maria Sylvia Zanella (coord.). *Tratado de Direito Administrativo*. v. 7. São Paulo: Revista dos Tribunais, 2015, capítulo 5.

[276] BUGARIN, Bento José. O controle externo: evolução, características e perspectivas. *Revista do Tribunal de Contas da União*, Brasília, v. 31. n. 86, p. 338-352. out./dez. 2000, p. 340.

Com efeito, o problema juspolítico da sua *natureza jurídica*, bem como de sua taxinomia, nada tem a ver diretamente com o mecanismo clássico de tripartição de Poderes, ou seja, *a solução não está no enquadrar-se um determinado órgão independente em qualquer um dos três Poderes orgânicos tradicionais.*

Essa questão está superada, necessitando ser equacionada diferentemente, pois se trata, agora, de trabalhar, na linha das soluções contemporâneas, à luz dos subsídios doutrinários expostos, com o conceito de *policentrismo institucional,* para usar a feliz expressão de CANOTILHO, para perquirir, nessa linha, *a natureza das funções exercidas pelas cortes de contas* (grifos do autor).[277]

O Supremo Tribunal Federal já se manifestou sobre a matéria, como se pode ver no trecho da ementa da ADI nº 4.190-MC-REF, da relatoria do Ministro Celso de Mello:

AÇÃO DIRETA DE INCONSTITUCIONALIDADE - ASSOCIAÇÃO DOS MEMBROS DOS TRIBUNAIS DE CONTAS DO BRASIL (ATRICON) - [...]

A POSIÇÃO CONSTITUCIONAL DOS TRIBUNAIS DE CONTAS - ÓRGÃOS INVESTIDOS DE AUTONOMIA JURÍDICA - INEXISTÊNCIA DE QUALQUER VÍNCULO DE SUBORDINAÇÃO INSTITUCIONAL AO PODER LEGISLATIVO - ATRIBUIÇÕES DO TRIBUNAL DE CONTAS QUE TRADUZEM DIRETA EMANAÇÃO DA PRÓPRIA CONSTITUIÇÃO DA REPÚBLICA. - Os Tribunais de Contas *ostentam* posição eminente na estrutura constitucional brasileira, *não se achando subordinados,* por qualquer vínculo de ordem hierárquica, ao Poder Legislativo, *de que não são* órgãos delegatários nem organismos de mero assessoramento técnico. *A competência institucional* dos Tribunais de Contas não deriva, por isso mesmo, de delegação dos órgãos do Poder Legislativo, *mas traduz* emanação que resulta, primariamente, *da própria* Constituição da República. *Doutrina. Precedentes* (grifos do relator).[278]

Portanto, o Tribunal de Contas da União não integra o Poder Legislativo e tampouco compõe relação secundária ou de subordinação ao Congresso Nacional no que diz respeito ao controle externo. De igual

---

[277] MOREIRA NETO, Diogo de Figueiredo. Algumas notas sobre órgãos constitucionalmente autônomos (um estudo de caso sobre os tribunais de contas no Brasil). *Revista de Direito Administrativo,* Rio de Janeiro, n. 223, p. 1-24, jan./mar. 2001, p. 14-15.

[278] BRASIL. Supremo Tribunal Federal. Ação Direta de Inconstitucionalidade nº 4.190-MC/ RJ. Relator: Min. Celso de Mello. Brasília, 10.03.2010.

forma, não se identifica com um órgão jurisdicional, cuja função cabe ao Poder Judiciário,[279] apesar da nomenclatura de tribunal, da referência ao exercício de jurisdição ou do art. 73, §3º, da Constituição Federal. Constitui o TCU, assim, órgão constitucional autônomo, de natureza administrativa, competente para o controle externo cooperativo e técnico com o Congresso Nacional e com os demais Poderes, bem como para o exercício de funções exclusivas. Ayres Brito pondera, contudo, que o Tribunal de Contas não é "tribunal singelamente administrativo", tendo em vista que seu "regime jurídico é centralmente constitucional", o que lhe dá a natureza político-administrativa.[280]

Tal entendimento está em linha com os órgãos constitucionais de soberania tratados por Gomes Canotilho, que lhes aponta os seguintes pressupostos: a) *status* e competências fundamentais estabelecidos pela Constituição; b) poder de auto-organização interna; c) inexistência de subordinação; d) estabelecimento de relações de interdependência e de controle "em relação a outros órgãos igualmente ordenados na e pela constituição".[281]

E, como se viu, a atuação dos tribunais de contas decorre do princípio republicano, que obriga todo agente público à prestação de contas relacionadas aos recursos e ao patrimônio públicos, como, aliás, deixa claro o art. 34, VII, "a", da Constituição Federal.

Mas não é só. O Tribunal de Contas relaciona-se ao Estado Democrático de Direito e à promoção dos direitos fundamentais, uma vez que a atividade financeira do Estado, objeto do controle externo, constitui o instrumento para execução de políticas públicas que, ao final, visam a dar concretude a esses direitos.[282]

E conforme lição de Juarez Freitas, a atuação dos tribunais de contas, voltada para o cumprimento dos objetivos, princípios e regras constitucionais, bem como dos direitos fundamentais, tem papel relevante – embora não isolado – na concreção do direito fundamental à boa administração, que contempla a gestão pública eficiente e eficaz,

---

[279] BRITO, Carlos Ayres. O regime constitucional dos tribunais de contas. *Revista Interesse Público*, Porto Alegre, n. 13, p. 177-187, jan./mar. 2002, p. 183.

[280] BRITO, Carlos Ayres, *op. cit.*, p.184-186.

[281] Observe-se a peculiaridade da posição do Tribunal de Contas no regime constitucional português, que é integrante do Poder Judiciário. *In:* CANOTILHO, Gomes J. J. *Direito Constitucional e Teoria da Constituição.* 7. ed. 21ª reimp. Coimbra: Almedina, 2003, p. 564-565.

[282] TORRES, Ricardo Lobo. A legitimidade democrática e o Tribunal de Contas. *Revista de Direito Constitucional e Internacional*, v. 4, p. 1.183-1.202, maio 2011. Disponível em: Revista dos Tribunais Online. Acesso em: 8 ago. 2020.

exercida de forma motivada e proporcional, com transparência, imparcialidade, moralidade, participação social e responsabilidade.[283]

Para isso, o TCU dispõe de amplas atribuições e instrumentos para o controle da Administração Pública, com adoção dos parâmetros previstos no art. 70, *caput*, da Constituição, também denominados tipos de controle,[284] que são a legalidade, legitimidade e economicidade, constituindo estes dois últimos inovação da Constituição Federal de 1988.

2.4 Parâmetros de controle

O art. 70, *caput*, da Constituição Federal dispõe que a fiscalização contábil, financeira, orçamentária, operacional e patrimonial da administração direta e indireta da União será realizada em relação à legalidade, legitimidade e economicidade. No entanto, tais parâmetros não estão limitados apenas a essa atividade realizada pelo Tribunal de Contas da União, abrangendo toda a função de controle externo realizada pelo TCU, quer em auxílio ao Congresso Nacional, quer no exercício das competências exclusivas.

Em relação à legalidade, já se salientou linhas atrás a profunda alteração em sua compreensão a partir da segunda metade do século XX, para abranger os princípios e objetivos constitucionais, bem como os direitos e garantias fundamentais, o que permeou todos os campos do Direito e da atuação estatal.

Assim, a função de controle, tomada em sentido amplo e realizada por diferentes instituições estatais, não ficou alheia às profundas alterações econômicas, políticas e sociais que resultaram em novo paradigma no exame da legalidade, em que o eixo de contraste dos atos estatais deixa de ser apenas a lei em sentido estrito, para alcançar a Constituição, seus princípios, valores, objetivos e direitos fundamentais, tendo como norte o princípio da dignidade humana e, no que tange especificamente às relações administrativas, o direito à boa administração.[285]

É claro que a mudança de paradigma e a adoção efetiva e contínua do novo padrão de atuação do Estado, com a criação de nova cul-

---

[283] FREITAS, Juarez. *Discricionariedade administrativa e o direito fundamental à boa administração pública*. São Paulo: Malheiros, 2007, p. 20.

[284] Terminologia destacada por Jorge Ulisses Jacoby Fernandes. *In*: FERNANDES, Jorge Ulisses Jacoby. *Tribunais de Contas do Brasil*: jurisdição e competência. 4. ed. rev. atual. e ampl. Belo Horizonte: Fórum, 2016, p. 52.

[285] FREITAS, Juarez. *O controle dos atos Administrativos e os princípios fundamentais*. 5. ed. rev. e ampl. São Paulo: Malheiros, 2013, p. 20.

CAPÍTULO 2
O CONTROLE EXTERNO PELO TRIBUNAL DE CONTAS DA UNIÃO | 119

tura administrativa e jurídica nas instituições estatais e, em especial, nos tribunais de contas integram um processo evolutivo. A alteração de padrões institucionais não é tarefa fácil, sobretudo se considerada a formação histórica e social brasileira, em que o indivíduo e consequentemente os direitos fundamentais tiveram importância secundária.

Especificamente em relação aos tribunais de contas, o exame da legalidade suscita diversas questões. Entre elas, cabe a indagação acerca do seu objeto, isto é, se a verificação da legalidade realizada pelos tribunais de contas alcança todo o ordenamento jurídico ou se o campo de controle restringe-se às matérias relacionadas ao Erário, direta ou indiretamente.

Esclareça-se que esse problema foi ampliado com a auditoria operacional, inovação da Constituição de 1988, que possibilita o exame da eficiência na administração pública pelos tribunais de contas, com avaliação do desempenho dos auditados e dos programas de governo, como será tratado em detalhe adiante.

Tal questão, à semelhança de outros temas relacionados ao controle externo, também tem provocado dissenso na doutrina e na jurisprudência, apresentando-se, de um lado, a corrente que defende o amplo exame da legalidade pelo TCU e, de outro, aqueles que sustentam a restrição à matéria financeira *lato sensu*.

Para isso, é fundamental ter presente que os bens tutelados pelo TCU no exercício do controle externo estão relacionados ao Erário e ao adequado emprego de recursos públicos amplamente considerados, em conformidade com a legislação orçamentária, financeira, contábil e patrimonial.

Conforme afirma com propriedade Francisco Maia Alves, o TCU "exerce apenas uma parcela do controle de legalidade da Administração Pública", relacionada às finanças públicas. Salienta o autor que "o TCU não é o guardião da legalidade e da ordem jurídica geral, ainda que o agente responsável pela violação integre a Administração Pública e aja em seu nome".[286]

Ainda nesse aspecto, é relevante referir que o Tribunal de Contas pratica atos de comando, que são atos constitutivos e desconstitutivos

---

[286] ALVES, Francisco Sérgio Maia. Controle da Administração Pública pelo Tribunal de Contas da União: espaço objetivo de incidência e parâmetro de legalidade. *Interesse Público – IP*, Belo Horizonte, ano 20, n. 108, p. 197-223, mar./abr. 2018, p. 218-219. Com mesma posição, cite-se FRANÇA, Phillip Gil. *O controle da administração pública:* tutela jurisdicional, regulação econômica e desenvolvimento. 2. ed. rev. atual. e ampl. São Paulo: Revista dos Tribunais, 2010, p. 99.

de direitos e deveres,[287] ao lado de outros que têm função opinativa ou informativa. Tal distinção está relacionada à verificação da legalidade dos atos da Administração Pública, implicando limites à atuação do Tribunal e efeitos diversos sobre os jurisdicionados.[288] Nesse sentido, é oportuna a observação de Carlos Ari Sundfeld e Jacintho Câmara:

> São três os fatores de restrição ao poder de comando do Tribunal de Contas. O primeiro tem a ver com os *tipos de comando*: o Tribunal não pode dar qualquer tipo de ordem, constituindo ou desconstituindo direitos e deveres. O segundo fatos diz respeito aos *motivos de comando*: o Tribunal só pode emitir comandos se constatar ilegalidades, não por outros motivos. O terceiro fator tem a ver com o *objeto da fiscalização*: o poder de comando do Tribunal só existe se a ilegalidade apurada for em matéria financeira, orçamentária, contábil ou patrimonial, mas não por conta de ilegalidades em outras matérias administrativas, examinadas no âmbito da ampla fiscalização operacional (grifos dos autores).[289]

Portanto, a legalidade a ser verificada no controle realizado pelo TCU encontra limite na matéria que lhe é atribuída pela Constituição, relacionada à proteção do Erário, devendo ser compreendida de forma sistemática para considerar as competências de outras instâncias de controle e evitar efeitos danosos relacionados à insegurança jurídica e aos custos da superposição de controles.[290]

Dessa forma, os tribunais de contas não têm a prerrogativa de revisão geral da atuação administrativa, com poder de comando, em que

---

[287] Segundo André Rosilho, atos de comando são atos constitutivos e desconstitutivos de direitos e deveres. *In*: ROSILHO, André Janjácomo. *Controle da Administração Pública pelo Tribunal de Contas da União*. 2016, 358 f. Tese (Doutorado em Direito) – Universidade de São Paulo, São Paulo, 2016, p. 215.

[288] Flávio Garcia Cabral, Leandro Sarai e Cristiane Iwakura sustentam a possibilidade de atos de comando pelo TCU também segundo os parâmetros de legitimidade e economicidade, pois a Constituição Federal, segundo os Autores, não apresentam dispositivo que afaste esses critérios. Contudo, os limites para esse controle seguem os mesmos limites adotados para o controle de legalidade: o TCU não pode substituir-se aos administradores, devendo o ato controlado apresentar pertinência direta e imediata com matéria financeira *lato sensu*. *In*: CABRAL, Flávio Garcia; SARAI, Leandro; IWAKURA, Cristiane Rodrigues. Tribunal de Contas da União (TCU) e as Agências Reguladoras: limites e excessos da *accountability* horizontal. *Revista da CGU*, Brasília, v. 13, n. 24, p. 207-219, jul./dez. 2021, p. 214.

[289] SUNDFELD, Carlos Ari; CÂMARA, Jacinto Arruda. O Tribunal de Contas da União e a regulação. *Fórum de Contratação e Gestão Pública – FGCP*, Belo Horizonte, ano 17, n. 194, p. 73-79, fev. 2018, p. 74-75.

[290] ALVES, Francisco Sérgio Maia. Controle da Administração Pública pelo Tribunal de Contas da União: espaço objetivo de incidência e parâmetro de legalidade. *Interesse Público – IP*, Belo Horizonte, ano 20, n. 108, p. 197-223, mar./abr. 2018, p. 221.

pese a significativa ampliação de suas funções operada pela Constituição Federal, em especial com a previsão da auditoria operacional.[291]

De outra parte, se a adoção de um novo paradigma de legalidade coloca a Constituição em evidência, ele acarreta algumas dificuldades que exigem reflexão e ainda não se encontram perfeitamente equacionadas.

É o caso da existência de limites ou critérios para a não aplicação, pelos tribunais de contas, de determinada lei em razão do controle de constitucionalidade difuso realizado pelas cortes de contas. E, nesse âmbito, ganha relevância a Súmula 347 do Supremo Tribunal Federal, que dispõe o seguinte: "O Tribunal de Contas, no exercício de suas atribuições, pode apreciar a constitucionalidade das leis e dos atos do Poder Público".

Essa súmula foi examinada em diversos julgados do STF que tiveram por objeto a adoção, pela Petrobras, de regulamento próprio e simplificado para as licitações e contratações, em razão do apontamento reiterado do Tribunal de Contas da União por considerar inconstitucional o art. 67 da Lei nº 9.478/97[292] e o Decreto nº 2.745/98.

Nesses processos, em que a Petrobras impetrou mandados de segurança contra o TCU, o Supremo Tribunal Federal tem afastado, mediante decisões monocráticas, a aplicação da Súmula 347, com o fundamento de que não caberia ao TCU exercer o controle difuso da constitucionalidade. Eis alguns julgados, em especial o MS 25.888 MC, relatado pelo Min. Gilmar Mendes, que serviu de paradigma para outras decisões do STF em demandas idênticas:

> A referida regra sumular foi aprovada na Sessão Plenária de 13.12.1963, num contexto constitucional totalmente diferente do atual. Até o advento da Emenda Constitucional nº 16, de 1965, que introduziu em nosso sistema o controle abstrato de normas, admitia-se como legítima a recusa, por parte de órgãos não jurisdicionais, à aplicação da lei considerada inconstitucional. No entanto, é preciso levar em conta que o texto constitucional de 1988 introduziu uma mudança radical no nosso sistema de controle de constitucionalidade. Em escritos doutrinários, tenho enfatizado que a ampla legitimação conferida ao controle

---

[291] SUNDFELD, Carlos Ari; CÂMARA, Jacintho Arruda. O Tribunal de Contas da União e a regulação. *Fórum de Contratação e Gestão Pública – FGCP*, Belo Horizonte, ano 17, n. 194, p. 73-79, fev. 2018, p. 73.

[292] Os arts. 67 e 68 da Lei nº 9.478/97 foram revogados expressamente pela Lei nº 13.303/2016, que estabelece, dentre outras disposições, normas específicas de licitação e contratação para as empresas estatais.

abstrato, com a inevitável possibilidade de se submeter qualquer questão constitucional ao Supremo Tribunal Federal, operou uma mudança substancial no modelo de controle de constitucionalidade até então vigente no Brasil. Parece quase intuitivo que, ao ampliar, de forma significativa, o círculo de entes e órgãos legitimados a provocar o Supremo Tribunal Federal, no processo de controle abstrato de normas, acabou o constituinte por restringir, de maneira radical, a amplitude do controle difuso de constitucionalidade. [...] Assim, a própria evolução do sistema de controle de constitucionalidade no Brasil, verificada desde então, está a demonstrar a necessidade de se reavaliar a subsistência da Súmula 347 em face da ordem constitucional instaurada com a Constituição de 1988. [...] [293]

Em contraponto a esse entendimento majoritário do STF, cita-se a decisão monocrática emitida na Medida Cautelar em Mandado de Segurança nº 31.439, relatado pelo Ministro Marco Aurélio, que ressaltou a vigência da Súmula nº 347[294] e, portanto, sua aplicabilidade.

Em acórdão relativamente recente do Tribunal de Contas da União, da Relatoria do Ministro Benjamin Zymler,[295] a União sustentou a inaplicabilidade da Súmula 347, pois fora aprovada sob o regime constitucional de 1946, e a violação do princípio da separação de poderes, quer em relação ao Legislativo, pois o caso tratava de lei vigente, quer em relação ao Judiciário, que não teria declarado a inconstitucionalidade da lei.

O Acórdão nº 2.000/2017 emitido pelo TCU reconheceu a sua incompetência para a declaração de inconstitucionalidade em abstrato, mas sustentou a plena vigência da Súmula 347, a vinculação

---

[293] Registrem-se, na mesma linha, os seguintes julgados: MS nº 28.745-MC, MS nº 27.796-MC, MS nº 27.743-MC e MS nº 27.337-MC, todos do Supremo Tribunal Federal. Os três primeiros mandados de segurança foram recentemente julgados prejudicados em função da perda do objeto, em face da superveniência da Lei nº 13.303/2016. O MS nº 27.337 foi concedido em 16.03.2021, tornando a liminar definitiva para a cassação dos efeitos dos acórdãos do TCU no processo 010.437/200-6. Acórdãos disponíveis em: https://jurisprudencia.stf.jus.br/.

[294] BRASIL. Supremo Tribunal Federal. *Medida Cautelar em Mandado de Segurança n. 31.439*. Relator: Min. Marco Aurélio. Brasília, 22.03.2006.

[295] O TCU decidiu sobre a aplicação da Lei nº 13.464/2017, que estabelecia o Bônus de Eficiência e Produtividade para aposentados e pensionistas de algumas categorias de servidores públicos federais, apesar de tais bônus não integrarem a base para a contribuição previdenciária, o que foi objeto de representação da unidade técnica do TCU sob o fundamento da inconstitucionalidade dessa lei. O Acórdão nº 2.000/2017 foi motivado pelo agravo de instrumento da União contra decisão monocrática cautelar, referendado pelo Plenário, que determinou a abstenção, pelos Ministérios da Fazenda e do Trabalho, do pagamento do referido bônus aos inativos e pensionistas.

dos tribunais de contas aos princípios constitucionais e aos direitos fundamentais, não havendo exclusividade do Poder Judiciário *para o controle difuso da constitucionalidade.*[296] Com isso, a decisão acolheu o agravo da União, com o arquivamento da representação da unidade técnica, *sem prejuízo do controle de constitucionalidade nos casos concretos.* Veja-se o trecho do acórdão:

> Evidentemente que essa competência do TCU refere-se à apreciação da constitucionalidade das leis e atos do Poder Público em caráter incidental e a cada caso concreto que lhe é submetido, com efeitos apenas entre as partes, haja vista que a declaração de inconstitucionalidade em abstrato, com efeitos *erga omnes*, somente compete ao STF. [...]
>
> Tem-se, assim, que a suposta revogação do enunciado nº 347 da Súmula do Supremo Tribunal Federal suscitada pela recorrente representaria uma *capitis diminutio* das competências constitucionais atribuídas a esta Corte de Contas pelo constituinte originário, uma vez que, para o exercício do poder de controle inerente às atividades de fiscalização e auditoria, o TCU passaria a subordinar tão somente à lei e não à Constituição Federal.[297]

A decisão do TCU quanto ao controle difuso da constitucionalidade da Lei nº 13.464/2017 fora objeto do Mandado de Segurança nº 35.410, em que houve o deferimento de medida cautelar e, recentemente, da ordem para determinar ao Tribunal o exame de aposentadorias e pensões dos servidores substituídos conforme a legislação vigente. Além disso, foi amplamente analisada a vedação à transcendência dos efeitos da declaração incidental de inconstitucionalidade. A seguir, apresenta-se o trecho da ementa do acórdão:

> 1. O Tribunal de Contas da União, órgão sem função jurisdicional, não pode declarar a inconstitucionalidade de lei federal com efeitos *erga omnes* e *vinculantes* no âmbito de toda a Administração Pública Federal. [...]
>
> 3. *Impossibilidade de o controle difuso exercido administrativamente pelo Tribunal de Contas trazer consigo a transcendência dos efeitos, de maneira*

---

[296] O Acórdão nº 2.000/2017 foi objeto de embargos de declaração pelo Ministério Público de Contas, rejeitados pelo Plenário. *In:* BRASIL. Tribunal de Contas da União. *Acórdão nº 2.721 /2017.* Plenário. Relator: Min. Benjamin Zymler. Brasília, 6.12.2017.

[297] BRASIL. Tribunal de Contas da União. *Acórdão nº 2.000 /2017.* Plenário. Relator: Min. Benjamin Zymler. Brasília, 13.09.2017. Esclareça-se que o agravo interposto pela União foi provido porque a representação pela SEFIP/TCU pleiteava o controle prévio abstrato de constitucionalidade, que não é de competência do TCU.

a afastar incidentalmente a aplicação de uma lei federal, não só para o caso concreto, mas para toda a Administração Pública Federal, extrapolando os efeitos concretos e inter partes e tornando-os *erga omnes* e *vinculantes* (grifos nossos).[298]

Sobre esse tema, relacionado à constitucionalidade imediata da Administração Pública, a quem compete executar leis constitucionais, Canotilho reconhece a complexidade do problema em face do princípio da legalidade. Sustenta o autor, como regra, a impossibilidade de recusa dos agentes públicos à aplicação da lei vigente, tendo em vista a viabilidade de adoção de outras medidas, como a representação ao superior hierárquico. Contudo, Canotilho aponta algumas exceções evidentes, como as leis violadoras do núcleo essencial de direitos fundamentais, em especial o direito à vida e à integridade física.[299]

Na linha do exame realizado no Mandado de Segurança nº 25.888, Gilmar Mendes e Paulo Gustavo Branco defendem o controle difuso da constitucionalidade por órgãos não jurisdicionais – como o TCU – nos casos de jurisprudência pacífica do STF reconhecendo a inconstitucionalidade de determinada lei.[300]

Esse é também o entendimento de André Rosilho, para quem "o Direito não conferiu ao TCU a atribuição de decidir pela constitucionalidade de normas em casos concretos. A suposta base normativa para fazê-lo, a Súmula 347 do STF, tem sido erroneamente interpretada e aplicada".[301]

Esclarece o autor que a Súmula 347 foi editada com base em um único precedente do STF, o Recurso em Mandado de Segurança nº 8.372, julgado em 11 de dezembro de 1961, relativo à negativa de registro de ato de aposentadoria pelo tribunal de contas estadual com base em lei revogada expressamente por lei superveniente.[302]

---

[298] BRASIL. Supremo Tribunal Federal. *Mandado de Segurança nº 35.410.* Relator: Min. Alexandre de Moraes. Brasília, 13.04.2021.

[299] CANOTILHO, Gomes J. J. *Direito Constitucional e Teoria da Constituição.* 7. ed. 21ª reimp. Coimbra: Almedina, 2003, p. 443-444.

[300] MENDES, Gilmar Ferreira; BRANCO, Paulo Gustavo Gonet. *Curso de Direito Constitucional.* 13. ed. rev. e atual. São Paulo: Saraiva Educação, 2018, Capítulo 4.3 [livro eletrônico].

[301] ROSILHO, André Janjácomo. *Controle da Administração Pública pelo Tribunal de Contas da União.* 2016, 358 f. Tese (Doutorado em Direito) – Universidade de São Paulo, São Paulo, 2016, p. 140.

[302] ROSILHO, André Janjácomo. *Controle da Administração Pública pelo Tribunal de Contas da União.* 2016, 358 f. Tese (Doutorado em Direito) – Universidade de São Paulo, São Paulo, 2016, p. 140-141.

No voto do relator do RMS nº 8.372, Ministro Pedro Chaves, consta que há distinção entre a declaração de inconstitucionalidade, que os tribunais de contas não podem realizar, e a não aplicação de leis inconstitucionais, que compete a qualquer órgão ou tribunal. Contudo, no caso concreto, a legislação local superveniente àquela que serviu de fundamento à aposentadoria e fora revogada teve sua constitucionalidade declarada pelo Supremo Tribunal Federal.[303]

Considerando esse contexto histórico-jurisprudencial, André Rosilho destaca que o STF não pretendeu atribuir aos tribunais de contas a declaração de inconstitucionalidade das leis e, mesmo que assim fosse, a Súmula nº 347 não seria recepcionada pela Constituição de 1988:

> Afinal, partindo-se da premissa de que a Súmula deva ser interpretada em consonância com os julgados que a originaram – já que representa a consolidação de um entendimento jurisprudencial – fica evidente que o Supremo não pretendeu dar ao TCU a competência para declarar a inconstitucionalidade das leis, mas, pura e simplesmente, objetivou reconhecer que *o Tribunal de Contas, como qualquer órgão de controle, poderia deixar de aplicar leis já declaradas inconstitucionais pelo Judiciário, ou, então, que não mais estivessem em vigor.*

> Deve-se notar, no entanto, que mesmo que a súmula do STF tivesse pretendido autorizar o TCU a, no exercício de suas atribuições, declarar a inconstitucionalidade de leis, seria impossível que o Tribunal dela extraísse esse tipo de autorização. Fosse esse o real sentido da norma, ela não teria sido recepcionada pela Constituição de 1988, visto que *o Texto Constitucional, em seu Capítulo III (Do Poder Judiciário), inequivocamente reserva aos tribunais (judiciais) a competência para fazê-lo* (grifos nossos).[304]

Como se percebe, o tema é complexo, pois se tem, de um lado, a denominada legalidade ampla, de feição contemporânea, que amplia a interpretação e a aplicação da legalidade estrita para compreender as disposições constitucionais; e, de outro, a possibilidade que se abre a órgãos administrativos para a não aplicação de diplomas legais sob o fundamento da inconstitucionalidade, ainda que sem manifestação do Supremo Tribunal Federal sequer em controle difuso, o que pode, paradoxalmente, afetar princípios constitucionais da separação

---

[303] BRASIL. Supremo Tribunal Federal. *Recurso em Mandado de Segurança nº 8.372*. Relator: Min. Pedro Chaves. Brasília, 11.12.1961.

[304] ROSILHO, André Janjácomo. *Controle da Administração Pública pelo Tribunal de Contas da União*. 2016, 358 f. Tese (Doutorado em Direito) – Universidade de São Paulo, São Paulo, 2016, p. 141.

de poderes e da segurança jurídica, além da presunção de constitucionalidade das leis.

No entanto, é preciso ponderar sobre a necessidade de equilíbrio entre a aplicação direta de princípios constitucionais e a presunção de constitucionalidade das leis e a segurança jurídica que essa presunção confere ao ordenamento jurídico e ao exercício das amplas funções administrativas, de modo que deve haver autocontenção das cortes de contas quanto à responsabilização do gestor que agiu com fundamento em legislação vigente e diante da ausência de decisões judiciais sobre a inconstitucionalidade da lei aplicada.

Além disso, cabe cogitar, com o objetivo de fomentar a reflexão sobre o tema, se a jurisprudência majoritária do STF em sede de controle difuso da constitucionalidade poderia ser entendida como integrante das "orientações gerais" definidas no art. 24, parágrafo único, do Decreto-Lei nº 4.657/42[305] (Lei de Introdução às Normas do Direito Brasileiro), que veda a revisão de atos e contratos, incluídos os atos normativos, perfectibilizados ao tempo dessas orientações.

Caso essa interpretação extensiva do referido dispositivo seja admissível, e diante da inexistência de declaração de inconstitucionalidade de lei ou ato normativo, estaria vedado o afastamento da lei formal vigente pelo TCU para a finalidade de julgar irregulares as contas e responsabilizar o gestor.

Ainda em relação à legalidade, cabe citar como ponto digno de nota a recente alteração do Decreto-Lei nº 4.657/42 pela Lei nº 13.655/2018, aplicável expressamente também à função de controle, que acrescentou importantes dispositivos destinados a conferir maior segurança jurídica aos atos estatais, incluindo os atos e decisões dos tribunais de contas.

É preciso observar, todavia, que não houve inovação significativa da Lei nº 13.655/18 no ordenamento jurídico,[306] uma vez que grande parte dos dispositivos já se encontrava positivada na legislação, como

---

[305] "Art. 24. A revisão, nas esferas administrativa, controladora ou judicial, quanto à validade de ato, contrato, ajuste, processo ou norma administrativa cuja produção já se houver completado levará em conta as orientações gerais da época, sendo vedado que, com base em mudança posterior de orientação geral, se declarem inválidas situações plenamente constituídas. Parágrafo único. Consideram-se orientações gerais as interpretações e especificações contidas em atos públicos de caráter geral ou em jurisprudência judicial ou administrativa majoritária, e ainda as adotadas por prática administrativa reiterada e de amplo conhecimento público."

[306] DUQUE, Marcelo Schenk; RAMOS, Rafael. Comentários ao art. 1º da Lei nº 13.655/2018. *In*: DUQUE, Marcelo Schenk; RAMOS, Rafael (coord.). *Segurança jurídica na aplicação do Direito Público*: Comentários à Lei 13.655/2018. Salvador: Juspodivm, 2019, p. 28.

é o caso da Lei nº 9.784/99, ou decorre de princípios constitucionais da proporcionalidade, razoabilidade, segurança jurídica, confiança legítima e participação social.

Também não se pode deixar de mencionar que a Lei nº 13.655/18 constituiu reação aos excessos e distorções no controle da administração pública,[307] que têm resultado no "processo administrativo do medo" e no "apagão das canetas", expressões bastante utilizadas na doutrina para referir-se à paralisação decisória de grande parte dos gestores em face da possibilidade de responsabilização desarrazoada ou excessiva no exercício da função administrativa.[308]

Essa legislação constitui um elemento adicional para contribuir no equilíbrio dos objetivos visados pela função de controle, que é coibir ilegalidades e desvios de recursos públicos e promover a qualificação da função administrativa sem restringir a ação dos gestores, com inovações lícitas que se fazem necessárias diante das demandas sociais crescentes, dos avanços da tecnologia e das restrições econômico-financeiras tão conhecidas.

Diploma legal bem recente, que igualmente merece registro, é a Lei nº 14.133, de 1º.04.2021, que constitui a nova lei de licitações e contratos administrativos, com um capítulo específico sobre o controle das contratações, no qual os órgãos de controle interno, juntamente com os tribunais de contas, foram alçados expressamente à terceira linha de defesa no controle da matéria, como dispõe o art. 169, III, dessa Lei.

Além disso, a Lei nº 14.133/21 constitui avanço em relação à Lei nº 8.666/93 no que diz respeito ao controle externo, pois estabelece critérios para a fiscalização, medidas e prazos específicos para a suspensão cautelar dos processos licitatórios pelos tribunais de contas, o que promove a objetividade e a celeridade das decisões, bem como a maior segurança jurídica para os partícipes dos certames e para a Administração Pública.

A legitimidade, por seu turno, não encontra definição uniforme na doutrina, que ora a identifica com a moralidade, traduzindo dimensão ética da atuação administrativa, ora a define como legalidade

---

[307] DUQUE, Marcelo Schenk; RAMOS, Rafael. Comentários ao art. 1º da Lei nº 13.655/2018. *In*: DUQUE, Marcelo Schenk; RAMOS, Rafael (coord.). Segurança jurídica na aplicação do Direito Público: Comentários à Lei 13.655/2018. Salvador: Juspodivm, 2019, p. 21.

[308] MAFFINI, Rafael. Comentários ao art. 24 da LINDB. DUQUE, Marcelo Schenk; RAMOS, Rafael (coord.). *In*: *Segurança jurídica na aplicação do Direito Público*: Comentários à Lei 13.655/2018. Salvador: Juspodivm, 2019, p. 114-115.

ampla. No primeiro sentido, tem-se a posição de Ricardo Lobo Torres, para quem "a legitimidade entende com a própria fundamentação ética da atividade financeira".[309] Na mesma linha, Marianna Montebello Willeman sustenta que a legitimidade "abrange a defesa da moralidade, da impessoalidade e do alcance do interesse público".[310]

Para Lucas Rocha Furtado, o controle de legitimidade identifica-se com a juridicidade, de modo a fazer o contraste com o controle da legalidade estrita:

> O *controle de legitimidade* exercido pelo TCU não compreende a avaliação de mérito da atividade administrativa. Ao mencionar as duas expressões – controle de legalidade e controle de legitimidade – o texto constitucional busca tão somente deixar evidente que a fiscalização a ser empreendida pelos órgãos de controle interno e externo não se resume ao mero exame formal da adequação dos atos e atividades administrativas do Estado à lei. Esse controle (de legitimidade) deve alcançar todos os demais preceitos e princípios constitucionais (moralidade, impessoalidade, razoabilidade, segurança jurídica, continuidade do serviço, etc).
>
> Em resumo, é correto afirmar que, nos termos da Constituição Federal, *o controle de legalidade* compreende a verificação do cumprimento à lei; o *controle de legitimidade,* a plena observância do ordenamento jurídico (grifos do autor).[311]

Eduardo Jordão também adota posição semelhante:

> A rigor, seria possível compreender a legitimidade e a economicidade como meros aspectos da legalidade, entendida amplamente. Mas a utilização de vocábulos diversos parece ser uma forma de o constituinte deixar claro que o exame promovido pelo TCU deve ir além da mera conformidade da ação administrativa à letra expressa de dispositivos legais. *Envolverá, portanto, a conformidade a princípios e normas jurídicas implícitas (seria isso a "legitimidade")* e uma avaliação relativa ao eficiente e adequado uso dos recursos públicos em vista dos fins a serem realizados (seria isso a "economicidade") (grifos nossos).[312]

---

[309] TORRES, Ricardo Lobo. A legitimidade democrática e o Tribunal de Contas. *Revista de Direito Constitucional e Internacional*, v. 4, p. 1183-1202, maio 2011. Disponível em: Revista dos Tribunais Online. Acesso em: 8 ago. 2020.

[310] WILLEMAN, Mariana Montebello. O princípio republicano e os Tribunais de Contas. *Interesse Público – IP*, Belo Horizonte, ano 10, n. 50, p. 277-302, jul./ago. 2008, p. 290.

[311] FURTADO, Lucas Rocha. *Curso de Direito Administrativo*. 4. ed. rev. e atual. Belo Horizonte: Fórum, 2013, p. 893.

[312] JORDÃO, Eduardo. A intervenção do TCU sobre editais de licitação não publicados: controlador ou administrador? *Revista Brasileira de Direito Público – RBDP*, Belo Horizonte, ano 12, n. 47, p. 209-230, out./dez. 2014, p. 212.

Vale referir também a posição que identifica a legitimidade ao mérito do ato, de sorte que, no âmbito financeiro, caberia ao Tribunal de Contas da União o exame da substância do ato. Esse é o entendimento, por exemplo, de José Afonso da Silva[313] e José dos Santos Carvalho Filho.[314]

Veja-se que esse conceito possibilita a abertura para o controle da discricionariedade, o que é questão bastante sensível nessa seara, pois se o exercício da discricionariedade não é insindicável, estando sua validade submetida ao controle de juridicidade relacionado à finalidade, motivação, moralidade, razoabilidade e proporcionalidade, o controle de tais atos não apresenta tal abrangência, a ponto de possibilitar o exame da conveniência e oportunidade, cuja definição cabe ao administrador.

Com efeito, o controlador não pode substituir-se ao gestor na eleição do momento e dos instrumentos para a implementação de políticas públicas, de modo que o controle não poderá ser subjetivo, exigindo-se a verificação de critérios objetivos extraíveis da legislação e dos princípios aplicáveis, bem como das peculiaridades do caso concreto.

Percebe-se, portanto, que não há consenso no conceito de legitimidade, que é ampliado por parte da doutrina inclusive para alcançar o mérito do ato administrativo no âmbito financeiro *lato sensu*. Em outra vertente, a doutrina identifica a legitimidade à juridicidade, em ampliação à legalidade referida no art. 70 da Constituição Federal, posição esta que se apresenta mais adequada, sob pena de se possibilitar que o controlador se substitua indevidamente ao administrador público no exercício da competência discricionária.

A economicidade, terceiro parâmetro de controle, relaciona-se ao dever do gestor de exercer sua função com os menores custos diretos e indiretos, sem prejuízo da qualidade,[315] integrando o conceito de boa administração pública de que se tratou linhas atrás.

O Manual de Auditoria Operacional do Tribunal de Contas da União, cuja revisão foi recentemente aprovada pela Portaria SEGECEX nº 18, de 12.11.2020, apresenta o seguinte conceito de economicidade:

---

[313] SILVA, José Afonso da. *Curso de Direito Constitucional Positivo*. 42. ed. rev. e atual. São Paulo: Malheiros, 2019, p. 764.

[314] CARVALHO FILHO, José dos Santos. *Manual de Direito Administrativo*. 16. ed. rev., ampl. e atual. Rio de Janeiro: Lumen Juris, 2006, p. 838.

[315] FREITAS, Juarez. *O controle dos atos administrativos e os princípios fundamentais*. 5. ed. rev. e ampl. São Paulo: Malheiros, 2013, p. 110.

17. A economicidade é a minimização dos custos dos recursos utilizados na consecução de uma atividade, sem comprometimento dos padrões de qualidade (GUID 3910/38). Os recursos usados devem estar disponíveis tempestivamente, em quantidade suficiente, na qualidade apropriada e com o melhor preço (ISSAI 300/11). Refere-se à capacidade de uma organização gerir adequadamente os recursos financeiros colocados à sua disposição.

18. O exame da economicidade poderá abranger a verificação de práticas gerenciais, sistemas de gerenciamento, *benchmarking* de processos de compra e outros procedimentos afetos à auditoria operacional, enquanto o exame estrito da legalidade de procedimentos de licitação e da fidedignidade de documentos deverão ser objeto de auditoria de conformidade. Na prática, poderá haver alguma superposição entre auditoria de conformidade e auditoria operacional. Nesses casos, a classificação do tipo de uma auditoria específica dependerá de seu objetivo primordial.[316]

Em relação à economicidade, cabe colacionar a posição de Lucas Rocha Furtado, que entende possível a análise do mérito do ato administrativo sob esse parâmetro, que confere abertura para tal espécie de controle, ainda que de forma mitigada. Nesse caso, o autor reconhece que o exame da efetividade, eficácia e eficiência de determinado programa possibilita que o TCU adentre o mérito do ato, podendo emitir recomendações em sede de auditoria operacional ou responsabilizar o gestor em casos extremos em tomada ou prestação de contas.[317]

Quanto à auditoria operacional e à emissão de recomendações, note-se que o autor converge para a posição de Carlos Ari Sundfeld e Jacintho Câmara, referida anteriormente. No entanto, tal questão requer extremo cuidado, a fim de evitar interferência na competência administrativa que não cabe aos órgãos de controle. Cogite-se, por exemplo, da situação concreta em que o administrador adotou medida legal e legítima, embora sem a melhor eficiência possível.

Além disso, será preciso observar no caso específico se a situação extrema cogitada por Rocha Furtado para a responsabilização não se subsume à ilegitimidade, como a inobservância dos princípios da

---

[316] Tribunal de Contas da União. *Manual de Auditoria Operacional*. Brasília, nov. 2020, p. 11. Disponível em: https://portal.tcu.gov.br/controle-externo/normas-e-orientacoes/normas-de-fiscalizacao/auditoria-operacional.htm.

[317] FURTADO, Lucas Rocha. *Curso de Direito Administrativo*. 4. ed. rev. e atual. Belo Horizonte: Fórum, 2013, p. 895-896.

razoabilidade, proporcionalidade e moralidade, que incidem sobre a validade do ato administrativo, e não propriamente sobre o mérito.

Apresentados os parâmetros de controle, cumpre passar ao estudo das atribuições do Tribunal de Contas da União, com foco naquelas atividades mais estreitamente relacionadas ao objeto desta pesquisa, que diz respeito à atividade finalística das agências reguladoras de serviços públicos.

2.5 Competências do Tribunal de Contas da União na Constituição Federal

Cabe, inicialmente, para os fins do exame das competências do TCU, lembrar que a competência consiste no plexo de poderes-deveres atribuídos pelo ordenamento jurídico a um órgão ou entidade para o cumprimento de suas finalidades públicas. Nas palavras de Ruy Cirne Lima, competência, em direito público, é a "medida de poder que a ordem jurídica assina a uma pessoa determinada".[318]

A competência ostenta, assim, caráter nitidamente instrumental para o desempenho das funções estabelecidas em lei, inexistindo direito subjetivo da pessoa administrativa ou de seus agentes à competência,[319] uma vez que constitui um poder-dever. Assim, como assinala Régis Fernandes de Oliveira, em caso de conflito de competências entre órgãos ou entidades, o fundamento para a defesa da competência não será o direito subjetivo, mas sim "a defesa da regularidade do desenvolvimento das atribuições administrativas e, por consequência, do ordenamento jurídico".[320]

As competências para o exercício da função de controle externo do Tribunal de Contas da União – e por simetria as competências dos demais tribunais de contas – estão fundamentalmente elencadas na Constituição Federal. Há, contudo, atribuições adicionais previstas na Lei nº 8.443/92 e em outros diplomas legais a serem examinadas

---

[318] LIMA, Ruy Cirne. *Princípios de Direito Administrativo*. 6. ed. São Paulo: Revista dos Tribunais, 1987, p. 139.

[319] LIMA, Ruy Cirne, *op. cit.*, p. 140.

[320] OLIVEIRA, Regis Fernandes. *Delegação e avocação administrativas*. 2. ed. rev., atual. e ampl. São Paulo: Revista dos Tribunais, 2005, p. 45. Registre-se que o autor sustenta a existência de direito subjetivo do administrado ao exercício da competência pelo órgão ou entidade conforme a previsão legal, havendo, nesse caso, interesse jurídico a ser tutelado.

no decorrer desta seção, de forma panorâmica, a fim de possibilitar a melhor compreensão do controle do TCU sobre as atividades finalísticas das agências reguladoras.

A esse respeito, cabe destacar, com Lucas Rocha Furtado, que as amplas competências para o controle externo realizado pelo TCU não são identificadas em outros países:

> Importa considerar, todavia, que *o modelo de controle externo adotado no Brasil confere atribuições ao TCU não identificadas em qualquer outro modelo.* Além do poder de fiscalizar e de produzir relatórios encaminhados aos órgãos do Ministério Público, do Poder Executivo e ao Poder Legislativo, o Tribunal pode suspender atos ou contratos e punir gestores. De acordo com o modelo constitucional adotado no Brasil, diferentemente dos órgãos congêneres de outros países, que somente dispõem de prerrogativas de fiscalização, são reconhecidas ao TCU, além dessa prerrogativa de fiscalizar, atribuições de natureza corretiva e sancionadora.
>
> *A união dessa gama de atribuições confere ao TCU posição ímpar no sistema de controle externo, sobretudo quando confrontado com os outros sistemas* (grifos nossos).[321]

Essas amplas atribuições do Tribunal de Contas da União, decorrentes diretamente da Constituição Federal e também da legislação infraconstitucional, são classificadas pela doutrina como fiscalizadoras, judicantes, sancionadoras, consultivas, informativas, normativas, de ouvidoria e corretivas. Há ainda a competência para registro dos atos de admissão, aposentadorias, reformas e pensões.

Como já dito, o Tribunal de Contas da União exerce atribuições em que auxilia tecnicamente o Congresso Nacional em sua função de controle externo e exerce também diversas atribuições exclusivas.

Dentre as primeiras, como atribuições conjuntas realizadas entre o Congresso Nacional e o TCU, em que o Tribunal presta auxílio técnico ao Poder Legislativo, tem-se, conforme dispõe a Constituição, o julgamento das contas do Presidente da República, em que o Tribunal elabora parecer prévio (art. 49, X, c/c art. 71, I); as auditorias e inspeções, que podem ser realizadas de ofício pelo Tribunal ou por solicitação do Congresso Nacional (art. 71, IV); a sustação de contratos celebrados pela Administração Pública (art. 71, §1º), bem como a prestação de

---

[321] FURTADO, Lucas Rocha. *Curso de Direito Administrativo.* 4. ed. rev. e atual. Belo Horizonte: Fórum, 2013, p. 888.

informações à Câmara dos Deputados, ao Senado Federal e a quaisquer de suas comissões (art. 71, VII).

O exercício das competências pelo TCU, assim como pelos demais tribunais de contas, traz a questão relacionada à matéria objeto do controle externo, sobretudo o controle que se expressa por atos de comando, que alcança a administração financeira em sentido amplo, relacionada às receitas e às despesas públicas. Nas demais matérias, segundo André Rosilho, a competência do TCU expressa-se em relatórios e recomendações,[322] sem caráter cogente, a fim de contribuir para a qualificação da Administração Pública. Nesse sentido, é a lição de Carlos Ari Sundfeld e Jacintho Arruda Câmara:

> Todavia, o poder de intervenção desse órgão de controle nas atividades da Administração Pública encontra limites. *O TCU não detém competência para rever todo e qualquer ato ou decisão tomada pela Administração Pública federal. As Cortes de Contas não constituem uma esfera revisora integral da atividade administrativa,* que seja competente para corrigir ilegalidades em toda e qualquer decisão tomada no exercício da função administrativas por entes estatais. *Corte de Contas não é Conselho de Estado* (grifos nossos).[323]

Essa é também a posição de André Rosilho, em sua alentada tese, na qual distingue a jurisdição direta e a jurisdição indireta do Tribunal de Contas da União, identificada com atos de comando e atos não impositivos, respectivamente, classificação importante para a compreensão do alcance das competências do TCU e dos limites de sua atuação, bem como para abordagem do objeto da terceira parte desta pesquisa.[324]

A jurisdição direta é expressa em atos de comando e sanções aos jurisdicionados, em que o Tribunal constitui ou desconstitui direitos e deveres. São exemplos dessa atuação o julgamento das contas, a apreciação de atos para fins de registro e as medidas cautelares.[325]

---

[322] ROSILHO, André Janjácomo. *Controle da Administração Pública pelo Tribunal de Contas da União.* 2016, 358 f. Tese (Doutorado em Direito) – Universidade de São Paulo, São Paulo, 2016, p. 160-161.

[323] SUNDFELD, Carlos Ari; CÂMARA, Jacintho Arruda. O Tribunal de Contas da União e a regulação. *Fórum de Contratação e Gestão Pública – FGCP,* Belo Horizonte, ano 17, n. 194, p. 73-79, fev. 2018, p. 76.

[324] ROSILHO, André Janjácomo, *op. cit.,* p. 332.

[325] ROSILHO, André Janjácomo, *op. cit.,* p. 332-333.

No âmbito dessas competências, o parâmetro de controle é tão somente a legalidade em matéria financeira *lato sensu*, sob pena de desvirtuar a função de controle externo do TCU, transformando-o em revisor geral dos atos da Administração Pública. Eis as palavras do autor:

> Admitir que o Tribunal viesse a sancionar ou a praticar atos de comando em função da constatação de supostas práticas ilegítimas ou antieconômicas em matérias essencialmente administrativas acabaria conferindo ao TCU a possibilidade de concretamente pressionar o Poder Executivo (direta ou indiretamente) a incorporar suas preferências a práticas administrativas lícitas, porém dissonantes de suas opiniões – isto é, distintas de sua visão sobre a conveniência e oportunidade de decisões tomadas pelo Executivo no exercício da função administrativa.[326]

No exercício da jurisdição indireta, o TCU não deve adotar medidas diretas e imediatas em relação aos jurisdicionados, ou seja, não há atuação impositiva. Os parâmetros de controle são, além da legalidade, a legitimidade e a economicidade. Integram a jurisdição indireta a competência normativa, a apreciação das contas do Presidente da República, a produção de informações e a fiscalização.[327]

Para que resultem em ações constitutivas ou desconstitutivas de direitos e deveres, o Tribunal deverá, em *momento posterior e conforme o caso concreto*, praticar atos de jurisdição direta, se cabível, ou representar aos órgãos e entidades competentes para a adoção de medidas legais, em atuação cooperativa.[328]

Outro ponto que vale destacar nesta seção é que o exercício das competências do TCU dá-se em boa parte em conformidade com as diretrizes e padrões da INTOSAI – *International Organization of Supreme Audit Institutions*, que é uma organização internacional não governamental independente, formada pelas denominadas Entidades Fiscalizadoras Superiores, com sede em Viena, contando com 195 membros plenos, incluindo o Brasil, 5 membros associados e um membro afiliado.[329]

---

[326] ROSILHO, André Janjácomo. *Controle da Administração Pública pelo Tribunal de Contas da União*. 2016, 358 f. Tese (Doutorado em Direito) – Universidade de São Paulo, São Paulo, 2016, p. 337.

[327] ROSILHO, André Janjácomo, *op. cit.*, p. 332 e 335-336.

[328] ROSILHO, André Janjácomo, *op. cit.*, 332.

[329] Informações disponíveis em: https://www.intosai.org. Acesso em: 14 set. 2020.

A INTOSAI tem o objetivo de promover o apoio mútuo e intercâmbio de conhecimento e experiências entre essas entidades, atuar como porta-voz de seus membros, elaborar e atualizar normas de auditoria e fomentar a boa governança pública.[330] As normas editadas pela INTOSAI são denominadas ISSAI – *International Standards of Supreme Audit Institutions,* que são aplicadas em cada país de acordo com suas peculiaridades e seus respectivos ordenamentos jurídicos.[331]

Nesta seção, serão analisadas as competências constitucionais e legais do TCU que tenham relação com a atuação finalística das agências reguladoras federais de serviços públicos.[332]

Assim, serão abordadas as competências do Tribunal de Contas da União para a apreciação das contas anuais do Presidente da República, o julgamento de contas de administradores e demais responsáveis por valores, bens e dinheiros públicos, a fiscalização e a aplicação de sanções, bem como a prestação de informações ao Poder Legislativo, a competência para responder as consultas, formular representação às autoridades competentes e decidir sobre denúncia recebida.

Quanto à competência para o exame dos atos de desestatização, de grande relevância para a presente pesquisa e prevista na Lei nº 9.491/97, e especificamente na Instrução Normativa TCU nº 81/2018, optou-se pela abordagem em dois momentos: o primeiro, ao tratar da competência para a sustação de atos, entre eles a sustação prévia de editais de licitação, e na terceira parte desta pesquisa, no âmbito do controle das agências reguladoras.

O objetivo é formar um panorama com alguns dos principais aspectos dessas competências, que se relacionam mais diretamente ao objeto do Capítulo 3, de forma a instrumentalizar, com a respectiva base teórica, o exame do controle das agências reguladoras federais de serviços públicos pelo TCU.

---

[330] Informações disponíveis em: https://www.intosai.org. Acesso em: 14 set. 2020.

[331] Informações disponíveis em: https://portal.tcu.gov.br/fiscalizacao-e-controle/auditoria/normas-internacionais-das-entidades-fiscalizadores-superiores-issai e https://www.intosai.org. Acesso em: 14 set. 2020.

[332] Logo, não serão abordadas as competências para: a) apreciar, para fins de registro, atos de admissão de pessoal, aposentadoria, reforma e pensão (art. 71, III, CF); b) fiscalizar as contas nacionais das empresas supranacionais (art. 71, V, CF); c) fiscalizar a aplicação de transferências voluntárias da União a entes federados (art. 71, VI, CF); e d) efetuar o cálculo das quotas dos fundos de participação (art. 1º, VI, LOTCU).

2.5.1 Competência para apreciar as contas do Presidente da República

A Constituição dispõe, no art. 84, XXIV, que o Presidente tem o prazo de sessenta dias após a abertura da sessão legislativa para apresentação das contas do exercício anterior ao Congresso Nacional, ou seja, as contas anuais do Presidente devem ser apresentadas até o dia 15 de abril do exercício subsequente.

O art. 49, IX, da Constituição Federal atribui expressamente ao Congresso Nacional a competência para julgamento das contas do Presidente da República, enquanto o art. 71, II, dispõe sobre a competência do TCU para, em auxílio técnico ao Poder Legislativo, emitir parecer sobre as contas anuais do Presidente.

A competência estabelecida no art. 71, I, da Constituição Federal para a emissão de parecer prévio ao julgamento das contas do Poder Executivo pelo TCU é atribuída a praticamente todos os tribunais congêneres de outros países, mesmo os que não estão vinculados ao Poder Legislativo,[333] expressando função consultiva do Tribunal e de cooperação técnica com o Poder Legislativo.

O prazo para a elaboração do parecer, que deverá ter caráter conclusivo, é de sessenta dias, contados da apresentação das contas pelo Congresso ao TCU, que consistirão nos balanços gerais da União e no relatório do órgão central de controle interno do Poder Executivo sobre a execução dos orçamentos previstos no §5º do art. 165 da Constituição Federal (art. 36, parágrafo único, da Lei nº 8.443/92).[334]

Além disso, o Tribunal faz análise geral do desempenho do governo, apresentando considerações sobre temas selecionados de política econômica e social e programas governamentais.

No âmbito do Congresso Nacional, cabe à Comissão Mista de Planos, Orçamentos Públicos e Fiscalização emitir parecer, nos termos do art. 166, §1º, da Constituição Federal. O Congresso, embora subsidiado tecnicamente, poderá, em juízo político, rejeitar ou aprovar as contas do Presidente, o que ocorre mediante decreto legislativo.

Interessante notar, conforme apontado por Bruno Speck, que, desde 1934, ano em que se iniciou a prestação de contas do Presidente

---

[333] FERNANDES, Jorge Ulisses Jacoby. *Tribunais de Contas do Brasil:* jurisdição e competência. 4. ed. rev. atual. e ampl. Belo Horizonte: Fórum, 2016, p. 329.

[334] Observe-se que o art. 81 da Lei nº 4.320/64 estabelece que "o controle da execução orçamentária tem por objetivo verificar a probidade da administração, a guarda e legal emprego dos dinheiros públicos e o cumprimento da Lei de Orçamento".

da República, até o ano de 1999,[335] nenhum presidente teve suas contas rejeitadas pelo Tribunal ou pelo Congresso Nacional, à exceção do exercício de 1990, em que o parecer do TCU foi inconclusivo. Além disso, aponta o autor, o longo período para a aprovação, pelo Congresso, das contas de alguns presidentes.[336]

A apresentação desse parecer[337] envolve o exame das contas anuais de governo – e não das contas de gestão do Poder Executivo –, que compreendem a execução dos orçamentos públicos federais, como estabelecido na Lei Complementar nº 101/2000.[338] São examinadas, portanto, as receitas e as despesas previstas no Plano Plurianual e nos Orçamentos Fiscal, da Seguridade Social e de Investimento das Estatais.[339]

Logo, como ato opinativo, o parecer do TCU sobre o Balanço Geral da União não tem caráter vinculativo para o julgamento realizado pelo Congresso Nacional, que poderá, assim, aprovar as contas do Presidente da República mesmo se houver recomendação do Tribunal para a rejeição.[340]

---

[335] Registre-se que o TCU opinou pela rejeição das contas da Presidente Dilma Rousseff dos exercícios de 2014 e 2015, conforme Acórdãos nºs 2.461/2015 e 2.523/2016, respectivamente.

[336] As contas do ano de 1958 do Presidente Juscelino Kubitschek levaram seis anos para aprovação, e as contas de 1959 levaram treze anos. As contas dos anos de 1985 e 1986, do Presidente José Sarney, levaram sete e seis anos para serem julgadas pelo Congresso Nacional, respectivamente. *In:* SPECK, Bruno Wilhelm. *Inovação e rotina no Tribunal de Contas da União:* o papel da Instituição superior de controle financeiro no sistema político-administrativo do Brasil. São Paulo: Fundação Konrad Adenauer, 2000, p. 61-63.

[337] A elaboração de parecer prévio para julgamento das contas do Presidente da República está prevista no Regimento Interno (Resolução nº 246/2011), na Resolução TCU nº 291/2017, que estabelece o procedimento para a apreciação das contas e emissão de parecer prévio, e na Instrução Normativa nº 79/2018, que elenca os documentos para a prestação de contas do Presidente da República.

[338] Nesse sentido, veja-se a Súmula nº 90 do TCU: O Parecer Prévio, em sentido favorável, emitido pelo Tribunal de Contas da União, e a aprovação, mediante Decreto Legislativo, pelo Congresso Nacional, das contas anuais do Presidente da República (consubstanciadas nos Balanços Gerais da União e no Relatório da Inspetoria-Geral de Finanças, do Ministério da Fazenda), não isentam os responsáveis por bens, valores e dinheiros públicos ou as autoridades incumbidas da remessa, de apresentarem ao Tribunal de Contas da União, por intermédio do órgão competente do Sistema de Administração Financeira, Contabilidade e Auditoria, as tomadas ou prestações de contas em falta, nem prejudicam a incidência de sanções cabíveis, por irregularidades verificadas ou inobservância de disposições legais e regulamentares concernentes à administração financeira e orçamentária da União.

[339] FURTADO, Lucas Rocha. *Curso de Direito Administrativo.* 4. ed. rev. e atual. Belo Horizonte: Fórum, 2013, p. 902.

[340] Exceção ocorre em relação às contas do Prefeito Municipal, em que o parecer do Tribunal de Contas somente deixará de prevalecer com o *quórum* da Câmara Municipal de dois terços de seus membros, como dispõe o art. 31, §2º, da Constituição Federal.

Note-se que a redação original do art. 56 da Lei Complementar nº 101/2000 estabelecia que as contas de governo deveriam ser prestadas também pelos chefes de poder e de órgãos autônomos: Presidente da República, Presidentes da Câmara Federal e do Senado, Supremo Tribunal Federal e Tribunais Superiores, bem como Chefe do Ministério Público.

Contudo, esse dispositivo foi suspenso na Medida Cautelar emitida na ADI nº 2.238, em 09.08.2007, em face do entendimento de que o julgamento político das contas não é aplicável aos órgãos não vinculados ao Poder Executivo.[341]

A ADI nº 2.238 teve o julgamento iniciado em 21.08.2019, sendo finalizado em 24.06.2020.[342] A inconstitucionalidade relativa ao art. 56 da Lei Complementar nº 101/2000, reconhecida em sede de cautelar, foi mantida na sessão do dia 22.08.2019. Portanto, ao Poder Legislativo compete julgar as contas do Presidente da República e não das demais autoridades elencadas na redação original do art. 56, *caput,* da Lei de Responsabilidade Fiscal.

Saliente-se, com Jacoby Fernandes, que "o parecer prévio sobre as contas é indispensável, sendo nulo o julgamento diretamente pelo Poder Legislativo sem a prévia e formal manifestação da Corte de Contas", ainda que apresentado após o prazo estabelecido no art. 84, XXIV, da Constituição Federal (60 dias para a prestação de contas, contados da abertura da sessão legislativa).[343] Nesse caso de apresentação intempestiva, a Constituição prevê que compete à Câmara dos Deputados proceder à tomada de contas do Presidente da República (art. 51, II).[344]

Aspecto importante a ser abordado em relação ao exercício dessa competência opinativa diz respeito ao contraditório e à ampla defesa do Chefe do Poder Executivo em relação ao parecer emitido pelo TCU.

---

[341] BRASIL. Supremo Tribunal Federal. *Medida Cautelar em Ação Direta de Inconstitucionalidade nº 2.238*. Relator para o acórdão: Min. Carlos Ayres Britto. Brasília, 09.08.2007.

[342] BRASIL. Supremo Tribunal Federal. *Ação Direta de Inconstitucionalidade n. 2.238*. Relator: Min. Alexandre de Moraes. Brasília, 24.06.2020.

[343] FERNANDES, Jorge Ulisses Jacoby. *Tribunais de Contas do Brasil:* jurisdição e competência. 4. ed. rev. atual. e ampl. Belo Horizonte: Fórum, 2016, p. 329.

[344] Nesse sentido, já decidiu o Supremo Tribunal Federal na ADI nº 261/SC, julgada procedente em face da Constituição de Santa Catarina, que estabelecia a possibilidade de julgamento direto das contas do Prefeito Municipal se o parecer do Tribunal de Contas do Estado não fosse apresentado até o último dia do exercício financeiro. Tal decisão considerou a previsão da Constituição de Santa Catarina ofensiva ao art. 31 da Constituição Federal, bem como ao sistema de controle nela previsto. *In*: BRASIL. Supremo Tribunal Federal. *Ação Direta de Inconstitucionalidade n. 261/SC*. Relator: Min. Gilmar Mendes. Brasília, 14.11.2002.

Jacoby Fernandes observa que, em tese, o contraditório e a ampla defesa devem ser assegurados pelo Poder Legislativo, que detém a competência judicante. Contudo, em razão da relevância do parecer para o julgamento e de seu caráter eminentemente técnico, muitos tribunais desenvolvem o parecer de modo articulado com o Poder Executivo ou garantem previamente a sua oitiva.[345] Esse específico aspecto também já foi abordado pelo Supremo Tribunal Federal, conforme decisão monocrática emitida pelo Ministro Celso de Mello na Suspensão de Segurança nº 1.197.[346]

Na legislação do Tribunal de Contas da União, a documentação necessária para a adequada prestação de contas do Presidente da República está disciplinada atualmente na Instrução Normativa nº 79/2018. O exercício do contraditório está previsto, por seu turno, na Resolução nº 291/2017, com prazo de até 15 dias para contrarrazões do Presidente da República no caso de o relatório preliminar indicar "distorções ou indícios de irregularidades que possam ensejar a indicação de rejeição das contas", como dispõe o art. 4º, *caput*, dessa resolução.

Por fim, cabe lembrar que constitui crime de responsabilidade do Presidente da República a prática de atos atentatórios à probidade na administração (CF, art. 85, V), nos quais se enquadra, dentre outras hipóteses, a ausência de prestação tempestiva de contas (art. 9º, item 2, da Lei nº 1.079/50).

2.5.2 Competência para o julgamento de contas de administradores

O julgamento das contas de administradores responsáveis por dinheiros, bens e valores públicos da administração federal direta e indireta, bem como daqueles que derem prejuízo ao Erário, é uma das atribuições mais relevantes exercidas pelo TCU, quer em função do controle financeiro amplo das atividades da Administração Pública, quer em razão de importantes sanções que o julgamento de contas irregulares acarreta aos administradores e àqueles que derem prejuízo ao Estado.

---

[345] FERNANDES, Jorge Ulisses Jacoby. *Tribunais de Contas do Brasil*: jurisdição e competência. 4. ed. rev. atual. e ampl. Belo Horizonte: Fórum, 2016, p. 330.

[346] BRASIL. Supremo Tribunal Federal. *Suspensão de Segurança 1.197-PE*. Relator: Min. Celso de Mello. Brasília, 15.09.1997.

Essa atribuição suscita algumas questões fundamentais, a começar pela natureza do ato, que é objeto de divergência doutrinária e será tratada com mais detalhe na seção 2.6 deste Capítulo. No entanto, já se pode referi-la, identificando-se três correntes principais acerca da natureza do julgamento de contas.

A primeira corrente entende que se trata de típico ato jurisdicional, uma vez que o mérito do ato não pode ser apreciado pelo Poder Judiciário. A segunda corrente considera o julgamento dos tribunais de contas um ato administrativo, justamente porque sobre ele não há formação de coisa julgada, podendo ser revisto pelo Poder Judiciário, ainda que de forma limitada quanto à eventual ilegalidade no processo ou descumprimento a direitos fundamentais como o contraditório e a ampla defesa. A terceira corrente, por sua vez, atribui nota específica ao julgamento, próprio das cortes de contas, sem identificá-lo a uma das funções estatais tradicionais.

A segunda corrente, como se verá adiante, é francamente majoritária, quer na doutrina, quer na jurisprudência do Supremo Tribunal Federal, e constitui o entendimento que ora se adota.

Quanto aos sujeitos do julgamento, pode-se identificar dois grupos no art. 71, II, da CF. O primeiro grupo situa-se na primeira parte do dispositivo, alcançando os "administradores e demais responsáveis por dinheiros, bens e valores públicos da administração direta e indireta, incluídas as fundações e sociedades instituídas e mantidas pelo Poder Público federal".[347] O segundo grupo consta da parte final do art. 71, II, abrangendo "as contas daqueles que derem causa a perda, extravio ou outra irregularidade de que resulte prejuízo ao Erário público".[348]

No primeiro grupo não se incluem evidentemente todos os administradores ou responsáveis por dinheiros, bens e valores públicos, mas sim os gestores da administração direta e indireta que assumirem obrigações financeiras *lato sensu* pela União, conforme art. 70, parágrafo único, da Constituição Federal, resultando no dever de prestação de contas ordinárias. O segundo grupo é mais amplo, pois também abrange

---

[347] Vejam-se os acórdãos do Supremo Tribunal Federal no MS nº 25.092 (Rel. Min. Carlos Velloso) e no MS nº 25.181 (Rel. Min. Marco Aurélio), ambos julgados em 10.11.2005, em que houve alteração do entendimento do Tribunal para admitir a tomada de contas especial pelo TCU em relação às sociedades de economia mista.

[348] ROSILHO, André Janjácomo. *Controle da Administração Pública pelo Tribunal de Contas da União*. 2016, 358 f. Tese (Doutorado em Direito) – Universidade de São Paulo, São Paulo, 2016, p. 154-155.

pessoas que não integram a administração direta e indireta da União, desde que ocorra dano ao Erário,[349] formando as denominadas contas especiais.[350]

Ao contrário da competência instituída no art. 71, I, da Constituição Federal, que se refere às contas de governo, o julgamento realizado pelo TCU, previsto no art. 71, II, da CF, relaciona-se às contas de gestão, constituindo competência exclusiva das cortes de contas, conforme dispõem os arts. 6º e 7º, da Lei nº 8.443/92.

Como estabelece a recente Instrução Normativa TCU nº 84/2020, a prestação de contas e a tomada de contas são os principais processos de controle externo submetidos ao julgamento das contas dos administradores e responsáveis no âmbito da Administração Pública Federal.

Tais processos abrangem o exame de conformidade, relacionado à legalidade, legitimidade e economicidade, e o exame de desempenho da gestão, que considera a eficácia, eficiência e efetividade da atuação dos auditados.

Segundo estabelece a Instrução Normativa nº 84/2020, a prestação de contas é o instrumento de gestão pública pelo qual os administradores ou demais responsáveis pela governança e gestão de órgãos, entidades ou fundos dos poderes da União apresentam e divulgam informações e análises quantitativas e qualitativas da gestão orçamentária, financeira, operacional e patrimonial do exercício (art. 1º, §1º).

A tomada de contas, segundo a referida instrução, é instrumento de controle externo pelo qual o TCU apura a ocorrência de indícios de irregularidades[351] materialmente relevantes ou que apresentem risco relevante na gestão, *que não envolvam danos ao Erário e débito*, para a apuração dos fatos e a responsabilização dos integrantes do rol de

---

[349] ROSILHO, André Janjácomo. *Controle da Administração Pública pelo Tribunal de Contas da União*. 2016, 358 f. Tese (Doutorado em Direito) – Universidade de São Paulo, São Paulo, 2016, p. 154-155.

[350] FERNANDES, Jorge Ulisses Jacoby. *Tribunais de Contas do Brasil*: jurisdição e competência. 4. ed. rev. atual. e ampl. Belo Horizonte: Fórum, 2016, p. 343.

[351] Segundo estabelece o Anexo I, da Instrução Normativa TCU nº 84/2020, a irregularidade é definida como "ato comissivo ou omissivo, que caracterize ilegalidade, ilegitimidade, antieconomicidade ou qualquer infração a norma constitucional ou infraconstitucional de natureza contábil, financeira, orçamentária, operacional ou patrimonial, bem como aos princípios da Administração Pública". E esse Anexo I define impropriedade como "falha de natureza formal de que não resulte dano ao Erário, bem como aquela que tem o potencial de levar à inobservância de princípios e normas constitucionais e legais que regem a Administração Pública Federal na execução dos orçamentos da União e nas demais operações realizadas com recursos públicos federais".

responsáveis ou do agente público que concorreu para a ocorrência (art. 1º, §2º, e art. 22).

Para fins de instauração da tomada de contas, os indícios de irregularidades materialmente relevantes são fixados de modo objetivo, conforme tabela constante do Anexo II da Instrução Normativa TCU nº 84/2020.

Esclareça-se também que a tomada de contas especial é processo específico, objeto de julgamento do TCU, instaurado quando houver omissão na prestação de contas, não comprovação da aplicação dos recursos repassados pela União, desfalque ou desvio de bens, dinheiros e valores públicos, ou ainda diante da prática de qualquer ato ilegal, ilegítimo ou antieconômico que resulte em dano ao Erário, como dispõe o art. 197, *caput*, do Regimento Interno do TCU. O processo de tomada de contas especial está disciplinado na Instrução Normativa TCU nº 71/2012.

Portanto, a diferença fundamental entre a tomada de contas e a tomada de contas especial reside na causa de sua instauração, que é o indício ou a efetiva ocorrência de dano ao Erário a ser apurado nesta última, o qual, se confirmado, poderá resultar em imputação de débito e multa, além de sanções civis, disciplinares e penais.

Saliente-se, contudo, que, na tomada de contas especial, a não prestação de contas no prazo não acarreta, por si só, a irregularidade das contas, julgamento este que exige a ocorrência de dano ao Erário. Portanto, a prestação de contas intempestiva não acarreta, necessariamente, a irregularidade de contas, podendo o julgamento concluir pela regularidade com ressalvas, caso as contas estejam adequadas.[352]

O julgamento das contas admite três possibilidades de resultados, como dispõe o art. 16 da Lei nº 8.443/92, podendo ser julgadas regulares, regulares com ressalva e irregulares.

As contas regulares são aquelas em que há exatidão dos demonstrativos contábeis e a gestão atendeu aos parâmetros de legalidade, legitimidade e economicidade. As contas regulares com ressalva são aquelas em que foi constatada impropriedade ou falta de natureza formal que não resultaram em dano ao Erário (art. 16, I e II, da Lei nº 8.443/92).

As contas irregulares, por sua vez, segundo o art. 16, III, da Lei nº 8.443/92, são aquelas em que houve a omissão de prestação de

---

[352] FERNANDES, Jorge Ulisses Jacoby. *Tribunais de Contas do Brasil:* jurisdição e competência. 4. ed. rev. atual. e ampl. Belo Horizonte: Fórum, 2016, p. 344.

CAPÍTULO 2
O CONTROLE EXTERNO PELO TRIBUNAL DE CONTAS DA UNIÃO | 143

contas; a prática de ato de gestão ilegal, ilegítimo ou antieconômico; infração à norma legal ou regulamentar de natureza contábil, financeira, orçamentária, operacional ou patrimonial; dano ao Erário decorrente de ato de gestão ilegítimo ou antieconômico; ou desfalque ou desvio de dinheiros, bens ou valores públicos.

Importante novamente trazer a posição de André Rosilho sobre a aplicação de parâmetros de controle no julgamento de contas, que contrasta os dispositivos constitucionais e o art. 16 da Lei nº 8.443/92. O autor sustenta, com fundamento no art. 72, VIII, da Constituição, que estas somente poderão ser declaradas irregulares em caso de expressa violação à lei ou ao Direito, de modo que ilegitimidades não relacionadas à violação ao Direito e os atos antieconômicos "não poderão, por si só, dar origem a decisões declaratórias de irregularidade de contas; em outras palavras, não poderão ser os únicos fundamentos de eventual reprovação de contas pelo TCU".[353]

Salvo na hipótese de omissão de prestação de contas, a decisão determinará a responsabilidade solidária do agente público que praticou o ato irregular e do terceiro que houver, como contratante ou interessado, contribuído para a prática do ato irregular e do dano.[354]

A decisão que julga as contas irregulares constitui título executivo extrajudicial apto a instruir a ação de execução, em caso de não recolhimento voluntário do valor correspondente ao débito e da multa no prazo determinado, ou somente desta, em caso de inexistência de débito.

Cabe ao Tribunal, ainda, antes de autorizar a execução judicial, determinar o desconto integral ou parcelado nos vencimentos, salários ou proventos do responsável, observados os limites legais, conforme previsto no art. 28, I, da Lei nº 8.443/92.[355]

---

[353] ROSILHO, André Janjácomo. *Controle da Administração Pública pelo Tribunal de Contas da União.* 2016, 358 f. Tese (Doutorado em Direito) – Universidade de São Paulo, São Paulo, 2016, p. 156-157.

[354] Cumpre referir também a categoria das contas iliquidáveis, previstas nos arts. 20 e 21 da Lei nº 8.443/92, que, em razão de caso fortuito ou força maior, alheios ao responsável, tornam materialmente impossível o julgamento do mérito das contas, o que resultará no arquivamento do processo.

[355] Veja-se, a esse respeito, o Acórdão TCU nº 1.909/2003, que tratou sobre os critérios para a dispensa de reposição ao Erário. *In:* BRASIL. Tribunal de Contas da União. *Acórdão nº 1.909/2003.* Plenário. Relator: Min. Walton Alencar Rodrigues. Brasília, 10.12.2003. Além disso, a Súmula 249 do TCU, que dispõe: "É dispensada a reposição de importâncias indevidamente percebidas, de boa-fé, por servidores ativos e inativos, e pensionistas, em virtude de erro escusável de interpretação de lei por parte do órgão/entidade, ou por parte de autoridade legalmente investida em função de orientação e supervisão, à vista

Destaque-se que o débito imputado pelo TCU acarreta o crédito da União ou da entidade jurídica integrante da Administração Pública Indireta que sofreu o prejuízo, razão pela qual a ação de execução é de competência de tais entes. Quanto à multa, o respectivo valor reverterá para a União.[356]

Por fim, ressalte-se que a ausência e a irregularidade da prestação de contas de administradores públicos ou privados que recebam recursos públicos acarretam não só as consequências da Lei nº 8.443/92, mas também sanções penais e disciplinares. Além disso, a ausência de prestação de contas pode configurar ato doloso de improbidade com fundamento no art. 11, VI, da Lei nº 8.429/92, e também a inelegibilidade por oito anos em razão de irregularidade insanável das contas, nos termos do art. 1º, "g", da Lei Complementar nº 64/90, com a alteração do art. 4º-A da Lei Complementar nº 184, de 29.09.21.[357]

2.5.3 Competência sancionadora

A previsão de sanções é fundamental para que as determinações do Tribunal realizadas por ocasião da prestação de contas, tomada de contas, fiscalizações ou denúncias a respeito de ilegalidades na Administração Pública tenham consequências passíveis de punir aqueles que atuam em desrespeito à lei e cumprir a função dissuasória quanto à prática de condutas irregulares e danosas ao Erário.

Sem sanção todo o aparato dos tribunais de contas seria movimentado para o cumprimento de suas demais competências sem a integral utilidade para o efetivo controle financeiro *lato sensu* da Administração Pública, constituindo, ao final, desperdício de recursos públicos sem o atingimento das finalidades constitucionais desses órgãos.

Além da imputação de débito, que visa ao ressarcimento de danos ao Erário, a Constituição Federal estabelece, no art. 71, VIII, a competência para o Tribunal de Contas da União aplicar as sanções previstas em lei em caso de ilegalidade de despesa ou irregularidade de

---

da presunção de legalidade do ato administrativo e do caráter alimentar das parcelas salariais".

[356] FERNANDES, Jorge Ulisses Jacoby. *Tribunais de Contas do Brasil*: jurisdição e competência. 4. ed. rev. atual. e ampl. Belo Horizonte: Fórum, 2016, p. 396-397.

[357] "Art. 1º [...] §4º-A A inelegibilidade prevista na alínea 'g' do inciso I do *caput* deste artigo não se aplica aos responsáveis que tenham tido suas contas julgadas irregulares sem imputação de débito e sancionados exclusivamente com o pagamento de multa."

CAPÍTULO 2
O CONTROLE EXTERNO PELO TRIBUNAL DE CONTAS DA UNIÃO | 145

contas, constituindo uma dessas sanções a multa proporcional ao dano ao Erário e, portanto, de até 100% do valor desse dano, como previsto no art. 57 da Lei nº 8.443/92.

A aplicação de sanções tem lugar apenas quando o controle é concomitante e é constatada a despesa ilegal, ou no controle *a posteriori*, depois da despesa já efetivada.[358]

As sanções aplicáveis pelo TCU têm natureza administrativa e alcançam não apenas agentes públicos, mas também particulares que cometeram ilegalidades nas relações jurídicas estabelecidas com a Administração Pública ou mesmo antes da perfectibilização de relações contratuais. É o caso da declaração de inidoneidade emitida pelo TCU para licitar no âmbito da Administração Pública Federal, por até cinco anos, ao licitante que cometeu fraude na licitação, como previsto no art. 46 da Lei nº 8.443/92.

O art. 60 da Lei nº 8.443/92 prevê que, conforme a gravidade da infração, e por maioria absoluta dos membros do Tribunal, o responsável pelas irregularidades constatadas ficará inabilitado para o exercício de função de confiança ou cargo em comissão por um período de cinco a oito anos. O Regimento Interno do TCU disciplina as sanções nos arts. 266 a 272, estabelecendo, quanto às multas, a respectiva gradação.

Em relação à multa, o valor máximo aplicável pelo TCU em 2022 é de R$ 74.680,53, conforme Portaria nº 4, de 18.01.2022,[359] sem prejuízo de eventual cumulação de sanções, como aquela estabelecida no art. 60 da Lei nº 8.443/92, referido anteriormente.

O art. 71 , VIII, da Constituição Federal suscita algumas questões importantes a serem examinadas, já antecipadas na seção anterior, tendo em vista sua redação, cujo texto estabelece que compete ao TCU "aplicar aos responsáveis, em caso de *ilegalidade de despesa* ou *irregularidade de contas*, as sanções previstas em lei, que estabelecerá, entre outras cominações, *multa proporcional ao dano causado ao Erário*".

Esse dispositivo requer o exame também da eventual ilegitimidade e antieconomicidade dos atos, bem como da possibilidade de aplicação das denominadas multas-coerção, que visam a dar efetividade às determinações do Tribunal de Contas. Outro questionamento que

---

[358] PELEGRINI, Márcia. *A competência sancionatória do Tribunal de Contas no exercício da função controladora* – contornos constitucionais. 2008. 331 f. Tese (Doutorado em Direito do Estado). Pontifícia Universidade Católica – SP. São Paulo, 2008, p. 109. Disponível em: http://dominiopublico.mec.gov.br/download/teste/arqs/cp074525.pdf. Acesso em: 20 ago. 2020.

[359] BRASIL. Portaria TCU nº 4, de 18 de janeiro de 2022. Diário Oficial da União de 19.01.2022.

resulta desse dispositivo está relacionado à vinculação ou não da aplicação de multa à ocorrência de dano ao Erário.

A primeira questão já foi referida na seção anterior, ainda que brevemente, com a posição de André Rosilho acerca da impossibilidade de aplicação de sanções por atos ilegítimos ou antieconômicos, uma vez que a Constituição refere expressamente a *ilegalidade* da despesa e o julgamento sobre a *irregularidade de contas*. Convém agora aprofundar um pouco mais o pensamento do autor, em especial quanto à ilegalidade da despesa.

Para André Rosilho, a competência sancionatória só pode ser exercida em razão de expressa violação à lei, uma vez que o Direito brasileiro não admite punição sem cominação legal e sem infração à lei.[360] Eis o pensamento do autor:

> Evidentemente que o TCU é livre para analisar as contas que lhe são submetidas a partir de qualquer um dos parâmetros a que está genericamente autorizado a utilizar em suas atividades de controle. [...]
>
> Ilegitimidades (que não importarem em expressa violação ao Direito) e atos antieconômicos (que também não importarem em expressa violação ao Direito) não poderão, por si só, dar origem a decisões declaratórias de irregularidade de contas: em outras palavras, não poderão ser os únicos fundamentos de eventual reprovação de contas pelo TCU. [...]
>
> Essa conclusão está calcada no fato de a Constituição ter dito que caso o TCU venha a declarar despesas ilícitas ou contas irregulares estará automaticamente autorizado a aplicar sanções administrativas aos sujeitos por elas responsáveis. É o que se extrai do teor do art. 71, VIII, da Constituição [...].[361]

Nesse sentido, André Rosilho destaca que a legislação infraconstitucional alargou indevidamente a competência do TCU em matéria sancionatória, uma vez que o art. 1º, §1º, da Lei nº 8.443/92 estabeleceu expressamente que o julgamento de contas dá-se com base na legalidade, legitimidade e economicidade, restringindo a discricionariedade do gestor e impactando a segurança jurídica na Administração Pública.[362]

---

[360] ROSILHO, André Janjácomo. *Controle da Administração Pública pelo Tribunal de Contas da União*. 2016, 358 f. Tese (Doutorado em Direito) – Universidade de São Paulo, São Paulo, 2016, p. 176.

[361] ROSILHO, André Janjácomo, *op. cit.*, p. 154-155.

[362] ROSILHO, André Janjácomo, *op. cit.*, p. 169.

CAPÍTULO 2
O CONTROLE EXTERNO PELO TRIBUNAL DE CONTAS DA UNIÃO | 147

Portanto, e para resumir o pensamento do autor, o TCU só poderia declarar a ilegalidade de despesa ou julgar as contas irregulares em matéria financeira *lato sensu* e, consequentemente, aplicar sanções com base no descumprimento expresso *de lei ou do Direito*, o que excluiria atos de comando decorrentes da auditoria operacional, por exemplo. Além disso, caso se depare com ilegalidades de outra natureza, caberia ao Tribunal representar à autoridade competente, bem como emitir relatórios e recomendações.[363] Nessa linha, é o pensamento de Márcia Pelegrini:

> Todavia, não vislumbramos autorização constitucional para a previsão de sanções de qualquer natureza, desvinculadas ou que não decorram de atos que tenham resultado em ilegalidade de despesa ou irregularidade de contas, exatamente porque o legislador constituinte estabeleceu que competirá ao Tribunal de Contas "aplicar aos responsáveis, em caso de ilegalidade de despesa ou irregularidade de contas as sanções previstas em lei..." Ora, parece que a lei somente poderá estabelecer sanções para as situações que tenha dado causa às situações especificadas na Carta Magna.[364]

Em face disso, a autora conclui que as sanções estabelecidas no art. 58, IV a VII, da Lei nº 8.443/92, bem como o §1º desse artigo, que consagram multas para dar efetividade às requisições e decisões do Tribunal, não estão em conformidade com a Constituição Federal. Sustenta Márcia Pelegrini também que a efetividade de tais atos, conseguida por meio da previsão dessas multas, poderia ser igualmente obtida mediante a aplicação das punições disciplinares aos servidores que obstarem o exercício das competências do Tribunal de Contas, no âmbito do órgão ou entidade controlados.[365]

Jacoby Fernandes também entende que a multa deve estar relacionada à despesa e às contas. Além disso, deve ser fundada na violação da ordem legal, que abrangeria o descumprimento de determinação

---

[363] ROSILHO, André Janjácomo. *Controle da Administração Pública pelo Tribunal de Contas da União*. 2016, 358 f. Tese (Doutorado em Direito) – Universidade de São Paulo, São Paulo, 2016, p. 160-163.

[364] PELEGRINI, Márcia. *A competência sancionatória do Tribunal de Contas no exercício da função controladora* – contornos constitucionais. 2008. 331 f. Tese (Doutorado em Direito do Estado). Pontifícia Universidade Católica – SP. São Paulo, 2008, p. 137. Disponível em: http://dominiopublico.mec.gov.br/download/teste/arqs/cp074525.pdf. Acesso em: 20 ago. 2020.

[365] PELEGRINI, Márcia, *op. cit.*, p. 137-138.

do próprio Tribunal, o que difere, nesse aspecto, da posição de Márcia Pelegrini.[366]

No entanto, como já referido, não é esse o entendimento adotado pelo Tribunal de Contas da União, que, amparado em sua lei orgânica, ampliou o alcance da competência sancionadora prevista na Constituição Federal.

Finalmente, cabe uma observação quanto à prescrição das sanções aplicadas pelo Tribunal. O Acórdão nº 1.441/2016, que tratou da uniformização de jurisprudência quanto à prescrição das sanções, assentou entendimento, por maioria, de que se aplica o prazo geral de 10 anos definido no art. 205 do Código Civil.[367] No entanto, o STF já decidiu, no Mandado de Segurança nº 32.201, de 2017, que a prescrição é quinquenal, com fundamento na Lei nº 9.873/99.[368]

A despeito de não constituir tema desta seção, cabe fazer referência ao ressarcimento de danos, cujo prazo prescricional adotado pelo Tribunal é de 10 anos, a teor do que estabelece a Instrução Normativa nº 71/2012, que trata da Tomada de Contas Especial.[369]

Nesse específico aspecto, o Supremo Tribunal Federal decidiu recentemente, em sede de repercussão geral (Tema 899), no Recurso Extraordinário nº 636.886, que o ressarcimento ao Erário é prescritível e ocorre em 5 anos, na forma da Lei nº 6.830/80, o que alterou posição anterior do STF consolidada no MS nº 26.210/2008 a respeito da imprescritibilidade do ressarcimento.[370]

2.5.4 Competência fiscalizadora

2.5.4.1 Considerações gerais

A competência para a fiscalização realizada pelo TCU é exercida por iniciativa do próprio Tribunal ou por solicitação do Congresso Nacional, da Câmara dos Deputados, do Senado Federal, bem como

---

[366] FERNANDES, Jorge Ulisses Jacoby. *Tribunais de Contas do Brasil:* jurisdição e competência. 4. ed. rev. atual. e ampl. Belo Horizonte: Fórum, 2016, p. 435.

[367] BRASIL. Tribunal de Contas da União. *Acórdão nº 1.441/2016.* Plenário. Relator: Min. Benjamin Zymler. Brasília, 8.6.2016. Mais recentemente, essa posição quanto à prescrição decenal da multa foi confirmada no Acórdão nº 2.296/2020 – Plenário, de 26.8.2020.

[368] BRASIL. Supremo Tribunal Federal. *Mandado de Segurança nº 32.201.* Relator: Min. Roberto Barroso. Brasília, 21.03.2017.

[369] BRASIL. Instrução Normativa nº 71, de 28 de novembro de 2012. *Tribunal de Contas da União.*

[370] BRASIL. Supremo Tribunal Federal. *Recurso Extraordinário nº 636.886.* Relator: Alexandre de Moraes. Brasília, 20.4.2020.

de comissão técnica ou de inquérito de cada uma das Casas,[371] a ser realizada nas unidades administrativas dos três Poderes, como dispõe o art. 71, IV, da Constituição Federal.

Quanto à legitimação ativa para a fiscalização, registre-se o acórdão do STF na ADI nº 3.046, em que foi examinada lei paulista que possibilitava o exercício da fiscalização direta por deputados estaduais na administração direta e indireta. Nessa decisão, ficou assentada, em face do princípio da separação de poderes, a obrigatoriedade da simetria e a impossibilidade de atuação individual do parlamentar para a fiscalização de entidades e órgãos públicos.[372]

Em relação à legitimidade passiva para a fiscalização, essa atividade é exercida em relação aos órgãos da Administração Direta, às entidades integrantes da Administração Pública Indireta, bem como nas empresas privadas que têm a gestão de recursos públicos, como dispõem o art. 70, parágrafo único, e o art. 71, VI, da Constituição.

Estabelece a Constituição Federal, também, que a fiscalização do TCU será realizada nas contas nacionais das empresas supranacionais que tiverem a participação direta ou indireta de capital da União (art. 71, V) e na aplicação das transferências voluntárias realizadas aos demais entes federados (art. 71, VI), competências essas que não serão objeto de exame em face da pouca relação com o controle do Tribunal sobre as agências reguladoras federais.

Portanto, é bem amplo o campo de atuação da fiscalização realizada pelo Tribunal de Contas da União,[373] que visa à produção de informações técnicas de natureza financeira, orçamentária, contábil, patrimonial e operacional, sendo exercida fundamentalmente *a posteriori*.

Não há impedimento, contudo, de que a auditoria seja instaurada de modo concomitante à ocorrência de situações passíveis de causar prejuízo ao Erário.[374] Note-se ainda que a fiscalização pode também

---

[371] O art. 232 do Regimento Interno dispõe que são legitimados para solicitar ao TCU a prestação de informações e a realização de auditorias e inspeções os presidentes do Senado Federal, da Câmara de Deputados e das comissões do Congresso Nacional, do Senado e da Câmara. *In:* BRASIL. Resolução TCU nº 246, de 30 de novembro de 2011. *Boletim Especial do TCU nº 01/2012.*

[372] BRASIL. Supremo Tribunal Federal. *Ação Direta de Inconstitucionalidade nº 3.046.* Relator: Min. Sepúlveda Pertence. Brasília, 15.04.2004.

[373] Registre-se a realização de auditoria ambiental pelo TCU, tanto de conformidade quanto operacional, cujo Manual de Auditoria Ambiental foi aprovado pela Portaria nº 214/2001.

[374] Diante da constatação de dano ao Erário, o processo de fiscalização será convertido em tomada de contas especial, a teor do que dispõe o art. 47 da Lei nº 8.443/92.

ser prévia, como se dá com os atos de desestatização, como adiante será examinado.

Em relação a essa relevante atribuição dos tribunais de contas, Sundfeld e Câmara apresentam três conceitos importantes, referentes ao objeto, parâmetro e produto de fiscalização. O *objeto* de fiscalização é formado pelos fatos, atos e procedimentos da Administração Pública ou de terceiros, investigados pelo Tribunal.

O *parâmetro* da fiscalização constitui "a referência que o Tribunal adota para avaliar, positiva ou negativamente, certo objeto". Por sua vez, o *produto* de fiscalização é constituído pelos "atos que o Tribunal produz em decorrência dos procedimentos que realiza".[375]

Ainda em relação aos conceitos apresentados, os autores destacam que a fiscalização é ampla quanto ao objeto e ao parâmetro de controle, mas é "muito condicionada quanto ao seu produto". Assim, a fiscalização realizada pelo Tribunal de Contas "pode ter por objeto *quase* tudo o que se relaciona à Administração Pública, tendo em vista que a auditoria operacional possibilita o exame do conjunto da atuação administrativa". E os parâmetros da fiscalização também são amplos. Contudo, os produtos decorrentes da fiscalização são bem restritos.[376] Eis as palavras de Sundfeld e Câmara:

> E por que há forte há forte limitação jurídica quanto ao produto da fiscalização do Tribunal de Contas? É que, embora sua *faculdade* de representar seja muito extensa, seu *poder* de comandar é bem restrito.
>
> São três os fatores de restrição ao poder de comando do Tribunal de Contas. O primeiro tem a ver com os *tipos de comando:* o Tribunal não pode dar qualquer tipo de ordem, constituindo ou desconstituindo direitos e deveres. O segundo fator diz respeito aos *motivos do comando:* o Tribunal só pode emitir comandos se constatar ilegalidades, não por outros motivos. O terceiro fator tem a ver com o *objeto da fiscalização: o poder de comando* do Tribunal só existe se a ilegalidade apurada for matéria financeira, orçamentária, contábil ou patrimonial, mas não por conta de ilegalidades em outras matérias administrativas, examinadas no âmbito da ampla fiscalização operacional. (grifos dos autores)[377]

---

[375] SUNDFELD, Carlos Ari; CÂMARA, Jacintho Arruda. O Tribunal de Contas da União e a regulação. *Fórum de Contratação e Gestão Pública – FGCP*, Belo Horizonte, ano 17, n. 194, p. 73-79, fev. 2018, p. 74.

[376] SUNDFELD, Carlos Ari; CÂMARA, Jacintho Arruda, *op. cit.*, p. 74.

[377] SUNDFELD, Carlos Ari; CÂMARA, Jacintho Arruda, *op. cit.*, p. 74-75.

Portanto, segundo os autores, a fiscalização pode resultar em diversos produtos, como relatórios e pareceres, que não têm conteúdo impositivo, constitutivo ou desconstitutivo de direitos, mas poderão servir de base para a tomada de decisões, bem como os denominados atos de comando. No entanto, como se verá no Capítulo 3, não é essa a posição que tem prevalecido na jurisprudência do TCU.

A fiscalização pode ocorrer mediante adoção de vários instrumentos, conforme previsão do Regimento Interno: levantamentos, auditorias, inspeções, acompanhamentos e monitoramentos. O levantamento é adotado para conhecer a organização e o funcionamento de órgãos e entidades, bem como sistemas, programas, projetos e atividades governamentais. Destina-se também a identificar objetos e instrumentos de fiscalização e a avaliar a respectiva viabilidade (art. 238 do Regimento Interno).

A auditoria governamental, que é um dos principais instrumentos de fiscalização adotados pelo Tribunal de Contas compreende três espécies: a auditoria de conformidade,[378] em que é verificado o cumprimento, pelos auditados, de disposições legais *lato sensu* relacionadas aos aspectos financeiros, orçamentários e patrimoniais, a auditoria financeira[379] e a auditoria de desempenho ou operacional, em que são examinadas questões relativas à eficiência, economicidade e eficácia da atuação dos auditados, conforme art. 230 do Regimento Interno. Esses três tipos de auditoria podem ser conduzidos separada ou conjuntamente pelo Tribunal.

Sobre as auditorias e inspeções, Bruno Speck observa que tais instrumentos constituíram espécie de compensação decorrente da abolição do sistema prévio de registro das despesas realizado pela Constituição

---

[378] A norma ISSAI 400, emitida pela INTOSAI, que estabelece os princípios fundamentais de auditoria de conformidade, dispõe que esta visa à verificação do objeto em contraste com a legislação, embora possa ser avaliada também a sua legitimidade. A INTOSAI estabelece também normas para auditorias de demonstrações financeiras, como a ISSAI 200, auditorias essas que se destinam a verificar a observância da elaboração das demonstrações de acordo com a legislação específica aplicável. Disponível em: https://portal.tcu.gov.br/fiscalizacao-e-controle/auditoria/normas-internacionais-das-entidades-fiscalizadores-superiores-issai. Acesso em: 14 set. 2020.

[379] Conforme dispõe o Manual de Auditoria Financeira do TCU: "Assim, o adjetivo 'financeira' da expressão 'auditoria financeira' se refere ao objetivo desse tipo de auditoria, que é verificar a confiabilidade das informações financeiras divulgadas nas prestações de contas". BRASIL. Tribunal de Contas da União. Manual de auditoria financeira – 2016. Brasília: TCU, Secretaria de Métodos e Suporte ao Controle Externo (SEMEC), 2016, p. 14. Disponível em: https://portal.tcu.gov.br/controle-externo/normas-e-orientacoes/normas-de-fiscalizacao/auditoria-financeira.htm. Acesso em: 30 dez. 2020.

de 1967, possibilitando que o Tribunal realizasse investigações *in loco* e de modo seletivo, sem a dependência unicamente das informações prestadas pelos órgãos e entidades controlados.[380]

Segundo dispõe o Regimento Interno, a inspeção tem como finalidade suprir omissões, esclarecer dúvidas ou apurar denúncias ou representações (art. 240). O acompanhamento visa ao exame, durante um período determinado, da legalidade e legitimidade dos atos de gestão e do desempenho de órgãos e entidades (art. 241). O monitoramento, por seu turno, destina-se à verificação do cumprimento das deliberações do TCU e dos respectivos resultados, como previsto no art. 243 do Regimento.

Quanto à competência interna do TCU para a instauração de cada instrumento de fiscalização, dispõe o Regimento Interno que as auditorias, acompanhamentos e monitoramentos obedecerão ao plano de fiscalização elaborado pela Presidência e aprovado pelo Plenário. Já os levantamentos e as inspeções serão realizados por determinação do Plenário, da Câmara, do relator ou do Presidente, independentemente de programação (art. 244, §2º, do RI).

No estudo da competência fiscalizadora do TCU, é relevante ainda referir o Acórdão TCU nº 3.608/2014, que examinou a proposta de fortalecimento da auditoria financeira realizada pelo Tribunal, decorrente de avaliação realizada em 2009 no âmbito do programa internacional *Public Expenditure and Financial Accountability*, patrocinado por organismos internacionais.

Nessa avaliação foi constatada a fragilidade da auditoria financeira do TCU e a sua insuficiência "para obter um alto nível de segurança sobre a credibilidade dos resultados financeiro, orçamentário e patrimonial da União".[381] Isso porque, *à época*, em que pese haver mais de 400 demonstrações financeiras de 24 ministérios, além de órgãos e entidades dos Poderes Legislativo e Judiciário, que resultam no Balanço Geral da União, a auditoria era realizada efetivamente em apenas duas demonstrações financeiras.[382]

---

[380] SPECK, Bruno Wilhelm. *Inovação e rotina no Tribunal de Contas da União*: o papel da Instituição superior de controle financeiro no sistema político-administrativo do Brasil. São Paulo: Fundação Konrad Adenauer, 2000, p. 69.

[381] Conforme Relatório do Acórdão nº 3.608/2014, item 2.2.13. *In*: BRASIL. Tribunal de Contas da União. Acórdão nº 3.608/2014. Plenário. Relator: Min. Aroldo Cedraz, Brasília, 9.12.2014.

[382] BRASIL Tribunal de Contas da União. *Acórdão nº 3.608/2014*. Plenário. Relator: Min. Aroldo Cedraz, Brasília, 9.12.2014.

Portanto, na oportunidade, viu-se que havia fragilidades importantes da atuação do Tribunal e um caminho a ser percorrido para a qualificação de uma de suas mais importantes atribuições, de forma a conferir maior segurança às demonstrações financeiras de todos os ministérios, órgãos e entidades federais, o que exigiria trabalho conjunto com a Controladoria-Geral da União.

2.5.4.2 A auditoria operacional

Em relação às auditorias operacionais, é preciso ainda tecer algumas considerações adicionais, uma vez que constitui inovação da Constituição Federal de 1988, alinhada a um movimento global de reforma do Estado e redefinição de suas funções, instituído na Europa Ocidental, Estados Unidos, Austrália e Nova Zelândia no final dos anos setenta e nos anos oitenta, com foco na descentralização administrativa e nos resultados, o que repercutiu também na função de controle.[383]

As primeiras referências sobre a avaliação da economicidade e eficiência na gestão pública ocorreram em congresso da INTOSAI realizado em 1971 no Canadá. Após algumas iniciativas isoladas, em 1976 a auditoria para a verificação da economicidade, eficiência e efetividade foi discutida em Lima, no Peru, constando da Declaração de Lima, já referida anteriormente.[384]

Importante destacar que a implementação da auditoria operacional é complementar à auditoria de conformidade, uma vez que a verificação da observância dos aspectos financeiros *lato sensu* à legislação aplicável segue com grande relevância. No entanto, as mudanças referidas resultaram na ampliação da perspectiva do controle, que passou a não apenas atestar a legalidade do gasto público, mas também a verificar o que se obtém com o dinheiro público, ou seja, os resultados da atuação administrativa.[385]

---

[383] POLLIT, Christopher; SUMMA, Hikka. Auditoria Operacional e reforma da administração pública. *In*: POLLIT, Christopher *et al. Desempenho ou legalidade?* Auditoria operacional e de gestão pública em cinco países. Tradução Pedro Buck. Belo Horizonte: Fórum, 2008, p. 25-26 e 29.

[384] MURY, Luiz Gilberto Monclaro. Auditorias operacionais com foco no princípio da efetividade: breve panorama dos tribunais de contas do Brasil. *Revista do TCU* n. 142, p. 73-87, maio/dez. 2018, p. 75.

[385] ALMEIDA, Carlos Wellington Leite de. Auditoria operacional: conceito, proposta e crítica. *Revista do Tribunal de Contas da União*. Brasília, n. 123, p. 42-59, jan./abr. 2012, p. 44 e 46-47.

A auditoria operacional difere da auditoria ou fiscalização de conformidade porque, enquanto esta visa à verificação objetiva do cumprimento da legislação financeira pela entidade auditada,[386] a auditoria operacional tem visão prospectiva e foco no desempenho da entidade, considerando seus objetivos institucionais.

A esse respeito, a ISSAI 300, que fixa os princípios fundamentais de auditoria operacional, define a auditoria operacional como o exame de empreendimentos, sistemas, operações, programas, atividades e organizações governamentais, para verificar se funcionam de acordo com os princípios da economicidade, eficiência e efetividade e se há possibilidade de aprimoramento.[387]

A economicidade, segundo essa Norma, significa redução dos custos dos recursos; a eficiência diz respeito à relação entre os recursos empregados e os produtos entregues em termos de quantidade, qualidade e tempestividade; e a efetividade diz respeito ao alcance dos objetivos estabelecidos e dos resultados pretendidos.

Não há, como se vê, referência à eficácia, o que é esclarecido na nota da tradução do TCU dessa norma, que observa que o termo inglês *effectiveness* (efetividade) abrange, na língua portuguesa, a eficácia, relacionada ao alcance das metas programadas, e a efetividade propriamente dita, concernente aos impactos do objeto auditado. Portanto, o conceito de eficácia nessa seara não se identifica com a aptidão do ato para a produção de efeitos jurídicos.[388] Os principais objetivos da auditoria operacional são, segundo a ISSAI 300, a governança econômica, a *accountability* e a transparência.[389]

---

[386] Conforme o Glossário de Termos de Controle Externo, aprovado pela Portaria SEGECEX nº 27/2017, a auditoria de conformidade consiste na "avaliação independente para determinar se um dado objeto está em conformidade com as normas aplicáveis identificadas como critérios. Auditorias de conformidade são realizadas para avaliar se atividades, transações financeiras e informações cumprem, em todos os aspectos relevantes, as normas que regem a entidade auditada (ISSAI 100 e 400)". *In:* Tribunal de Contas da União. *Glossário de Termos do Controle Externo*, Brasília, setembro 2017. Disponível em: https://portal.tcu.gov.br/busca/#gsc.tab=0&gsc.q=gloss%C3%A1rio. Acesso em: 2 set. 2020.

[387] ISSAI 300. Aprovada pela INTOSAI em 2013 e traduzido pelo TCU em 2017. Disponível em: https://portal.tcu.gov.br/fiscalizacao-e-controle/auditoria/normas-internacionais-das-entidades-fiscalizadoras-superiores-issai. Acesso em: 14 set. 2020.

[388] Conforme observa FREITAS, Juarez. *O controle dos atos Administrativos e os princípios fundamentais*. 5. ed. rev. e ampl. São Paulo: Malheiros, 2013, p. 110.

[389] ISSAI 300. Aprovada pela INTOSAI em 2013 e traduzido pelo TCU em 2017. Disponível em: https://portal.tcu.gov.br/fiscalizacao-e-controle/auditoria/normas-internacionais-das-entidades-fiscalizadoras-superiores-issai. Acesso em: 14 set. 2020.

No entanto, é preciso advertir que os critérios da auditoria operacional não se resumem à economicidade, eficiência e efetividade. Pollitt e Mul, em estudo específico sobre a auditoria operacional em cinco países,[390] observam que os critérios da INTOSAI não são exaustivos, sendo frequentemente adotados pelos auditores os critérios de boa prática administrativa, boa governança, qualidade do serviço prestado ao usuário e cumprimento de objetivos da instituição ou do programa auditados.[391]

Portanto, alguns critérios apresentam-se bastante abertos, como a boa prática administrativa, voltada para o âmbito interno da instituição auditada, e a boa governança, relacionada ao âmbito externo,[392] o que dá certa margem de discricionariedade ao auditor.

No que tange ao relatório da auditoria operacional, a ISSAI 300 dispõe que essa peça deve incluir o objetivo, questões de auditoria e respectivas respostas, critérios, metodologia adotada, fonte de dados, achados e, quando apropriado, as recomendações para melhoria do desempenho da entidade auditada. Quanto a estas, a Norma estabelece o seguinte:

> As recomendações devem ser bem fundamentadas e agregar valor. Devem tratar as causas dos problemas e/ou deficiências. No entanto, devem ser redigidas de forma a evitar banalidades ou simplesmente contradizer *as conclusões de auditoria e não devem invadir as responsabilidades da administração* (grifos nossos).[393]

No âmbito do TCU, a auditoria operacional é orientada pelo Manual de Auditoria Operacional, aprovado recentemente pela Portaria SEGECEX nº 18, 12.11.2020,[394] que está alinhada aos padrões das normas da INTOSAI, em diálogo com as Normas de Auditoria do TCU (NAT).

---

[390] Reino Unido, França, Holanda, Suécia e Finlândia.

[391] POLLIT, Christopher; MUL, Robert. Critério. *In:* POLLIT, Christopher *et al. Desempenho ou legalidade?* Auditoria operacional e de gestão pública em cinco países. Tradução Pedro Buck. Belo Horizonte: Fórum, 2008, p. 131 e 143.

[392] POLLIT, Christopher; MUL, Robert, *op. cit.*, p. 143-144.

[393] ISSAI 300. Aprovada pela INTOSAI em 2013 e traduzido pelo TCU em 2017. Disponível em: https://portal.tcu.gov.br/fiscalizacao-e-controle/auditoria/normas-internacionais-das-entidades-fiscalizadores-superiores-issai. Acesso em: 14 set. 2020.

[394] Tribunal de Contas da União. *Manual de Auditoria Operacional.* 4. ed. Brasília: Secretaria-Geral de Controle Externo (Segecex/TCU), 2020, p. 11. Disponível em: https://portal.tcu.gov.br/controle-externo/normas-e-orientacoes/normas-de-fiscalizacao/auditoria-operacional.htm. Acesso em: 11 fev. 2021.

A auditoria operacional distingue-se em duas modalidades: a auditoria de desempenho operacional e a auditoria de avaliação de programa,[395] realizando-se nas quatro dimensões mencionadas, de forma a identificar problemas e suas causas e apontar soluções possíveis para a qualificação da Administração Pública e o atingimento de resultados das políticas públicas.

Os conceitos de economicidade e eficiência adotados pelo TCU estão alinhados com a ISSAI 300. No entanto, em relação aos conceitos de eficácia e efetividade há uma nuance nas definições do Tribunal, que refere a eficácia como o alcance de metas programadas em um determinado período, relacionando-se aos objetivos *imediatos* da instituição, enquanto que a efetividade relaciona-se ao alcance de objetivos de médio e longo prazo.

Importante observar que o Manual de Auditoria Operacional dispõe expressamente sobre a possibilidade de o relatório expressar também determinações ao gestor,[396] além de recomendações, o que difere da ISSAI 300 e da ISSAI 3000, que apresentam a auditoria operacional como um relevante elemento de cooperação entre os órgãos de controle e os auditados para a qualificação da Administração Pública, sem caráter mandatório.

A auditoria operacional tem as finalidades de dar transparência à atividade administrativa estatal e de seus resultados à sociedade, permitir o controle por outros órgãos, em especial pelo Poder Legislativo, bem como o controle social, e, no âmbito da cooperação entre a Administração Pública e órgão de controle externo, contribuir para a qualificação da gestão pública.

Nessa linha de cooperação, Carlos Leite de Almeida observa que, na auditoria operacional, embora as atribuições sejam definidas, "auditor e auditado se posicionam no mesmo nível" e que "o auditado participa ativamente da construção das conclusões". Além disso, diversas organizações que participem da implementação de uma política pública podem ser objeto de auditoria operacional de forma conjunta.[397]

---

[395] LIMA, Luiz Henrique. *Controle externo:* teoria, jurisprudência e mais de 500 questões (recurso eletrônico). 4. ed. rev., ampl. e atual. Rio de Janeiro: Elsevier Campus, 2011, p. 31.

[396] Tribunal de Contas da União. *Manual de Auditoria Operacional.* 4. ed. Brasília: Secretaria-Geral de Controle Externo (Segecex/TCU), 2020, p. 89.

[397] ALMEIDA, Carlos Wellington Leite de. Auditoria operacional: conceito, proposta e crítica. *Revista do Tribunal de Contas da União*, Brasília, n. 123, p. 42-59, jan./abr. 2012, p. 48.

No entanto, nem sempre essa postura de ambos – auditor e auditado – ocorre na prática, pois, como se viu, no Brasil, o TCU pode expedir determinações e eventualmente aplicar sanções em decorrência da auditoria operacional em razão da constatação de ilegalidade no âmbito das funções exercidas pela entidade auditada e também pelo não atendimento de determinação no prazo fixado, conforme art. 58, II e IV, da Lei nº 8.443/927, respectivamente.

Mas não é só. O art. 58, III, da Lei nº 8.843/92 possibilita a aplicação de sanções ao gestor, no âmbito da auditoria operacional, por ato ilegítimo ou antieconômico do qual resulte dano ao Erário, *ainda que plenamente legal*, o que desborda da previsão constitucional do art. 71, VIII, já amplamente tratado nas considerações gerais sobre a competência do TCU e na seção anterior, em que se examinou a competência sancionadora do Tribunal.[398]

Em razão disso, as posturas do auditor e do auditado nem sempre alcançam o grau cooperativo e o diálogo desejáveis para a qualificação institucional e de programas governamentais, pois há a possibilidade, por exemplo, de o gestor que atua com probidade ser apenado pelo descumprimento da eficiência na prática de determinado ato administrativo, a juízo do auditor, acolhido pelo Plenário. Portanto, é compreensível a postura eventualmente defensiva do gestor, uma vez que este pode ser sancionado por atos ilegítimos ou antieconômicos, ainda que plenamente legais.

Há, ainda, alguns aspectos que promovem a insegurança jurídica do gestor público e reduzem a relevância das conclusões da auditoria operacional para a efetiva qualificação da Administração Pública, como a indefinição de padrões de desempenho, insuficiência de informações dos auditores sobre a execução dos programas de gestão pública, a elevada carga de subjetividade presente na auditoria operacional e os limites das recomendações, que muitas vezes impedem inovações do gestor pelo medo de sanções futuras.[399]

---

[398] Nesse sentido, relembre-se a posição de André Rosilho, referente à inconstitucionalidade de aplicação de sanções, decorrente de constatações da auditoria operacional que tenha apontado a atuação ilegítima ou antieconômica do gestor, realizada em conformidade com a legislação aplicável. *In*: ROSILHO, André Janjácomo. *Controle da Administração Pública pelo Tribunal de Contas da União*. 2016, 358 f. Tese (Doutorado em Direito) – Universidade de São Paulo, São Paulo, 2016. Com mesmo entendimento, Márcia Pelegrini. *In*: PELEGRINI, Márcia. *A competência sancionatória do Tribunal de Contas no exercício da função controladora* – contornos constitucionais. 2008. 331 f. Tese (Doutorado em Direito do Estado). Pontifícia Universidade Católica – SP. São Paulo, 2008.

[399] ALMEIDA, Carlos Wellington Leite de. Auditoria operacional: conceito, proposta e crítica. *Revista do Tribunal de Contas da União*, Brasília, n. 123, p. 42-59, jan./abr. 2012, p. 51-52.

Nesse sentido, cabe trazer a percepção de Carlos Leite de Almeida, auditor do TCU, sobre a o aspecto ora referido:

> A evolução da ANOp [Auditoria Operacional] contempla o esforço de rompimento com diferentes paradigmas. Esses, em geral, são decorrentes da afirmação prévia de uma forte cultura sancionadora, profundamente enraizada nos órgãos de controle. A ênfase na conformidade que assim se consolida termina por ofuscar a capacidade que têm as Entidades de Fiscalização Superior (EFS) de contribuir de forma mais relevante para o aperfeiçoamento da gestão pública. Embora não faça parte da proposta epistemológica das ANOp, o abandono da conformidade, certo é que buscam afirmar a prevalência dos resultados sobre os meios utilizados para obtê-los, com isso trazer os trabalhos de auditoria para mais próximo do interesse do cidadão.[400]

Note-se que, juntamente com as recomendações, o TCU já expedia determinações desde as primeiras auditorias operacionais, realizadas em 1989, integrantes do 1º Plano de Auditoria Operacional, que abrangeu 35 órgãos e entidades federais, dentre elas a Empresa de Trens Urbanos de Porto Alegre S.A. (TRENSURB), em que foram examinadas as atividades de manutenção e operação do transporte ferroviário, bem como sua situação deficitária, em importante diagnóstico operacional e econômico-financeiro da empresa criada em 1985.[401]

Por fim, registre-se que a relevância da auditoria operacional no Brasil foi ampliada com a elevação da eficiência a princípio constitucional da Administração Pública pela Emenda Constitucional nº 19, de 04.06.1998, que implantou a denominada reforma administrativa. Com isso, a eficiência não mais ficou restrita à gestão orçamentária, financeira e patrimonial, como dispõe o art. 74, II, da Constituição Federal, impondo-se de forma expressa para toda a atividade administrativa.

2.5.5 Competência para determinar providências e sustar atos administrativos

A determinação de providências aos jurisdicionados e a sustação de atos administrativos constituem atos de comando, com previsão no

---

[400] ALMEIDA, Carlos Wellington Leite de. Auditoria operacional: conceito, proposta e crítica. *Revista do Tribunal de Contas da União*, Brasília, n. 123, p. 42-59, jan./abr. 2012, p. 53.

[401] BRASIL. Tribunal de Contas da União. TC 625.282/89-2. Plenário. Rel. Min. Luciano Brandão. Julg. em 06.09.1989 *In: Revista de Direito Administrativo*, Rio de Janeiro, v. 177, p. 109-120, jul./set. 1989.

art. 71, IX e X, da Constituição Federal, respectivamente. Serão tratadas ambas nesta seção, juntamente com o tema da sustação de contratos, que está diretamente relacionado a essas duas competências atribuídas ao TCU e encontra previsão no art. 71, §§1º e 2º, da Constituição Federal.

O inciso IX do art. 71 da Constituição Federal prevê que compete ao TCU "assinar prazo para que o órgão ou entidade adote as providências necessárias ao exato cumprimento da lei, se verificada ilegalidade". Assim, os destinatários desse dispositivo situam-se no âmbito da administração pública direta e indireta, inclusive de outros entes federados que recebam recursos federais. Os agentes privados não estão alcançados por essa regra, cabendo ao TCU, se for o caso, a imposição de sanções aos particulares, nos termos do art. 71, VIII, da Constituição.[402]

Ponto a ser destacado é o parâmetro de controle adotado na emissão de atos de comando, que somente poderá ser a legalidade, como estabelece expressamente o dispositivo, em matéria de atuação direta do Tribunal – aspectos financeiros, orçamentários, contábeis e patrimoniais. Nesse sentido, Flávio Garcia Cabral, Leandro Sarai e Cristiane Iwakura observam que a competência do TCU para a sustação de atos é restrita àqueles que envolvem despesas "e não qualquer ato voltado ao cumprimento dos fins institucionais".[403]

Portanto, a eventual constatação de ineficiência em algum aspecto da atuação de órgão ou entidade somente poderia ensejar a recomendação. É o que observa, com propriedade, André Rosilho:

> É que as atribuições e competências do TCU que envolvem a prática de atos impositivos (sanções ou atos de comando) foram desenhadas (inclusive historicamente) para serem desempenhadas em um específico campo de atuação (o financeiro), e não no ambiente mais amplo em que o TCU, com o tempo, passou a ser legitimado a atuar.
>
> Só matérias financeiras em sentido amplo – isto é, que de algum modo digam respeito a receitas públicas ou despesas públicas – compõem seu campo de jurisdição específica. *Em relação às demais matérias, que não a financeira em sentido amplo – sobre as quais eventualmente se debruça no bojo*

---

[402] ROSILHO, André Janjácomo. *Controle da Administração Pública pelo Tribunal de Contas da União*. 2016, 358 f. Tese (Doutorado em Direito) – Universidade de São Paulo, São Paulo, 2016, p. 216-217.

[403] CABRAL, Flávio Garcia; SARAI, Leandro; IWAKURA, Cristiane Rodrigues. Tribunal de Contas da União (TCU) e as Agências Reguladoras: limites e excessos da *accountability* horizontal. *Revista da CGU*, Brasília, v. 13, n. 24, p. 207-219, jul./dez. 2021, p. 214.

de auditorias operacionais -, o Tribunal não tem o poder de intervenção direta e específica e, portanto, não tem a possibilidade de emitir atos de comando (grifos nossos).[404]

Em relação à determinação de providências, cabe referir a recente edição da Resolução nº 315, de 22.04.2020,[405] que dispõe sobre as deliberações do TCU, em que se verifica maior preocupação com a definição da matéria passível de determinações e recomendações, com a segurança jurídica e com o âmbito de atuação própria do gestor público, tendo como um de seus objetivos a adequação do Tribunal às novas disposições da Lei de Introdução às Normas de Direito Brasileiro – LINDB, como expressamente declarado em sua motivação.

Com efeito, a Resolução nº 315/2020 estabelece as seguintes definições para determinação, ciência e recomendação, restando expresso que matérias passíveis de recomendação não poderão ser objeto de determinação, o que consagra avanço em relação à Resolução nº 265/2014, hoje revogada:

> Art. 2º Para efeito desta resolução, considera-se:
>
> I - determinação: deliberação de *natureza mandamental* que impõe ao destinatário a adoção, em prazo fixado, de providências concretas e imediatas com a *finalidade de prevenir, corrigir irregularidade, remover seus efeitos ou abster-se de executar atos irregulares;*
>
> II - ciência: deliberação de natureza declaratória que cientifica o destinatário sobre a ocorrência de irregularidade, quando as circunstâncias não exigirem providências concretas e imediatas, sendo suficiente, para fins do controle, induzir a prevenção de situações futuras análogas; e
>
> III - recomendação: deliberação de *natureza colaborativa* que apresenta ao destinatário *oportunidades de melhoria*, com a finalidade de contribuir para o aperfeiçoamento da gestão ou dos programas e ações de governo.
>
> [...]
>
> Art. 7º Não devem ser formuladas determinações para:
>
> [...]
>
> §1º Não devem ser objeto de determinação quaisquer situações que se enquadrem no inciso III do art. 2º (grifos nossos).

---

[404] ROSILHO, André Janjácomo. *Controle da Administração Pública pelo Tribunal de Contas da União*. 2016, 358 f. Tese (Doutorado em Direito) – Universidade de São Paulo, São Paulo, 2016, p. 218-219.

[405] Revogou a Resolução nº 265/2014, que disciplinava a expedição e monitoramento de deliberações pelo TCU.

Note-se que o art. 6º da Resolução nº 315/2020, dentre outros requisitos da determinação, impõe a indicação do dispositivo constitucional, legal ou regulamentar descumprido pelo gestor, o que difere do art. 2º da Resolução nº 265/2014, que incluía a *jurisprudência* infringida como fundamento para a expedição de determinação.[406]

Outro dispositivo importante da Resolução nº 315/2020 é o art. 12, parágrafo único, que reduz a margem de subjetividade e a insegurança jurídica a que estavam sujeitos os gestores:

> Art. 12 [...]
>
> Parágrafo único. As recomendações não devem se basear exclusivamente em critérios que contenham elevada carga de abstração teórica ou conceitos jurídicos indeterminados, permitindo enquadrar achados de múltiplas espécies ou ordens.

É claro que ainda persiste, segundo a resolução, a possibilidade de determinações com base no alegado descumprimento de princípio constitucional, o que também poderá ensejar certa margem de subjetividade a depender do caso concreto e discussões na seara administrativa ou judicial, sobretudo se houver cumprimento de legislação específica aplicável ao caso concreto.

Quanto aos atos administrativos, o Tribunal poderá determinar prazo para a correção do ato e, caso o responsável não adote as providências determinadas, o TCU poderá sustar sua execução, sem prejuízo da aplicação de multa.[407] Trata-se, neste caso, de expressão do poder cautelar do Tribunal.[408] Note-se, contudo, que compete ao

---

[406] "Art. 2º As determinações de adoção de providências corretivas deverão, observados os modelos do Anexo I: I - ser expedidas com prazo definido para cumprimento e comunicação ao Tribunal das medidas adotadas ou, excepcionalmente, no caso de situações mais complexas, para *apresentação de plano de ação com vistas a sanear o problema* verificado; e II - explicitar o normativo, a legislação ou *a jurisprudência que foi infringida* e o fundamento legal que legitima o TCU a expedir a deliberação" (grifos nossos).

[407] Flávio Garcia Cabral, Leandro Sarai e Cristiane Iwakura lembram que compete ao Congresso Nacional, e não ao TCU, a sustação dos atos normativos do Poder Executivo, conforme art. 49, V, da Constituição Federal. In: CABRAL, Flávio Garcia; SARAI, Leandro; IWAKURA, Cristiane Rodrigues. Tribunal de Contas da União (TCU) e as Agências Reguladoras: limites e excessos da *accountability* horizontal. *Revista da CGU*, Brasília, v. 13, n. 24, p. 207-219, jul./dez. 2021, p. 214.

[408] JORDÃO, Eduardo. A intervenção do TCU sobre editais de licitação não publicados: controlador ou administrador? *Revista Brasileira de Direito Público – RBDP*, Belo Horizonte, ano 12, n. 47, p. 209-230, out./dez. 2014, p. 226.

Tribunal a sustação da *execução* do ato, repercutindo tal medida no plano da eficácia. A *nulidade* do ato deverá ser declarada pelo órgão ou entidade que o emitiu ou pelo Poder Judiciário.[409]

Por outro lado, no que diz respeito aos contratos, o Tribunal não poderá sustá-los em caso de não atendimento das providências corretivas pelo responsável. Nesse caso, o Tribunal deverá comunicar o descumprimento ao Congresso Nacional, a quem compete sustar o contrato e determinar ao Poder Executivo a adoção das medidas cabíveis. Se não houver a adoção de medidas no prazo de noventa dias, o Tribunal decidirá a respeito da matéria, o que, contudo, não significa que poderá sustar o contrato diante da omissão do Poder Legislativo ou do Poder Executivo.[410]

Assim, o Tribunal primeiramente deverá comunicar ao Poder Legislativo acerca da ilegalidade constatada, informando seu entendimento a fim de que o Congresso Nacional suste total ou parcialmente os efeitos do contrato, impedindo a execução do objeto e o respectivo pagamento.

Concordando com a posição do TCU, o contrato será sustado e o Poder Executivo será comunicado para a adoção das providências cabíveis, como a regularização ou a invalidação contratual. Todavia, o Congresso Nacional não está vinculado à posição do Tribunal de Contas, caso em que poderá afirmar a validade do contrato, abstendo-se de sustar os seus efeitos.[411]

Cabe ressaltar, contudo, que a eventual omissão do Congresso Nacional ou do Poder Executivo, no prazo de noventa dias, não autoriza o Tribunal de Contas a exercer a competência constitucional para a sustação do contrato, que é atribuída ao Poder Legislativo, caso concorde com a posição do TCU e não houver a correção da ilegalidade pela autoridade competente, conforme lição de Carlos Ari Sundfeld e Jacintho Arruda Câmara:

> Quando se tratar de fiscalização sobre *atos* da administração, o próprio Tribunal de Contas pode sustá-los, se a suposta irregularidade não for corrigida pelo responsável no prazo. Em relação *aos contratos*, todavia,

---

[409] DECOMAIN, Pedro Roberto. *Tribunais de Contas no Brasil*. São Paulo: Dialética, 2006, p. 128.

[410] Observe-se que, no sistema da Constituição Federal de 1967/69, o decurso do prazo de 30 dias no Congresso Nacional tornava insubsistente a impugnação do TCU (art. 72, §6º).

[411] DECOMAIN, Pedro Roberto, *op. cit.*, p. 131.

somente o Poder Legislativo (no caso federal, o Congresso Nacional) terá competência para sustá-los, quando impugnados. Essa prerrogativa cautelar não foi conferida ao Tribunal de Contas. *Trata-se de matéria (a sustação de contratos) reservada ao Legislativo* (grifos nossos).[412]

A sustação parcial ou total dos efeitos do contrato não pode ser realizada à conta do poder geral de cautela, que, segundo Sundfeld e Câmara, não compete aos tribunais de contas, mas sim ao Poder Judiciário, sob pena de usurpação da competência do Poder Legislativo, razão pela qual a competência cautelar das cortes de contas deve ser exercida em conformidade com a Constituição.[413]

Por isso, os autores apontam que a parte final do art. 45, §3º, da Lei nº 8.443/92, que dispõe que o Tribunal decidirá a respeito "da sustação do contrato", desborda da Constituição, agregando expressão que nela não consta, razão pela qual afirmam a necessidade de interpretação conforme ao texto constitucional.

Assim, a expressão "decidirá a respeito" deve ser compreendida à luz das competências atribuídas pela Constituição ao TCU, relacionadas, neste caso, à aplicação de sanções ao responsável e ao julgamento de contas.[414]

No entanto, esse entendimento não é consenso na doutrina. Diogo de Figueiredo Moreira Neto,[415] Jacoby Fernandes,[416] Pedro Roberto Decomain[417] e Mariana Montebello Willeman[418] sustentam a competência subsidiária do Tribunal de Contas para a sustação de contratos diante da omissão do Poder Legislativo.

Dito isso, cumpre também abordar a competência relacionada à sustação de editais de licitação, como estabelecido no art. 113, §2º, da

---

[412] SUNDFELD, Carlos Ari; CÂMARA, Jacintho Arruda. Controle das Contratações Públicas pelos Tribunais de Contas. *Revista de Direito Administrativo*, Rio de Janeiro, v. 257, p. 111-144, maio/ago. 2011, p. 122.

[413] SUNDFELD, Carlos Ari; CÂMARA, Jacintho Arruda, *op. cit.*, p. 132.

[414] SUNDFELD, Carlos Ari; CÂMARA, Jacintho Arruda, *op. cit.*, p. 137 e 140-141.

[415] MOREIRA NETO, Diogo de Figueiredo. O parlamento e a sociedade como destinatários do trabalho dos tribunais de contas. *In*: SOUSA, Alfredo José de *et al*. *O novo Tribunal de Contas*: órgão protetor dos direitos fundamentais. Belo Horizonte: Fórum, 2003, p. 71.

[416] FERNANDES, Jorge Ulisses Jacoby. *Tribunais de Contas do Brasil*: jurisdição e competência. 4. ed. rev. atual. e ampl. Belo Horizonte: Fórum, 2016, p. 476.

[417] DECOMAIN, Pedro Roberto. *Tribunais de Contas no Brasil*. São Paulo: Dialética, 2006, p. 131.

[418] WILLEMAN, Mariana Montebello. O princípio republicano e os Tribunais de Contas. *Interesse Público – IP*, Belo Horizonte, ano 10, n. 50, p. 277-302, jul./ago. 2008, p. 293.

Lei nº 8.666/93 e na Lei nº 9.491/97, que conferem a prerrogativa para o TCU atuar tanto nas licitações relacionadas às atividades meio de órgãos e entidades quanto nas desestatizações.

Nesse âmbito de atuação, e constatando ilegalidade no edital *publicado*, o Tribunal deveria exercer a competência estabelecida no art. 71, IX, da Constituição Federal, fixando o prazo à autoridade administrativa para a correção do ato. O TCU sustará o ato apenas se a medida não for adotada no prazo designado, como estabelece o art. 71, X, da Constituição, cumprindo comunicar a sustação à Câmara dos Deputados e ao Senado Federal.

Convém assinalar, contudo, dois aspectos: o parâmetro de controle a ser adotado pelo Tribunal é o da legalidade, com base no art. 71, IX, da Constituição e no *caput* do art. 113 da Lei nº 8.666/93. Além disso, o Tribunal não poderá anular o ato, cuja competência é judicial. A sustação tem efeito cautelar de suspensão temporária dos efeitos do ato, a fim de evitar possíveis consequências danosas.[419]

No entanto, o Tribunal *não* tem, com fundamento na Lei nº 8.666/93, a competência para, em análise prévia do edital, *antes de sua publicação, determinar* à Administração Pública medida que julgue adequada para sanar suposta ilegalidade. E, neste aspecto, não é demais lembrar que o controle realizado pelas cortes de contas, salvo exceções, deveria ocorrer posteriormente à realização do ato controlado. E aqui fala-se em "deveria" porque não é o que ocorre em alguns casos, como se verá adiante.

Por isso, a análise de edital previamente a sua publicação não pode ser amparada em argumento meramente pragmático relacionado à possível prevenção de lesão ao Erário, sem a competência constitucional ou legal para sua execução. Nesse sentido, é bastante oportuno o comentário de Eduardo Jordão sobre esse específico aspecto:

> Se há um risco que o TCU esteja correto e que um dano se concretize, também há o risco de que o TCU esteja equivocado e que um projeto público relevante seja sobrestado. Nenhuma destas situações pode ser excluída previamente, e não é razoável enxergar apenas um dos riscos e disto extrair consequências jurídicas preventivas. Ao contrário: havendo divergências entre instituições públicas e risco na adoção de quaisquer dos entendimentos, é preciso atentar para a solução prevista

---

[419] JORDÃO, Eduardo. A intervenção do TCU sobre editais de licitação não publicados: controlador ou administrador? *Revista Brasileira de Direito Público – RBDP*, Belo Horizonte, ano 12, n. 47, p. 209-230, out./dez. 2014, p. 214.

no direito para esta situação. E aqui parece claro que o direito autorizou que o entendimento do TCU se sobrepusesse ao entendimento da Administração Pública *apenas na hipótese* de atos administrativos já emitidos e após cumpridos alguns requisitos procedimentais específicos. Não há um poder geral do TCU de dizer o direito (grifos do autor).[420]

O Supremo Tribunal Federal, no Recurso Extraordinário nº 547.063, já se manifestou na direção apontada, reformando a decisão do Superior Tribunal de Justiça (RMS nº 17.996), que havia denegado a segurança pleiteada por responsável pela publicação de edital não encaminhado prévia e voluntariamente ao TCE/RJ, reconhecendo a ilegalidade da multa que lhe fora aplicada pela Corte de Contas local.[421]

Isso não significa, todavia, que o TCU não possa, a título de cooperação, examinar edital previamente a sua publicação, encaminhado voluntariamente pela Administração Pública, situação em que caberá a emissão de recomendações para a qualificação do instrumento licitatório. O que não pode validamente ocorrer é a *exigência*, pelo Tribunal, da adoção dessa prática e eventual punição do responsável em caso de não encaminhamento do edital ao TCU antes de sua publicação.[422]

Aliás, veja-se que a Lei nº 8.443/92, no art. 41, I, "b", dispõe que, para assegurar a eficácia do controle, o TCU realizará a fiscalização dos atos de que resulte receita ou despesa, competindo-lhe acompanhar, *pela publicação no Diário Oficial*, os editais de licitação, os contratos, e os convênios e instrumentos congêneres, o que confirma o entendimento de que não há dever do administrador de remeter o edital para exame do Tribunal antes de sua publicação.

Portanto, em que pese o amplo reconhecimento da competência cautelar aos tribunais de contas, não é possível ignorar a dicção expressa dos dispositivos constitucionais e legais, em especial o art. 71, IX, da Constituição Federal e o art. 113, §2º, da Lei nº 8.666/93, que não autorizam o controle dos editais de licitação pelo TCU *antes* da respectiva publicação.[423]

---

[420] JORDÃO, Eduardo. A intervenção do TCU sobre editais de licitação não publicados: controlador ou administrador? *Revista Brasileira de Direito Público – RBDP*, Belo Horizonte, ano 12, n. 47, p. 209-230, out./dez. 2014, p. 227.

[421] BRASIL. Supremo Tribunal Federal. *Recurso Extraordinário nº 547.063*. Primeira Turma. Relator: Min. Menezes Direito. Brasília, 7.10.2008.

[422] JORDÃO, Eduardo, *op. cit.*, p. 229.

[423] A Lei nº 14.133, de 1º.04.2021, que constitui a nova lei de licitações e contratos administrativos, prescreve, nos arts. 169 a 173, medidas que visam a conferir maior segurança

Esse foi o entendimento do TCU em 2008, por ocasião da solicitação do Senado Federal para o exame prévio do edital de licitação para a construção do Anexo III do Senado, como se pode ver na ementa do Acórdão nº 597/2008.[424]

No entanto, não é essa a posição do Tribunal em relação às desestatizações, em que houve atuação prévia do TCU desde a Lei nº 8.031/90, atualmente revogada, sob a qual foi emitida a Decisão do Plenário, de 28.05.1991, e posteriormente editadas a Instrução Normativa nº 7/94 e a Instrução Normativa nº 10/95, ambas também revogadas, mas cujo exame é útil para demonstrar o entendimento infralegal de longa data do TCU e sua conduta para legitimar o amplo exame da modelagem das privatizações e concessões de serviços públicos.

Veja-se que o art. 21, XIII, da Lei nº 8.031/90 estabelecia o dever do gestor do Fundo Nacional de Desestatização de "preparar a documentação de cada processo de alienação, para apreciação pelo Tribunal de Contas da União", não prescrevendo expressamente se o exame do TCU seria prévio, concomitante ou posterior à publicação, como fez o legislador na Lei nº 8.666/93.

No entanto, em 28 de maio de 1991, foi emitida pelo TCU a Decisão s/nº, alterada pelas Decisões nº 351/92 e nº 306/93, com a previsão de controle concomitante aos processos de desestatização em três estágios.

A Instrução Normativa nº 7, de 29.11.94, tratou do mesmo objeto, com a previsão de seis estágios para a fiscalização, que abrangia a fase interna, estabelecendo o prazo mínimo de cinco dias de antecedência para o encaminhamento do edital de alienação das ações, *antes de sua publicação*, dentre outros tantos documentos. O descumprimento da decisão sujeitava o responsável à multa máxima prevista no art. 214, IV, do Regimento Interno.

Por seu turno, a Instrução Normativa nº 10, de 22.11.95, disciplinava a fiscalização das concessões, permissões e autorizações,

---

jurídica a esses processos e à atuação dos gestores, estabelecendo, por exemplo, critérios a serem adotados pelos tribunais de contas na fiscalização do cumprimento da lei, em especial na suspensão de processos licitatórios. Dentre as disposições estabelecidas para as cortes de contas, a Lei nº 14.133/21 prevê que a decisão deverá definir as medidas necessárias e adequadas para o saneamento do processo, dentre as medidas possíveis, ou determinar sua anulação.

[424] BRASIL. Tribunal de Contas da União. Acórdão nº 597/2008. Plenário. Relator: Min. Guilherme Palmeira. Brasília, 9.4.2008.

abrangendo os três parâmetros de controle (e não apenas a legalidade referida no art. 71, IX, da Constituição) tanto no processo de delegação quanto na execução contratual.

O sistema de estágios de controle foi mantido na IN nº 10/95, com respectivos prazos para a remessa da documentação, restando expresso que a fiscalização dos atos de delegação seria prévia ou concomitante à respectiva execução.[425] Contudo, esse regulamento estabeleceu a previsão de remessa do edital de licitação ao Tribunal pelo poder concedente no prazo máximo de 5 dias *após* sua publicação (art. 5º, III, "a"), constituindo novidade no procedimento até então vigente.

Já sob a égide da Lei nº 9.491/97, que revogou a Lei nº 8.031/90 e disciplinou os processos de desestatização,[426] e após a instituição das primeiras agências reguladoras, o Tribunal de Contas emitiu as Instruções Normativas nº 27/98, nº 46/2004 e nº 52/2007, que disciplinaram a fiscalização dos processos de desestatização, de concessões rodoviárias e das parcerias público-privadas, respectivamente.

Todas essas instruções estabeleceram o sistema de encaminhamento de documentos segundo os estágios dos processos e sua fiscalização concomitante, com ênfase na modelagem econômico-financeira e técnica da desestatização. Os editais passaram a ser remetidos para o TCU *após* a publicação.

Em 2018, o TCU editou a Instrução Normativa nº 81 para a disciplina atualizada dos processos de desestatização, em conformidade com as Leis nº 13.344/2016 e nº 13.448/2017. Ao contrário das normas antes referidas, essa instrução não mais prevê a fiscalização de acordo com os estágios do processo licitatório, seja na fase interna, seja na fase externa, excluindo a segmentação do controle, o que contribui para reduzir o prazo de publicação dos editais e o lançamento dos projetos governamentais. Também não há mais a expressa referência à fiscalização prévia ou concomitante dos atos de desestatização, mas sim à atividade de acompanhamento.

De todo modo, a IN nº 81/2018 ainda prevê que compete ao Poder Concedente remeter ao Tribunal estudos de viabilidade, *minutas*

---

[425] "Art. 4º A fiscalização dos processos de outorga de concessão ou de permissão de serviços públicos será prévia ou concomitante e realizada nos estágios a seguir relacionados, mediante análise dos respectivos documentos: [...]". *In*: Instrução Normativa TCU nº 10/1995.

[426] Em relação ao TCU, a Lei nº 9.491/97 manteve praticamente a mesma redação da Lei nº 8.031/90: "Art. 18. Compete ao Gestor do Fundo: [...] VIII - preparar a documentação dos processos de desestatização, para apreciação do Tribunal de Contas da União;".

do instrumento convocatório e do contrato, caderno de encargos, resultados das consultas e audiências públicas, como dispõe o art. 3º da Instrução nº 81/2018, que estabelece amplo rol de documentos e informações a serem apresentadas pelo Poder Concedente *com antecedência mínima de noventa dias da publicação do edital.*

Portanto, *subsiste o controle prévio pelo TCU,* pois a unidade responsável pela instrução do processo no Tribunal deverá remetê-lo ao relator, que terá prazo de até setenta e cinco dias para se pronunciar acerca da legalidade, legitimidade e economicidade dos atos, como prevê o art. 9º, *caput,* da IN nº 81/2018.

Essa conclusão é reforçada pelo teor dos parágrafos do art. 9º da IN nº 81/2018, que estabelecem possibilidade de diligências e de suspensão dos prazos para análise do acompanhamento, bem como a realização de reunião técnica entre a unidade do TCU e o órgão gestor da desestatização, previamente ao encaminhamento do processo ao relator.

Como se vê, permanece atual a conclusão de André Rosilho em relação à inconstitucionalidade e ilegalidade desse controle prévio do Tribunal de Contas da União dos editais de licitação para a desestatização, verificado na IN nº 27/98 e mantido na IN nº 81/2018. Diz o autor:

> Ocorre, no entanto, que o Direito optou por fazer do Tribunal um órgão de controle eminentemente posterior; sua competência para agir preventivamente é, como visto, bastante limitada. Ao fazer essa escolha o legislador conscientemente quis evitar que o TCU tivesse funções de "quase administrador", separando mais marcadamente as funções de administrar e de controlar.
>
> *Não é dado ao TCU, por conta disso, "reinterpretar" suas atribuições por meio do seu poder normativo, ampliando-as em descompasso com o teor da legislação* (grifos nossos).[427]

Cabe observar, finalmente, que, embora não exista previsão constitucional e legal de atuação do Tribunal na fase interna da licitação e na modelagem das concessões, a influência do TCU no âmbito das licitações, sobretudo nos processos de desestatização, é bastante expressiva.

---

[427] ROSILHO, André Janjácomo. *Controle da Administração Pública pelo Tribunal de Contas da União.* 2016, 358 f. Tese (Doutorado em Direito) – Universidade de São Paulo, São Paulo, 2016, p. 246.

De fato, as entidades e os órgãos públicos, responsáveis pela condução desses processos, têm implementado boa parte das deliberações do Tribunal, o que nem sempre significa concordância com o mérito dos apontamentos, mas visa sobretudo a evitar suspensões e a judicialização dos certames, atraso das contratações e do início dos projetos, bem como eventual responsabilização dos administradores, em atitude que não raro tem finalidade prática e acaba por legitimar o controle prévio, que está plenamente consolidado, como se verá no Capítulo 3.

2.5.6 Competências normativa e para responder à consulta

A competência normativa do Tribunal de Contas da União abrange a edição de atos normativos e a resposta à consulta, que tem caráter normativo. Ambas não têm previsão na Constituição Federal, mas sim na Lei nº 8.443/92, o que constitui inovação do legislador em relação aos demais diplomas legais que já disciplinaram as atribuições do TCU.[428]

A edição de atos normativos que alcançam o público externo – os denominados jurisdicionados – é de grande importância, pois instrumentaliza o exercício de competências materiais ao estabelecer critérios, procedimentos, metodologia e requisitos tanto para a atuação do Tribunal na função de controle quanto para a atuação dos gestores perante o TCU, conforme previsão do art. 3º da Lei nº 8.884/93:

> Art. 3º Ao Tribunal de Contas da União, no âmbito de sua competência e jurisdição, assiste o poder regulamentar, podendo, em consequência, expedir atos e instruções normativas sobre matéria de suas atribuições e sobre a organização dos processos que lhe devam ser submetidos, obrigando ao seu cumprimento, sob pena de responsabilidade.

A respeito dessa competência, Luís Roberto Barroso já se manifestou em veemente artigo, considerando inconstitucional o poder regulamentar atribuído pela Lei nº 8.843/93 ao TCU, uma vez que este

---

[428] ROSILHO, André Janjácomo. *Controle da Administração Pública pelo Tribunal de Contas da União*. 2016, 358 f. Tese (Doutorado em Direito) – Universidade de São Paulo, São Paulo, 2016, p. 122 e 129.

compete ao Poder Executivo. Por isso, propôs interpretação conforme à Constituição para atribuir a esse poder a natureza de ato normativo administrativo restrito à ordenação interna do Tribunal.[429]

No entanto, à semelhança da competência normativa das agências reguladoras, a competência dos tribunais de contas para a edição de normas com efeitos externos está integrada no ambiente de pluralidade de fontes normativas que caracteriza a atuação estatal contemporânea.

Logo, o denominado poder regulamentar das cortes de contas não se identifica com a competência do chefe do Executivo para a regulamentação de leis, mas sim com a *competência normativa secundária* para a atuação no âmbito das competências constitucionais e legais.

Vale notar que o conteúdo do art. 3º da Lei nº 8.443/92 é bastante aberto e não estabelece os limites mínimos e os destinatários da atuação normativa do TCU,[430] o que requer a aplicação dos critérios gerais para a edição de atos normativos pelas entidades e órgãos públicos, em especial a observância das competências constitucionais do Tribunal.

Mas, dada a ausência de critérios legais mínimos estabelecidos para o exercício da competência regulamentar – o que poderia levar o TCU indevidamente à normatização de qualquer assunto inserido nas suas competências constitucionais –, André Rosilho sustenta que a competência normativa do Tribunal abrange aspectos procedimentais e o seu funcionamento interno, podendo alcançar terceiros na definição dos meios adotados para a consecução de suas finalidades.[431]

Portanto, dada a vagueza do dispositivo em questão, o Tribunal, no exercício de sua competência normativa, não poderá criar direitos ou deveres materiais cujos contornos mínimos não sejam previstos

---

[429] "De fato, parece aceitável reconhecer-se ao Tribunal de Contas competência para editar atos normativos administrativos, como seu Regimento Interno, ou para baixar uma Resolução ou outros atos internos. Poderá, igualmente, expedir atos ordinatórios, como circulares, avisos, ordens de serviço. Nunca, porém, será legítima a produção de atos de efeitos externos geradores de direitos e obrigações para terceiros, notadamente quando dirigidos a órgãos constitucionais de outro Poder. Situa-se ao arrepio da Constituição, e foge inteiramente ao razoável, o exercício, pelo Tribunal de Contas, de uma indevida competência regulamentar, equiparada ao Executivo, ou mesmo, em alguns casos de abuso mais explícito, de uma competência legislativa, com inovações à ordem jurídica." *In:* BARROSO, Luís Roberto. Tribunais de Contas: algumas incompetências. *Revista de Direito Administrativo*, Rio de Janeiro, n. 203, p. 131-140, jan./mar. 1996, p. 136-137.

[430] ROSILHO, André Janjácomo. *Controle da Administração Pública pelo Tribunal de Contas da União.* 2016, 358 f. Tese (Doutorado em Direito) – Universidade de São Paulo, São Paulo, 2016, p. 124.

[431] ROSILHO, André Janjácomo, *op. cit.*, p. 124-126.

em lei, sobretudo se considerado que o descumprimento de dever pode acarretar a imposição de sanções e de outras consequências importantes para os gestores, como a inelegibilidade estabelecida na Lei Complementar nº 64/90.

Quanto às espécies de atos normativos, o Regimento Interno do TCU estabelece, no art. 67, três atos: a instrução normativa, destinada a disciplinar matéria que envolva pessoa natural, órgão ou entidade sujeitos ao seu controle; a resolução, relacionada à disciplina interna do tribunal; e a decisão normativa, que tem a finalidade de fixar critério ou orientação.[432]

O processo de elaboração normativa está disciplinado em capítulo próprio do Regimento Interno, nos arts. 72 a 84, seguindo padrões similares ao processo legislativo. Contudo, a produção normativa do TCU não apresenta aspecto relevante relacionado à transparência e à participação social: a *previsão regimental* de consultas públicas quanto às propostas de atos normativos que tiverem algum efeito externo.

Essa previsão constituiria avanço importante na democratização do Tribunal – o que por si só já seria um ganho. Além disso, a participação permitiria a aproximação do TCU das peculiaridades dos controlados e das dificuldades enfrentadas na vida prática, com seus custos e impactos para o cumprimento da norma, possibilitando a expressão da visão externa sobre a proposta normativa e, consequentemente, sobre a viabilidade de observância pelos seus destinatários e de seus respectivos custos.[433]

Importante exemplo da competência normativa do TCU que não observa suas competências constitucionais e legais está refletido na Súmula 222, cujo teor é este:

> As Decisões do Tribunal de Contas da União, relativas à aplicação de normas gerais de licitação, sobre as quais cabe privativamente à União legislar, devem ser acatadas pelos administradores dos Poderes da União, dos Estados, do Distrito Federal e dos Municípios.

Esse entendimento tem largo alcance, abrangendo inclusive os entes federativos que não são jurisdicionados pelo TCU, sem previsão

---

[432] BRASIL. Resolução TCU nº 246, de 30 de novembro de 2011. Boletim Especial do TCU nº 01/2012.

[433] Assinale-se que o Tribunal de Contas da União colocou em consulta pública, no ano de 2019, a proposta de novo manual de auditoria operacional, aprovado pela Resolução nº 315/2020.

constitucional. A propósito, o Tribunal, em sua página eletrônica,[434] aponta como fundamentos constitucionais dessa súmula os arts. 22, XXVII, 37, *caput* e XXI, bem como os arts. 71, II, e 73, dispositivos esses que, no entanto, *não* lhe atribuem a função expressa no enunciado, referente à uniformização da jurisprudência administrativa em matéria de licitações e contratos administrativos.

Além disso, em que pese a simetria organizacional e de competências, o TCU não figura como órgão de superioridade hierárquica em relação aos demais tribunais de contas dos entes federativos, de modo que tal cogência em relação ao seu entendimento sobre eventuais posições discordantes de outros tribunais também desborda do texto constitucional.

Note-se que mesmo o art. 4º da Lei nº 8.443/92, indicada como fundamento infraconstitucional da Súmula nº 222, não alberga a competência nela instituída, pois ao referir a jurisdição do TCU "em todo o território nacional" esse preceito deve ser interpretado de forma sistemática com os dispositivos constitucionais, uma vez que a atuação do TCU abrange os administradores e responsáveis por recursos públicos federais.

Por seu turno, a resposta à consulta está prevista no art. 1º, XVII e §2º, da Lei nº 8.443/92, que estabelece genericamente sobre a formulação de consulta por autoridade competente a respeito da aplicação de dispositivos legais e regulamentares. Além disso, a resposta constitui prejulgamento de *tese*, não alcançando fato ou caso concreto.

É o Regimento Interno do TCU (Resolução nº 246/2011) que elenca quais as autoridades competentes para a apresentação de consulta, a exigência de pertinência temática de seu objeto ao órgão ou entidade a que pertencem as autoridades legitimadas, bem como outros critérios indispensáveis para o seu conhecimento pelo Tribunal.[435]

A resposta à consulta não deverá tratar de fatos ou casos concretos,[436] mas somente sobre a aplicação de lei ou regulamento,

---

[434] BRASIL. Tribunal de Contas da União. *Decisão nº 759/1994*. Plenário. Relator: Ministro Iram Saraiva. Brasília, 13.12.1994.

[435] As autoridades legitimadas são, conforme art. 264 do Regimento Interno: presidentes da República, da Câmara dos Deputados, do Senado Federal e do Supremo Tribunal Federal, Procurador-Geral da República, Advogado-Geral da União, presidente de comissão do Congresso, da Câmara e do Senado, presidentes dos tribunais superiores, ministros de Estado ou autoridades com nível hierárquico equivalente, e comandantes das Forças Armadas.

[436] Pedro Roberto Decomain admite a consulta em face de casos concretos desde que a ação ainda não tenha sido realizada pelo gestor, de forma a evitar irregularidades ou danos ao

apresentando caráter abstrato e vinculante.[437] Além disso, a resposta à consulta não é passível de recurso.[438]

Nesse aspecto, André Rosilho destaca que, além do que consta no Regimento Interno, o TCU não dispõe de norma com maior detalhamento sobre o procedimento, parâmetros e critérios para a formulação da consulta e para a emissão da resposta, bem como de seus efeitos, o que seria conveniente, tendo em vista que as decisões do Tribunal têm apresentado oscilações, o que pode comprometer a segurança jurídica da atuação administrativa e do controle.[439]

Cabe referir, por fim, a aplicação do art. 23 do Decreto-Lei nº 4.657/42 à competência normativa do Tribunal de Contas da União, quer em relação aos atos normativos, quer em relação às decisões normativas resultantes de consultas.

Portanto, o TCU, ao exercer sua competência normativa que repercuta na esfera de terceiros, em alteração ao cenário normativo anterior, deverá expressamente prever o regime de transição para conferir segurança jurídica à atuação daqueles que estão sujeitos ao seu controle, evitando a surpresa dos efeitos do novo padrão normativo, as dificuldades de seu cumprimento imediato e a eventual aplicação de sanções ao gestor.

2.5.7 Competência para a prestação de informações ao Poder Legislativo

Trata-se de dever do Tribunal de Contas da União, que reflete típica atividade de auxílio ao exercício da função de controle externo financeiro *lato sensu* de que é titular o Congresso Nacional, como dispõe o art. 71, VII, da Constituição Federal.

As informações poderão ser requisitadas pelo Congresso Nacional, Câmara dos Deputados, Senado Federal ou quaisquer de suas comissões, como previsto na Constituição e no art. 38, II, da Lei

---

Erário. *In:* DECOMAIN, Pedro Roberto. *Tribunais de Contas no Brasil.* São Paulo: Dialética, 2006, p. 150-151.

[437] ROSILHO, André Janjácomo. *Controle da Administração Pública pelo Tribunal de Contas da União.* 2016, 358 f. Tese (Doutorado em Direito) – Universidade de São Paulo, São Paulo, 2016, p. 130.

[438] FERNANDES, Jorge Ulisses Jacoby. *Tribunais de Contas do Brasil:* jurisdição e competência. 4. ed. rev. atual. e ampl. Belo Horizonte: Fórum, 2016, p. 328.

[439] ROSILHO, André Janjácomo, *op. cit.*, p. 133-136.

nº 8.443/92, cabendo ao TCU a apreciação do pedido em caráter de urgência (art. 231 do Regimento Interno).

Segundo o art. 232 do Regimento Interno do TCU, são legitimados para solicitar as informações, bem como para requerer a realização de auditorias e inspeções os presidentes do Senado Federal, da Câmara dos Deputados e das comissões do Congresso Nacional e de quaisquer de suas Casas.

Registre-se também a competência estabelecida no art. 38, III, da Lei nº 8.443/92 para a emissão de manifestação conclusiva sobre despesas não autorizadas, a fim de subsidiar a atuação da comissão mista, conforme dispõe o art. 72, §§1º e 2º, da Constituição.

Para finalizar esta seção, cabe observar, com fundamento no art. 90, §1º, da Lei nº 8.443/92, que o Tribunal de Contas da União deverá encaminhar ao Congresso Nacional relatório trimestral e anual de suas atividades. No relatório anual deverá constar a análise da evolução dos custos de controle e de sua eficiência, eficácia e economicidade, como dispõe o §2º do art. 90, realizando o Tribunal, portanto, a apresentação de seu desempenho. O art. 293 do Regimento Interno dispõe também que o Tribunal apresentará ao Congresso a resenha dos julgamentos de contas e dos processos de fiscalização.

2.5.8 Competências para representar ao poder competente e para examinar denúncia

A competência para o Tribunal de Contas da União representar ao poder competente sobre irregularidades ou abusos está prevista no art. 71, XI, da Constituição Federal e no art. 1º, VIII, da Lei nº 8.443/92. Nesse dispositivo, a lei estabelece que o TCU deverá indicar o ato apontado como irregular e definir responsabilidades, incluindo ministro de Estado ou autoridade hierárquica equivalente.

A representação é importante competência dos tribunais de contas para possibilitar a integral resposta do ordenamento jurídico aos atos ilegais em prejuízo ao Erário ou com a potencialidade para o dano, constatados no desempenho da função de controle, sobretudo quando ausente competência para atos de comando do Tribunal no caso concreto.

Em tal situação, compete ao TCU o poder-dever de representar à autoridade competente para a adoção das medidas cabíveis, como o ajuizamento de ação criminal contra os responsáveis e a aplicação de sanções disciplinares aos servidores públicos.

CAPÍTULO 2
O CONTROLE EXTERNO PELO TRIBUNAL DE CONTAS DA UNIÃO | 175

Além disso, o TCU também poderá, com fundamento no princípio da legalidade, representar à autoridade competente caso, no desempenho de suas atribuições, encontre indícios de ilegalidades em outras áreas que não são de sua específica competência, como é o caso da constatação de crime ambiental.

Em relação ao exercício dessa competência, cabe referir a existência de diversos precedentes do Supremo Tribunal Federal em ações diretas, que reconheceram a inconstitucionalidade de dispositivos de constituições estaduais (Maranhão, Ceará, Pernambuco e Amapá),[440] que estabeleciam a competência dos Tribunais de Contas dos Estados ou dos Municípios para a representação ao Governador do Estado visando à intervenção em determinado município.[441]

Além disso, embora nem sempre com unanimidade, os julgados pesquisados sustentaram a vedação à inovação da disposição constitucional federal nas Constituições Estaduais, em face da excepcionalidade da intervenção, da autonomia municipal, da competência das Câmaras Municipais para a representação ao Governador, e não dos Tribunais de Contas, que funcionam como auxiliar do Poder Legislativo no julgamento das contas do Prefeito Municipal.

Cabe observar, também, a existência de previsão para representação de autoridades ao Tribunal de Contas da União no art. 237 do Regimento Interno e no art. 113, §1º, da Lei nº 8.666/93, em matéria de licitações e contratos,[442] que tem tramitação ostensiva, ao contrário da denúncia.[443]

De outra parte, o recebimento e a decisão sobre denúncia encaminhada por qualquer cidadão, partido político, associação ou sindicato ao Tribunal de Contas da União estão previstos no art. 74, §2º, da Constituição Federal e nos arts. 1º, XVI, e 53 a 55 da Lei nº 8.443/92.

Essa competência para examinar denúncia é de grande relevância e constituiu inovação da Constituição Federal de 1988, ampliando as

---

[440] Cf. a ADI nº 614 MC, ADI nº 2.631 e ADI nº 1.000 MC.

[441] Para ilustrar a questão, cabe referir a ADI nº 3.029, recentemente julgada, que examinou dispositivos da Constituição do Amapá que estabeleciam a possibilidade de representação do Tribunal de Contas do Estado ao Governador para a intervenção em município. *In:* BRASIL. Supremo Tribunal Federal. *Ação Direta de Inconstitucionalidade n. 3.029.* Relator: Min. Gilmar Mendes. Brasília, 27.03.2020.

[442] Essa representação não se identifica com a competência do Tribunal para representar sobre irregularidades a poderes, entidades ou órgãos competentes prevista na Constituição Federal. Trata-se de atribuição do TCU para *receber* representação.

[443] FURTADO, Lucas Rocha. *Curso de Direito Administrativo.* 4. ed. rev. e atual. Belo Horizonte: Fórum, 2013, p. 921.

fontes de controle para admitir a participação social no controle externo, além de partidos políticos e entidades associativas. Contudo, convém salientar que, feita a denúncia, o processo segue a tramitação mediante impulso oficial, de modo que o denunciante não é parte no processo.[444]

Note-se que o art. 53, §3º, da Lei nº 8.443/92 estabelece que a denúncia será apurada em caráter sigiloso e o art. 55, *caput*, dispõe que, para o resguardo dos direitos e garantias individuais, o Tribunal dará tratamento sigiloso às denúncias formuladas até a decisão definitiva sobre a matéria.

Em relação à manutenção do sigilo do denunciante, o art. 55, §1º, desse Diploma Legal estabelecia que, "ao decidir, caberá ao Tribunal manter ou não o sigilo quanto ao objeto e à autoria da denúncia". Esse dispositivo foi objeto de exame pelo Supremo Tribunal Federal no Mandado de Segurança nº 24.405,[445] no qual o impetrante, após o exame e arquivamento da denúncia recebida pelo TCU, solicitou a identificação do denunciante para a adoção de medidas judiciais, o que fora negado pelo Tribunal.

Essa decisão deferiu a segurança e declarou *incidenter tantum* a inconstitucionalidade da expressão constante do §1º do art. 55 da Lei nº 8.443/92 "manter ou não o sigilo quanto ao objeto e à autoria de denúncia" e o dispositivo do Regimento Interno vigente à época, que estabelecia a manutenção do sigilo quanto à autoria. O voto do Relator, Min. Carlos Velloso, ponderou sobre os direitos fundamentais estabelecidos no art. 5º, V, X, XXXIII e XXXV, da Constituição, vulnerados pelo sigilo do denunciante após a decisão do TCU.

Em face dessa decisão, foi emitida a Resolução nº 16/2006 pelo Senado Federal, que suspendeu a execução da expressão "manter ou não o sigilo quanto ao objeto e à autoria da denúncia", como consta do §1º do art. 55 da Lei Federal nº 8.443/92.

Recentemente, a Lei nº 13.866, de 26 de agosto de 2019, incluiu no art. 55 o §3º com o seguinte teor: "Ao decidir, caberá ao Tribunal manter o sigilo do objeto e da autoria da denúncia quando imprescindível à segurança da sociedade e do Estado".

No entanto, observa-se, para finalizar esta seção, que o §1º do art. 55, objeto da suspensão da Resolução nº 16/2006 do Senado não

---

[444] FERNANDES, Jorge Ulisses Jacoby. *Tribunais de Contas do Brasil:* jurisdição e competência. 4. ed. rev. atual. e ampl. Belo Horizonte: Fórum, 2016, p. 353.

[445] BRASIL. Supremo Tribunal Federal. *Mandado de Segurança nº 24.405.* Relator: Min. Carlos Velloso. Brasília, 03.12.2003.

2.6 Natureza jurídica das decisões dos Tribunais de Contas

A natureza jurídica das decisões do Tribunal de Contas da União é tema de relevância, notadamente em relação à competência estabelecida no art. 71, II, da Constituição Federal, que lhe atribui o julgamento das contas de administradores e demais responsáveis por dinheiros, bens e valores públicos da administração direta e indireta, bem como daqueles que derem causa a prejuízos ao Erário.

Essa questão ainda apresenta grande divergência doutrinária, podendo-se discriminar três correntes de pensamento: uma delas atribui natureza jurisdicional ao julgamento previsto no art. 71, II; a segunda corrente sustenta a natureza administrativa de tais decisões; e, por último, a corrente que defende a natureza autônoma dos atos realizados pelos tribunais de contas, identificada com os atos próprios de controle.

Benjamin Zymler e Guilherme Almeida trazem importante elemento histórico-legislativo que explica, em parte, o entendimento da natureza jurisdicional do julgamento de contas pelo TCU, relacionado à Lei Orgânica revogada nº 830/1949, que, na linha do que já fora previsto na Lei nº 392/1896, estabeleceu expressamente o funcionamento do Tribunal de Contas da União como Tribunal de Justiça, que tinha competência inclusive para decretar a prisão de administradores, previsão essa que continuou presente no Decreto-Lei nº 199/1967, que constituía a Lei Orgânica do TCU.[446]

Antes de examinar as três correntes, cumpre lembrar o significado de jurisdição, uma vez que esse instituto é fundamental para o estudo da natureza jurídica das decisões dos tribunais de contas.

A jurisdição constitui, conforme Cintra, Grinover e Dinamarco, função, poder e atividade, tendo por objetivo a pacificação social com justiça mediante o processo, em que o Estado decide imperativamente e impõe suas decisões:[447]

---

[446] ZYMLER, Benjamin; ALMEIDA, Guilherme Henrique de La Rocque. *O controle externo das concessões de serviços públicos e das parcerias público-privadas*. Belo Horizonte: Fórum, 2008, p. 142-143.

[447] CINTRA, Antônio Carlos de Araújo; GRINOVER, Ada Pellegrini; DINAMARCO, Cândido Rangel. *Teoria Geral do Processo*. 24. ed. São Paulo: Malheiros, 2009, p. 30-31, 148.

Como poder, é manifestação do poder estatal, conceituado como capacidade de decidir imperativamente e impor decisões. Como função, expressa o encargo que têm os órgãos estatais de promover a pacificação de conflitos interindividuais, mediante a realização do direito justo e através do processo. E como atividade ela é complexo de atos do juiz no processo, exercendo o poder e cumprindo a função que a lei lhe comete.[448]

Contudo, tal objetivo não é pacífico na doutrina. Para Marinoni, Arenhart e Mitidiero, a pacificação social é uma consequência da "atividade jurisdicional voltada à efetiva, adequada e tempestiva tutela jurisdicional dos direitos", constituindo o objetivo da jurisdição a "tutela às necessidades do direito material, compreendidas à luz das normas constitucionais".[449]

No que tange às características da jurisdição, Cintra, Grinover e Dinamarco apontam a existência de lide, a inércia – que exige a atuação da parte – e a imutabilidade da decisão. Dizem os autores que, no Estado de Direito, "só os atos jurisdicionais podem chegar a esse ponto de imutabilidade, não sucedendo o mesmo com os administrativos ou legislativos".[450]

Na mesma linha, em relação à definitividade da jurisdição, Marinoni, Arenhart e Mitidiero sustentam tal atributo como indispensável à estabilidade social, integrando o direito fundamental à tutela jurisdicional, uma vez que o litígio precisa necessariamente ter um fim e não voltar a ser rediscutido.[451]

Celso Antônio Bandeira de Mello compartilha do mesmo entendimento, ao conceituar a função jurisdicional como a atividade "que o Estado exerce por via de decisões que resolvem controvérsias com força de 'coisa julgada', atributo este que corresponde à decisão proferida em última instância pelo Judiciário [...]," não mais sujeita a recursos.[452]

---

[448] CINTRA, Antônio Carlos de Araújo; GRINOVER, Ada Pellegrini; DINAMARCO, Cândido Rangel. *Teoria Geral do Processo*. 24. ed. São Paulo: Malheiros, 2009, p. 148.

[449] MARINONI, Luiz Guilherme; ARENHART, Sérgio Cruz; MITIDIERO, Daniel. *Novo Curso de Processo Civil*. Teoria do Processo Civil. São Paulo: Revista dos Tribunais, 2017. v. 1, p. 128-129.

[450] CINTRA, Antônio Carlos de Araújo; GRINOVER, Ada Pellegrini; DINAMARCO, Cândido Rangel, *op. cit.*, p. 150-152.

[451] MARINONI, Luiz Guilherme; ARENHART, Sérgio Cruz; MITIDIERO, Daniel, *op. cit.*, p. 155-157.

[452] MELLO, Celso Antônio Bandeira de. *Curso de Direito Administrativo*. 15. ed. ref., ampl. e atual. São Paulo: Malheiros, 2003, p. 34.

Assentada definitividade como nota essencial da jurisdição, cumpre apresentar as três correntes doutrinárias referidas, iniciando por aquela que afirma a natureza jurisdicional do julgamento das contas dos administradores realizada pelos tribunais de contas.

Seabra Fagundes, em sua obra clássica, sustenta a natureza jurisdicional do julgamento de contas, previsto na EC nº 1/69,[453] nos seguintes termos:

> Não obstante isso, o art. 70, §4º, lhe comete o julgamento da regularidade "das contas dos administradores e demais responsáveis por bens e valores públicos, o que implica investi-lo no parcial exercício da função judicante. Não bem pelo emprego da palavra *julgamento,* mas sim pelo sentido definitivo da manifestação da Corte, pois se a regularidade das contas pudesse dar lugar a nova apreciação (pelo Poder Judiciário), o seu pronunciamento resultaria em mero e inútil formalismo.
>
> [...]
>
> Ao Tribunal de Contas se delega a apreciação jurisdicional de certas situações individuais (as dos responsáveis por valores patrimoniais da União), mas tão somente no que concerne ao aspecto contábil, embora com reflexos nas órbitas penal e civil. (grifo do autor)[454]

Na mesma linha, Jorge Ulisses Jacoby Fernandes sustenta a natureza jurisdicional da competência estabelecida no art. 71, II, da Constituição Federal. Em síntese, o autor fundamenta sua posição em face da competência prevista no art. 71, II, da Constituição, bem como a referência expressa à jurisdição no art. 73 e no art. 92, parágrafo único, da Constituição.[455]

Observa Jacoby Fernandes também que a Constituição adota expressamente os termos "julgar" e "judicatura" nos arts. 71, II, e 73, §4º, respectivamente, termos esses que têm sentido técnico e assim devem ser interpretados.[456]

---

[453] Art. 70 [...] §4º O julgamento da regularidade das contas dos administradores e demais responsáveis será baseado em levantamentos contábeis, certificados de auditoria e pronunciamento das autoridades administrativas, sem prejuízo das inspeções mencionadas no parágrafo anterior.

[454] FAGUNDES, Miguel Seabra. *O controle dos atos administrativos pelo Poder Judiciário.* 6. ed. rev. e atual. São Paulo: Saraiva, 1984, p. 120 e 122.

[455] FERNANDES, Jorge Ulisses Jacoby. *Tribunais de Contas do Brasil:* jurisdição e competência. 4. ed. rev. atual. e ampl. Belo Horizonte: Fórum, 2016, p. 150.

[456] FERNANDES, Jorge Ulisses Jacoby, *op. cit.*, p. 150-151.

E, quanto ao argumento da coisa julgada, afirma o autor que esta constitui atributo inafastável da jurisdição e que esse atributo se verifica em relação ao julgamento das contas previsto no art. 71, II, da CF. Assim, o mérito do julgamento não poderá ser analisado pelo Poder Judiciário, que deve se limitar aos aspectos de legalidade, não relacionados à competência exclusiva dos tribunais de contas para o julgamento das contas.[457]

Idêntica posição é defendida por Evandro Martins Guerra e Denise Mariano de Paula, que sustentam a insuficiência da adoção da teoria tripartite de poderes em uma sociedade hipercomplexa, não constituindo a jurisdição função exclusiva do Poder Judiciário, mas sim do Estado. Por isso, o exercício da jurisdição encontra-se difuso em órgãos estatais, entre eles, os tribunais de contas.[458]

Além disso, os autores sustentam que o art. 5º, XXXV, da Constituição é dirigido ao legislador infraconstitucional, razão pela qual *a lei* não poderá afastar da apreciação do Poder Judiciário lesão ou ameaça a direito, o que não abrange a Constituição, já que esta "não só pode como efetivamente afastou matérias da jurisdição do Poder Judiciário, e o fez expressamente nos artigos 52, I e II, e 71, II".[459]

Como dito, há a outra corrente, francamente majoritária, que sustenta a natureza administrativa das decisões dos Tribunais de Contas, em face da possibilidade de revisão de suas decisões pelo Poder Judiciário. Para José Afonso da Silva, esses tribunais são órgãos técnicos, de natureza não jurisdicional.[460] Na mesma linha, Odete Medauar,[461] Marçal Justen Filho,[462] Lucas Rocha Furtado[463] e Phillip Gil França.[464]

---

[457] FERNANDES, Jorge Ulisses Jacoby. *Tribunais de Contas do Brasil*: jurisdição e competência. 4. ed. rev. atual. e ampl. Belo Horizonte: Fórum, 2016, p. 151.

[458] GUERRA, Evandro Martins; PAULA, Denise Mariano de. A função jurisdicional dos Tribunais de Contas. *Revista Controle – Doutrina e Artigos*, v. 10, n. 2, p. 56-97, dez. 2012, p. 65 e 81.

[459] GUERRA, Evandro Martins; PAULA, Denise Mariano, *op. cit.*, p. 84.

[460] SILVA, José Afonso da. *Curso de Direito Constitucional Positivo*. 42. ed. rev. e atual. São Paulo: Malheiros, 2019, p. 773.

[461] MEDAUAR, Odete. *Direito Administrativo Moderno*. 21. ed. rev. atual. e ampl. Belo Horizonte: Fórum, 2018, p. 387.

[462] JUSTEN FILHO, Marçal. *Curso de Direito Administrativo*. São Paulo: Saraiva, 2005, p. 752-753.

[463] FURTADO, Lucas Rocha. *Curso de Direito Administrativo*. 4. ed. rev. e atual. Belo Horizonte: Fórum, 2013, p. 889.

[464] FRANÇA, Phillip Gil. *O controle da administração pública*: tutela jurisdicional, regulação econômica e desenvolvimento. 2. ed. rev. atual. e ampl. São Paulo: Revista dos Tribunais, 2010, p.96.

Para Flávio Garcia Cabral, os Tribunais de Contas exercem essencialmente atribuições de fiscalizar e decidir sobre atos da Administração Pública ou particulares em colaboração que recebam alguma contraprestação do Erário, caracterizando exercício da função administrativa, de modo que "não é possível invocar uma quarta função estatal (além das funções judicial, legislativa e administrativa) atribuída especificamente ao Tribunal de Contas".[465] Além disso, quanto aos limites da revisão judicial, o autor observa que:

> Os limites do controle exercido quanto ao conteúdo das decisões do TCU ao realizar suas atribuições se referem justamente aos mesmos limites que o Poder Judiciário deve ter na análise do mérito dos atos administrativos em geral. *Não se enxerga uma diferenciação quanto aos limites do controle a ser exercido pelo Judiciário que não exista em relação aos demais atos administrativos* (ainda que o conteúdo das atividades do TCU tenha características próprias, não difere quando ao limite do controle que sofre pelo Poder Judiciário).[466] (grifos nossos)

A jurisprudência mais recente do Supremo Tribunal Federal inclina-se majoritariamente para a natureza administrativa das decisões dos tribunais de contas, afastando a índole jurisdicional de suas decisões, como se pode verificar no recente acórdão emitido no Mandado de Segurança nº 35.410, relatado pelo Ministro Alexandre de Moraes,[467] cujo trecho do voto se transcreve a seguir:

> Ora, dentro da perspectiva constitucional inaugurada em 1988, *o Tribunal de Contas da União é órgão técnico de fiscalização contábil, financeira e orçamentária, cuja competência é delimitada pelo artigo 71 do texto constitucional*, a seguir transcrito:
>
> [...]
>
> *É inconcebível, portanto, a hipótese do Tribunal de Contas da União, órgão sem qualquer função jurisdicional*, permanecer a exercer controle difuso de constitucionalidade – principalmente, como no presente caso, em que simplesmente afasta a incidência de dispositivos legislativos para TODOS os processos da Corte de Contas – nos julgamentos de seus

---

[465] CABRAL, Flávio Garcia. Qual a natureza da função exercida pelo Tribunal de Contas da União (TCU)? *Revista de Direito da Administração Pública*, v. 1, n. 1, p. 253-272, jan./jun. 2019, p. 267-268.

[466] CABRAL, Flávio Garcia, *op. cit.*, p. 267-268.

[467] Registre-se que, previamente a esse acórdão, o Ministro Alexandre de Moraes já havia deferido medida cautelar no MS nº 35.410.

processos, sob o pretenso argumento de que lhe seja permitido em virtude do conteúdo da Súmula 347 do STF, editada em 1963, cuja subsistência, obviamente, ficou comprometida pela promulgação da Constituição Federal de 1988 (grifos nossos).[468]

A terceira corrente identifica as competências exercidas pelos tribunais de contas com atos próprios de controle, não jurisdicionais e tampouco administrativos. Esse é o pensamento de Pedro Roberto Decomain:

> O apropriado é que se sustente, portanto, revestirem as decisões dos Tribunais de Contas caráter de efetivos atos de controle. Atos de controle justamente porque se destinam a verificar se a atividade, objeto de exame por parte do Tribunal, guardou efetiva conformação aos parâmetros constitucionais e legais pelos quais haveria que ter sido pautada. [...]
>
> Possuem, sim, natureza de atividades de controle.
>
> Esta afirmativa toma por base a finalidade de suas atividades ou ações. Todas as atividades e decisões dos Tribunais de Contas são efetivamente desenvolvidas no âmbito do controle externo da Administração Pública, entendido como controle empreendido por órgão distinto daquele que realizou a atividade controlada.[469]

Na mesma esteira, Romano Scapin afasta a natureza jurisdicional dos atos dos tribunais de contas, em que pese admitir a revisibilidade restrita das suas decisões pelo Poder Judiciário. E também diverge da natureza administrativa das decisões dos tribunais de contas, uma vez que não constituem expressão da função administrativa, entendida como conjunto de atividades realizadas sob regime jurídico infraconstitucional para a satisfação de direitos fundamentais.[470]

Para Scapin, as atividades dos tribunais de contas não se identificam com as três funções clássicas, constituindo função específica e autônoma, compatível com a evolução do Estado, cujas funções não se resumem àquelas tradicionais.[471]

---

[468] BRASIL. Supremo Tribunal Federal. *Mandado de Segurança nº 35.410*. Relator: Min. Alexandre de Moraes. Brasília, 13.04.2021.

[469] DECOMAIN, Pedro Roberto. *Tribunais de Contas no Brasil*. São Paulo: Dialética, 2006, p. 168.

[470] SCAPIN, Romano. *A expedição de provimentos provisórios pelos Tribunais de Contas*: das "medidas cautelares" à técnica antecipatória no controle externo brasileiro. Belo Horizonte: Fórum, 2019, p. 62 e 67.

[471] SCAPIN, Romano, *op. cit.*, p. 69 e 71.

De todas as três correntes analisadas, entende-se que a mais adequada é a que considera a natureza administrativa das decisões dos tribunais de contas, incluindo a competência decisória do art. 71, II, da Constituição, em consonância com o juízo técnico de tais órgãos, expressamente atribuído em sede constitucional.

E, quanto à preservação do mérito da decisão, cabe assinalar que o respeito ao juízo técnico administrativo ocorre em relação a outros órgãos e entidades, cuja revisão judicial também deve ser restrita. Portanto, a despeito de seus ilustres defensores, parece frágil o argumento da restrição à plena revisão judicial do mérito das decisões de contas para atribuir-lhe natureza jurisdicional.

No que tange à função própria de contas, nem jurisdicional, nem administrativa, entende-se que a peculiaridade do objeto da decisão não repercute, neste caso, na natureza do ato, não se vislumbrando função diversa da administrativa na atuação fiscalizadora, sancionadora e decisória dos tribunais de contas.

Apresentadas as noções fundamentais das funções reguladora e de controle, estudadas a autonomia qualificada das agências reguladoras no âmbito do Estado Regulador e suas principais competências, e realizado o exame da natureza jurídica do Tribunal de Contas da União e de seus atos, e também de suas atribuições relacionadas à atividade fim das agências reguladoras, cabe agora, já assentadas tais premissas, passar ao exame do controle das agências reguladoras federais de serviços públicos pelo TCU.

Neste estudo, a pesquisa valeu-se da doutrina específica sobre o tema, bem como da jurisprudência do Tribunal, em que foi examinado o entendimento do TCU sobre os atos de desestatização e sobre a função reguladora desde a instituição das primeiras agências, de modo a verificar a evolução da jurisprudência de controle nesse tema ao longo do tempo, em especial quanto ao exercício das competências das agências na regulação dos serviços públicos.

CAPÍTULO 3

O CONTROLE DAS AGÊNCIAS REGULADORAS FEDERAIS DE SERVIÇOS PÚBLICOS PELO TRIBUNAL DE CONTAS DA UNIÃO

Este capítulo tem por objeto o exame do controle das agências reguladoras federais de serviços públicos pelo Tribunal de Contas da União no que diz respeito às atribuições finalísticas de tais entidades, uma vez que o controle da gestão administrativa e financeira dessas instituições não suscita dúvidas de relevo, salvo em casos concretos em que sobressaem divergências não quanto à função controladora em si, mas sim em relação à matéria do apontamento ou ao teor do ato de comando expedido pelo TCU.

Como se verá, a atuação finalística das agências reguladoras é ponto de constante exame do Tribunal de Contas da União, o que se explica em razão da abrangência e relevância das atribuições das agências, dos valores financeiros envolvidos nas desestatizações, do impacto social dos serviços públicos regulados e da consequente visibilidade das agências.[472] Além disso, grande parte das agências regula atividades e serviços de infraestrutura, de modo que a função reguladora apresenta-se estratégica para a economia.

Para o exame que ora se propõe, a opção foi realizar o recorte desse controle em dois períodos, a fim de verificar a atuação do TCU em relação ao controle das competências regulatórias em perspectiva

---

[472] MARQUES NETO, Floriano de Azevedo; PALMA, Juliana Bonacorsi de; REHEM, Danilo, MERLOTTO, Nara; GABRIEL, Yasser. Reputação institucional e o controle das Agências Reguladoras pelo TCU. *Revista de Direito Administrativo*, Rio de Janeiro, v. 278, n. 2, p. 37-70, maio/ago. 2019, p. 45.

temporal, tendo em vista que as agências constituíram novidade no cenário institucional administrativo brasileiro e foram criadas no ambiente da desestatização.

O período selecionado inicia em 1997, ano de *instalação* da ANATEL[473] e da ANEEL,[474] perdurando até 2006, ano de *instalação* da ANAC,[475] que foi a última agência reguladora federal de serviços públicos a ser instituída. O segundo período inicia em 2007, perdurando até setembro de 2021.

Com isso, pretende-se analisar, por meio de sua jurisprudência, e em diálogo com a doutrina especializada, como o TCU compreendeu as agências reguladoras federais de serviços públicos e suas atribuições ao longo desse tempo.

Também é objetivo deste exame a atuação das agências reguladoras em relação ao Tribunal na defesa de suas competências legais e de seu regime, notadamente da autonomia frente ao órgão de controle externo centenário, plenamente consolidado e com amplas atribuições constitucionais.

Assim, será examinado se houve a defesa de suas prerrogativas regulatórias pelas agências ou se, ao contrário, houve postura de resignação dos dirigentes ao cumprimento de determinações e mesmo de recomendações do TCU relacionadas a sua atividade finalística.

Convém observar que, embora o foco deste capítulo seja o exame das decisões do TCU, isto é, das deliberações emitidas pelos seus ministros, serão examinados também os relatórios emitidos pelas áreas técnicas, quer para verificar a observância das orientações do Plenário, quer porque tais peças, muitas delas extensamente elaboradas pelas secretarias especializadas do Tribunal, integram a motivação dos votos e também, na maior parte das vezes, as decisões do Plenário.

Porém, antes da análise específica a que se propõe neste capítulo, considerando a linha adotada nesta pesquisa, de exame prévio do contexto histórico de instituição das agências reguladoras no Brasil, assim como do Tribunal de Contas da União, é oportuno analisar, ainda

---

[473] A ANATEL foi instituída pela Lei nº 9.472, de 16.07.1997, e instalada em 5 de novembro de 1997. Disponível em: https://www.anatel.gov.br/institucional/institucional-menu. Acesso em: 15 out. 2020.

[474] A ANEEL foi instituída pela Lei nº 9.427, de 26.12.1996, e instalada em dezembro de 1997. Disponível em: http://www2.aneel.gov.br/arquivos/PDF/folder_intitucional_ANEEL_2012.pdf. Acesso em: 15 out. 2020.

[475] A ANAC foi instituída pela Lei nº 11.182, de 27.09.2005, e instalada em 2006. *In:* BRASIL. Lei nº 11.182, de 27 de setembro de 2005. *Planalto.* Disponível em: https://www.planalto.gov.br/ccivil_03/_Ato2004-2006/2005/Lei/L11182.htm. Acesso em: 15 fev. 2020.

que de modo breve, a atuação do TCU em relação aos processos de desestatização ocorridos após a Constituição de 1988, na vigência da Lei nº 8.031/90 e, portanto, antes da instituição das primeiras agências reguladoras.

O objetivo dessa análise é verificar o entendimento e a forma de atuação do TCU em face das competências de órgãos governamentais, tendo em vista os parâmetros de controle já estudados, de modo a possibilitar a visão abrangente do controle antes e depois da instituição das agências reguladoras, que passaram a atuar diretamente nos processos de desestatização e também como entidades de controle em relação aos serviços públicos delegados, dentre outras atribuições.

3.1 O Programa Nacional de Desestatização e a atuação do TCU no período de 1990 a 1996

O Programa Nacional de Desestatização (PND) foi instituído pela Lei nº 8.031, de 12 de abril de 1990, promulgada no governo de Fernando Collor, regulamentada inicialmente pelo Decreto nº 99.463, de 16 de agosto de 1990, data a partir da qual o Programa passou a ser implementado.[476] [477]

A desestatização passou a ser um dos objetivos prioritários do governo Collor, assim como a abertura do mercado brasileiro e a redução da inflação, que alcançava o índice de cerca de 80% ao mês.[478]

A Lei nº 8.031/90 estabeleceu diversas modalidades de desestatização: alienação da participação societária, abertura de capital, transformação, incorporação, fusão ou cisão, alienação, arrendamento,

---

[476] Houve atos de desestatização nos anos 80, iniciados com o Decreto nº 83.740, de 18 de julho de 1979, que instituiu o Programa Nacional de Desburocratização. Nesses primeiros movimentos, ocorreu a desestatização de empresas anteriormente assumidas pelo Estado em função da inadimplência destas com bancos financiadores públicos, sobretudo o BNDES. *In:* PAIVA, Sílvia Maria Caldeira. A privatização no Brasil: breve avaliação e perspectivas. *Indicadores Econômicos* – Fundação de Economia e Estatística. Porto Alegre, v. 22, n. 2, p. 104-117, 1994, p. 104.

[477] No governo de João Figueiredo foram desestatizadas 42 empresas. No governo José Sarney foram realizadas 17 privatizações com o objetivo de redução de déficit público e estímulo à competição. *In:* COSTA, Frederico Lustosa da; PECI, Alketa. Desestatização como estratégia de reforma do Estado: análise preliminar da privatização no Brasil da Nova República. *Revista de Administração Pública*, Rio de Janeiro, v. 33, n. 3, p. 191-205, maio/jun. 1999, p. 193-194.

[478] COLLOR, Fernando. *In:* Centro de Pesquisa e Documentação. Fundação Getúlio Vargas. Disponível em: http://www.fgv.br/cpdoc/acervo/dicionarios/verbete-biografico/collor-fernando. Acesso em: 8 out. 2020.

locação, comodato ou cessão de bens e instalações, e ainda a dissolução de empresas ou desativação e alienação de ativos.

Não havia previsão, nesse elenco legal, da concessão e da permissão de serviços públicos, cumprindo lembrar que, à época, inexistia a lei específica exigida pelo art. 175 da Constituição Federal, uma vez que a Lei nº 8.987 somente veio a ser editada em 13 de fevereiro de 1995, e a Lei nº 9.074, em 7 de julho de 1995.

Em relação à função de controle exercida pelo TCU, o art. 21, XIII, da Lei nº 8.031/90 estabeleceu apenas a competência ao Gestor do Fundo Nacional de Desestatização, que era o BNDES, para "preparar a documentação de cada processo de alienação para apreciação pelo Tribunal de Contas da União". Idêntica disposição consta do Decreto nº 99.463/90.[479]

Todavia, mesmo diante da ausência da legislação requerida pelo art. 175 da Constituição, o Departamento Nacional de Estradas de Rodagem (DNER) instaurou processo para a concessão da Ponte Rio-Niterói em 1993, que se constituiu no *primeiro projeto de concessão de rodovias federais*, realizada ainda sob a égide do Decreto-lei nº 2.300/86, e objeto da Decisão nº 622/94, a qual se seguiram outras concessões rodoviárias, analisadas pelo TCU conforme a Decisão nº 141/93.[480]

Apesar do termo "desestatização" adotado pela Lei nº 8.031/90, a privatização com alienação do controle direto ou indireto da União foi a forma predominante de desestatização. Trata-se, como é evidente, de processo complexo, que exigia, em síntese, a inclusão da empresa estatal no PND mediante decreto do Presidente da República, a justificativa para a privatização e apresentação de informações econômico-financeiras, como lucro, prejuízo, endividamento interno e externo.

Além disso, o processo abrangia a contratação de auditor independente para cada empresa incluída no PND, bem como a contratação pelo Gestor do FND de duas consultorias para a avaliação econômico-financeira da empresa e a modelagem da desestatização.[481]

---

[479] Registre-se, também, desde 1982, a vigência da Súmula 179 do TCU, aprovada em 26 de outubro de 1982, com o seguinte teor: "No exercício da auditoria financeira e orçamentária sobre as contas das entidades que lhe são jurisdicionadas, cumpre ao Tribunal de Contas da União acompanhar a transferência, transformação e desativação de empresa sob controle do Governo Federal, consoante o chamado 'programa de privatização ou desestatização', com vistas à observância dos preceitos legais e regulamentares aplicáveis". Disponível em: https://pesquisa.apps.tcu.gov.br. Acesso em: 8 out. 2020.

[480] BRASIL. Tribunal de Contas da União. *Decisão nº 141/1993*. Plenário. Relator: Min. Luciano Brandão Alves de Souza, Brasília, 11.05.1993.

[481] Em muitos casos, antes da alienação, foram realizados "ajustes operacionais" nas empresas estatais, a fim de viabilizar a desestatização ou torná-las mais atrativas ao mercado,

As privatizações iniciaram-se pelos setores siderúrgico, petroquímico e de fertilizantes, com o objetivo principal imediato de redução da dívida pública, em que pese a referência legal e do Decreto nº 99.463/90 aos demais objetivos.[482]

No entanto, o Decreto nº 724/93, que revogou o Decreto nº 99.463/90, apresentou alteração quanto a esse aspecto, passando a prever a aplicação dos recursos "em programas de ciência e tecnologia, saúde, segurança pública, meio ambiente e, também, na redução da dívida pública federal".[483] Dessa forma, a redução da dívida deixou de ser a finalidade preponderante dos recursos recebidos pela União.

Nos processos de desestatizações foi amplamente facultada a utilização das moedas de privatização,[484] as denominadas "moedas podres", que constituíam "títulos públicos de longo prazo, com valor de mercado muito inferior ao de face".[485]

---

mediante a adoção de diversas medidas, como a "reorganização financeira" da empresa, que podia envolver a reestruturação de passivo, o aporte de capital pela União, a conversão de débito em capital e a consolidação de dívida de curto prazo em empréstimo de longo prazo; a reestruturação societária; a negociação de acordos de acionistas; a reforma de estatutos; a utilização de classe especial de ações pela União; e o estabelecimento de políticas de preços. *In:* BANCO NACIONAL DE DESENVOLVIMENTO ECONÔMICO E SOCIAL – BNDES. *Programa Nacional de Desestatização:* Relatório de Atividades 1992. Rio de Janeiro: BNDES, [s.d.] p. 26-27.

Disponível em: https://www.bndes.gov.br/wps/portal/site/home/transparencia/desestati zacao/relatorios-de-atividades-pnd. Acesso em: 16 out. 2020.

[482] No período de 1991 a 1996, houve 52 desestatizações, abrangendo alienações de empresas e de participações minoritárias da União. A desestatização foi liderada pelo setor siderúrgico, com 41% das alienações realizadas. Do total de alienações, 90% foram realizadas mediante leilão, 7% por oferta ao público e 3% mediante oferta aos empregados das estatais. Até o ano de 1995, apenas 5% das aquisições havia sido realizada por investidores estrangeiros, percentual que se elevou em 1996 para 14% com a alienação da RFFSA e das primeiras empresas do setor elétrico. *In:* BANCO NACIONAL DE DESENVOLVIMENTO ECONÔMICO E SOCIAL – BNDES. *Programa Nacional de Desestatização:* Relatório de Atividades 1996. Rio de Janeiro: BNDES, p. 10-11. Disponível em: https://www.bndes.gov.br/wps/portal/site/home/transparencia/desestatizacao/relato rios-de-atividades-pnd. Acesso em: 16 out. 2020.

[483] BRASIL. Decreto nº 724, de 19 de janeiro de 1993. *Planalto.* Disponível em: http://www.planalto.gov.br/ccivil_03/decreto/1990-1994/D0724.htm. Acesso em: 16 out. 2020.

[484] As denominadas moedas de privatização eram formadas por dívidas securitizadas pela União, pelos certificados de privatização, instituídos pela Lei nº 8.018/90, e pelas debêntures da SIDERBRÁS, e, no período analisado, foram adotadas de modo amplamente majoritário até 1995, inclusive. *In:* BANCO NACIONAL DE DESENVOLVIMENTO ECONÔMICO E SOCIAL – BNDES. Programa Nacional de Desestatização: Relatório de Atividades 1996. Rio de Janeiro: BNDES, [s.d], p. 8-9.

Disponível em: https://www.bndes.gov.br/wps/portal/site/home/transparencia/desestati zacao/relatorios-de-atividades-pnd. Acesso em: 16 out. 2020.

[485] COSTA, Frederico Lustosa da; PECI, Alketa. Desestatização como estratégia de reforma do Estado: análise preliminar da privatização no Brasil da Nova República. *Revista de Administração Pública*, Rio de Janeiro, v. 33, n. 3, p. 191-205, maio/jun. 1999, p. 194.

No exame dos primeiros quatro anos de implementação do PND, em que foram privatizadas 33 empresas estatais, o Ministro do TCU Bento José Bulgarin assim se manifestou sobre esse aspecto:

> Assim é que apenas 5,4% (cinco inteiros e quatro décimos por cento) do total de recursos arrecadados correspondeu a moedas correntes e contribuiu efetivamente para minorar a grave situação fiscal da União, enquanto o restante do preço de venda das empresas privatizadas foi pago com títulos representativos da dívida pública, adquiridos com significativos deságios no mercado financeiro e entregues ao FND por seu valor de face ou adquiridos do próprio BNDES em condições extremamente favoráveis aos mutuários (prazo de doze anos, carência de dois anos, juros de 6,5 % ao ano, a garantia consistindo na ações das empresas adquiridas), o que certamente não auxiliou no saneamento financeiro do setor público.[486]

Nesse balanço dos primeiros quatros anos de desestatização, o Ministro Bugarin observou também que em alguns casos houve grande aporte de recursos públicos antes da alienação, de modo a tornar as empresas mais atrativas, recursos muitas vezes superiores ao arrecadado, resultando em agravamento da situação do Erário, sobretudo se considerado que tais aportes foram feitos em moeda corrente.[487]

Outro aspecto que merece destaque é a ausência de destinação específica dos poucos recursos arrecadados em moeda corrente, de modo que não é possível dizer que a desestatização, ao menos nesse período, contribuiu para as atividades essenciais do Estado, que era um dos objetivos do Programa e como tal ganhou ênfase na sua divulgação ao Congresso Nacional e à sociedade.[488]

Não foram atendidos também objetivos de mais competitividade, em face da concentração ocorrida em certos setores, como os de fertilizantes e siderurgia, e tampouco a democratização do capital para os empregados das estatais, que tiveram participação reduzida, assim como os pequenos investidores.[489]

---

[486] BUGARIN, Bento José. Acompanhamento, pelo TCU, do Programa Nacional de Desestatização. *Revista do TCU*, v. 26, n. 64, p. 13-22, abr./jun. 1995, p. 16-17.

[487] BUGARIN, Bento José, *op. cit.*, p. 17.

[488] BUGARIN, Bento José, *loc. cit.*

[489] BUGARIN, Bento José, *loc. cit.*

O CONTROLE DAS AGÊNCIAS REGULADORAS FEDERAIS DE SERVIÇOS PÚBLICOS PELO TRIBUNAL DE CONTAS DA UNIÃO

A atuação do TCU nesse primeiro momento de desestatização foi realizada de acordo com a Decisão s/nº, emitida pelo Plenário em 28 de maio de 1991, com as alterações das Decisões nº 351/92 e nº 306/93, sendo realizado o controle concomitante ao processo de desestatização inicialmente em três estágios específicos, cujos documentos eram examinados pelo Tribunal ao final de cada um deles.[490]

Portanto, inicialmente, foram proferidas pelo TCU, em regra e para cada empresa, três decisões para cada processo examinado. Em 29 de novembro de 1994, foi editada pelo Tribunal a Instrução Normativa nº 7, que ampliou para seis os estágios de controle, devendo o respectivo processo ser encaminhado ao ministro relator em três etapas, o que, ao final, manteve o número mínimo de três decisões para cada processo.

Como se constata, foi o Tribunal de Contas que, mediante edição de regulamentos, estabeleceu a forma de controle concomitante aos diversos atos de desestatização, pois a redação da Lei nº 8.031/90 não estabelecia nada a esse respeito.

O ponto crítico desse controle foi a avaliação econômico-financeira das empresas incluídas no Programa Nacional de Desestatização, realizada segundo o método do fluxo de caixa operacional descontado, amplamente utilizado para a avaliação de empresas, embora não seja o único.[491]

Sobre a adoção desse método de modo isolado, o Ministro Bento Bugarin apontou distorções relevantes na definição do valor mínimo de alienação das estatais nos primeiros quatro anos, como desconsideração do patrimônio das empresas, adoção de parâmetros conservadores para a avaliação da rentabilidade futura das empresas e taxas de desconto superestimadas, que resultaram no "aviltamento ainda maior do valor das empresas alienadas".[492]

Apesar disso, o Tribunal de Contas da União julgou regulares os estágios da desestatização das empresas no período de 1990 a 1994, sem ressalvas relevantes.[493]

---

[490] Para o Ministro Bento Bugarin, esse controle foi posterior, e não concomitante, uma vez que se deu ao final de cada estágio. *In*: BUGARIN, Bento José, Acompanhamento, pelo TCU, do Programa Nacional de Desestatização. *Revista do TCU*, v. 26, n. 64, p. 13-22, abr./ jun. 1995, p. 22.

[491] GUEDES, Osmar Carvalho; FERNANDES, Maria Luciene Cartaxo; FERREIRA, Antônio Roberto Melo. O Tribunal de Contas e as privatizações: um enfoque na avaliação financeira de estatais. *Revista do Tribunal de Contas de Pernambuco*, v. 10, n.10, p. 90-100, 1999, p. 93.

[492] BUGARIN, Bento José, *op. cit.*, p. 18.

[493] BUGARIN, Bento José, *op. cit.*, p. 15.

A pesquisa realizada na jurisprudência do TCU no período de 1990 a 1996, seguindo o critério referido no início desta seção, resultou no exame de 35 decisões.[494] Note-se que esse exame nem sempre contemplou a decisão final acerca da desestatização, pois, como já mencionado, foram emitidas pelo TCU ao menos três decisões para cada empresa, além do que algumas desestatizações foram concluídas após 1996, no segundo período de análise desta pesquisa.

Além disso, as decisões de maior relevância e aquelas em que houve apontamentos do TCU, em que pese a aprovação do processo, são aquelas relacionadas à avaliação econômico-financeira das empresas que foram incluídas no PND e que compõem, em regra, a segunda decisão do Tribunal dentre as três decisões já mencionadas.

Aspecto que merece referência diz respeito à premência do tempo entre a análise da extensa documentação da avaliação econômico-financeira da empresa pelo TCU e a data do respectivo leilão, o que, se do ponto de vista teórico, não seria impeditivo para a revisão dessa avaliação e as eventuais correções do edital, acarretava prejuízos financeiros com a suspensão do processo e a renovação de atos e, eventualmente, a contratação de nova consultoria.

Mas, além disso, o mais relevante relacionava-se às consequências imediatas da suspensão dos leilões em um cenário político nacional inicialmente conturbado (veja-se o *impeachment* do Presidente Fernando Collor) e a preocupação com a credibilidade internacional do Programa Nacional de Desestatização, em um ambiente de intensas denúncias contra o PND, sobretudo em face da subavaliação das empresas e de possível corrupção, cenário que apresentou também a expressiva judicialização das privatizações.[495]

Feitas essas observações, constatou-se que, embora houvesse ampla análise econômico-financeira, a grande maioria das decisões do TCU adotou a legalidade como parâmetro de controle, limitando-se

---

[494] Decisões do Plenário do TCU: 410/91, 36/92, 143/92, 180/92, 206/92, 429/92, 452/92, 543/92, 252/93, 293/93, 355/93, 387/93, 409/93, 186/94, 299/94, 400/94, 728/94, 749/94, 52/95, 106/95, 312/95, 341/95, 538/95, 644/95, 138/96, 254/96, 286/96, 341/96, 487/96, nº 559/96, 572/96, 748/96, 813/96 e 823/96.

[495] O Relatório de Atividades de 1992 do PND, emitido pelo BNDES, apontou 90 ações judiciais contra o Programa, que estava em seu início. *In:* BANCO NACIONAL DE DESENVOLVIMENTO ECONÔMICO E SOCIAL – BNDES. *Programa Nacional de Desestatização:* Relatório de Atividades 1992. Rio de Janeiro: BNDES. Disponível em: https://www.bndes.gov.br/wps/portal/site/home/transparencia/desestatizacao/relatorios-de-atividades-pnd. Acesso em: 16 out. 2020.

CAPÍTULO 3

O CONTROLE DAS AGÊNCIAS REGULADORAS FEDERAIS DE SERVIÇOS PÚBLICOS PELO TRIBUNAL DE CONTAS DA UNIÃO | 193

a verificar a observância do procedimento para a desestatização estabelecido pela Lei nº 8.031/90 e seus regulamentos.

Aliás, cabe salientar também a ausência de decisão do TCU para cada estágio do processo de desestatização em alguns processos relevantes. Esse é precisamente o caso das Usinas Siderúrgicas Minas Gerais S.A. (USIMINAS), com leilões realizados em 24.10.1991 e 18.11.91, totalizando US$ 1.940.294.800,00. A aprovação dos três estágios pelo TCU deu-se *de forma conjunta após oito anos da data do leilão*, na Decisão nº 515/1999, de 11.08.1999, em descumprimento aos seus próprios atos normativos.[496]

De igual forma ocorreu com a Companhia Siderúrgica Nacional (CSN), cujo edital foi publicado em 29.09.1992 e o leilão de venda de controle acionário realizado em 02.04.1993, além de dois leilões de sobras de ações. Contudo, a aprovação de *forma conjunta* dos três estágios deu-se somente em 1997 na Decisão nº 552/1997,[497] de 03.09.1997, sem a observância do processo estabelecido pelo TCU. Em ambas as decisões – CSN e USIMINAS – ficou assentada "a consonância dos processos com a legislação aplicável".

Como dito, a avaliação econômico-financeira das empresas incluídas no PND constituiu a grande questão sob exame do TCU, que constatou expressamente distorções dessa avaliação, *em prejuízo ao Erário*, como consta na Decisão nº 217/93, decorrente de Inspeção Extraordinária requerida pela Câmara dos Deputados nos processos de desestatização da Aços Finos Piratini (já privatizada à época), Aço Minas Gerais S.A. (AÇOMINAS) e da Aços Especiais de Itabira (ACESITA).[498]

As decisões do TCU no processo de privatização da AÇOMINAS são bem elucidativas a respeito da posição do Tribunal e do parâmetro de controle adotado diante da grande divergência da avaliação econômico-financeira e das "inconsistências"[499] do cálculo do fluxo de

---

[496] BRASIL. Tribunal de Contas da União. *Decisão n. 515/1999*. Plenário. Relator: Min. Walton Alencar Rodrigues. Brasília, 11.08.1999.

[497] BRASIL. Tribunal de Contas da União. *Decisão nº 552/1997*. Relator: Min. Marcos Vinícios Vilaça. Brasília, 03.09.1997.

[498] BRASIL. Tribunal de Contas da União. *Decisão nº 217/93*. Plenário. Relator: Min. Homero Santos, Brasília, 26.05.1993.

[499] As inconsistências apontadas foram: a) cômputo do empréstimo compulsório até 2006, em que pese a cessação da vigência em dezembro de 1993; b) as dívidas da Açominas foram levadas a valor presente com taxa de desconto de 12%, enquanto a taxa de desconto do fluxo de caixa foi de 15%; c) inclusão de investimentos sem discriminação e contrapartida; d) inclusão de despesa de manutenção de equipamento que seria vendido; e) a fórmula do método de desconto do fluxo de caixa não correspondia ao método do valor presente líquido. *In:* BRASIL. Tribunal de Contas da União. *Decisão nº 387/93*. Plenário. Relator: Min. José Antônio Barreto de Macedo. Brasília, 24.10.93.

caixa descontado verificada pela equipe técnica do TCU, o que resultou em grande variação do preço mínimo.

Além disso, não é demais lembrar o ambiente de grande pressão política nos Poderes Legislativo e Executivo, que levou à instalação de CPI mista para a investigação do PND, bem como a influência direta do Presidente da República para a aceleração do Programa, conforme referido expressamente na Decisão nº 403/93.

A Decisão nº 409/93,[500] em que o TCU examinou o segundo estágio do processo de privatização da AÇOMINAS, é emblemática quanto à avaliação econômico-financeira da empresa e, sobretudo, quanto ao parâmetro de controle efetivamente adotado pelo Tribunal.

Nesse processo, parte da equipe técnica do Tribunal (que também contou com servidores de outros órgãos) examinou a avaliação da empresa e apontou o valor mínimo de US$ 689,4 milhões para a alienação da AÇOMINAS, enquanto que as duas consultorias contratadas pelo BNDES tinham chegado ao valor de US$ 346,4 milhões e US$ 320 milhões.

Aliás, consta no relatório da Decisão nº 409/93, item 133, que "os próprios consultores afirmaram, em exposição feita ao Grupo de Colaboradores, que a indicação do preço mínimo esteve bastante influenciada pela necessidade de minimizar o risco de não vender a Companhia. *Disseram que os estudos tentaram vestir a noiva de acordo com os pretendentes*" (grifos nossos).[501]

Além da grande discrepância entre os valores mínimos, foram apontadas pelo TCU, em caráter secundário, exigências no edital que poderiam restringir a competitividade. Apesar disso, a Comissão Diretora do PND manteve as premissas adotadas e o valor de US$ 346,4 milhões. Ao final da decisão,[502] o Tribunal reconheceu, por unanimidade, o cumprimento, pela Comissão Diretora do PND, da legislação aplicável à privatização da AÇOMINAS.[503]

---

[500] BRASIL. Tribunal de Contas da União. *Decisão nº 409/93*. Plenário. Relator: Min. José Antônio Barreto de Macedo. Brasília, 09.09.93.

[501] BRASIL. Tribunal de Contas da União. *Decisão nº 409/93*. Plenário. Relator: Min. José Antônio Barreto de Macedo. Julg. em 09.09.93.

[502] Tribunal de Contas da União. *Decisão nº 515/1999*. Plenário. Relator: Min. Walton Alencar Rodrigues. Brasília, 11.08.1999.

[503] A empresa foi vendida ao consórcio liderado pelo grupo Mendes Júnior por US$ 598,5 milhões no leilão realizado em 10.09.93, com o segundo maior ágio até aquele momento. O consórcio vencedor assumiu dívida de cerca de US$ 200 milhões. Contudo, para a privatização houve aporte do Tesouro de US$ 800 milhões para tornar a empresa viável. O Grupo Mendes Júnior estava em situação financeira crítica e a aquisição da AÇOMINAS

Avançando um pouco mais no período examinado, tem-se a desestatização da Rede Ferroviária Federal S.A. (RFFSA), que foi a primeira desestatização que contemplou a concessão de serviço público no âmbito do Programa Nacional de Desestatização, com o valor do arrendamento dos ativos apresentando majoritária expressão na desestatização da empresa.

A modelagem da RFFSA contemplou a divisão em seis malhas regionais, sendo a Malha Oeste a primeira a ser concedida, com avaliação de R$ 60,2 milhões, correspondente a 5% pela concessão e a 95% pelo arrendamento e venda de bens de pequeno valor,[504] livre de quaisquer passivos. O leilão foi realizado em 05.03.96, resultando no valor de R$ 62.360.000,00, o que significou 3,59% de ágio. O contrato foi assinado em junho de 1996 para o período de 30 anos, com possibilidade de prorrogação por igual período.[505]

Portanto, o processo já se desenvolveu sob a égide das Leis nº 8.987/95 e nº 9.074/95, bem como do novo Decreto nº 1.204, de 29.7.94, e, no âmbito do TCU, sob a vigência da Instrução Normativa nº 7, de 29.11.94, e da Instrução Normativa nº 10, de 22.11.95, norma esta que estabeleceu a fiscalização do TCU para as delegações de serviços públicos *e para a fiscalização da execução contratual.*

A propósito, a Instrução Normativa nº 10/95 inaugurou importante alteração na sistemática de acompanhamento da desestatização pelo Tribunal, ao menos em relação à delegação de serviços públicos, estabelecendo a obrigatoriedade de remessa do edital ao TCU *após a sua publicação,* à exceção da documentação do primeiro estágio, relativa à viabilidade técnica e econômico-financeira, que lhe deveria ser encaminhada no mínimo com 30 dias de antecedência da publicação do edital.

Ainda em relação à desestatização de empresas prestadoras de serviços públicos, cumpre referir o processo da LIGHT – Serviços de

---

somente foi possível em razão do financiamento do BNDES e do Governo de Minas Gerais ao Grupo, além da determinação do Governo Federal para que a Companhia Vale do Rio Doce participasse do consórcio. *In:* GRECO, Antônio do Monte Furtado; COUTINHO, Carlos Sidnei. AÇOMINAS: um exemplo polêmico de privatização. Disponível em: https://diamantina.cedeplar.ufmg.br/portal/download/diamantina-2002/D49.pdf. Acesso em: 11 out. 2020.

[504] BANCO NACIONAL DE DESENVOLVIMENTO ECONÔMICO E SOCIAL (BNDES). *Programa Nacional de Desestatização:* Relatório de Atividades 1996. Rio de Janeiro: BNDES. Disponível em: https://www.bndes.gov.br/wps/portal/site/home/transparencia/desestatizacao/relatorios-de-atividades-pnd. Acesso em: 16 out. 2020.

[505] BANCO NACIONAL DE DESENVOLVIMENTO ECONÔMICO E SOCIAL (BNDES). *Programa Nacional de Desestatização:* Relatório de Atividades 1996.

Eletricidade S.A., com sede no Estado do Rio de Janeiro, que atuava na transmissão e distribuição de energia elétrica, além de unidade de geração no Estado de São Paulo. Juntamente com a Espírito Santo Centrais Elétricas S.A. (ESCELSA), a LIGHT foi uma das primeiras empresas do setor elétrico a ser privatizada, com a alienação correspondente a 70% do seu capital, pertencente à ELETROBRAS.

A empresa foi incluída no PND em 22.06.1992 e, por isso, o processo foi analisado pelo TCU segundo a Decisão s/nº, de 29.05.1991, e suas alterações.

A discussão no TCU abrangeu sobretudo a avaliação econômico-financeira da empresa, que resultou na definição de preço mínimo de venda de 70% de seu capital correspondente às ações da ELETROBRÁS em R$ 2.601.900.000,00.[506]

A divergência havida entre a equipe técnica do TCU e as consultorias contratadas pelo BNDES centrou-se no reconhecimento, pelas consultorias, de contingências trabalhistas, previdenciárias e fiscais com baixa probabilidade de ocorrência, o que resultou na *subavaliação da LIGHT* em aproximadamente R$ 150 milhões. Além disso, as consultorias projetaram um cenário pessimista para a Light, o que influenciou negativamente o valor de avaliação no entendimento dos técnicos do TCU.

O Ministro Relator acolheu as ponderações do Ministério Público de Contas referentes aos contingenciamentos trabalhistas e fiscais indevidos, mas entendeu que o processo não deveria ser obstado para nova avaliação, em face da pouca representatividade no preço mínimo de avaliação. Por isso, a decisão aprovou o primeiro e o segundo estágios do processo, pois guardavam "consonância com a legislação aplicável à espécie", mas *ressalvou* as contingências trabalhistas e fiscais.

Note-se, assim, que o Tribunal de Contas da União examinou os processos não apenas do ponto de vista meramente legal, para verificação de sua conformidade com a Lei nº 8.031/90 e seus decretos regulamentadores, mas foi à questão central dos processos de desestatização, relacionados à avaliação econômico-financeira.

---

[506] O valor integral da LIGHT foi fixado em R$ 3.717.284.000,00. O leilão ocorreu em 21.05.96, em que foram alienados 55,84% do capital social, resultando em R$ 2.264.321.281,90. Juntamente com a oferta aos empregados, foram alienados 61,1% do capital social, perfazendo R$ 2.342,52 milhões. Restaram 33,52% do capital social para posterior alienação. *In:* BANCO NACIONAL DE DESENVOLVIMENTO ECONÔMICO E SOCIAL (BNDES). *Programa Nacional de Desestatização:* Relatório de Atividades 1996. Rio de Janeiro: BNDES. Disponível em: https://www.bndes.gov.br/wps/portal/site/home/transparencia/desestatizacao/relatorios-de-atividades-pnd. Acesso em: 16 out. 2020.

Contudo, as decisões do TCU não refletiram a avaliação sobre a legitimidade e a economicidade que foi apregoada em algumas decisões, *limitando-se à aprovação formal dos processos*, com fundamento na consonância com a legislação aplicável *mesmo quando foi apontada a subavaliação das empresas, muitas vezes de forma expressiva e, por conseguinte, com potenciais danos ao Erário.*

Nesta etapa da jurisprudência do TCU percebe-se claramente o que Flávio Garcia Cabral mencionou em importante artigo, referido no Capítulo 2, relacionado à atuação tímida do Tribunal nesse período e "com um forte atrelamento político".[507]

Por isso, e considerando-se as decisões examinadas no período, conclui-se que o Tribunal de Contas da União não interferiu na modelagem das desestatizações iniciais, pois, apesar das críticas aos estudos econômico-financeiros aprovados pelo Conselho Nacional de Desestatização, o TCU aprovou os estágios dos respectivos processos, na maioria das vezes sem quaisquer ressalvas, incluindo o valor de venda das ações das estatais.

Verificou-se, também, ainda que timidamente, a intenção do Tribunal de atuação mais direta em relação aos serviços públicos delegados, quer na Instrução Normativa nº 10/95, quer nas decisões da Malha Oeste da RFFSA e da LIGHT, em que o TCU manifestou a importância do controle externo no acompanhamento dos contratos.

Examinado o período inicial da desestatização e a posição do TCU em relação aos respectivos processos, a pesquisa do período de 1997 a 2006 verificou o comportamento do Tribunal de Contas da União em relação às agências reguladoras federais de serviços públicos ao início de sua instalação. Tais entidades passariam agora também a atuar na desestatização e no acompanhamento dos contratos de concessão em áreas bastante sensíveis para a sociedade e estratégicas para a economia.

3.2 O controle das agências reguladoras pelo TCU no período de 1997 a 2006

Em 9 de setembro de 1997, foi editada a Lei nº 9.491, que alterou o procedimento do Programa Nacional de Desestatização, revogou a

---

[507] CABRAL, Flávio Garcia. Como o Tribunal de Contas da União tem se comportado ao longo da Constituição de 1988? *A&C – Revista de Direito Administrativo e Constitucional*, Belo Horizonte, n. 85, p. 161-183, jul./set. 2021, p. 165-166.

Lei nº 8.031/90 e vigora até hoje. O Decreto nº 2.594, de 15 de maio de 1998, regulamenta a Lei nº 9.491/97 e permanece vigente com algumas alterações.

Essa Lei apresentou, dentre outras inovações, a previsão expressa da desestatização de serviços públicos mediante concessão, permissão e autorização, a possibilidade de, mediante ajuste próprio, supervisão pelo BNDES às desestatizações realizadas pelos estados e municípios, a inversão da ordem das fases de habilitação e julgamento, a previsão de acompanhamento e execução da desestatização de serviços públicos por órgão ou entidade da administração direta e indireta, e a alienação das ações de até 100% do capital votante para estrangeiros, o que fora anteriormente previsto em decreto.

Quanto à atuação do TCU, a Lei nº 9.491/97 não apresentou modificações em relação à Lei nº 8.031/90, estabelecendo o art. 18, VIII, a competência do gestor do Fundo Nacional de Desestatização, que é o BNDES, para "preparar a documentação dos processos de desestatização, para apreciação do Tribunal de Contas da União".

E, nesse específico aspecto, é oportuna a observação de Eduardo Jordão em face da Constituição Federal e da inexistência de dispositivo na Lei nº 9.491/97 para o controle concomitante do processo de desestatização ou, sob outra ótica, para o controle prévio à publicação do edital de licitação:

> A Constituição, portanto, não previu explicitamente para o TCU poderes que pudessem ser utilizados no controle da modelagem de projetos de infraestrutura. Além disso, esta ausência de previsão corresponde a uma clara opção do constituinte de que essa intervenção prévia *não se realize*.
>
> A mesma situação se verifica no nível infraconstitucional. *Não há lei que preveja* poderes prévios ao TCU – ao menos não explicitamente. Não há lei que permita ao TCU impedir a publicação de um edital ou condicionar a sua publicação ao cumprimento de algumas determinações suas. Em seu art. 113, §2º, a lei geral de licitações (Lei nº 8.666/93) autoriza o controle de editais de licitação, mas apenas posteriormente à sua publicação. (grifos do autor)[508]

Em face desse entendimento, caberia ao Tribunal analisar previamente as minutas de editais não publicados por solicitação

---

[508] JORDÃO, Eduardo. A intervenção do TCU sobre editais de licitação não publicados: controlador ou administrador? *Revista Brasileira de Direito Público – RBDP*, Belo Horizonte, ano 12, n. 47, p. 209-230, out./dez. 2014, p. 218.

do administrador, competindo-lhe, nesse momento, a expedição de recomendações no exercício da função opinativa, como apontado por Eduardo Jordão.[509] Contudo, não é o que aconteceu.

A atuação do TCU prévia à expedição do edital na modelagem de desestatizações e, em especial, nas delegações de serviços públicos foi consolidada em grande parte em razão do receio de responsabilização do gestor público, que, ao observar esse controle na forma e no momento definidos pelo Tribunal, contribuiu para legitimar a legislação infralegal emitida pelo TCU, que disciplinou o controle em momento não previsto pela Constituição e pela legislação ordinária.

Além da Lei nº 9.491, em 1997 também ocorreu a edição da Lei nº 9.472 – Lei Geral de Telecomunicações, que reestruturou o setor para compatibilizá-lo com a Emenda Constitucional nº 8/95 e criou a ANATEL, instalada nesse mesmo ano, assim como a ANEEL.

No período ora examinado foi emitida também a Lei nº 10.848, de 15 de março de 2004, que apresentou importantes alterações no setor elétrico e nas atribuições da ANEEL, com o resgate da formulação de políticas públicas pelo Ministério de Minas e Energia e de algumas prerrogativas de poder concedente, antes exercidas pela Agência, como a elaboração do plano de outorgas, a definição de diretrizes para as licitações e sua promoção, a celebração dos contratos de concessão e permissão, bem como a emissão das autorizações. Com tal previsão, ficou estabelecido que a ANEEL poderia executar tais atos *por delegação* do poder concedente.

Merecem referência ainda as Portarias nº 59/2004 e nº 222/2004, editadas pelo TCU, relacionadas à demonstração dos benefícios do controle externo e ao cálculo e registro do volume de recursos fiscalizados. Tais informações constam dos relatórios técnicos (auditoria, inspeção, levantamento e acompanhamento) e da parte final do relatório dos acórdãos, de modo que a atuação do Tribunal é constantemente por ele reafirmada, com ênfase na comunicação dos benefícios do controle.

Antes de examinar a jurisprudência do TCU, cabe verificar o entendimento doutrinário vigente no período, que apresentou dissenso quanto ao alcance do controle do Tribunal sobre as atividades finalísticas das agências reguladoras. De um lado, tem-se a posição

---

[509] JORDÃO, Eduardo. A intervenção do TCU sobre editais de licitação não publicados: controlador ou administrador? *Revista Brasileira de Direito Público – RBDP*, Belo Horizonte, ano 12, n. 47, p. 209-230, out./dez. 2014, p. 213.

conhecida de Marçal Justen Filho[510] e Luís Roberto Barroso[511] quanto à impossibilidade de avanço do TCU sobre as atribuições das agências. Na mesma linha, a posição de Marcos Juruena Villela Souto:

> Integrando a Administração Pública, a agência reguladora fica sujeita ao controle financeiro nos termos do art. 70 da Constituição Federal, que submete as pessoas físicas e jurídicas gestoras de bens e recursos públicos ao exame do Tribunal de Contas na apreciação dos valores apresentados.
>
> Isso, contudo, não inclui no controle financeiro o exame de ações ou omissões que não impliquem gestão de recursos, sob pena de substituir-se ao administrador competente, violando o princípio fundamental da Tripartição das Funções do Estado.[512]

De outro lado, tem-se o entendimento de Alexandre Santos de Aragão, que, ao fazer o questionamento sobre a possibilidade de controle do aumento de tarifa, do reequilíbrio econômico-financeiro de uma concessão ou da fiscalização ineficiente das agências sobre as concessionárias, assim se manifestou:

---

[510] "Observe-se que esse controle versará, basicamente, sobre a gestão administrativa em sentido próprio. *Não caberá ao Tribunal de Contas investigar o conteúdo das decisões regulatórias emitidas pela agência.* O que se deverá verificar serão os dispêndios, licitações e contratações produzidos, os atos atinentes a pessoal e sua remuneração. Enfim, a atuação do Tribunal de Contas envolverá a fiscalização da agência reguladora enquanto autarquia federal, não como órgão titular de competências regulatórias (grifos nossos)." *In*: JUSTEN FILHO, Marçal. *O direito das agências reguladoras independentes.* São Paulo: Dialética, 2002, p. 588-589.

[511] "Assim sendo, escapa às atribuições dos Tribunais de Contas o exame das atividades dessas autarquias especiais quando elas não envolvam dispêndio de *recursos públicos.* Isto se dá, por exemplo, quando o Tribunal de Contas objetiva obter informações a respeito de deveres dos concessionários, atividades que, a par de não envolverem dispêndio de dinheiro público, constituem a razão de ser da própria agência reguladora. *Não lhe caberá avançar a atividade fiscalizadora sobre a atividade-fim da agência reguladora, sob pena de violação do princípio da separação de Poderes.* Este, portanto, o limite da atribuição do Tribunal de Contas. *Nada, rigorosamente nada no texto constitucional o autoriza a Investigar o mérito das decisões administrativas de uma autarquia, menos ainda de uma autarquia com as características especiais de uma agência.* Não pode o Tribunal de Contas procurar substituir-se ao administrador competente no espaço que a ele é reservado pela Constituição e pelas leis. O abuso seria patente. Aliás, nem mesmo o Poder Legislativo, órgão que é coadjuvado pelo Tribunal de Contas no desempenho do controle externo, poderia praticar atos dessa natureza." (grifos do autor). BARROSO, Luís Roberto. Constituição, Ordem Econômica e Agências Reguladoras, p. 15-66. *In*: MOREIRA NETO, Diogo de Figueiredo. *Direito Regulatório.* Rio de Janeiro: Renovar, 2003, p. 51-53.

[512] SOUTO, Marcos Juruena Villela. *Direito Administrativo Regulatório.* Rio de Janeiro: Lumen Juris, 2002, p. 371.

Ao nosso ver, *o Tribunal de Contas pode realmente controlar tais atos de regulação, uma vez que imediata ou mediatamente, os atos de regulação e de fiscalização sobre os concessionários de serviços públicos se refletem sobre o Erário.* Por exemplo, uma fiscalização equivocada por levar à não aplicação de uma multa; a autorização indevida de um aumento de tarifa leva ao desequilíbrio econômico-financeiro favorável à empresa, o que, entre outras alternativas, deveria acarretar na sua recomposição pela majoração do valor da outorga devida ao Poder Público, etc. (grifos nossos)[513]

Posição semelhante foi manifestada na época por Floriano de Azevedo Marques Neto, embora com alcance mais restrito do controle do TCU:

Ainda no tocante ao controle exercido pelo Legislativo, cabe aos Tribunais de Contas um relevante papel no controle, não só das atividades-meio do regulador, *como também da atividade-fim. Controle este, sempre, é bom ressaltar, exercido apenas com relação aos interesses afetos ao Poder Público (o que exclui os vários outros interesses dos competidores e dos consumidores).* Por isso, tem-se que o controle a cargo do Tribunal de Contas decorre não só da tarefa de auxílio ao Congresso. Afinal, recaindo a regulação sobre bens ou serviços públicos, compete diretamente à Corte aferir se os interesses afetos ao Poder Público estão sendo preservados (grifos nossos).[514]

Portanto, no período examinado identificam-se dois entendimentos doutrinários bem marcados. A primeira corrente referida afasta qualquer controle finalístico dos tribunais de contas nas agências reguladoras, o que impediria inclusive as auditorias operacionais em matéria finalística das agências, posição essa que não prevaleceu. A segunda corrente, ao contrário, sustenta a possibilidade de controle finalístico. Para Alexandre Santos de Aragão, não há limitação quanto à atuação do TCU, enquanto Marques Neto limita o controle aos atos de interesse do Poder Público, com exclusão de atos concorrenciais e relacionados aos direitos dos consumidores.

Apresentado esse breve cenário doutrinário existente no período em exame, cumpre verificar como se desenvolveu a jurisprudência

---

[513] ARAGÃO, Alexandre Santos de. *Agências reguladoras e a evolução do Direito Administrativo Econômico*. Rio de Janeiro: Forense, 2003, p. 340-341.

[514] MARQUES NETO, Floriano de Azevedo. *Agências reguladoras independentes:* fundamentos e seu regime jurídico. Belo Horizonte: Fórum, 2005, p. 126-127.

do Tribunal de Contas da União no período inicial da instalação das agências, em que se tinha o TCU plenamente consolidado, com atuação distinta daquela verificada no período examinado na seção anterior, e as novas entidades reguladoras, que enfrentaram o desafio de sua estruturação, além da legitimação social e institucional em serviços públicos estratégicos para a economia e para o desenvolvimento social.

3.2.1 O controle da regulação da energia elétrica

Em relação à ANEEL, a Lei nº 9.427/96, *em sua redação original*, vigente no período ora analisado, estabelecia prerrogativas próprias do poder concedente para a Agência e especificamente a competência para promover as licitações para as concessões de serviço público destinadas à produção, transmissão e distribuição de energia elétrica, bem como para o aproveitamento de potenciais hidráulicos (art. 3º, *caput* e inciso II).

Assim, a partir de 1998, foram emitidas decisões do TCU sobre processos de concessão de aproveitamentos hidrelétricos, largamente delegados pela ANEEL. Registre-se que, nesse ano, o Tribunal emitiu a Instrução Normativa nº 27 para disciplinar a fiscalização dos processos de desestatização, consolidando nessa Instrução a fiscalização das privatizações e das delegações de serviços públicos, disciplinadas na IN nº 7/94 e na IN nº 10/95, que restaram revogadas.

Além disso, a IN nº 27/98 estabeleceu regras para *a fiscalização da execução dos contratos de concessão e de permissão de serviços públicos*, que ocorreria mediante "exame do Relatório Consolidado de Acompanhamento, elaborado pelo órgão, entidade federal concedente ou pela respectiva agência, a ser encaminhado semestralmente" ao Tribunal, como previsto no art. 11, parágrafo único, dessa instrução.

É relevante assinalar que *a IN nº 27/98 possibilitava a fiscalização direta do TCU nas empresas delegatárias do serviço*, em face da remissão do art. 11, parágrafo único ao §1º do art. 13, que expressa e indevidamente autorizava a fiscalização direta do Tribunal nas concessionárias e permissionárias de serviços públicos.[515]

---

[515] IN TCU nº 27/1998: "Art. 11. Na fase de execução contratual, a fiscalização observará o fiel cumprimento das normas pertinentes e das cláusulas contidas no contrato e nos respectivos termos aditivos firmados com a concessionária ou com a permissionária, ou constantes do termo de obrigações, além de avaliar a ação exercida pelo órgão, pela entidade federal concedente ou pela respectiva agência reguladora, bem como as diretrizes por ele estabelecidas. Parágrafo único. *A fiscalização prevista neste artigo será exercida na*

CAPÍTULO 3
O CONTROLE DAS AGÊNCIAS REGULADORAS FEDERAIS DE SERVIÇOS PÚBLICOS PELO TRIBUNAL DE CONTAS DA UNIÃO | 203

Da mesma forma que a IN nº 10/95, a IN nº 27/98 estabelecia, para as delegações de serviços públicos, que o estudo de viabilidade técnica e econômica devia ser remetido *antes* da publicação do edital com, no mínimo, trinta dias de antecedência. Em relação ao edital, e considerando a vigência da Lei nº 8.666/93, em especial o art. 113, §2º, a obrigação de sua remessa ao TCU foi posterior, em, no máximo, cinco dias após sua publicação.

Em relação às primeiras deliberações do TCU relacionadas às delegações de serviços públicos após a instalação da ANEEL, foram examinadas 15 decisões[516] referentes ao aproveitamento hidrelétrico para a geração de energia elétrica no período de 1998 a 2002, em que foram aprovadas isolada ou conjuntamente diversas delegações de serviços.[517]

À semelhança da quase totalidade dos processos analisados na seção anterior, referentes ao primeiro período da desestatização, as decisões do TCU emitidas nos processos de delegação do aproveitamento hidrelétrico consideraram a conformidade do edital e de seus anexos à legislação, que agora incluía, além da Lei nº 9.491/97, o exame das Leis nº 8.666/93, nº 8.987/95 e nº 9.074/95. Nesses processos, os estudos e as delegações foram aprovados pelo Tribunal, em que pesem alguns apontamentos relacionados à Lei nº 8.666/93 e à Lei nº 8.987/95.

Registre-se também a primeira auditoria operacional realizada na ANEEL no período de 16 de novembro a 10 de dezembro de 1999, conforme consta na Decisão nº 833/2000,[518] em que foram analisados o setor elétrico, o Operador Nacional do Sistema (ONS) e o Mercado Atacadista de Energia (MAE), hoje extinto, a estrutura tarifária dos

---

forma preceituada pelos §§1º e 3º do art. 13 desta Instrução Normativa e mediante exame de Relatório Consolidado de Acompanhamento, elaborado pelo órgão, pela entidade federal concedente, ou pela respectiva agência a ser encaminhado semestralmente a este Tribunal. [...] Art. 13. [...] §1º Para os fins do disposto neste artigo, a Unidade Técnica poderá realizar auditoria, inspeção ou levantamento nos órgãos e entidades encarregadas da execução e acompanhamento do processo de privatização, concessão, permissão e autorização de serviços públicos, *bem como na própria empresa em desestatização* (grifos nossos)".

[516] Decisões do Plenário: Decisão nº 285/98, Decisão nº 838/98, Decisão nº 839/98, Decisão nº 83/99, Decisão nº 306/99, Decisão nº 514/99, Decisão nº 589/99, Decisão nº 609/99, Decisão nº 637/99, Decisão nº 73/2000, Decisão nº 74/2000, Decisão nº 183/2000, Decisão nº 406/2000, Decisão nº 163/01, Decisão nº 792/2001 e Decisão nº 432/2002.

[517] Registre-se que nas primeiras delegações os estudos foram iniciados pelo extinto Departamento Nacional de Águas e Energia Elétrica (DNAEE), uma vez que a ANEEL ainda não havia sido instituída.

[518] BRASIL. Tribunal de Contas da União. *Decisão nº 833/2000*. Plenário. Relator: Min. Adhemar Ghisi. Brasília, 04.10.2000.

serviços, os instrumentos de equilíbrio econômico-financeiro das concessões, bem como a estrutura e as atribuições da ANEEL.

Nessa decisão, foi determinado à ANEEL que as equipes de fiscalização, integradas por consultores contratados, fossem coordenadas por um servidor do quadro de pessoal da Agência, com base no art. 20, §1º, da Lei nº 9.427/96.

Embora adequada a medida, uma vez que se está tratando de fiscalização estatal, o dispositivo legal em questão não dispõe expressamente sobre a matéria, ou seja, sem apontar ilegalidade expressa no acórdão, o TCU emitiu *determinação* em auditoria operacional, o que, conforme já analisado, não é albergado pelas normas internacionais da INTOSAI e tampouco por parte da doutrina.

Observe-se que o relatório e o voto não apresentaram o fundamento legal para a medida, o que seria necessário porque eventual descumprimento poderia conduzir à sanção do gestor. E, em caso de apreciação do ato com base em outro parâmetro de controle, a emissão de recomendação seria a medida adequada, conforme se viu na seção 2.5.6, que examinou a abrangência e a viabilidade dos atos de comando e controle pelo Tribunal.

Nessa linha, veja-se a auditoria operacional examinada na Decisão nº 456/2002, cujo objeto foi a crise de abastecimento de energia elétrica ocorrida em 2001, em que foi examinada a atuação do Ministério de Minas e Energia, da ANEEL, da ELETROBRAS e da Câmara de Gestão de Crise de Energia Elétrica.

Realizada a minuciosa análise das causas e consequências da crise e do respectivo racionamento, bem como a atuação dos órgãos e entidades referidos, a equipe de auditoria propôs uma série de determinações e recomendações a todas as instituições auditadas.

No voto, o Ministro Relator Ubiratan Aguiar assim se manifestou quanto às determinações, apresentando, ao final de seu voto, em relação à ANEEL, apenas a determinação de acompanhamento do cronograma físico-financeiro das principais obras de geração e transmissão de energia elétrica, em manifestação de autocontenção do Tribunal:

> 11. Quanto às propostas apresentadas pela Unidade Técnica, entendo que *o objetivo do Tribunal, ao fazer a auditoria operacional de que se trata, não foi o de determinar a adoção de novas práticas com vistas a solucionar os problemas detectados, uma vez que a administração dos sistemas energéticos e a definição da estrutura dos órgãos que os gerenciam é de competência exclusiva do Poder Executivo*, com arrimo nas normas produzidas pelo Poder Legislativo. A esta Corte cabe, neste caso, a meu ver, detectar e divulgar

as reais causas que conduziram à crise energética vivenciada, alertando as autoridades competentes dos riscos que cercam o parque energético brasileiro e da necessidade de uma política de vigilância contínua que permita detectar e corrigir eventuais desvios existentes entre os planos traçados e os objetivos efetivamente alcançados (grifos nossos).[519]

Em relação à auditoria operacional para avaliação dos critérios adotados para a definição da tarifa social da energia elétrica, objeto do Acórdão nº 344/2003,[520] em que a equipe de auditoria constatou distorções no modelo, não foram apresentadas determinações à ANEEL, mas recomendações ao Ministério de Minas e Energia para corrigir os problemas e qualificar o modelo, de modo a conceder a tarifa social para quem dela necessita, demonstrando observância do TCU às competências da Administração Pública para definir as políticas públicas setoriais.

Contudo, a atuação do Tribunal mais destacada em relação à ANEEL nesse período foi em relação às revisões tarifárias periódicas das distribuidoras de energia elétrica, o que provocou tensões entre o TCU e a Agência em razão das divergências quanto à metodologia adotada pela Agência, com aplicação às 64 distribuidoras do país para o ciclo de revisão no período 2002-2005.

Esse tema foi objeto de grande atenção do Tribunal, que editou norma específica para o acompanhamento das revisões tarifárias das distribuidoras de energia elétrica – a Instrução Normativa nº 43, de 3 de julho de 2002[521] –, que, à semelhança das normas de acompanhamento da desestatização, estabeleceu estágios para o processo, documentos a serem encaminhados pela ANEEL e seus respectivos prazos.

A IN nº 43/2002, de igual forma ao previsto na IN nº 27/98, estabelecia no art. 7º, parágrafo único,[522] que, a critério do relator, a

---

[519] BRASIL. Tribunal de Contas da União. *Decisão nº 456/2002*. Plenário. Relator: Min. Ubiratan Aguiar. Brasília, 8.05.2002.

[520] BRASIL. Tribunal de Contas da União. *Acórdão nº 344/2003*. Plenário. Relator: Min. Ubiratan Aguiar. Brasília, 9.4.2003.

[521] BRASIL. Tribunal de Contas da União. *Acórdão nº 814/2002*. Plenário. Relator: Min. Augusto Sherman Cavalcanti. Brasília, 03.7.2002.

[522] "Art. 7º A fiscalização dos processos de revisão tarifária periódica será realizada pela unidade técnica competente, sob a orientação do relator em cuja lista esteja incluído o órgão regulador do setor elétrico. Parágrafo único. Para os fins do disposto neste artigo, a unidade técnica, a critério do relator, poderá realizar auditoria, inspeção ou levantamento no órgão regulador ou na concessionária de serviço público cujo processo de revisão tarifária encontra-se sob exame." *In:* BRASIL. Instrução Normativa nº 43, de 3 de julho de 2002. *Tribunal de Contas da União*. Disponível em: https://pesquisa.apps.tcu.gov.br. Acesso em: 22 set. 2020.

unidade técnica poderia realizar auditoria, inspeção ou levantamento na agência reguladora *ou diretamente na concessionária de serviço público.* Como se percebe, *essa norma estabelecia ampla discricionariedade ao relator para fiscalizar diretamente a concessionária,* desconsiderando as competências legais da ANEEL.

Antes da edição dessa norma, o Tribunal apreciou, na Decisão nº 1.066/2001,[523] o primeiro processo de revisão tarifária do setor de energia elétrica. Tratou-se de processo da Espírito Santo Centrais Elétricas S.A. (ESCELSA) relacionado à segunda revisão da distribuidora realizada pela ANEEL, com aumento médio de 19,89% autorizado pela Resolução nº 320, de 06.8.2001, emitida pela Agência.

Essa decisão, relatada pelo Ministro Ubiratan Aguiar, e as que se seguiram nesse processo requerem o exame mais aprofundado, pois ilustram a posição do Tribunal nesse período quanto ao controle das agências em suas atividades finalísticas. Nessa decisão, o Relator inicia afirmando a legitimidade do TCU para avaliar a atuação das agências reguladoras com base no art. 71, IV, da Constituição Federal e no princípio da eficiência.

Além disso, afirma a legitimidade do Tribunal para o controle indireto dos contratos de concessão, mediante o controle das agências, *bem como o controle direto dos contratos,* com base nos arts. 41 a 47 da Lei nº 8.443/92. Aliás, essa posição foi expressamente manifestada em sede doutrinária pelo Ministro Benjamin Zymler, que sustentava, *à época,* a possibilidade de fiscalização *direta* das concessionárias pelo TCU em caso de omissão das agências:

> Entretanto, fica claro que o TCU exerce uma atividade fiscalizatória de segundo grau, que *busca identificar se as agências estão bem e fielmente cumprindo seus objetivos institucionais, dentre os quais o de fiscalizar a prestação de serviços públicos. Deve a Corte de Contas, no desempenho de sua competência constitucional, atestar a correção da execução destes contratos.* Ressalte-se, todavia, que esta ação não visa a controlar a empresa concessionária em si, mas apenas examinar se as agências estão fiscalizando de forma adequada os contratos por elas firmados. Não deve o Tribunal substituir as agências. Deverá, apenas, zelar pela atuação pronta e efetiva dos entes reguladores, para assegurar a adequada prestação de serviços públicos à população. *Entretanto, percebendo o*

---

[523] BRASIL. Tribunal de Contas da União. *Decisão nº 1.066/2001.* Plenário. Relator: Min. Ubiratan Aguiar. Brasília, 03.4.2002.

Tribunal omissão ou incapacidade da agência, deve agir a fim de evitar maiores transtornos à sociedade. Seja expedindo determinação às concessionárias ou permissionárias, seja cobrando das agências reguladoras o correto cumprimento de seus objetivos (grifos nossos).[524]

A Decisão nº 1.066/2001 examinou o complexo processo de revisão tarifária da ESCELSA, apontando erros de procedimento e de metodologia econômico-financeira da ANEEL. A equipe técnica propôs uma série de determinações específicas à Agência, como adoção do IGP-M, em vez do IPCA, recálculo do parâmetro β (beta) conforme mercado de referência determinado pela equipe, cálculo do fator X para o compartilhamento de eficiência com os usuários, dentre outras medidas que inegavelmente constituíam critérios regulatórios. A única *recomendação* técnica foi o estabelecimento de cronograma de procedimentos e padrões para as próximas revisões.

O Plenário adotou medida diversa, determinando a audiência do Diretor da ANEEL para apresentação de justificativas em relação aos apontamentos da área técnica, bem como determinações em relação ao cronograma referido e à ampla publicidade das notas técnicas, o que foi a medida mais acertada, tendo em vista que o processo de revisão tarifária era incipiente e bastante complexo, quer para o TCU, quer para a Agência.

As justificativas da ANEEL foram examinadas pela equipe técnica do TCU, que acolheu parcialmente as razões da Agência, como se vê no relatório da Decisão nº 1.483/2002, mas, por outro lado, os termos do relatório deixam claro que as demais correções apontadas eram mandatórias. A aplicação de multa não foi sugerida sob o argumento de que não houve má-fé da Agência.

E, nessa linha, apesar das tarifas já estarem vigentes, o encaminhamento técnico do TCU propôs a *determinação* à ANEEL para, em 90 dias, definir *novas tarifas* para a ESCELSA, conforme parâmetros elencados um a um, além de recomendações de cunho econômico-financeiro, o que foi acolhido pelo Plenário.[525]

---

[524] ZYMLER, Benjamin. O papel do Tribunal de Contas da União no controle das Agências Reguladoras. *Fórum Administrativo Direito Público – FA*, Belo Horizonte, ano 2, n. 11, jan. 2002. Disponível em: http://www.bidforum.com.br/bid/PDI0006.aspx?pdiCntd=1216. Acesso em: 28 out. 2020.

[525] BRASIL. Tribunal de Contas da União. *Decisão nº 1.483/2002*. Plenário. Relator: Min. Ubiratan Aguiar. Brasília, 30.10.2002.

A ANEEL formulou pedido de reexame contra a Decisão nº 1.483/2002, analisado no Acórdão nº 1.201/2009,[526] emitido em 3.06.2009, ou seja, *quase oito anos após a expedição da Resolução ANEEL nº 320/2001*, em novo ciclo de revisão tarifária. No Acórdão nº 1.201/2009, o recurso interposto pela Agência em 2002 foi provido, como se examinará na seção seguinte, que trata do segundo período da jurisprudência do TCU ora investigada.

Importante referir também o Acórdão nº 1.757/2003,[527] que resultou de representação da Secretaria de Fiscalização de Desestatização do TCU (Sefid) instaurada para verificar impropriedades metodológicas do processo adotado pela ANEEL para a revisão tarifária das concessionárias distribuidoras de energia elétrica, apresentando à área técnica do TCU um elenco de supostos erros e determinações específicas para sanar tais impropriedades.

A proposta da Sefid foi acolhida pelo Relator, alegando que "não existe embasamento teórico para o procedimento adotado, razão pela qual entendo cabível determinação à agência reguladora para que tome providências visando aprimorar o método adotado". A ANEEL recorreu da decisão, que foi reformada no Acórdão nº 2.386/2010.

Veja-se, portanto, independentemente do mérito da questão, que o parâmetro de controle adotado pelo Tribunal foi o *critério técnico* considerado inadequado para o caso concreto, o que extrapolou sua competência para a emissão de atos de comando, com *emissão de determinação sem o apontamento de conduta ilegal*.

Além desses dois processos, constituem exemplos dessa tensão entre o TCU e a ANEEL as revisões tarifárias da ELETROPAULO,[528] LIGHT[529] e CEMIG,[530] em que foram discutidos também os limites do TCU para o controle das agências e das questões metodológicas de cunho econômico-financeiro das respectivas revisões, com a irresignação da Agência em todos os processos em relação à maior parte das determinações do Tribunal relacionadas à metodologia, mediante interposição dos recursos regimentais cabíveis.

---

[526] BRASIL. Tribunal de Contas da União. *Acórdão nº 1.201/2009*. Plenário. Relator: Min. Aroldo Cedraz. Brasília, 03.6.2009.

[527] BRASIL. Tribunal de Contas da União. *Acórdão nº 1.757/2003*. Plenário. Relator: Min. Walton Alencar Rodrigues. Brasília, 19.11.2003.

[528] Cf. acórdãos do Plenário nº 555/04, nº 1.756/04 e nº 271/07.

[529] Cf. acórdãos do Plenário nº 556/04 e nº 1.757/04 e nº 272/07.

[530] Cf. acórdãos do Plenário nº 1.756/2003 e nº 200/2007.

CAPÍTULO 3
O CONTROLE DAS AGÊNCIAS REGULADORAS FEDERAIS DE SERVIÇOS PÚBLICOS PELO TRIBUNAL DE CONTAS DA UNIÃO | 209

Vale também lembrar que, nesse período inicial para ambas as instituições, o Tribunal apresentou, em diversos acórdãos, entendimento técnico considerado o único adequado, em contraste à alegada incorreta posição da Agência, o que é compatível com o que Eduardo Jordão refere como "concepção idealizada ou pouco realista"[531] da atuação do TCU, sobretudo se considerado que muitos problemas regulatórios admitem soluções diversas, igualmente adequadas, submetidas ao devido processo regulatório, que conta com as justificativas técnicas e a participação social em audiências e consultas públicas.

Ainda nesse aspecto, é preciso observar a distinção de atuação do Tribunal em relação aos parâmetros de legitimidade e economicidade em processos analisados no período inicial de desestatização e no período ora examinado.

Conforme se viu *na seção anterior*, o TCU aprovou, sem ressalvas, a quase totalidade dos processos de desestatização, mesmo com graves apontamentos da área técnica relacionados à subavaliação das estatais, muitos deles reconhecidos pelo Plenário, inclusive em relação ao potencial prejuízo direto aos cofres públicos, o que não foi suficiente para evitar a aprovação desses processos, em decisões que se limitaram a atestar "a conformidade dos processos à legislação aplicável".

Não é o que se viu, todavia, em relação às revisões tarifárias das concessionárias de distribuição de energia elétrica, que foram objeto de intenso controle pelo TCU sem, em regra, apontamentos diretos de ilegalidade e sem quaisquer relações com o Erário, direta ou indiretamente.

Isso não significa – deixe-se claro – que o exame dos processos de revisão tarifária pelo TCU não poderia ter sido realizado. O que é aqui objeto de exame é o tipo de ato adequado emitido pelo Tribunal quando há divergência técnica entre o TCU e a Agência, de cunho econômico-financeiro, no âmbito de competência de formulação de políticas regulatórias pelas agências reguladoras.

No exame ora realizado, há que salientar ainda, dentre os processos das três concessionárias referidas, o teor do Acórdão nº 1.756/2004,[532] e particularmente o voto do Ministro Benjamin Zymler, que inaugurou

---

[531] JORDÃO, Eduardo. A intervenção do TCU sobre editais de licitação não publicados: controlador ou administrador? *Revista Brasileira de Direito Público – RBDP*, Belo Horizonte, ano 12, n. 47, p. 209-230, out./dez. 2014, p. 222.

[532] BRASIL. Tribunal de Contas da União. *Acórdão nº 1.756/2004.* Plenário. Relator: Min. Walton Alencar Rodrigues. Brasília, 10.11.2004.

divergência em relação ao voto do Ministro Relator Walton Alencar Rodrigues, conduzindo o entendimento majoritário e expressando inclusive alteração em sua inicial posição quanto aos limites da atuação do Tribunal.

Nesse acórdão, o Relator Walton Alencar Rodrigues entendeu que a metodologia adotada pela Agência referente ao cálculo de juros sobre capital próprio apresentava incoerência em relação a sua própria escolha discricionária, bem como ofensa à proporcionalidade, de modo que caberia ao TCU restaurar a legalidade. Eis o trecho de seu voto:

> A discricionariedade técnica das agências e a proclamada autonomia decisória dessas entidades não facultam à administração agir de modo incoerente, ilógico, desarrazoado. Ao contrário, tais faculdades são concebidas pela lei como instrumento a permitir ao agente público a escolha da conduta mais apropriada à consecução dos fins contidos nas normas vigentes.
>
> [...]
>
> Ainda que complementar, a atuação dos órgãos é distinta. Via de regra, o TCU atua como órgão de superposição, exercendo o controle *a posteriori*, após a prática do ato administrativo, no exame da legalidade, legitimidade e economicidade, sem possibilidade de determinar-lhe o mérito, seara típica do administrador.
>
> No caso concreto, a ação do TCU não substituiu a autoridade administrativa. Apenas desempenhou a missão de controle que lhe é constitucionalmente reservada pela Constituição.
>
> O acórdão embargado não estabeleceu a metodologia de cálculo para a revisão tarifária - competência discricionária da Aneel – não escolheu nem fixou o índice de reposicionamento tarifário que, eventualmente, tivesse apurado como correto, nem obrigou o regulador a promover extemporânea alteração de tarifas. Limitou-se a determinar a adoção de providências para apurar os efeitos da impropriedade, consistente na ausência de consideração do pagamento de juros sobre o capital próprio, com o objetivo de assegurar os princípios da legalidade e da modicidade tarifária.[533]

No excerto citado, há um reparo a ser feito, pois, no caso concreto, a determinação do TCU,[534] se cumprida, levaria à revogação

---

[533] BRASIL. Tribunal de Contas da União. *Acórdão nº 1.756/2004*. Plenário. Relator: Min. Walton Alencar Rodrigues. Brasília, 10.11.2004.

[534] Trecho do Acórdão nº 555/2004: "9.1. determinar à Aneel que: 9.1.1 *adote as providências necessárias para incluir, no cálculo do reposicionamento tarifário da ELETROPAULO, ocorrido em 2003, os efeitos do benefício fiscal previsto na Lei nº 9.249/95*, decorrentes da distribuição

da Resolução ANEEL nº 324/2003, que definiu o reposicionamento tarifário em 10,95% para os serviços da ELETROPAULO. Portanto, não houve "apenas" determinações do TCU para as futuras revisões, como dito no voto, mas sim para o reposicionamento tarifário já autorizado pela Agência e em vigor.

O voto do Ministro Revisor Benjamin Zymler, na esteira do voto proferido no Acórdão nº 1.703/2004, de 3.11.2004, decisão paradigma emitida em processo de concessão rodoviária que será adiante examinada, tratou longamente das competências do TCU e de seus limites, bem como dos efeitos negativos para a segurança jurídica e para a atração de investimentos que poderiam ser causados com a atuação reguladora do Tribunal.

E mais: *nesse voto foi registrado que o TCU exerceu indevidamente a competência regulatória em diversas ocasiões em razão da falta de aparelhamento inicial das agências.* Eis os respectivos trechos do voto do Ministro Zymler:

> 26. O TCU deve atuar de forma complementar à ação das entidades reguladoras no que concerne ao acompanhamento da outorga e da execução contratual dos serviços concedidos. Afinal, o fato de o Poder Concedente deter competência originária para fiscalizar a atuação das concessionárias não impede a atuação cooperativa e suplementar do TCU, que pode, assim, fiscalizar a prestação dos serviços públicos delegados. Por outro lado, *a Corte de Contas não pode substituir o órgão regulador, sob pena de atuar de forma contrária à Constituição Federal.* Nesse sentido, cumpre reiterar que *a fiscalização do Tribunal deve ser sempre de segunda ordem,* sendo seu objeto a atuação das agências reguladoras como agentes estabilizadores e mediadores do jogo regulatório. Logo, essa fiscalização não deve versar sobre o jogo regulatório em si mesmo considerado.
>
> 27. *Ressalto que, em várias ocasiões, o Tribunal exerceu funções típicas de órgão regulador. Essa atuação, que pode ser considerada indevida, foi necessária quando as agências reguladoras, por se encontrarem em sua fase inicial de implantação,* ainda não dispunham das condições necessárias para exercer plenamente as respectivas competências. Ocorre que essa fase está se encerrando, pois a maior parte das entidades reguladoras está se estruturando, inclusive no que concerne à formação de seus quadros de pessoal. *Aduzo que, se esta Corte de Contas invadir o âmbito de*

---

aos acionistas de juros sobre o capital próprio; 9.1.2 inclua, nos próximos processos de revisão tarifária, os efeitos do benefício fiscal previsto na Lei nº 9.249/95, decorrentes da distribuição aos acionistas de juros sobre o capital próprio; [...]" (grifos nossos).

competência discricionária das agências reguladoras, ainda que movida pela busca do interesse público, o TCU contribuirá para o incremento da "incerteza jurisdicional", que gera o receio de que os contratos não serão cumpridos na forma em que foram celebrados, implicando o incremento do custo indireto de transação dos investimentos internacionais e a consequente necessidade de manutenção de elevadas taxas de juros, consoante lembrado pelo ilustre Procurador-Geral. Assim sendo, entendo que, daqui por diante, o TCU deve procurar restringir sua atuação de forma a adequá-la aos parâmetros constitucionais e legais (grifos nossos).[535]

Observe-se que esse entendimento não contempla mais a possibilidade de atuação direta do TCU nas delegatárias de serviços públicos em face de eventual omissão das agências reguladoras, que, nessa hipótese, deverão ser instadas a exercer suas competências legais e eventualmente responsabilizadas, uma vez que a falta de atuação ou atuação equivocada não legitima o exercício de tal competência por outros órgãos e entidades.

Restou claro também que, segundo a ótica do Tribunal, cabe-lhe controlar as agências reguladoras, com o respeito a sua esfera de discricionariedade, sob pena de a indevida atuação reguladora do Tribunal contribuir para um ambiente de insegurança jurídica e instabilidade setorial.

Note-se, também, que houve *o reconhecimento expresso da atuação reguladora indevida do TCU* para suprir deficiências de estrutura nas agências à época recentemente instaladas, o que expressa, na verdade, o comprometimento da validade das decisões do Tribunal, tendo em vista o exercício de competência legal própria das agências reguladoras.

Cumpre destacar ainda nesse voto a posição que ficou firmada no Tribunal, aplicada posteriormente para as revisões da LIGHT, CEMIG e ESCELSA, como já tratado antes, pertinente à competência do Tribunal em relação aos atos vinculados e aos atos discricionários, que se apresenta bastante adequada, preservando as competências do controle e da regulação:

> 31. Finalmente, ressalto que, no exercício do controle externo das concessões de serviços públicos, o TCU se defronta com dois tipos de atos praticados pelas agências reguladoras: os vinculados e os discricionários. *Quando os atos supostamente irregulares forem do primeiro tipo, ou seja,*

---

[535] BRASIL. Tribunal de Contas da União. *Acordão nº 1.756/2004.* Plenário. Relator: Min. Walton Alencar Rodrigues. Brasília, 10.11.2004.

CAPÍTULO 3
O CONTROLE DAS AGÊNCIAS REGULADORAS FEDERAIS DE SERVIÇOS PÚBLICOS PELO TRIBUNAL DE CONTAS DA UNIÃO | 213

quando as entidades reguladoras tiverem violado expressa disposição legal, o Tribunal pode determinar a esses entes que adotem as providências necessárias à correção das irregularidades detectadas. Por outro lado, quando se tratar de atos discricionários, praticados de forma motivada e visando satisfazer o interesse público, esta Corte de Contas pode unicamente recomendar a adoção de providências consideradas por ela mais adequadas. Afinal, nessa última hipótese, a lei conferiu ao administrador uma margem de liberdade, a qual não pode ser eliminada pelo TCU.

32. Contudo, se o ato discricionário sob enfoque contiver vício de ilegalidade ou se tiver sido praticado por autoridade incompetente, se não tiver sido observada a forma devida, se o motivo determinante e declarado de sua prática não existir ou, ainda, se estiver configurado desvio de finalidade, esta Corte de Contas será competente para avaliá-lo e para determinar a adoção das providências necessárias ao respectivo saneamento, podendo, inclusive, determinar a anulação do ato em questão. Assim sendo, será sempre necessária uma análise caso a caso para determinar a existência de um desses vícios ensejadores da ação corretiva do TCU (grifos nossos).[536]

Com esses argumentos, dentre outros na mesma linha, os embargos de declaração opostos pela ANEEL foram providos por maioria para recomendar à Aneel que "avalie a oportunidade, a conveniência e a forma mais adequada de consideração dos efeitos do benefício fiscal decorrente da distribuição de juros sobre o capital próprio, na forma prevista na Lei nº 9.249/1995".[537] Essa decisão foi objeto de novos embargos de declaração pelo Ministério Público de Contas, ao final rejeitados no Acórdão nº 272/2007.[538]

Como se percebe, o Acórdão nº 1.756/2004 comentado afirmou, no âmbito do setor elétrico, importante paradigma de controle das agências reguladoras, cumprindo verificar se, a partir dele, o TCU observou tal definição para a emissão de recomendações e determinações às agências reguladoras nos diversos temas examinados pelo Tribunal.

Feito o exame de alguns dos processos iniciais de revisão tarifária das distribuidoras de energia elétrica, e para finalizar a análise do TCU em relação ao setor elétrico no período selecionado, cabe analisar a auditoria realizada na ANEEL em 2004 para verificar a atuação da

---

[536] BRASIL. Tribunal de Contas da União. Acórdão nº 1.756/2004. Plenário. Relator: Min. Walton Alencar Rodrigues. Brasília, 10.11.2004.

[537] BRASIL. Tribunal de Contas da União. Acórdão nº 1.756/2004.

[538] BRASIL. Tribunal de Contas da União. Acórdão nº 272/07. Plenário. Relator: Min. Benjamin Zymler. Brasília, 7.3.2007.

Agência em relação à Eletropaulo, Light, Elektro e CPFL, quanto ao cumprimento de obrigações legais e contratuais das concessionárias. Nessa auditoria, examinada no Acórdão nº 1.708/2005,[539] além de ter sido constatado o prejuízo à fiscalização econômico-financeira pelo "intenso contingenciamento orçamentário" da Agência, foi considerado que a ANEEL atuou de forma satisfatória na maior parte dos casos.

Todavia, a Sefid propôs a *determinação* à ANEEL para a instauração de procedimento administrativo contra a concessionária para apurar eventual descumprimento da Eletropaulo quanto ao oferecimento de garantia bancária sem a anuência da Agência. Tal proposta não foi acolhida pelo Plenário, que se limitou a *recomendar* à ANEEL o exame sobre a eventual necessidade de regulamentar a matéria, uma vez que não houve qualquer infringência à disposição legal ou contratual.[540]

Constata-se, portanto, nesse acórdão, que andou bem o Plenário, já que não foi apontada ilegalidade no ato da concessionária e, menos ainda da ANEEL, de modo que não cabia a determinação proposta pela Secretaria de Fiscalização da Desestatização.

É possível concluir também até aqui que o parâmetro de expedição de determinações e recomendações inaugurado no setor elétrico pelo Acórdão nº 1.756/2004 não encontrou eco na Secretaria de Fiscalização de Desestatização do Tribunal, que continuou a propor determinações mesmo diante da ausência de ilegalidades e para atos discricionários das agências reguladoras.

3.2.2 O controle da regulação das telecomunicações

De outra parte, analisando a jurisprudência do TCU quanto à ANATEL e aos *atos de desestatização* do setor de telecomunicações, verificou-se que, em regra, o parâmetro adotado pelo Tribunal nas suas decisões também foi a legalidade, de igual forma ao que ocorreu no primeiro período de desestatização, examinado na seção anterior. A diferença constatada foi a *aprovação com ressalvas* em expressivo número de decisões que deliberaram sobre diferentes estágios das delegações.[541]

---

[539] BRASIL. Tribunal de Contas da União. Acórdão nº 1.708/2005. Plenário. Relator: Min. Walton Alencar Rodrigues. Brasília, 26.10.2005.

[540] BRASIL. Tribunal de Contas da União. Acórdão nº 1.708/2005. Plenário. Relator: Min. Walton Alencar Rodrigues. Brasília, 26.10.2005.

[541] Examinaram-se 30 decisões e acórdãos no período de 1998 a 2004, relacionados a delegações de TV a cabo, serviço telefônico fixo comutado, serviço móvel pessoal,

CAPÍTULO 3

O CONTROLE DAS AGÊNCIAS REGULADORAS FEDERAIS DE SERVIÇOS PÚBLICOS PELO TRIBUNAL DE CONTAS DA UNIÃO | 215

A Decisão nº 463/98 foi uma das primeiras deliberações do TCU no setor de telecomunicações e tratou da desestatização da TELEBRAS.[542] Embora não tenha envolvido a ANATEL, é oportuno trazer novamente o entendimento do Ministro José Bento Bugarin, quanto à função do Tribunal:

> 12. Nesse sentido, é prudente reforçar que *a Corte de Contas não se ocupa das discussões teóricas envolvendo a conveniência e oportunidade da privatização de qualquer empresa*, porquanto o grau de intervenção do Estado na atividade econômica é questão a ser decidida pelo Poder Executivo juntamente com as Casas do Congresso Nacional. O que cabe ao Tribunal analisar é a maneira pela qual estão sendo feitas as privatizações, ou seja, a forma de condução do Processo de Desestatização, *tanto pela ótica da legalidade como da legitimidade e da economicidade* (grifos nossos).[543]

Verificou-se também que, a exemplo da ANEEL, a ANATEL irresignou-se com as decisões do Tribunal em diversos processos, apresentando pedidos de reexame. Vale destacar, por exemplo, a Decisão nº 230/2001,[544] referente à delegação de TV a cabo, em que o TCU fez uma série de determinações relacionadas à metodologia para o cálculo do seu valor, às Leis nº 8.666/93 e nº 8.987/95, bem como ao aditamento dos contratos de concessão para que neles constassem as cláusulas essenciais elencadas pela Lei nº 8.987/95.

Essa decisão foi objeto de pedido de reexame, parcialmente acolhido no Acórdão nº 231/2003,[545] em que foi reproduzido parecer

---

serviço de sinal multiponto multicanal e direito de exploração de satélite. Apresentaram aprovações com ressalvas as seguintes decisões, todas emitidas pelo Plenário: Decisão nº 318/2000, Decisão nº 319/2000, Decisão nº 1.098/2000, Decisão nº 182/2001, Decisão nº 183/2001, Decisão nº 230/2001, Decisão nº 334/2001, Decisão nº 483/2001, Decisão nº 268/2002, Decisão nº 433/2002, Decisão nº 849/2002, Decisão nº 921/2002, Decisão nº 964/2002, Decisão nº 1.311/2002, Decisão nº 776/2003, Decisão nº 1.577/2003, Decisão nº 1.662/2003, Decisão nº 1.663/2003, Decisão nº 1.669/2003, Decisão nº 105/2004, Decisão nº 106/2004, Decisão nº 139/2004, Decisão nº 171/2004. As seguintes decisões contemplam aprovações sem ressalvas: Decisão nº 463/1998, Decisão nº 464/1998, Decisão nº 320/2000, Decisão nº 1.060/2000, Decisão nº 933/2001, Decisão nº 164/2003, Decisão nº 736/2003.

[542] Conforme apontado no *Acórdão nº 463/1998*, a TELEBRAS não foi incluída no Programa Nacional de Desestatização.

[543] BRASIL. Tribunal de Contas da União. *Decisão nº 463/98*. Plenário. Relator: Min: Bento José Bugarin. Brasília, 27.07.1998.

[544] BRASIL. Tribunal de Contas da União. *Decisão nº 230/2001*. Plenário. Relator: Min. Valmir Campelo. Brasília, 25.04.2001.

[545] BRASIL. Tribunal de Contas da União. *Decisão nº 231/2003*. Plenário. Relator: Min. Augusto Sherman Cavalcanti. Brasília, 19.03.2003.

do Ministério Público de Contas, da lavra do então Procurador-Geral Lucas Rocha Furtado, cuja posição foi aceita pelo Plenário, acerca da inaplicabilidade ao serviço de TV a cabo das Leis nº 8.666/93, nº 8.987/95 e nº 9.074/95 por força do art. 212 da Lei nº 9.472/97.[546]

Com isso, a determinação para o aditamento dos contratos de concessão foi suprimida, sendo constatado o equívoco da Sefid e da Secretaria de Recursos (Serur) no exame jurídico dessa matéria.

No que tange às auditorias operacionais, são oportunas algumas considerações em relação às telecomunicações, iniciando-se pela Decisão nº 212/2002,[547] que examinou a auditoria realizada no período de outubro a dezembro de 2000 para avaliação da fiscalização, pela ANATEL, das delegações de telefonia fixa e móvel e TV por assinatura, sob as perspectivas da qualidade, da universalização e do atendimento ao usuário.

A área técnica constatou uma série de problemas na fiscalização da qualidade e do atendimento ao usuário, bem como na fiscalização econômico-financeira dos serviços, apontando deficiências importantes da ANATEL nessa atividade. No entanto, a decisão faz determinações e recomendações cujos fundamentos não se diferenciam, inexistindo critério seguro para a apresentação de uma e outra pelo TCU.

Não apresenta a decisão tampouco os dispositivos legais que estariam sendo violados pela ANATEL, o que poderia ter sido facilmente indicado, de modo a estabelecer o que implicou infração à legislação ou ao menos aos princípios jurídicos, e o que seria recomendação para aprimorar a função reguladora.

Veja-se, por exemplo, que foi *determinada* à Agência a realização de estudos conclusivos para a definição dos ganhos de produtividade e foi *recomendada* a realização de estudos conclusivos para a definição de metodologia para as tarifas de interconexão, inexistindo fundamentos no acórdão para a adoção de medidas distintas para a realização de estudos técnicos.

---

[546] "Art. 212. O serviço de TV a Cabo, inclusive quanto aos atos, condições e procedimentos de outorga, continuará regido pela Lei nº 8.977, de 6 de janeiro de 1995, ficando transferidas à Agência as competências atribuídas pela referida Lei ao Poder Executivo." *In:* Lei nº 9.472, de 16 de julho de 1997. *Planalto.* Disponível em: https://www.planalto.gov.br/ccivil_03/leis/l9472.htm. Acesso em: 17 out. 2020.

[547] BRASIL. Tribunal de Contas da União. *Decisão nº 215/2002.* Plenário. Rel. Min. Iram Saraiva. Julg. em 20.03.2002.

E quanto às recomendações, percebe-se que estas não constituem contribuições para o aperfeiçoamento da gestão e da atividade finalística das agências, mas, ao contrário, *tiveram caráter nitidamente mandatório*, o que constitui distorção da relevante função colaborativa do Tribunal para a Administração Pública e para as agências reguladoras em particular. Na decisão em comento, foi determinado à Secretaria Federal de Controle Interno "que informe, nas próximas contas da entidade, acerca do cumprimento das determinações e do acatamento das recomendações ora efetuadas".

Tal conclusão é confirmada no monitoramento da Decisão nº 212/2002, constante no Acórdão nº 1.196/05,[548] que refere a instauração do procedimento de fiscalização para a "verificação do cumprimento das determinações e recomendações proferidas pelo Tribunal, por ocasião do exame do Relatório de Auditoria de Natureza Operacional [...]".

É grande parte do relatório dessa decisão, que reproduz parte do relatório técnico da Sefid, é destinado ao exame da recomendação para a realização da revisão tarifária que antes tinha sido atribuída à discricionariedade da Agência.

Constata-se que, no relatório de monitoramento, a área técnica passou a analisar a legalidade da ausência de revisão, em face de indícios de ganhos indevidos das concessionárias e da fragilidade da regulação econômica realizada pela ANATEL, propondo ao Plenário agora *determinar* a realização de revisão tarifária se constatado o desequilíbrio econômico-financeiro em favor das concessionárias, o que foi acolhido pelo Plenário.

Independentemente do acerto ou não da medida inicialmente recomendada e das considerações econômico-financeiras – que não servem, evidentemente, para estabelecer competências –, percebe-se que não havia clareza e segurança, quer na área técnica, quer no Plenário, quanto à diretriz fixada pelo próprio Tribunal no Acórdão nº 1.703/2004, a ser examinado, e no Acórdão nº 1.756/2004, já mencionado, com voto condutor do Ministro Benjamin Zymler, referente à emissão de determinações para atos vinculados e de recomendações para atos discricionários das agências.

---

[548] BRASIL. Tribunal de Contas da União. *Decisão nº 1.196/2005*. Plenário. Relator: Min. Marcos Bemquerer Costa. Brasília, 17.08.2005.

Outro exemplo do tratamento instável do Tribunal às recomendações, que ora constituem sugestões de aprimoramento das atribuições regulatórias, ora se apresentam como autênticas determinações, é o Acórdão nº 2.109/2006, que examinou longamente a auditoria operacional sobre a atuação da ANATEL no acompanhamento da qualidade dos serviços de telefonia fixa e móvel em suas dimensões técnica e comercial, bem como o exercício das diversas competências da Agência e a efetividade de suas ações.

O seguinte trecho do voto do Ministro Relator Ubiratan Aguiar, ao examinar a implementação do Comitê de Defesa dos Usuários, expressa o sentido frequente das recomendações adotado tanto pela área técnica quanto pelo Plenário:

> Especificamente quanto ao Comitê de Defesa dos Usuários, cujas competências foram estabelecidas por meio da Resolução Anatel nº 107/1999, verifico que, *não obstante a reativação desse comitê ter sido recomendada por meio do subitem 9.4.1 do Acórdão nº 1.458/2005 – Plenário, não houve implementação dessa medida pela Anatel. Como essa recomendação e outras constantes dessa deliberação ainda não foram integralmente cumpridas pela Agência*, entendo cabível incluir o monitoramento dessas ações em conjunto com aquelas que estão sendo dirigidas no âmbito desta ANOp ao órgão regulador (grifos nossos).[549]

Portanto, a expectativa do Tribunal ao expedir recomendações era o efetivo cumprimento dessas medidas, que eram monitoradas, de modo que é possível concluir que não havia distinção técnica segura entre a determinação e a recomendação, cujo caráter mandatório era casuístico.

Além disso, percebe-se, em alguns acórdãos, a postura autocentrada e não dialógica do Tribunal de Contas da União, em que pese a novidade do cenário jurídico-institucional, inaugurado com as desestatizações realizadas em curto período de tempo e em grande volume, e a criação das agências reguladoras, cenário esse que implicou desafios técnicos e operacionais para o TCU e para as agências.

Essa percepção fica clara no voto complementar do Ministro Augusto Sherman Cavalcanti emitido no Acórdão nº 2.109/2006, referente à ausência de oitiva da ANATEL quanto às novas medidas por ele

---

[549] BRASIL. Tribunal de Contas da União. *Acórdão nº 2.109/2006*. Plenário. Relator: Min. Ubiratan Aguiar. Brasília, 14.11.2006.

CAPÍTULO 3
O CONTROLE DAS AGÊNCIAS REGULADORAS FEDERAIS DE SERVIÇOS PÚBLICOS PELO TRIBUNAL DE CONTAS DA UNIÃO | 219

apresentadas no voto de revisão, que refere inclusive suposta "inversão hierárquica" que resultaria do diálogo prévio com a Agência acerca da viabilidade das medidas recomendadas.[550]

Embora esse trecho não expresse necessariamente a postura de todos os ministros do Tribunal de Contas da União, não é entendimento isolado, constando em alguns acórdãos. Diga-se, ainda, que o mesmo viés é percebido em alguns relatórios técnicos transcritos nas decisões analisadas.

Constatam-se também algumas *distorções em relação à função de controle*. A primeira diz respeito à inexistente hierarquia entre controlador e controlado, tratando-se o controle de função estatal que deve preservar as competências institucionais de ambos, a fim de garantir a validade das decisões do Tribunal, e não sobrepor-se às competências do controlado com argumento de autoridade ou de qualidade na avaliação do objeto do controle.

Além disso, em alguns acórdãos, há a adoção de *linguagem que denota a distorção referida*, como se observou na Decisão nº 230/2001,[551] em que, dentre outras medidas, o TCU determinou à ANATEL que "obedeça exatamente aos termos estabelecidos pela Decisão 319/2000 – Plenário".

Outra impropriedade detectada refere-se ao conceito e função da recomendação, que foi transcrita no voto entre aspas, denotando que tal medida não constitui sugestão ou orientação, mas sim deliberação do TCU que deve ser cumprida pelo controlado, na ótica do Tribunal.

---

[550] Trecho do voto do Min. Revisor Augusto Cavalcanti: "Não obstante a cautela do Relator, entendo que o Tribunal, ao fazer recomendações e, eventualmente, determinações, em Auditoria Operacional, *não precisa, nem muitas vezes, deve solicitar à Anatel que avalie, antecipadamente, a viabilidade ou a efetividade das medidas*. Primeiro, porque, a meu ver, *isso poderia implicar, de certo modo, inversão hierárquica, ao submeter opinião do controlador ao controlado*. Segundo, porque a apreciação da Anatel acerca da adoção das medidas recomendadas poderá ocorrer, *a posteriori*, no âmbito de sua discricionariedade, de maneira que as 'recomendações' desta Corte que, eventualmente, vierem a ser consideradas impertinentes pela Anatel, poderiam deixar de ser por ela adotadas, desde que o fizesse motivadamente comunicando ao Tribunal. Não se confunda discricionariedade com arbitrariedade. Essa última se caracterizaria caso o descumprimento de recomendação desta Corte fosse imotivado, situação que não tem ocorrido. Terceiro, porque a praxe (e não a obrigatoriedade) nas Auditorias Operacionais realizadas por esta Corte é submeter previamente ao auditado, para eventual manifestação, os 'achados de auditoria', e não as 'propostas' da equipe de auditoria, muito menos as 'propostas' do Relator e dos eventuais revisores, conforme se vê no item 28 deste voto revisor complementar" (grifos nossos). BRASIL. Tribunal de Contas da União. *Acórdão nº 2.109/2006*. Plenário. Relator: Min. Ubiratan Aguiar. Brasília, 14.11.2006.

[551] BRASIL. Tribunal de Contas da União. *Decisão nº 230/2001*. Plenário. Relator: Min. Valmir Campelo. Brasília, 25.04.2001.

Tais aspectos revelam, ao menos no período analisado, déficit democrático do Tribunal no processo administrativo de controle e no comportamento em relação ao controlado, o que encontrou, em relação às agências reguladoras certa inconformidade, representada nos recursos interpostos na defesa de suas prerrogativas, o que se verificou principalmente em relação à ANEEL e também em relação à ANATEL, ainda que com menor frequência.

3.2.3 O controle dos transportes e das respectivas infraestruturas

Passando agora ao exame das concessões rodoviárias, que foram objeto de intensa atuação do TCU, constatou-se que a ANTT não apresentou a mesma defesa de suas prerrogativas, tal como a ANEEL e a ANATEL. E, de igual forma ao que foi observado em relação a essas duas agências, o TCU apresentou posição idêntica, ou seja, ora emite determinações às agências com base em inobservância da lei, *ora emite determinações com caráter nitidamente regulatório, no âmbito da competência discricionária da Agência, formulando política regulatória.*

Em relação à primeira situação, em que a determinação decorre da verificação de ilegalidade pelo Tribunal, pode-se citar a Decisão nº 567/2002,[552] em que foi determinado à ANTT que promovesse a revisão dos contratos de concessão rodoviária em razão da cobrança indevida do ISS, com alíquota de 5%, efetuada pelas concessionárias no período de 1996 a 1999, sem a previsão do tributo em leis municipais.

No monitoramento da decisão referida, constante do Acórdão nº 168/2004,[553] verifica-se que a ANTT cumpriu a determinação, mas não da forma definida pelo TCU, o que, ao final, foi acolhido. O Tribunal emitiu diversas determinações com os critérios, percentuais e prazos definidos para corrigir a cobrança indevida do ISS, ou seja, sem qualquer margem para o exercício da discricionariedade da Agência quanto aos parâmetros regulatórios a serem adotados.

Note-se, aliás, que o TCU emitiu a Instrução Normativa nº 46, de 25.08.2004, para disciplinar a fiscalização "prévia e concomitante" das concessões rodoviárias pelo Tribunal, com previsão de estágios e prazos

---

[552] BRASIL. Tribunal de Contas da União. *Decisão nº 567/2002.* Plenário. Relator: Min. Walton Alencar Rodrigues. Brasília, 29.05.2002.

[553] BRASIL. Tribunal de Contas da União. *Acórdão nº 168/2004.* Plenário. Relator: Min. Walton Alencar Rodrigues. Brasília, 03.3.2004.

para o encaminhamento da documentação relacionada à concessão, de forma idêntica ao que estabeleceram as Instruções Normativas nº 27/98 e nº 43/2002, já mencionadas.

E, no que tange à fiscalização da execução contratual, também essa Instrução estabeleceu a possibilidade de fiscalização no órgão ou entidade concedente, na agência reguladora *e na concessionária*, como previsto no art. 6º, *caput*, da IN nº 46/2004.

A novidade em relação à IN nº 43/2002 diz respeito à ampliação dos atos contratuais passíveis de fiscalização para incluir as revisões, adequações e reajustes tarifários, a modificação das condições pactuadas e a aplicação de penalidades regulamentares e contratuais à concessionária. Saliente-se, todavia, que a norma em questão foi *anterior* ao Acórdão nº 1.703/2004, de 3.11.2004, a ser examinado, que constituiu decisão paradigma para alterar, *ao menos em tese*, o critério de decisão do TCU em relação às agências reguladoras.

Sobre a atuação direta do Tribunal nas concessionárias, vale referir, também, o Acórdão nº 825/2004, emitido por ocasião do acompanhamento, pelo TCU, da concessão do Polo Rodoviário de Pelotas, que abrangia rodovias delegadas ao Rio Grande do Sul pela União mediante convênio que fora denunciado pelo Estado em dezembro de 1999. Esse acórdão apresenta o entendimento técnico da Sefid quanto à possibilidade de atuação direta do TCU:

> O TCU deve atuar, *preferencialmente, por intermédio da Agência. Uma ação direta deste Tribunal sobre a concessão (fiscalização junto à empresa concessionária) justifica-se:* por Solicitação do Congresso, Denúncia ou Representação formuladas a esta Corte, *ou, quando o Ministro-Relator entender pertinente, em virtude, inclusive, de indícios de irregularidade ou deficiência ou omissão na atuação do órgão regulador* (grifos nossos).[554]

Portanto, constata-se o alinhamento, na época, entre a área técnica do Tribunal e o Plenário, com a defesa do exercício dessa atuação direta do TCU, em substituição à Agência, decorrente de decisão inteiramente discricionária e casuística do relator do processo, por solicitação do Congresso ou, ainda, em decorrência de denúncia.

Quanto à deliberação, em vez de recomendações, esse acórdão fez *determinações* genéricas à ANTT, *sem apontar ilegalidades específicas*, para

---

[554] BRASIL. Tribunal de Contas da União. *Acórdão nº 825/2004*. Plenário. Relator: Min. Adylson Motta. Brasília, 30.06.2004.

que esta verificasse a correção da execução contratual e do equilíbrio econômico-financeiro do contrato, avaliando o Programa de Exploração da Rodovia, a estimativa de custos operacionais, o cronograma de investimentos, a projeção de volume de tráfego, a taxa interna de retorno, dentre outros aspectos.

Em outro processo de auditoria de concessão rodoviária, verificou-se novamente *a atuação direta do TCU* na Concessionária Rio-Teresópolis S.A. (CRT), além da fiscalização na ANTT, a exemplo do que já ocorrera em relação às concessionárias Nova Dutra e Rodonorte.

Trata-se do Acórdão nº 988/2004,[555] decorrente de auditoria realizada em 2002, em que fora examinada a execução contratual, abrangendo o equilíbrio econômico-financeiro, reajustes e revisões tarifárias, adequações do Programa de Exploração Rodoviária (PER), Taxa Interna de Retorno (TIR), investimentos realizados e alterações no fluxo de caixa, dentre outros aspectos.

A auditoria examinou o contrato de concessão firmado em 1995, enfatizando cada um dos reajustes e as revisões já autorizados pelo DNER, com propostas de determinações específicas para a recém-instalada ANTT, em relação a cada um dos atos, com alteração inclusive de aspectos relevantes da modelagem da concessão, incluindo a Taxa Interna de Retorno. Consta no relatório do acórdão a seguinte *manifestação da ANTT* quanto ao relatório de auditoria e as 32 determinações propostas pelos auditores:

> A Agência Reguladora, por meio do Ofício nº 577/ANTT/2002 (fls. 88/89), de 15/8/2002, concluiu, *in verbis*: "Certo é que, decidido o assunto por essa Corte de Contas, *a ANTT imediatamente adotará as providências para o cumprimento das recomendações que lhe forem dirigidas, no prazo determinado, ou antes, se possível,* delas dando ciência a essa Secretaria". Manifestou, contudo, a preocupação quanto ao prazo de 30 dias sugerido pela equipe de auditoria para a adoção das medidas indicadas no inciso II da proposta, cuja execução, segundo a Agência, demandaria, no mínimo, 120 dias (grifos nossos).[556]

Veja-se, portanto, que a postura da ANTT foi de integral sujeição às propostas de determinações regulatórias apresentadas pelos dois auditores que realizaram a auditoria na concessionária, inclusive com

---

[555] BRASIL. Tribunal de Contas da União. *Acórdão nº 988/2004*. Plenário. Relator: Min. Marcos Vinícios Vilaça. Brasília, 21.07.2004.

[556] BRASIL. Tribunal de Contas da União. *Acórdão nº 988/2004*. Plenário. Relator: Min. Marcos Vinícios Vilaça. Brasília, 21.07.2004.

instabilização da relação contratual, uma vez que as propostas abrangiam relevantes alterações anteriores à decisão do Tribunal, incluindo a revogação de revisão contratual já implementada.

O Relator desse processo acolheu a proposta técnica, determinando uma série de medidas à ANTT que implicaram alterações do fluxo de caixa da concessão e, consequentemente, da receita, exclusão do ISS, adoção do fluxo de caixa não alavancado, com redução da TIR, bem como multa ao gestor do DNER.

Note-se que *apenas a concessionária apresentou pedido de reexame do acórdão*, manifestando a inconformidade em relação à implementação do fluxo de caixa não alavancado desde o início da concessão e à Taxa Interna de Retorno, reexame esse que foi objeto do Acórdão nº 1.703/2004.[557] Nessa decisão, foi examinada a competência do TCU para o controle das atividades finalísticas das agências reguladoras, constituindo importante alteração de paradigma até então adotado pelo Tribunal.

A Secretaria de Recursos (Serur), ao examinar tal questão, sustentou que o TCU não estava invadindo a competência finalística das agências reguladoras, mas "apenas verifica e garante, *visando à segurança de toda a sociedade*, que as agências estão atuando em conformidade com as leis do país e respeitando os contratos assinados" (grifos nossos).

Essa afirmação, além de referir a postura autocentrada já mencionada anteriormente, com superestimação das atribuições do Tribunal de Contas da União, que já são de grande relevância e abrangência, não se coaduna com o próprio processo examinado, em que o Tribunal determinou alterações desde o início da vigência do contrato, substituindo-se à ANTT.

Nesse acórdão foi emitido parecer do Ministério Público de Contas, da lavra do Procurador-Geral Lucas Rocha Furtado, que opinou pelo provimento do pedido de reexame para suprimir as determinações emitidas à ANTT, *reconhecendo a discricionariedade técnica da Agência*, tendo em vista a ausência de previsão legal para as determinações, bem como de disciplina específica no edital e no contrato de concessão acerca da alavancagem do fluxo de caixa e do cálculo da TIR.

O voto do Relator Benjamin Zymler apresenta o expresso reconhecimento da atuação reguladora indevida do TCU em determinados processos. Disse o Ministro Zymler:

---

[557] BRASIL. Tribunal de Contas da União. *Acórdão nº 1.703/2004*. Plenário. Relator: Min. Benjamin Zymler. Brasília, 3.11.2004.

Por outro lado, a Corte de Contas não pode substituir o órgão regulador, sob pena de atuar de forma contrária à Constituição Federal. Nesse sentido, cumpre reiterar que a *fiscalização do Tribunal deve ser sempre de segunda ordem, sendo seu objeto a atuação das agências reguladoras* como agentes estabilizadores e mediadores do jogo regulatório. Logo, *essa fiscalização não deve versar sobre o jogo regulatório em si mesmo considerado* (grifos nossos).[558]

Assim, o pedido de reexame da concessionária foi provido em parte para *recomendar* à ANTT a avaliação da conveniência e oportunidade de revisão do fluxo de caixa não alavancado, da TIR e dos índices de correção monetária adotados nas revisões contratuais, sendo mantidas as demais determinações do Acórdão nº 988/2004, com os devidos ajustes decorrentes do reexame.

Esse acórdão foi bastante significativo, pois, como já dito, inaugurou um novo padrão de controle das agências reguladoras pelo TCU, o que, como se verá, não logrou integral sucesso, pois continuou sendo frequente a atuação reguladora do Tribunal, em questões claramente discricionárias, de competência exclusiva das entidades de regulação setorial recentemente instituídas.

Quanto ao transporte rodoviário, cabe referir o Acórdão nº 1.918/2003,[559] que examinou a permissão e a autorização ilegais do transporte rodoviário interestadual e internacional de passageiros pelo Ministério dos Transportes, em ofensa à Constituição Federal, à Lei nº 8.987/95 e aos regulamentos do setor, a pretexto de regularizar a prestação dos serviços pelas transportadoras.

O TCU constatou graves irregularidades nesses processos, viabilizados por pareceres jurídicos flagrantemente contrários à legislação, emitidos no âmbito do Ministério do Transporte. Em relação à ANTT, foi determinado adequadamente que instaurasse processos administrativos para a invalidação das delegações ilegais, com observância do contraditório e da ampla defesa, para a promoção dos processos licitatórios.[560]

---

[558] BRASIL. Tribunal de Contas da União. *Acórdão nº 1.703/2004*. Plenário. Relator: Min. Benjamin Zymler. Brasília, 3.11.2004.

[559] BRASIL. Tribunal de Contas da União. *Acórdão nº 1.918/2003*. Plenário. Relator: Min. Walton Alencar Rodrigues. Brasília, 10.12.2003.

[560] Registre-se que o Acórdão nº 1.918/2003 foi objeto de embargos de declaração pela ANTT, em face de suposta omissão quanto à aplicação do art. 50 da Lei nº 10.233/2001, embargos esses que foram rejeitados no Acórdão nº 542/2004. Além disso, as empresas de transporte, bem como os gestores e advogados pessoalmente responsabilizados, apresentaram pedidos de reexame do Acórdão nº 1.918/2003, decididos no Acórdão nº 1.707/2004.

Por sua vez, o Acórdão nº 541/2003[561] examinou representação do Poder Legislativo de Juiz de Fora em relação às irregularidades no serviço prestado por duas concessionárias de transporte ferroviário, com reflexos no meio ambiente, patrimônio cultural e segurança.

Nessa decisão, que diz respeito às competências da Agência e preservou suas atribuições legais, foi *determinada* à ANTT e à RFFSA a fiscalização conjunta dos contratos de concessão (os bens arrendados eram de propriedade da companhia estatal), e *recomendada* à ANTT a realização de estudos técnicos para a projeção de demanda nos trechos com tráfego suspenso pelas concessionárias e sua repercussão nas metas contratuais e no equilíbrio econômico-financeiro da concessão.

No que diz respeito à atuação da Agência Nacional de Transportes Aquaviários, selecionaram-se dois acórdãos para o período sob exame, que demonstram a alteração da posição do Tribunal de Contas da União, ocorrida nos julgamentos do final de 2004, já referidos linhas atrás, capitaneados pelo então Procurador-Geral do Ministério Público de Contas Lucas Rocha Furtado e pelo Ministro Benjamin Zymler.

Nessa alteração de entendimento quanto ao controle das agências reguladoras pelo TCU, houve maior deferência às competências dessas entidades para o exercício das competências legais e controle dos agentes regulados, com a modificação da posição inicial do Tribunal a respeito da possibilidade de controle direto desses agentes.

Essa modificação – e avanço – da posição do TCU quanto à abrangência de suas próprias competências pode ser vista no Acórdão nº 2.023/2004,[562] de 8.12.2004, em que o Tribunal examinou a representação do MP/TCU em relação à cobrança de tarifa adicional e alegadamente indevida realizada pela TECON Salvador S.A., em razão da movimentação de contêineres destinados a outros recintos alfandegados.

Em relato breve para a compreensão do tema, a questão fora suscitada por usuários do porto, especificamente as Estações Aduaneiras Interiores, que foram oneradas com a tarifa adicional para a segregação de contêineres, cujo valor poderia ser decidido livremente, como sustentado pela TECON e pela Companhia das Docas do Estado da Bahia (CODEBA).

---

[561] BRASIL. Tribunal de Contas da União. *Acórdão nº 541/2003*. Plenário. Relator: Min. Marcos Vinicios Vilaça. Brasília, 25.03.2003.

[562] BRASIL. Tribunal de Contas da União. *Acórdão nº 2.023/2004*. Plenário. Relator: Min. Adylson Motta. Brasília, 8.12.2004.

O Conselho de Autoridade Portuária (CAP) entendeu que essa segregação de cargas, embora implicasse custos adicionais, já integrava a tarifa definida no contrato de arrendamento e levou a questão à ANTAQ, que a examinou e concluiu pela abusividade da cobrança, oficiando o CADE e a Secretaria de Desenvolvimento Econômico do Ministério da Justiça para a verificação de eventual abuso da posição dominante no mercado. Além disso, o litígio foi ao TCU e também ao Poder Judiciário, nas esferas federal e estadual.

A interpretação e a execução do contrato de arrendamento e a atuação da CODEBA na fiscalização contratual revestiram-se de intensa litigiosidade nas searas administrativa e judicial, envolvendo diversos atores relacionados ao arrendamento do Porto de Salvador, com diferentes entendimentos acerca da matéria, inclusive na Diretoria da ANTAQ.

O Relator Ministro Adylson Motta examinou longamente a matéria, firmando o entendimento inicial de que a cobrança da tarifa adicional era indevida. Posteriormente, sua posição foi reconsiderada por entender que, em face da legislação aplicável, "a Agência é competente para dirimir o conflito em debate".

Em sua declaração de voto, o Ministro Benjamin Zymler reiterou o entendimento de que compete à ANTAQ prevenir e reprimir infrações à ordem econômica e que a atuação do TCU em relação às agências deve ser cuidadosa quando se tratar das atividades finalísticas, de modo a preservar "ao máximo o âmbito de competência dessas entidades públicas".[563]

Assim, foi tão somente fixado o prazo de 45 dias para a ANTAQ emitir a decisão final, prazo esse que foi discricionariamente determinado no acórdão do TCU, e, ainda que bem mais restrita quanto à proposta inicial do Plenário, a determinação também revela a disposição do Tribunal para o controle geral dos atos da Administração.[564]

---

[563] "13. Tendo em vista que a Corte de Contas não pode pretender substituir as entidades reguladoras, assumindo funções que lhes foram atribuídas pela Constituição ou pela legislação infraconstitucional, o Tribunal não deve manifestar-se previamente sobre o mérito da questão ora posta. Ao contrário, ele deve encaminhar essa lide à agência reguladora, a quem cumpre, no âmbito de suas competências, resolvê-la de forma autônoma." *In*: BRASIL. Tribunal de Contas da União. *Acórdão nº 2.023/2004.* Declaração de voto do Min. Benjamin Zymler.

[564] Registre-se que o Acórdão nº 2.023/2004 foi objeto de embargos de declaração pelo TECON Salvador, improvidos pelo TCU, conforme Acórdão nº 541/2005, e também de Pedido de Reexame pelo TECON, examinado no Acórdão nº 1.324/2008, que teve o julgamento do mérito prejudicado em razão de decisão judicial definitiva que considerou legal a tarifa

Ainda em relação à ANTAQ, cabe analisar o Acórdão nº 768/ 2005, que tratou de irregularidades da Administração dos Portos de Paranaguá e Antonina – APPA denunciadas pelo Congresso Nacional, em razão das quais houve a fiscalização do TCU no Porto de Paranaguá, que examinou também a fiscalização anterior realizada pela ANTAQ.

Diversos problemas foram constatados na gestão desses portos, com reflexos na segurança e na manutenção do patrimônio público. Além disso, foi verificada a ilegalidade no impedimento realizado pela Administração Portuária para o embarque de soja transgênica, em vez da segregação da soja tradicional, como exigido pela legislação, prestação irregular de serviços pela Autoridade Portuária, inexistência de inventário e cessão de bens, ausência de medidas para proteção ao meio ambiente, dentre outras.

O voto do relator analisou novamente os limites de atuação do TCU em face das agências reguladoras, referindo manifestação de Benjamin Zymler de que o Tribunal não pode substituir-se às agências, examinando o mérito da questão. Por isso, o Relator sustentou que o Tribunal deveria tão somente fixar prazo para a ANTAQ adotar as medidas compatíveis com suas atribuições legais e regulamentares.[565]

Assinale-se, finalmente, que a Agência Nacional de Aviação Civil (ANAC), instituída em 2005, foi instalada em 2006, de modo que não há jurisprudência do TCU relacionada à Agência no período em exame, mas apenas uma decisão – o Acórdão nº 2.420/2006[566] – que deliberou sobre o levantamento de auditoria realizado pelo Tribunal no Sistema de Controle de Tráfego Aéreo, abrangendo as atividades do Ministério da Defesa, do Comando da Aeronáutica, da INFRAERO e da ANAC.

Em relação à Agência, foi apontada genericamente a existência de falhas no processo de concessão do transporte aéreo de passageiros,

---

adicional para segregação de contêineres. Importante referir que o Acórdão nº 1.324/2008 refere o *recurso hierárquico impróprio* interposto pelo TECON Salvador junto ao Ministério dos Transportes contra a decisão da diretoria da ANTAQ, desfavorável à empresa. Esse recurso foi analisado no Parecer nº 244/2005, emitido pela Consultoria Jurídica do Ministério dos Transportes, que opinou pelo seu integral provimento, *sendo acolhido pelo Ministro para reformar a decisão da Agência.* Apesar disso, a ANTAQ emitiu a decisão final no Acórdão nº 003/2005, determinando que a CODEBA adotasse providências junto aos operadores portuários a fim de que se abstivessem de cobrar tarifa adicional pela segregação de contêineres.

[565] BRASIL. Tribunal de Contas da União. *Acórdão nº 768/2005.* Plenário. Relator: Min. Valmir Campelo. Julg. em 15.06.2005.

[566] BRASIL. Tribunal de Contas da União. *Acórdão nº 2.420/2006.* Plenário. Relator: Min. Augusto Nardes. Brasília, 12.12.2006.

sem a comprovação da interlocução com outros órgãos e entidades envolvidos, com impacto no tráfego aéreo, bem como a falta de exigência, pela Agência, da motivação dos órgãos consultivos nos pareceres referentes à concessão do serviço e à alteração de horários. Ao final, quanto à ANAC, houve apenas a determinação para que exija dos órgãos consultivos a motivação referida, em cumprimento ao art. 50 da Lei nº 9.784/99.

Assim, em face das decisões do Tribunal de Contas da União emitidas em relação às agências reguladoras federais de serviços públicos no período de 1997 a 2006, apresentam-se as seguintes *conclusões parciais*:

1. As Instruções Normativas nº 27/98, nº 43/2002 e nº 46/2004, emitidas pelo TCU, determinaram a remessa dos estudos de viabilidade técnica e econômica das delegações de serviços públicos previamente à publicação do edital, o que permitiu, além de recomendações para o aprimoramento do instrumento licitatório, a efetiva interferência do TCU na modelagem das delegações mediante determinações ao poder concedente dos serviços públicos e às agências reguladoras.

2. Aqui, portanto, foi possível constatar a distinção de atuação do Tribunal em relação ao período de 1990 a 1996, em que, apesar da constatação de prejuízos ao Erário, não houve, de modo geral, interferência do TCU nas desestatizações de importantes companhias nacionais.

3. O TCU, na expressiva maioria dos julgados analisados, quer nas desestatizações, quer em relação à execução contratual, exerceu indevidamente competências regulatórias, conforme reconhecido expressamente pelo Tribunal, com a justificativa de ausência de estrutura das agências reguladoras, o que implicou descumprimento do princípio da legalidade e contribuiu para promover a insegurança jurídica nos setores regulados, especialmente nas revisões tarifárias periódicas das distribuidoras de energia elétrica e nos contratos de concessões rodoviárias.

4. Além disso, até o Acórdão nº 1.703/2004, de 3.11.2004, o Tribunal adotou o entendimento de que a omissão ou falha das agências reguladoras legitimava o controle direto das concessionárias de serviços públicos, como previsto na Instrução Normativa nº 27/98.

5. O controle do TCU sobre as atividades finalísticas das agências ocorria mediante determinações regulatórias específicas, sem a indicação de descumprimento legal, ou por meio da definição de prazo para a implementação de recomendações, o que restringia a competência discricionária das agências.

6. A ANEEL foi a agência reguladora que mais defendeu suas prerrogativas legais mediante a interposição dos recursos regimentais, seguida da ANATEL, que apresentou atuação recursal, ainda que mais esparsa. A ANTT, por seu turno, destacou-se pelo acolhimento das determinações e recomendações do Tribunal.

7. A partir do final de 2004, com o Acórdão nº 1.703/2004, a posição do TCU começa a mudar para reconhecer, paulatinamente, as competências das agências, sobretudo no âmbito da discricionariedade. Manifestou o Tribunal a preocupação com a repercussão de suas decisões de cunho regulatório nos projetos de desestatização, na segurança jurídica e na estabilidade setorial, bem como dos seus reflexos para a atração de investimentos nos serviços públicos, que constituem também serviços de infraestrutura e, por isso, integram a cadeia produtiva nacional.

Feitas essas constatações, cumpre agora, no segundo período de análise da jurisprudência do TCU em relação às agências reguladoras, verificar a continuidade ou não dessa autocontenção do Tribunal iniciada a partir de 2004, inclusive em razão da alteração da composição do Plenário.

Assim, será examinado se o Tribunal respeitou a própria orientação assentada em seus acórdãos e se o controle sobre os atos vinculados, em especial a expedição de atos de comando, observou suas competências constitucionais ou se, ao contrário, o TCU exerceu a função de revisor da atuação finalística das agências reguladoras.

3.3 O controle das agências reguladoras pelo TCU no período de 2007 a 2021

A pesquisa no período em tela segue a mesma metodologia e tem como objetivo avaliar o controle das agências pelo TCU em um cenário no qual a maior parte delas já estava consolidada, cenário esse que também contou com a renovação parcial da composição dos ministros do Tribunal de Contas da União.

Além disso, há que citar, neste período, a edição de importantes diplomas legais e regulamentares: o Decreto nº 7.624/2011, que disciplinou a concessão aeroportuária; a Lei nº 12.815/2013, que constituiu a "nova lei dos portos", revogando a Lei nº 8.630/93; a Lei nº 13.334/2016, que criou o Programa de Parcerias de Investimentos e a Lei nº 13.448/2017, que estabeleceu diretrizes para a prorrogação e relicitação dos contratos de parceria nos setores rodoviário, ferroviário e aeroportuário, de competência da União.

Registre-se também a Lei nº 13.655/2018, que acrescentou importantes dispositivos ao Decreto-Lei nº 4.657/1942, que constitui a Lei de Introdução às Normas de Direito Brasileiro.

No âmbito do Tribunal, foram emitidas a Portaria nº 82/2012, para disciplinar a apresentação dos benefícios do controle, revogando a Portaria nº 59/2004, e a Instrução Normativa nº 81, de 20.06.2018, que revogou a IN nº 27/98, a IN nº 46/2004 e a IN nº 52/2007. Essa nova instrução normativa abandonou o procedimento de controle feito em estágios, passando a orientar-se pelo princípio da significância, em que são analisados os critérios da materialidade, relevância, oportunidade e risco.

Embora ainda estabeleça a possibilidade do controle da execução contratual, conforme dispõe o art. 10, o foco desse novo regulamento é o controle dos atos de desestatização, com extensa relação da documentação a ser encaminhada previamente ao TCU, após a realização de consulta e audiência públicas, com, no mínimo, 90 dias de antecedência da data prevista para a publicação do edital, como dispõe o art. 8º da IN nº 81/2018.

O rol dos documentos necessários ao exame do TCU evidencia a atuação do Tribunal na modelagem das desestatizações e até mesmo seu aprofundamento, e não apenas o controle de conformidade acerca do cumprimento da legislação.[567]

Além disso, a IN nº 81/2018 implicou redução das análises técnicas e das deliberações em relação a um mesmo processo de desestatização, que, quanto aos serviços públicos, ocorria em quatro estágios (art. 7º da IN nº 27/98), embora muitas vezes as deliberações abrangessem estágios conjuntos, geralmente a partir do segundo estágio. Aspecto que também merece destaque é a orientação do controle pelo princípio da significância, que conduz ao exame dos projetos de maior relevância econômica e social, o que foi medida acertada.

Mais recentemente, o Tribunal editou a Resolução nº 315, de 22.04.2020, que dispõe sobre a elaboração das deliberações do TCU,

---

[567] Eis alguns documentos gerais a serem remetidos ao TCU, sem prejuízo de outros decorrentes de processos específicos, conforme previsto na Instrução Normativa nº 18/2018: estudos de viabilidade econômico-financeira e técnicos, projeção de receitas operacionais, estudo de demanda, investimentos obrigatórios e não obrigatórios, metodologia para aferição do equilíbrio econômico-financeiro e sua recomposição, metodologia para aferição da qualidade dos serviços delegados, receitas extraordinárias, obrigações contratuais decorrentes de financiamentos, repartição contratual de riscos, minutas do edital e do contrato.

CAPÍTULO 3
O CONTROLE DAS AGÊNCIAS REGULADORAS FEDERAIS DE SERVIÇOS PÚBLICOS PELO TRIBUNAL DE CONTAS DA UNIÃO | 231

abrangendo as determinações e as recomendações, em que restou claro o caráter mandamental das determinações e a índole cooperativa das recomendações, bem como as condições para os respectivos atos e suas finalidades, apresentando critérios mais seguros que poderão mitigar a falta de uniformidade dessas medidas, se efetivamente observadas pelo Tribunal.[568]

Essa Resolução também aponta para o maior diálogo entre o Tribunal e os órgãos e entidades controlados ao estabelecer uma seção para a construção participativa das deliberações (arts. 14 e 15), que visa à avaliação das consequências práticas das medidas propostas pelas unidades técnicas, que deverão ser encaminhadas aos controlados em relatório preliminar.

Percebe-se também um movimento positivo de autocontenção do Tribunal expresso no art. 16, *caput*, da Resolução nº 315/2020, o qual dispõe que as determinações, recomendações e ciências, ainda que atendam os requisitos exigidos, "serão expedidas apenas quando imprescindíveis às finalidades do controle e para as deficiências identificadas que, se não tratadas, comprometam a gestão".

A par da legislação referida, o destaque a ser feito é a edição da Lei nº 13.848/2019, com disposições gerais aplicáveis às agências reguladoras federais, diploma esse que apresentou dispositivos relevantes para a qualificação da autonomia das agências e de suas atividades, como já tratado no Capítulo 1.

Em relação ao controle externo, os arts. 15, §2º; 18, §3º e 22, §6º, da Lei nº 13.848/2019 evidenciam o controle finalístico das agências pelo TCU, o que não significa, todavia, autorização legislativa ao Tribunal para o exercício da regulação substitutiva das agências reguladoras.

Importa lembrar, quanto à Agência Nacional de Águas e Saneamento Básico (ANA), que suas atribuições relacionadas à regulação dos serviços públicos de saneamento básico foram instituídas somente com a Lei nº 14.026, de 15 de julho de 2020, de modo que não serão examinadas nesta pesquisa.

Dito isso, cumpre passar à análise da jurisprudência do TCU no período em exame, destacando-se os aspectos mais significativos

---

[568] Dentre as condições para a emissão de recomendações, destaca-se o art. 12, parágrafo único, da Resolução nº 315/2020, que estabelece o seguinte: "As recomendações não devem se basear exclusivamente em critérios que contenham elevada carga de abstração teórica ou conceitos jurídicos indeterminados, permitindo enquadrar achados de múltiplas espécies ou ordens". BRASIL. Resolução nº 315, de 22 de abril de 2020. Tribunal de Contas da União.

verificados nas cinco agências reguladoras federais, relacionados aos principais serviços públicos de competência de cada uma delas, incluindo os processos de delegação.

3.3.1 O controle da regulação da energia elétrica

No que diz respeito às atribuições da ANEEL, foram examinados 60 acórdãos relacionados às concessões de usinas hidrelétricas e de transmissão de energia elétrica, às revisões tarifárias ordinárias e às auditorias operacionais.

Em relação às concessões, cabe referir inicialmente a atuação de diferentes órgãos e entidades nos processos, como o Ministério de Minas e Energia, a Empresa de Pesquisa Energética (EPE), ANEEL, IBAMA e ANA.

No período em análise foram realizadas dezenas de processos de delegação da geração e da transmissão de energia elétrica, com expressivos investimentos, muitos deles integrantes do Programa de Aceleração do Crescimento (PAC), destacando-se a construção das usinas de Santo Antônio, Jirau e Belo Monte, integrantes do Complexo Rio Madeira, que exigiram também grandes empreendimentos de transmissão de energia elétrica.

Assim, em face da complexidade técnica e econômica dessas concessões, dos investimentos bilionários exigidos, da relevância dos serviços para a segurança energética e para o desenvolvimento econômico nacional, bem como o reflexo nas tarifas pagas pelos usuários, verificou-se a ampliação do controle pelo Tribunal de Contas da União sobre essas delegações.

Com efeito, o exame multidisciplinar pelas áreas técnicas do TCU em relação à modelagem de engenharia e econômico-financeira das delegações de serviços públicos foi bastante detalhado, abrangendo questões relacionadas à viabilidade técnica e econômica, à estrutura de capital e à taxa de remuneração das concessionárias, à Receita Anual Permitida (RAP), aos custos de operação e manutenção, à avaliação dos investimentos, às obras civis previstas e seus orçamentos, à depreciação de ativos e ao impacto ambiental, dentre outros.

Na pesquisa dos processos de delegação, foram examinados 33 acórdãos.[569] Constatou-se que o exame do TCU concentrou-se

---

[569] Acórdãos do Plenário nºs: 453/2007, 2.134/2007, 2.138/2007, 2276/2007, 602/2008, 976/2008, 1.945/2008, 1.181/2009, 1.574/2009, 1.635/2009, 1.637/2009, 2.386/2010, 3.157/2010, 188/2011,

O CONTROLE DAS AGÊNCIAS REGULADORAS FEDERAIS DE SERVIÇOS PÚBLICOS PELO TRIBUNAL DE CONTAS DA UNIÃO | 233

na modelagem das concessões, que integrava o primeiro estágio de controle, como estabelecido inicialmente na Instrução Normativa nº 27/98 (art. 7º, I).

Nesse estágio, o controle era prévio à publicação do edital e, na maior parte dos processos exigiu a interposição de recursos pela ANEEL em face das determinações e recomendações do Tribunal. Os demais órgãos e entidades envolvidos nos processos de delegação em regra não apresentaram recursos às determinações do TCU. Quanto aos demais estágios, geralmente foram aprovados sem ressalvas.

No primeiro estágio de controle, constatou-se a atuação do TCU na modelagem técnica e econômico-financeira, com aspectos positivos, decorrentes de *recomendações* destinadas a aprimorar o processo de concessão e sua modelagem, como a base de preços para o cálculo dos investimentos necessários e a metodologia de remuneração da concessionária, muitas das quais foram efetivamente acolhidas pela ANEEL, contribuindo para o aperfeiçoamento das delegações.

Verificou-se também que a Agência em alguns casos recorreu do teor das *recomendações*, o que, em tese, seria desnecessário, mas tornou-se importante em razão do monitoramento do TCU quanto ao *cumprimento* dessas recomendações e da carga mandatória que muitas apresentavam, na linha do que já foi examinado na seção anterior.

É o caso, por exemplo, do Acórdão nº 2.138/2007,[570] em que o Plenário emitiu uma série de recomendações à ANEEL, referentes à modelagem econômica da concessão da Usina Hidrelétrica de Santo Antônio, que não eram da competência da Agência, mas sim do Ministério de Minas e Energia e da Empresa de Pesquisa Energética (EPE). Por meio de Embargos de Declaração, a ANEEL apontou obscuridade no referido acórdão recorrido, o que foi reconhecido no Acórdão nº 2.276/2007.[571]

De outra parte, ficou evidente, em muitos dos processos examinados, a indevida interferência do Tribunal na modelagem das concessões, expressa na tentativa, sobretudo de suas áreas técnicas, de

---

373/2011, 501/2011, 2.142/2011, 1.163/2012, 963/2013, 3.640/2013, 1.163/2014, 3.025/2014, 1.293/2015, 2.526/2015, 288/2016, 644/2016, 2.832/2016, 1.598/2017, 2.543/2018, 2.501/2019, 2.954/2020, 1227/2021 e 2.821/2021.

[570] BRASIL. Tribunal de Contas da União. *Acórdão nº 2.138/2007*. Plenário. Relator: Min. Benjamin Zymler. Brasília, 10.10.2007.

[571] BRASIL. Tribunal de Contas da União. *Acórdão nº 2.276/2007*. Plenário. Relator: Min. Benjamin Zymler. Brasília, 31.10.2007.

imposição de seu entendimento à Agência, sem qualquer apontamento de ilegalidade, inclusive com determinações de critérios técnicos a serem adotados pela ANEEL.

E, nesse aspecto, cabe registrar a existência de *certo descolamento entre as áreas técnicas do Tribunal e o Plenário* no que tange às restrições ao controle das agências reguladoras pelo TCU verificado em algumas decisões, tendo em vista o que ficou assentado no Acórdão nº 1.703/2004, já referido. Com efeito, constatou-se que as unidades técnicas do TCU muitas vezes apresentavam propostas de determinação à ANEEL, sem fundamento jurídico expresso, o que era convertido em recomendação pelo Plenário.

O Acórdão nº 2.138/2007, também já mencionado, constitui bom exemplo da ausência de observância das unidades técnicas à orientação firmada pelo Plenário do TCU. No relatório relacionado à viabilidade econômico-financeira, a Secretaria de Fiscalização de Desestatização propôs a autorização à ANEEL para a publicação do edital *condicionada* à correção, por parte da EPE, dos valores históricos dos *spreads* básico e de risco para obtenção do capital de terceiros e do índice utilizado para a deflação do custo de capital de terceiros nominal, que deveria ser o IPCA, e não o IGP-M.

A Secretaria de Fiscalização de Obras e Patrimônio da União (Secob/TCU) propôs também uma série de determinações relacionadas às obras civis. A 4ª Secretaria de Controle Externo, por sua vez, propôs condicionar a publicação do edital à correção de alegado valor indevido relacionado aos custos ambientais. Note-se que essas medidas tinham feição discricionária e, mesmo assim, foram objeto de propostas de determinação pelas equipes técnicas.

O relator do processo Ministro Benjamin Zymler concordou, no mérito, com os apontamentos das unidades técnicas. Contudo, fez a seguinte manifestação acerca da adequação de determinações às agências reguladoras, transcrevendo parte do voto proferido no Acórdão nº 1.757/2004:

> 32. Contudo, se o ato discricionário sob enfoque contiver vício de ilegalidade ou se tiver sido praticado por autoridade incompetente, se não tiver sido observada a forma devida, se o motivo determinante e declarado de sua prática não existir ou, ainda, se estiver configurado desvio de finalidade, esta Corte de Contas será competente para avaliá-lo e para determinar a adoção das providências necessárias ao respectivo saneamento, podendo, inclusive, determinar a anulação do ato em questão. Assim sendo, será sempre necessária uma análise caso a caso

para determinar a existência de um desses vícios ensejadores da ação corretiva do TCU.

33. *Caso não seja necessária a adoção dessas medidas corretivas, entendo que compete a este Tribunal recomendar a implementação das providências consideradas oportunas e convenientes visando tornar mais eficiente a atuação finalística e discricionária das agências reguladoras.* De maneira semelhante a que se verifica nas auditorias operacionais, agora tão frequentes nesta Corte, o produto final das auditorias realizadas nessas atividades deve ser um conjunto de propostas e recomendações, cuja implementação propiciará uma maior qualidade na prestação de serviços públicos. Porém, quando for detectado o descumprimento de uma norma jurídica, o TCU pode e deve determinar a adoção das medidas tendentes a ilidir essa irregularidade (grifos do Ministro Zymler).[572]

Com essas observações, o Ministro Zymler acolheu as propostas técnicas *sob a forma de recomendação*. Note-se que essa orientação vem repetida em diversos acórdãos ao longo do período examinado, sobretudo nos processos em que as unidades técnicas propõem *determinações* à ANEEL, à EPE e ao Ministério de Minas e Energia sem a indicação de violação à lei ou ao Direito.

Exemplo disso é o Acórdão nº 602/2008,[573] que analisou a modelagem da Usina Hidrelétrica de Jirau, integrante do Complexo Rio Madeira, no qual foram emitidas pelo Plenário diversas recomendações aos órgãos e entidades envolvidos no processo, em vez das determinações propostas pelas unidades técnicas.

Não há, portanto, linearidade no TCU quanto à observância da orientação do Plenário pelas unidades técnicas e mesmo pelo próprio Plenário, que parece ter menor deferência à discricionariedade das agências reguladoras segundo a maior relevância econômica, política e social dos processos examinados. Nesses processos em que foram emitidas determinações em questões técnicas, a ANEEL invariavelmente apresentou recursos para defender suas prerrogativas.[574]

---

[572] BRASIL. Tribunal de Contas da União. *Acórdão nº 2.138/2007*. Plenário. Relator: Min. Benjamin Zymler. Brasília, 10.10.2007.

[573] BRASIL. Tribunal de Contas da União. *Acórdão nº 602/2008*. Plenário. Relator: Min. Benjamin Zymler. Brasília, 09.4.2008.

[574] O Acórdão nº 644/2016, emitido pelo Plenário, também constitui exemplo de recurso da ANEEL emitido em face de determinação técnica do TCU contida no Acórdão nº 1.293/2015 – Plenário, em que foi determinado à Agência, em processo de concessão de transmissão de energia elétrica, que utilizasse "o menor valor de cotação obtida para o módulo de equipamentos das estações conversoras", com tolerância de +20% no valor orçado, dentre outras medidas. No entanto, o recurso não foi provido, mantendo-se a

Foi o que ocorreu em relação ao Leilão nº 13/2015, maior leilão de transmissão de energia elétrica realizado até o ano de 2016, com a construção de 12.811 km de linhas de transmissão e 34 subestações, abrangendo 17 estados, com investimentos previstos em R$ 23,2 bilhões.

A modelagem desse leilão foi examinada no Acórdão nº 288/2016, que apresentou extenso rol de determinações e recomendações à ANEEL, bem como ao Ministério de Minas e Energia, à EPE e ao ONS, relacionadas sobretudo aos critérios econômico-financeiros para a delegação.[575]

Note-se que as determinações e recomendações foram expedidas, dentre outros dispositivos, com fundamento no art. 71, IX, da CF e no art. 45 da Lei nº 8.443/92, que se referem à ilegalidade em ato ou contrato submetido ao Tribunal de Contas da União.

Contudo, tanto no relatório da unidade técnica quanto no voto do relator *não houve apontamentos expressos e objetivos quanto à infringência à lei*, mas sim inconsistências metodológicas que teriam repercutido no cálculo da Receita Anual Permitida (RAP) e, consequentemente, na modicidade tarifária, constituindo matéria técnica que não poderia ter sido objeto de determinação.

A decisão foi objeto de recurso da Agência, apreciado no Acórdão nº 2.832/2016,[576] ao final acolhido parcialmente. Segundo o relatório do acórdão, a ANEEL sustentou a autonomia decisória da Agência e suas competências; a legitimidade das suas decisões, que decorrem de processo dialético; sua competência para promover as licitações dos serviços concedidos e fixar as respectivas tarifas; a impossibilidade de substituição das atribuições regulatórias pelo controle externo, bem como questões técnicas específicas relacionadas às determinações do TCU.

No exame das alegações de cunho institucional apresentadas pela ANEEL, a Secretaria de Recursos (Serur/TCU) sustentou que o controle exercido pelo Tribunal não tem base hierárquica, mas parte da "comparação entre uma situação fática concreta e uma previsão abstrata, que serve de parâmetro a ser observado, normalmente

---

determinação com fundamento nos princípios da economicidade e modicidade tarifária. *In:* BRASIL. Tribunal de Contas da União. *Acórdão n. 644/2016.* Plenário. Relator: Min. Walton Alencar Rodrigues. Brasília, 23.3.2016.

[575] BRASIL. Tribunal de Contas da União. Acórdão nº 288/2016. Plenário. Relator: Min. José Múcio Monteiro. Brasília, 17.12.2016.

[576] BRASIL. Tribunal de Contas da União. *Acórdão nº 2.832/2016.* Plenário. Relator: Min. Vital do Rêgo. Brasília, 09.11.2016.

O CONTROLE DAS AGÊNCIAS REGULADORAS FEDERAIS DE SERVIÇOS PÚBLICOS PELO TRIBUNAL DE CONTAS DA UNIÃO

estabelecido por texto legal ou ato normativo".[577] Disse a Serur também que a decisão recorrida não causa instabilidade regulatória, decorrendo os apontamentos de violação aos princípios da modicidade tarifária e da economicidade.

Em resposta à alegação da ANEEL de que a fixação da RAP constitui competência regulatória e que não implica dispêndio de recursos públicos, a Secretaria de Recursos do TCU alegou que os atos discricionários admitem controle quando eivados de vícios em relação ao ordenamento jurídico como um todo. Reafirmou ainda o controle de segunda ordem sobre as agências reguladoras e a inexistência de atuação do Tribunal como instância administrativa revisional.

No voto, o Ministro Vital do Rêgo reiterou que "foram identificados atos contrários ao princípio da modicidade tarifária, o que demandou a determinação de medidas retificadoras". Contudo, o acórdão foi alterado para *recomendar* ajustes no cálculo do Risco Brasil e que se abstivesse de utilizar o parâmetro Beta da construção civil pesada na metodologia de cálculo do custo de capital próprio.

Feito esse breve relato da decisão, cumpre indagar até que ponto a referência a um princípio jurídico, que tem certa plasticidade em seu conteúdo, poderia ser o fundamento único para a determinação de alteração de decisão técnica da agência, devidamente motivada, decorrente do processo regulatório previsto em lei, passível de entendimento diverso, inclusive pelo TCU. E, nessa hipótese, com potencial aplicação de sanção ao gestor em caso de descumprimento de determinação do Tribunal.

E aqui não se pode deixar de observar que a emissão de determinações com fundamento único em princípios jurídicos, o que não é raro, constitui instrumento para o ativismo do Tribunal de Contas da União, para o subjetivismo nos julgamentos e para a instabilidade dos padrões de decisão do TCU, já assinalado por Flávio Garcia Cabral,[578] e verificado em acórdãos anteriormente examinados e em algumas decisões que serão adiante comentadas.

Trata-se de questão complexa, que ainda está por ser enfrentada pela doutrina e jurisprudência em mais profundidade, pois, se, de

---

[577] BRASIL. Tribunal de Contas da União. *Acórdão nº 2.832/2016*. Plenário. Relator: Min. Vital do Rêgo. Brasília, 09.11.2016.

[578] CABRAL, Flávio Garcia. Como o Tribunal de Contas da União tem se comportado ao longo da Constituição de 1988? *A&C – Revista de Direito Administrativo e Constitucional*, Belo Horizonte, n. 85, p. 161-183, jul./set. 2021, p. 174.

um lado tem-se a juridicidade administrativa a fundamentar a atuação das agências reguladoras, assim como a atuação da Administração Pública *lato sensu*, de outro, é preciso preservar as competências dessas entidades para o exercício das funções legais para as quais foram instituídas e para o cumprimento de suas finalidades.

A inobservância, pelo próprio Tribunal, de seus critérios quanto à emissão de determinações e recomendações não passou despercebida na pesquisa[579] conduzida por Floriano de Azevedo Marques Neto e Juliana Bonacorsi de Palma sobre o controle das agências reguladoras pelo TCU, em excerto que merece transcrição:

> Outros pontos que chamam a atenção são a fungibilidade dos instrumentos utilizados e o uso acriterioso das expressões *"recomendação"* e *"determinação"*. [...] A diferença parece mais como o caso se inicia do que sua decisão. Ademais, não é clara a diferença entre as decisões. [...] Em suma, uma recomendação pode se distinguir de uma determinação apenas pelo seu próprio verbo. A materialização dos comandos aos órgãos e entes controlados em determinação ou recomendação é de criação prática, impulsionada a partir do aprimoramento do controle operacional pelo TCU.
>
> [...]
>
> Consequentemente, o TCU expande sua competência sancionatória para um campo que seria da recomendação na medida em que (i) as Agências Reguladoras possuem autonomia e independência; (ii) não há ilicitude; (iii) há mera divergência entre interpretações ou a técnica regulatória (grifos dos autores).[580]

Mas, se no âmbito das delegações, viu-se certa tensão entre a ANEEL e o TCU em face das determinações do Tribunal atinentes à modelagem das concessões de geração e de transmissão de energia elétrica em alguns processos, as revisões tarifárias das distribuidoras de energia elétrica constituíram tema bem mais controvertido entre as instituições.

As revisões tarifárias abrangeram inicialmente 64 distribuidoras, cujos processos foram analisados por amostragem pelo TCU,

---

[579] A pesquisa dos autores abrangeu as decisões do TCU no ano de 2014 em relação a todas as agências reguladoras, totalizando 159 acórdãos.

[580] MARQUES NETO, Floriano de Azevedo; PALMA, Juliana Bonacorsi de; REHEM, Danilo, MERLOTTO, Nara; GABRIEL, Yasser. Reputação institucional e o controle das Agências Reguladoras pelo TCU. *Revista de Direito Administrativo*, Rio de Janeiro, v. 278, n. 2, p.37-70, maio/ago. 2019, p. 50 e 52.

O CONTROLE DAS AGÊNCIAS REGULADORAS FEDERAIS DE SERVIÇOS PÚBLICOS PELO TRIBUNAL DE CONTAS DA UNIÃO

uma vez que a metodologia era padronizada pela ANEEL para cada ciclo revisional.[581]

Os processos de revisão analisados pelo TCU mais emblemáticos são o da ESCELSA, que foi o primeiro, e os da Companhia Energética de Minas Gerais (CEMIG), Light Serviços de Eletricidade S.A. (LIGHT) e Eletropaulo Metropolitana Eletricidade de São Paulo S.A. (ELETROPAULO) pelo tamanho e relevância dos respectivos mercados, compondo a amostra do primeiro ciclo de revisão tarifária, referente ao período de 2002 a 2005.

A primeira decisão do período em exame a ser referida – o Acórdão nº 200/2007[582] – diz respeito à revisão tarifária da CEMIG, que, em face do pedido de reexame interposto pela ANEEL em 20.08.2003, tornou insubsistente o Acórdão nº 1.756/2003.

Com a interposição do recurso, as determinações e recomendações foram suspensas.[583] A ANEEL recorreu das determinações relacionadas aos juros sobre o capital próprio e ao estabelecimento de critérios para as futuras revisões, que estariam condicionadas aos resultados das audiências públicas. A CEMIG também recorreu da decisão.

A Agência, dentre outras questões, alegou que as determinações do Tribunal acarretariam a redução da taxa interna de retorno da concessão e a indevida atuação regulatória do TCU. A Secretaria de Recursos e a Secretaria de Fiscalização de Desestatização, por sua vez, afirmaram que o Tribunal não impõe metodologia à ANEEL, mas, uma vez escolhidos o método e os critérios, a Agência a eles se vincula, competindo ao TCU corrigir impropriedades do método, do procedimento ou de critérios ou ainda as ilegalidades detectadas.

O Ministério Público de Contas apresentou parecer da lavra do Procurador-Geral Lucas Rocha Furtado, que examinou a questão

---

[581] Em relação aos reajustes e às revisões tarifárias, foram examinados no período em análise 20 acórdãos, todos do Plenário, muitos dos quais envolvendo uma mesma distribuidora, em face dos recursos interpostos nos processos: 200/2007, 1.478/2008, 1.479/2008, 1.480/2008, 1.481/2008, 1.719/2008, 1.799/2008, 1.800/2008, 2.218/2008, 2.379/2008, 2.542/2008, 1.201/2009, 471/2010, 547/2010, 776/2010, 1.523/2010, 3.438/2012, 3.182/2014, 909/2015 e 991/2017.

[582] BRASIL. Tribunal de Contas da União. *Acórdão nº 200/2007*. Plenário. Relator: Min. Valmir Campelo. Brasília, 28.02.2007.

[583] O Acórdão nº 1.756/2003 expedira determinações à Agência para a correção das receitas de uso do sistema de distribuição, consideração do benefício fiscal da distribuição de juros sobre o capital próprio no cálculo do reposicionamento tarifário, e definição da base de remuneração nas futuras revisões, bem como do percentual de receitas alternativas para a modicidade tarifária. *In:* BRASIL. Tribunal de Contas da União. Acórdão nº 1.757/2003. Plenário. Relator: Min. Walton Alencar Rodrigues. Brasília, 19.11.2003.

preliminar da competência das agências nos processos de revisão tarifária e o controle de tais entidades pelo TCU, analisando os atos regulatórios vinculados e os atos decorrentes da discricionariedade técnica, bem como a possibilidade de atuação do TCU em relação a esses atos:

> No parecer emitido nos autos do TC-007.371/2003-5, ao lembrarmos que *no exercício do controle das concessões de serviço público, o Tribunal de Contas da União deve aferir a conformidade dos atos das agências reguladoras que são expressamente previstos e disciplinados em lei (atos vinculados), advertimos que, se eventualmente os entes reguladores violarem as disposições legais que condicionam sua atuação, não cabe ao TCU determinar sejam adotadas medidas que substituam aqueles atos,* mas tão-somente apontar as violações perpetradas, a fim de que as próprias agências infratoras corrijam seus erros. Fizemos observar, todavia, que *esse tipo de controle não é possível quanto aos atos daqueles entes reguladores que se situam no âmbito de sua discricionariedade técnica, simplesmente porque a lei não disciplina esses atos,* deixando ao gestor público uma margem de liberdade para agir segundo critérios de conveniência e oportunidade, mas sempre motivadamente e no sentido de satisfazer o interesse público. Nesse sentido, asseveramos que *as decisões das agências reguladoras, desde que motivadas e destinadas à satisfação do interesse público, não são passíveis de reparação pelo TCU se adotadas dentro dos limites da autonomia e da discricionariedade técnicas conferidas àqueles entes.*
>
> [...]
>
> Diferentemente do que ocorre nas fiscalizações de conformidade legal, cujas conclusões podem dar ensejo a determinações dirigidas ao fiscalizado, com o fim de que este sane os problemas detectados, *nas fiscalizações de natureza operacional, em que o TCU avalia resultados à luz de parâmetros de eficiência, eficácia e economicidade, as conclusões dão ensejo ao encaminhamento de recomendações ao fiscalizado.* Cientificado do conteúdo dessas recomendações, *poderá o fiscalizado, também no exercício de seu poder discricionário, decidir ou não pela sua implementação* (grifos nossos).[584]

Essa posição foi acolhida pelo relator do Acórdão nº 200/2007, que referiu também precedentes anteriores do Ministro Benjamin Zymler no que tange à atuação do Tribunal frente aos atos discricionários das agências reguladoras, sendo ao final acompanhada pelo Plenário. Com esse precedente, diversos acórdãos do TCU emitidos em

---

[584] BRASIL. Tribunal de Contas da União. *Acórdão nº 200/2007.* Plenário. Relator: Min. Valmir Campelo. Brasília, 28.02.2007.

CAPÍTULO 3
O CONTROLE DAS AGÊNCIAS REGULADORAS FEDERAIS DE SERVIÇOS PÚBLICOS PELO TRIBUNAL DE CONTAS DA UNIÃO | 241

processos de revisão tarifária específicos foram tornados insubsistentes no ano de 2008.[585]

O Acórdão nº 1.800/2008, emitido para a revisão tarifária da CEEE-D, apresenta algumas questões que merecem destaque. É o caso da expectativa do Tribunal e, sobretudo das áreas técnicas, acerca do cumprimento das recomendações pelas agências, como foi expressamente manifestado pela Secretaria de Fiscalização de Desestatização:

> Em não havendo recursos, *é de se esperar que as determinações e as recomendações exaradas no âmbito do processo de exame preliminar sejam implementadas pela Agência* e produzam efeitos em todas as revisões tarifárias daquele ciclo revisional, mesmo naquelas que já houver sido homologadas (grifos nossos).[586]

Veja-se que a unidade técnica do TCU entendeu que, mesmo após a homologação da revisão pela ANEEL e, portanto, com a vigência de novas tarifas para as distribuidoras, a Agência deveria alterar sua decisão para a implementação de determinações e recomendações, cumprindo salientar que a maior parte delas refletia divergências técnicas entre o Tribunal e a Agência. Eis o trecho que demonstra esse entendimento:

> Assim, como consequência das correções determinadas ou dos aprimoramentos aplicáveis à metodologia e aos procedimentos utilizados pela Agência no processo de revisão tarifária de uma concessionária, *todas as revisões devem ser revisitadas, sejam elas realizadas ou a realizar, acompanhadas ou não pelo TCU.*
>
> Seguindo esse raciocínio, as revisões tarifárias são analisadas do ponto de vista da legislação vigente, dos métodos e dos procedimentos definidos e declarados pelo regulador e das deliberações eficazes no momento em que os atos administrativos para fins de revisão tarifária foram praticados. Ou seja, os acórdãos ou itens de acórdão que estiverem com sua eficácia suspensa devem ser ressalvados como um passivo contingente de aplicação a depender do reexame da matéria pelo TCU, mas não devem ser impeditivos ao julgamento do mérito de processos relativos à revisão tarifária do 1º ciclo (grifos nossos).[587]

---

[585] É o caso da revisão da CELPE/PE (Acórdão nº 1.478/2008), CERON/RO (Acórdão nº 1.479/2008), CELG/GO (Acórdão nº 1.480/2008), CEMAR/MA (Acórdão nº 1.481/2008), AMPLA/RJ (Acórdão nº 1.719/2008), CELESC/SC (Acórdão nº 1.799/2008) e CEEE-D/RS – (Acórdão nº 1.800/2008).

[586] BRASIL. Tribunal de Contas da União. Acórdão nº 1.800/2008. Plenário. Relator: Min. Guilherme Palmeira. Brasília, 27.08.2008.

[587] BRASIL. Tribunal de Contas da União. *Acórdão nº 1.800/2008*. Plenário. Relator: Min. Guilherme Palmeira. Brasília, 27.08.2008.

No entanto, com base no tempo decorrido – o recurso de reexame foi interposto pela ANEEL em agosto de 2003 e o julgamento ocorreu em agosto de 2008, já no segundo ciclo de revisão tarifária –, a Sefid manteve o mérito de suas posições, mas alegou que a tempestividade das análises estava parcialmente prejudicada, razão pela qual propôs o arquivamento do processo.

O Plenário do TCU proveu o recurso, considerando regulares os procedimentos adotados no primeiro e no segundo estágios pela ANEEL. Contudo, foi determinado que a Agência revisse, "no que couber, os procedimentos adotados nas revisões tarifárias do 1º ciclo de todas as concessionárias", em função do Acórdão nº 1.757/2003.

Tal decisão foi idêntica para todos os processos das distribuidoras referidas, de modo que a paralisação da tramitação do processo por cinco anos resolveu o impasse entre as instituições e a insegurança jurídica que a alteração das tarifas vigentes acarretaria ao setor elétrico.[588]

Além disso, registre-se que a ANEEL acolheu voluntariamente muitas das determinações e recomendações do TCU em relação à metodologia ao longo da revisão tarifária, de modo que restaram poucas questões com divergências técnicas.

Nesses casos, houve, ao que parece, a ponderação pelo Tribunal da relação entre o custo-benefício da reiteração de suas determinações à ANEEL com base em divergências técnicas, de cunho econômico-financeiro, que resultariam na alteração das tarifas vigentes, com eventual judicialização de repetição de indébito do valor das tarifas em razão de divergências técnicas, que não constituíam consenso e tampouco afronta direta à lei, com evidentes desgastes para as instituições. Somem-se a isso os riscos à segurança jurídica e à estabilidade setorial.

Portanto, embora não tenha sido expresso, o transcurso do tempo para o julgamento dos processos do primeiro ciclo de revisão tarifária

---

[588] Cabe assinalar o entendimento de Luiz Eduardo Diniz Araújo em exame específico ao acompanhamento das revisões tarifárias das distribuidoras de energia elétrica pelo TCU, com referência à IN 43/2002. O autor sustenta a competência exclusiva da Agência para realização das revisões tarifárias e a incompetência do TCU para emitir determinações à ANEEL, uma vez que tais processos não estão relacionados diretamente a recursos e patrimônio públicos, não cabendo ao Tribunal atuar em atividade finalística como espécie de corte de cassação em matéria regulatória, com a função de proferir a última palavra na matéria. *In*: ARAÚJO, Luiz Eduardo Diniz. A Agência Nacional de Energia Elétrica, o Tribunal de Contas da União e a fiscalização dos processos de revisão tarifária dos contratos de concessão de distribuição de energia elétrica. *Revista da Escola de Magistratura Federal da 5ª Região*, n. 15, p. 181-192, ago. 2007, p. 185-187. Disponível em: https://revista.trf5.jus.br/index.php/esmafe/issue/view/13. Acesso em: 20 nov. 2020.

parece ter sido o caminho encontrado pelo TCU para evitar os graves efeitos contratuais decorrentes dessa decisão, bem como a exposição das instituições, sobretudo se considerado que tais processos eram incipientes para ambas.

Nessa linha, cabe referir também o Acórdão nº 1.201/2009,[589] decorrente do Recurso de Reexame da ANEEL ao Acórdão nº 1.483/2002, referente à revisão tarifária da ESCELSA, que foi a primeira, como já mencionado. Conforme o relatório da decisão, a Agência alegou, além dos aspectos econômico-financeiros específicos da revisão tarifária, a sua competência para tal atividade e a extrapolação da competência do TCU, o ônus do Tribunal de demonstrar de modo inequívoco os erros apontados e a inadequação de determinações diante da ausência de ilegalidades. Além disso, a concessionária não havia sido intimada do processo para exercer o contraditório.

Sobre a questão da competência, a Secretaria de Recursos do Tribunal sustentou que *não houve apontamento de ilegalidades* e teceu considerações sobre os ganhos para a transparência e para a regularidade dos processos de revisão tarifária resultantes do controle do TCU, bem como a ampliação de suas competências pela Constituição Federal.

Foi afirmado também pela unidade técnica que o Tribunal não pode substituir-se às agências, estabelecendo o conteúdo do ato regulatório ou impondo medidas entendidas como adequadas, "salvo quando verificadas considerações de legalidade ou omissão da agência em dar fiel cumprimento à lei".[590]

Alegou-se também que a discricionariedade técnica das agências pode se revelar inadequada, imprópria, desarrazoada e contrária ao interesse público e à finalidade legal, cuja verificação acerca da coerência e da razoabilidade é papel do Tribunal, o que aponta para a conduta revisora do TCU com fundamento genérico no interesse público.

O entendimento técnico do Tribunal em relação à competência foi finalizado com observações de que o processo não constitui auditoria operacional, mas sim representação e que a ANEEL, ao optar por determinada metodologia, a ela se vincula, de modo que não

---

[589] BRASIL. Tribunal de Contas da União. *Acórdão nº 1.201/2009*. Plenário. Relator: Min. Aroldo Cedraz. Brasília, 03.06.2009. Parecer do Ministério Público de Contas, item 12 do relatório.

[590] BRASIL. Tribunal de Contas da União. *Acórdão nº 1.201/2009*. Plenário. Relator: Min. Aroldo Cedraz. Brasília, 03.06.2009.

poderia o TCU simplesmente verificar o erro e apenas avisar a ANEEL, cumprindo-lhe determinar a realização de novos cálculos.[591]

O Ministério Público de Contas reiterou também nesse acórdão a sua posição anteriormente transcrita, advertindo que mesmo as recomendações devem ser emitidas com cautela pelo Tribunal, uma vez que podem causar conflitos, insegurança jurídica e reflexo nos investimentos setoriais.[592]

E, no caso concreto, não foram apontadas ilegalidades da ANEEL referentes ao objeto do pedido de reexame, razão pela qual o MPC/TCU entendeu que não cabia qualquer determinação à Agência, devendo apenas ser recomendada a definição da base de remuneração da concessionária pela ANEEL.

O voto do Relator, citando o Acórdão nº 1.703/2004, refere o entendimento firmado de que o controle de atos discricionários enseja recomendações, salvo se ilegais, enquanto os atos vinculados autorizam a emissão de determinações pelo TCU, caso apresentem algum vício de legalidade.[593] Quanto ao mérito, decidiu-se conhecer o recurso e dar-lhe provimento, desconstituindo as determinações, uma vez que, em face do longo tempo decorrido, a ANEEL já havia evoluído na metodologia da revisão tarifária, com adoção de novos critérios.

---

[591] "51. Mas, a despeito de ser um ato administrativo formalmente legal, está tecnicamente *errado* ou, pelo menos, o erro apontado pela Sefid não foi contestado pela Aneel nem no Pedido de Reexame que interpôs e, muito menos, nesses 'novos elementos', cujo conteúdo ora analisamos. 52. O que o TCU deve fazer nessas circunstâncias? Duas possibilidades assomam de imediato: a primeira delas consiste em enxergar o erro, avisar à Aneel, não ver ação nenhuma da Agência no sentido de corrigir sua metodologia e, como pretende a Aneel não fazer absolutamente nada, já que o ato administrativo era formalmente legal e o TCU, como se sabe, apenas examina os aspectos relativos à legalidade; a segunda opção consiste em que o TCU, na qualidade de detentor da competência constitucional para tanto, determine à Agência que refaça seus cálculos e encontre um novo percentual para a revisão tarifária da empresa de distribuição de energia elétrica (grifo no original)". *In*: BRASIL. Tribunal de Contas da União. *Acórdão nº 1.209/2009*. Plenário. Relator: Min. Aroldo Cedraz. Brasília, 03.06.2009.

[592] BRASIL. Tribunal de Contas da União. Decisão n. 1.201/2009. Plenário. Relator: Min. Aroldo Cedraz. Brasília, 03.6.2009. Parecer do Ministério Público de Contas. Capítulo III, p. 20-21.

[593] "13. Por todo o exposto, pode-se afirmar que o poder discricionário conferido aos administradores das agências e de qualquer outro ente público não constitui fator impeditivo para o exercício das competências desta Corte. 14. Cumpre observar porém que, *ao examinar um ato discricionário ou vinculado, deve esta Corte de Contas só fazer determinações ou recomendações quando restarem devidamente configuradas a pertinência dessas, devidamente comprovada a ilegalidade para fins de determinação, e demonstrada a pertinência técnica das recomendações.*" (grifos nossos). *In*: BRASIL. Tribunal de Contas da União. Acórdão nº 1.201/2009. Plenário. Relator: Min. Aroldo Cedraz. Brasília, 03.6.2009. Voto do Relator, itens, 13 e 14.

Nessa decisão, percebe-se, de um lado, a forte defesa das prerrogativas institucionais pela área técnica do TCU, geralmente prestigiada pelo Plenário, que, por outro lado, reconheceu a inviabilidade da emissão de determinações em face da constatação expressa da ausência de ilegalidades pela ANEEL, na linha do Ministério Público de Contas.

Novamente, o longo tempo transcorrido para a decisão serviu para mediar a solução de um processo em que tanto o Tribunal quanto a Agência se encontravam em processo de aprendizado sobre a complexa metodologia de revisão tarifária, que exigia antes o diálogo institucional do que determinações substitutivas das competências regulatórias.[594]

No segundo ciclo de revisões tarifárias ordinárias, as decisões do TCU foram bem diferentes, quer pela qualificação da metodologia, quer pela maior deferência à discricionariedade defendida pela Agência. Assim, verificou-se que, em regra, o Tribunal analisou o cumprimento da Instrução Normativa nº 43/2002 e da metodologia definida pela própria Agência.

Houve, também, recomendação em alguns processos para a avaliação de alteração de determinada metodologia ou critério. A expedição de determinações foi bastante limitada, restrita ao encaminhamento de documentação e dados definitivos pela ANEEL.[595]

Mais recentemente, em 2017, o Plenário do TCU, no Acórdão nº 991/2017,[596] aprovou anteprojeto para a *revogação* da Instrução Normativa nº 43/2002,[597] que disciplinava o exame das revisões tarifárias das distribuidoras de energia elétrica, sob o fundamento de que o processo de revisão tarifária da ANEEL apresentava confiabilidade,

---

[594] Idêntica solução ocorreu no Acórdão nº 2.386/2010, que julgou recurso de reexame da ANEEL ao Acórdão nº 1.757/2003, cujo objeto foi a metodologia de cálculo do Fator X, adotado para o compartilhamento com o consumidor dos ganhos de mercado da distribuidora. *O Acórdão nº 2.386/2010 foi emitido sete anos após a prolação do acórdão recorrido* e registra peculiar situação, em que a Secretaria de Recursos mantém integralmente as posições iniciais da SEFID, enquanto que esta, chamada a nova manifestação pelo relator do processo, reviu seu entendimento, reconhecendo a inexistência de consenso nas questões técnicas e a discricionariedade da ANEEL, de modo que o recurso recebeu integral provimento. In: BRASIL. Tribunal de Contas da União. *Acórdão nº 2.386/2010.* Relator: Min. Augusto Nardes. Brasília, 15.9.2010.

[595] Esse novo cenário foi constatado nos Acórdãos nº 2.379/2008 (ELETROPAULO), nº 2.542/2008 (COELCE), nº 471/2010 (CEMIG), nº 547/2010 (ELEKTRO), nº 776/2010 (CEPISA) e nº 1.523/2010 (LIGHT).

[596] BRASIL. Tribunal de Contas da União. Acórdão nº 991/2017. Plenário. Relator: Min. Benjamin Zymler. Brasília, 17.05.2017.

[597] O TCU não editou ato normativo semelhante à IN nº 43/2002 para nenhum outro serviço público concedido, em que pese a previsão contratual de revisão tarifária periódica para outros serviços públicos concedidos, conforme reconhecido no Acórdão nº 991/2017.

transparência e baixo risco, o que acarretou, nas últimas revisões tarifárias, pouquíssimas recomendações metodológicas por parte do TCU.

Assim, a área técnica propôs que os esforços do Tribunal fossem concentrados em matérias de maior risco, sem prejuízo da análise pontual de determinado caso, o que foi acolhido pelo Plenário na Instrução Normativa nº 77, de 17 de maio de 2017, que revogou a Instrução Normativa nº 43/2002.

No que tange à auditoria operacional, verificou-se novamente que o Tribunal de Contas da União ora atua com maior deferência às competências regulatórias da ANEEL, ora expede determinações de caráter técnico que também foram objeto de recurso da Agência.

No primeiro caso, tem-se o exemplo da auditoria operacional sobre as perdas do setor elétrico brasileiro, que se dividem em perdas técnicas e comerciais, e se refletem diretamente nas tarifas. O TCU analisou as perdas no período de 2003 a 2007, emitindo o Acórdão nº 2.211/2008,[598] em que foram realizadas diversas recomendações pela Sefid, com a *determinação* de encaminhamento, pela ANEEL, de *cronograma com as ações a serem adotadas e respectivos prazos*.

O Ministro Relator Benjamin Zymler acolheu a proposta da unidade técnica, à exceção da determinação para apresentação do cronograma, sob a alegação de que a *determinação* de encaminhamento de cronograma pela ANEEL implicaria cobrança taxativa da implementação das recomendações, convertendo-as em determinações. Assim, foi determinado que a Agência analisasse as recomendações e sobre elas se manifestasse no prazo de 60 dias, o que, de certa forma, parece solução intermediária em prestígio à unidade técnica e observância às competências da Agência.

A ANEEL não acolheu nenhuma das recomendações, conforme consta no Acórdão nº 2.378/2010,[599] seja porque não eram convenientes, seja porque adotou outro critério regulatório para estimular a eficiência da redução das perdas elétricas, como é o caso da limitação de sua repercussão na tarifa.

O processo foi arquivado, porém foi determinada no acórdão a instauração de outro processo para acompanhar a implementação das

---

[598] BRASIL. Tribunal de Contas da União. *Acórdão nº 2.211/2008*. Plenário. Relator: Min. Benjamin Zymler. Brasília, 8.10.2008.

[599] BRASIL. Tribunal de Contas da União. *Acórdão nº 2.378/2010*. Plenário. Relator: Min. Benjamin Zymler. Brasília, 15.9.2010.

recomendações, o que se mostrou um contrassenso, pois a Agência justificou o não acolhimento das medidas e sua inconveniência, o que revela, na verdade, a *não aceitação, pelo TCU, da rejeição de suas recomendações pelas agências*, reforçando a percepção de atuação autocentrada e por vezes não democrática.

Como exemplo de auditoria operacional mais recente, cita-se a auditoria sobre a efetividade das bandeiras tarifárias como sinalização das tarifas ao consumidor e indutor de incentivos nos reajustes tarifários, realizada no período de 11.9.2017 a 15.12.2017 pela Secretaria de Fiscalização de Infraestrutura de Energia Elétrica do TCU (SeinfraElétrica). O processo envolveu a ANEEL, o Operador Nacional do Sistema Elétrico (ONS) e a Câmara de Compensação de Energia Elétrica (CCEE).

Essa auditoria operacional constou do Acórdão nº 518/2018,[600] no qual, em brevíssima síntese, foi considerado pela unidade técnica e pelo relator que as bandeiras tarifárias implementadas em 2015 não cumpriam a finalidade principal de induzir a reação da demanda, resultando no consumo consciente de energia elétrica em razão da informação da elevação do valor das tarifas devido ao aumento do custo da geração de energia elétrica.

Conforme refere o acórdão, e segundo afirmado pela unidade técnica, o objetivo principal das bandeiras tarifárias passou a ser a arrecadação de recursos para o custeio, pelas distribuidoras, da compra de energia mais cara, como a proveniente das termelétricas e do mercado de curto prazo.

Note-se que a unidade técnica chegou a essa conclusão com base em um documento da ANEEL em que a arrecadação de recursos para o custeio da energia mais cara foi referida antes da sinalização tarifária ao consumidor, inferindo a SeinfraElétrica, dessa ordem, que a informação ao consumidor passou a ser secundária.

Assim, o Plenário, acolhendo a proposta técnica, a par de uma série de recomendações, determinou ao Ministério de Minas e Energia e à ANEEL que, no prazo de 180 dias, promovesse o "realinhamento do Sistema de Bandeiras Tarifárias aos reais objetivos almejados para a política", bem como a elaboração e publicação de relatórios mensais com informações sobre a bandeira tarifária do respectivo mês (em conjunto com o ONS e a CCEE).

---

[600] BRASIL. Tribunal de Contas da União. *Acórdão nº 518/2018*. Plenário. Relator. Min. Aroldo Cedraz. Brasília, 21.3.2018

Determinou ainda o TCU à ANEEL que se abstivesse "de veicular e disponibilizar, em seu *site* ou em quaisquer outros meios de comunicação, informações no sentido de que seria esse o principal objetivo do Sistema de Bandeiras Tarifárias".

A ANEEL, na linha da reiterada preservação de suas prerrogativas legais, foi a única instituição que recorreu da decisão, impugnando a competência do TCU para o controle dos atos finalísticos da Agência e para a emissão de determinações em auditorias operacionais. Quanto ao mérito, impugnou o "realinhamento" das bandeiras tarifárias e a abstenção de informação quanto às bandeiras tarifárias.

No que tange ao controle das agências pelo TCU, a Secretaria de Recursos alegou que a competência do Tribunal abrange também o desempenho de órgãos e entidades a fim de verificar o atendimento às suas finalidades legais e que não há substituição das agências reguladoras pelo Tribunal, a quem compete expedir determinações se verificadas ilegalidades, ainda que se trate de atos regulatórios discricionários. Constata-se, dessa forma, que o discurso das secretarias técnicas do TCU reflete o entendimento que autorizaria a revisão geral dos atos das agências, ainda que no âmbito discricionário.

Quanto ao mérito, a ANEEL sustentou que os objetivos das bandeiras tarifárias não foram desvirtuados, destinando-se à informação do consumidor e à "equalização do fluxo de caixa das distribuidoras". Foi dito também que a reduzida resposta do consumo não desnatura a finalidade desse mecanismo, sobretudo se considerado que a sinalização das bandeiras é gradual, e que o acórdão recorrido não identificou de modo preciso a ilegalidade na atuação da Agência. E, quanto à abstenção de divulgação de informações, a Agência alegou a inexistência de fundamento legal para a censura a sua política de comunicação.

A Secretaria de Recursos reconheceu que o acórdão recorrido não apontou o cometimento de ilegalidade pela ANEEL e que adentrou na competência regulatória, apontando também a fragilidade da ordem de referência em nota técnica da ANEEL para considerar como finalidade secundária a sinalização tarifária ao consumidor. Eis o que consta na análise do recurso da ANEEL pela Serur/TCU:

> 8.13. Além disso, revela-se contestável a adequação jurídica de uma ação de Controle Externo que se proponha a interferir na competência da autarquia especialmente constituída para regulação setorial, com base em uma *ilegalidade em sentido amplo*, inferida a partir apenas da apontada inobservância de princípios gerais de conteúdo aberto como o da adequação do serviço público prestado, e, principalmente, em estudos econométricos inconclusivos.

[...]

8.15. Afigura-se controversa, portanto, a apontada contrariedade, em relação ao ordenamento jurídico compreendido como um todo, da divulgação de que o objetivo fundamental do regime de bandeiras tarifárias seria a sinalização ao consumidor. Referida fragilidade impede que o caso se enquadre na jurisprudência desta Corte de Contas, que permite a emissão de determinação em sede de matéria de competência de Agência reguladora, contanto que demonstrada uma ilegalidade (grifos no original).[601]

Assim, diante da inexistência de ilegalidade, o recurso da Agência foi parcialmente provido e a inicial determinação do TCU ao Ministério de Minas e Energia e à ANEEL para o realinhamento da política de bandeiras tarifárias foi alterada para recomendação, e a proibição feita à ANEEL para a informação em seus meios de comunicação acerca dos objetivos das bandeiras tarifárias foi tornada insubsistente.

Como já mencionado, a ANEEL tem defendido suas prerrogativas legais, o que foi registrado na pesquisa capitaneada pelos Professores Floriano de Azevedo Marques Neto e Juliana Bonacorsi de Palma, em que também foi constatado o menor grau de deferência dessa Agência às decisões do Tribunal em comparação com as demais agências.[602]

O Acórdão nº 2.101/2021,[603] que tratou de representação realizada por auditor lotado na SeinfraElétrica, constitui exemplo de controle amplo da normatização das agências reguladoras e, no caso específico, alcançou a normatização da ANEEL relacionada à geração de energia elétrica.

Resumidamente, a SeinfraElétrica impugnou a Resolução Normativa nº 930/2021, requerendo a suspensão cautelar do regulamento, quer em relação ao mérito,[604] por contrariar a Lei nº 13.203/15,[605] quer sob o

---

[601] BRASIL. Tribunal de Contas da União. *Acórdão nº 1.166/2019*. Plenário. Relator: Min. Augusto Nardes. Brasília, 25.5.2019.

[602] MARQUES NETO, Floriano de Azevedo; PALMA, Juliana Bonacorsi de; REHEM, Danilo, MERLOTTO, Nara; GABRIEL, Yasser. Reputação institucional e o controle das Agências Reguladoras pelo TCU. *Revista de Direito Administrativo*, Rio de Janeiro, v. 278, n. 2, p. 37-70, maio/ago. 2019, p. 59-60.

[603] BRASIL. Tribunal de Contas da União. *Acórdão nº 2.101/2021*. Plenário. Relator: Min. Augusto Sherman Cavalcanti. Brasília, 1º.09.2021.

[604] A representação da SeinfraElétrica/TCU indicou um indireto e remoto dano ao Erário em razão da prorrogação do prazo contratual como medida compensatória, o que resultaria na ausência de licitação ao final do prazo original da concessão e, em consequência, no não recebimento do valor de outorga pela União.

[605] A Lei nº 13.203/2015 estabelece a metodologia para o cálculo de compensação das usinas hidrelétricas participantes do Mecanismo de Realocação de Energia em função do risco

aspecto procedimental, pois a resolução não foi precedida de Análise de Impacto Regulatório e de consulta pública. Ambos os fundamentos da representação foram contestados pela ANEEL.

A cautelar foi indeferida pelo Ministro Benjamin Zymler. Posteriormente, a superveniência da Lei nº 14.182, de 17.7.2021, estabeleceu alteração legislativa à Lei nº 13.203/15, contemplada expressamente na resolução normativa impugnada pela SeinfraElétrica, tornando a representação sem objeto quanto ao mérito. Contudo, a unidade técnica do TCU continuou a impugnar o aspecto formal da REN nº 930/21, propondo a ciência à Agência das falhas identificadas.

O relator Min. Augusto Sherman Cavalcanti, considerando a superveniência da legislação e a inexistência de prova nos autos quanto ao alegado vício de procedimento, propôs tão somente a *recomendação à ANEEL para avaliação da pertinência* das falhas procedimentais visando ao aperfeiçoamento dos futuros processos regulatórios.

Embora a decisão da representação tenha respeitado a norma regulatória em razão dos aspectos específicos mencionados, ficou clara a possibilidade de ampla supervisão administrativa pelo TCU em qualquer aspecto da regulação, ainda que não relacionado aos recursos públicos *lato sensu*, inclusive com expedição de atos de comando, em atuação não estabelecida para o Tribunal pela Constituição Federal, conforme já apontado.

3.3.2 O controle da regulação das telecomunicações

No âmbito do setor de telecomunicações, o exame dos acórdãos selecionados no período em questão referentes à atuação da ANATEL não demonstrou, na maioria das decisões, distinções relevantes em relação ao que fora verificado em relação à ANEEL no que diz respeito às deliberações do TCU, embora existam alguns destaques a serem feitos.

No que tange às delegações de diversos serviços (posição orbital, radiofrequências para radiotáxi e Serviço Móvel Pessoal),[606] o TCU aprovou a maioria dos respectivos estágios com ressalvas, quer em face da intempestividade de apresentação dos documentos

---

hidrológico. Essa legislação deu origem às Resoluções Normativas ANEEL nº 895/2020 e nº 930/2021.

[606] Acórdãos do Plenário: nºs 1.555/2007, 1.770/2007, 734/2008, 1.541/2008, 2.337/2008, 1.254/2010, 2.644/2010, 2.222/2012, 3.106/2013, 184/2018 e 2.032/2021.

O CONTROLE DAS AGÊNCIAS REGULADORAS FEDERAIS DE SERVIÇOS PÚBLICOS PELO TRIBUNAL DE CONTAS DA UNIÃO | 251

ao TCU pela Agência, conforme previsão da IN n° 27/98, quer em razão de impropriedades nos estudos de viabilidade econômica e da metodologia adotada pela ANATEL, que, no entanto, não impediram o prosseguimento do processo.

Verificou-se também a atuação recursal mais limitada da ANATEL em comparação com a ANEEL. A ANATEL, conforme visto em alguns acórdãos de monitoramento, não cumpriu determinações e tampouco implementou as recomendações do TCU, mas também não interpôs os recursos cabíveis e nem justificou as razões pelas quais entendia inoportunas ou inconvenientes as recomendações, adotando postura de inação.

É o que se viu no Acórdão n° 2.692/2008,[607] por exemplo, que integrou o segundo processo de monitoramento do cumprimento de determinações relacionadas à verificação do equilíbrio econômico-financeiro dos contratos de concessão de telefonia fixa, em reiteração às determinações do Acórdão n° 1.196/2005,[608] sob pena de multa. Nesses dois acórdãos, que integraram processos diversos, a ANATEL não apresentou quaisquer recursos.

Constitui também exemplo dessa postura da ANATEL o Acórdão n° 2.658/2009,[609] emitido em processo instaurado a pedido do Congresso Nacional para a realização de auditoria operacional em relação à fiscalização da Agência e do Ministério das Comunicações sobre os limites da radiação não ionizante emitida pelas estações de telefonia celular.

O TCU produziu extenso relatório, no qual analisou a Lei n° 11.934/2009 e a regulamentação produzida pela ANATEL sobre a matéria, abordando as competências de cada auditado, sobretudo em relação à fiscalização das delegatárias do Serviço Móvel Pessoal. No Acórdão n° 2.658/2009, o Plenário emitiu uma série de determinações e recomendações à ANATEL para o cumprimento da legislação e aprimoramento da fiscalização, bem como ao Ministério das Comunicações, ainda que em menor número.

A ANATEL não recorreu dessa decisão e também deixou de cumprir algumas determinações e de acolher recomendações,

---

[607] BRASIL. Tribunal de Contas da União. *Acórdão n° 2.692/2008*. Plenário. Relator: Min. Ubiratan Aguiar. Brasília, 26.11.2008.

[608] BRASIL. Tribunal de Contas da União. *Acórdão n° 1.196/2005*. Plenário. Relator: Min. Marcos Bemquerer Costa. Brasília, 17.8.2005.

[609] BRASIL. Tribunal de Contas da União. *Acórdão n° 2.658/2009*. Plenário. Relator: Min. Raimundo Carreiro. Brasília, 11.11.2009.

como constatado no Acórdão nº 2.015/2011,[610] que deliberou sobre o monitoramento da decisão.

E, conforme asseveram Floriano de Azevedo Marques Neto, Juliana Bonacorsi de Palma *et al.*, quanto à conduta da maioria das agências reguladoras, "a resistência às recomendações do TCU se limita à inviabilidade de cumpri-las, e não por qualquer outra razão relacionada com os limites do controle ou o resguardo das competências regulatórias".[611]

Além disso, cabe destacar aspecto interessante do Acórdão nº 2.015/2011, referente às recomendações emitidas nessa auditoria operacional. A Sefid propôs a reiteração das recomendações que não foram adotadas pela ANATEL, o que não foi acolhido pelo Relator, sob o argumento de que as recomendações não têm caráter cogente, constituindo orientações ao aprimoramento dos processos administrativos, sem natureza impositiva ou autoritária.[612]

Trata-se de posição positiva, que constitui avanço do Plenário, embora não seja adotada de modo uniforme nas suas deliberações em auditorias operacionais, que ora apresentam determinações sem indicação de descumprimento legal, ora emitem recomendações com a determinação de apresentação de cronograma para a implementação dessas recomendações, o que, ao final, acaba por lhes dar caráter cogente.

O Acórdão nº 2.799/2010[613] também constitui exemplo de deliberação adequada do Tribunal, alinhada às finalidades da auditoria operacional, instaurada a pedido do Congresso Nacional para avaliar o atendimento telefônico realizado por todas as agências reguladoras federais. O TCU constatou a diferença do grau de maturidade em relação a esse aspecto entre as agências e emitiu recomendações específicas para cada uma delas.

Em sentido contrário, veja-se o Acórdão nº 3.405/2013, emitido em auditoria operacional instaurada na ANEEL, ANAC, ANATEL e

---

[610] BRASIL. Tribunal de Contas da União. *Acórdão nº 2.015/2011*. Plenário. Rel. Min. Raimundo Carreiro. Brasília, 3.8.2011.

[611] MARQUES NETO, Floriano de Azevedo; PALMA, Juliana Bonacorsi de; REHEM, Danilo, MERLOTTO, Nara; GABRIEL, Yasser. Reputação institucional e o controle das Agências Reguladoras pelo TCU. *Revista de Direito Administrativo*, Rio de Janeiro, v. 278, n. 2, p.37-70, maio/ago. 2019, p. 59-60.

[612] BRASIL. Tribunal de Contas da União. *Acórdão nº 2.015/2011*. Plenário. Relator: Min. Raimundo Carreiro. Brasília, 3.8.2011.

[613] BRASIL. Tribunal de Contas da União. *Acórdão nº 2.799/2010*. Plenário. Relator: Min. José Jorge. Brasília, 20.10.2010.

O CONTROLE DAS AGÊNCIAS REGULADORAS FEDERAIS DE SERVIÇOS PÚBLICOS PELO TRIBUNAL DE CONTAS DA UNIÃO

ANP para verificar o cumprimento do direito dos consumidores quanto à prestação do serviço adequado. Nessa deliberação, foram examinadas a existência de pesquisas de satisfação, a função das ouvidorias, a educação do usuário, o funcionamento de *call centers* e a efetiva participação de consumidores nas audiências e consultas públicas. O acórdão, a par de recomendações, veiculou uma só determinação, relacionada à elaboração de plano de ação.

Observe-se que esse acórdão teve *decisão mandatória* – elaboração de plano de ação pelas agências em prazo fixo – *com conteúdo recomendado*. Tal acórdão foi objeto de pedido de reexame pela ANEEL e ANATEL, em face do tempo decorrido desde a realização da auditoria (três anos) e das medidas já adotadas para sanar os problemas verificados.

Apesar disso, os recursos foram improvidos, sob a alegação, dentre outras, de que a decisão, "embora feita sob a forma de um comando, respeitou o poder discricionário do gestor ao requerer tão somente a elaboração de um plano de ação [...]".[614] Note-se, portanto, a contradição com o Acórdão nº 2015/2011, antes mencionado e com outras decisões do TCU em que determinações sem apresentação do cometimento de ilegalidades foram convertidas em recomendações.

Registre-se que essa fórmula de deliberação – determinação de apresentação de plano de ação em prazo certo com medidas recomendadas pelo TCU – não é incomum. Ao contrário, foi incrementada ao longo do período examinado. Com essa determinação aparentemente respeita-se a competência discricionária das agências, mas, na verdade, há a imposição de apresentação de plano de ação mesmo se a agência entender que a constatação já foi sanada (como é o caso do acórdão referido) ou que não há problema regulatório a ser corrigido ou, ainda, que a recomendação do TCU apresenta-se tecnicamente inconveniente ou inoportuna.

De outra parte, cabe referir, como exemplo da adequação da emissão de determinações pelo Tribunal em face do descumprimento, pela ANATEL, de dispositivos legais, regulamentares e contratuais em relação aos bens reversíveis das concessões de telefonia fixa – patrimônio público –, conforme apontado no Acórdão nº 3.311/2015,[615] em especial a regulamentação, fiscalização, publicidade, anuência para

---

[614] BRASIL. Tribunal de Contas da União. *Acórdão nº 1.214/2014*. Plenário. Relator: Min. José Múcio Monteiro. Brasília, 14.5.2014.

[615] BRASIL. Tribunal de Contas da União. *Acórdão nº 3.311/2015*. Plenário. Relator: Min. Benjamin Zymler. Brasília, 9.12.2015.

alienações e atos congêneres, bem como a aplicação de sanções pela Agência às concessionárias.

Esse acórdão foi objeto de embargos de declaração pela Agência, acolhidos parcialmente no Acórdão nº 1809/2016 e de recurso de reexame, analisado no Acórdão nº 2.142/2019. Nesse recurso, conforme consta no relatório do acórdão, a ANATEL sustentou que "a presente auditoria teria se afastado, em alguns aspectos, do controle finalístico o qual deveria ser exercido por esta Corte de Contas sobre a atividade das Agências Reguladoras", alegando também a discricionariedade para estabelecer a forma de controle dos bens reversíveis.

Aspecto que também merece menção é a *posição consolidada no Tribunal quanto a sua incompetência para a fiscalização direta nas concessionárias*, objeto de deliberação por força de solicitações do Congresso Nacional para a realização de auditorias nas concessionárias, conforme Acórdão nº 2.527/2015[616] e Acórdão nº 1.089/2016. Eis o excerto do Acórdão nº 1.089/2016 quanto a esse específico aspecto:

> 3. Com efeito, *é ponto pacífico nesta Corte que não compete ao TCU, no exercício do controle externo da Administração Pública, fiscalizar diretamente as empresas delegatárias de serviço público*, mas sim examinar se o poder concedente está fiscalizando de forma adequada a execução dos contratos de concessão.
>
> 4. O entendimento decorre, primeiramente, do que estipulam os arts. 70 e 71 da Constituição Federal, segundo os quais a competência de fiscalização deste Tribunal abrange a União, as entidades da administração direta e indireta e as pessoas físicas ou jurídicas que gerenciem recursos públicos federais. Tal competência não inclui, portanto, a fiscalização de serviços prestados por empresas concessionárias de serviço público, vez que, como regra, prestam o serviço por sua conta e risco, sem auxílio financeiro do Poder Público.
>
> 5. Em segundo lugar, opinião contrária poderia usurpar a competência das agências reguladoras, criadas por meio da Reforma Administrativa Brasileira de 1995-1998. No caso em foco, por força do art. 19 da Lei 9.472/1997, compete à Agência Nacional de Telecomunicações (Anatel) a referida fiscalização (grifos nossos).[617]

---

[616] BRASIL. Tribunal de Contas da União. *Acórdão nº 2.527/2015*. Plenário. Relator: Min. Bruno Dantas. Brasília, 14.10.2015.

[617] BRASIL. Tribunal de Contas da União. *Acórdão nº 1.089/2016*. Plenário. Relator: Min. Bruno Dantas. Brasília, 14.5.2016.

Cumpre referir ainda decisão relativamente recente do Tribunal de Contas da União, integrante de processo instaurado no âmbito do TCU, para o acompanhamento da mediação realizada no âmbito judicial entre a ANATEL e o Grupo Oi S.A, em recuperação judicial. O juízo do processo judicial, em face do que dispõe o art. 36, §4º, da Lei nº 13.140/2015, requereu a atuação do Tribunal na mediação, inclusive com anuência ao eventual acordo, tendo em vista que a Agência é o maior credor público da Oi, com cerca de R$ 11 bilhões em multas à época.

Em brevíssima síntese, a unidade técnica (SeinfraCom) asseverou que o TCU não tem competência para participar de mediações que envolvam particulares e entes públicos e tampouco dar anuência em eventual mediação, uma vez que o §4º do art. 36 da Lei nº 13.140/2015 deve ser interpretado em consonância com o *caput* do art. 36,[618] que refere conflitos entre órgãos e entidades da administração pública federal, em que a Advocacia-Geral da União realiza a composição.

O Ministro Relator Bruno Dantas discordou integralmente da unidade técnica, alegando a estreita conexão com o processo n. 033.413/2015-0, em que foi obstada pelo Tribunal a celebração de Termo de Ajustamento de Conduta entre a ANATEL e a concessionária, de modo que o TCU não poderia "assumir posição estrategicamente neutra e relativista". Alegou ainda o Relator a inadequação da compreensão "simplista e burocrática" das "ações negociais que têm crescido na Administração Pública".[619] E mais:

> 20. Mas *é incorreto qualquer raciocínio que exija que a atuação desta Corte dependa de previsão legal expressa. Aliás, a fiscalização de editais de licitação por iniciativa própria, de acordos de leniência ou de pactuação de termos de ajustamento de condutas (TACs) não encontra previsão específica em lei ordinária, mas decorrem de interpretação do TCU sobre seu próprio mandato outorgado pela Constituição Federal de 1988.*

---

[618] Lei nº 13.140/2015: "Art. 36. No caso de conflitos que envolvam controvérsia jurídica entre órgãos ou entidades de direito público que integram a administração pública federal, a Advocacia-Geral da União deverá realizar composição extrajudicial do conflito, observados os procedimentos previstos em ato do Advogado-Geral da União. [...] §4º Nas hipóteses em que a matéria objeto do litígio esteja sendo discutida em ação de improbidade administrativa ou sobre ela haja decisão do Tribunal de Contas da União, a conciliação de que trata o caput dependerá da anuência expressa do juiz da causa ou do Ministro Relator".

[619] BRASIL. Tribunal de Contas da União. *Acórdão nº 1.790/2017.* Plenário. Relator: Min. Bruno Dantas. Brasília, 16.8.2017.

21. Ora, ainda que não possam ser caracterizados como atos administrativos em sentido estrito, os atos negociais da Administração praticados no âmbito de um procedimento de mediação, quando envolvem transação de bens e recursos públicos, estão sujeitos à jurisdição do Tribunal. Cabe apenas avaliar a conveniência e a oportunidade de atuar caso a caso, com base em critérios de materialidade, relevância e risco.

[...]

27. Não julgo que esteja afastada a incidência do dispositivo a controvérsias que envolvam órgãos ou entidades públicas, de um lado, e entes privados e outro, ainda que esse fato não interfira na nossa atuação vez que, como já frisei, *a participação do TCU não depende de previsão legal expressa.*

29. Ora, é regra elementar de hermenêutica jurídica que *"In eo quod plus est semper inest et minus"*, ou seja: *quem pode o mais pode o menos.* Se a lei de regência textualmente atribui ao Ministro Relator do TCU o poder de autorizar a mediação de conflitos que envolvam órgãos ou entidades públicos, evidentemente ele também pode acompanhar e supervisionar a mediação judicial, especialmente quando isso se dá em comum acordo com o poder judiciário.

30. Dessa forma, não vislumbro qualquer impropriedade na fórmula de "co-mediação" proposta pelo douto juízo de recuperação judicial (grifos nossos).[620]

O trecho transcrito confirma o que foi sustentado anteriormente acerca da inexistência de previsão legal de atuação do TCU concomitante aos atos de desestatização, que resultou de regulamento próprio, legitimado em parte pela atuação, sem muitos questionamentos, dos órgãos e entidades responsáveis pelas desestatizações, que apresentaram alto grau de deferência às deliberações do Tribunal.

Além disso, surpreendeu a afirmação de que a atuação do TCU, incluindo a emissão de atos de comando, passíveis de resultar em sanções aos gestores, prescinde de previsão legal, sobretudo quando se trata de órgão que tem a elevada função constitucional de zelar pela legalidade em matéria relacionada ao Erário.

Esse acórdão não tratou de mera ação colaborativa do Tribunal, mas sim da emissão de anuência à mediação eventualmente ajustada entre as partes, de modo que a competência legal para a validade do ato seria imprescindível, competência essa que não está prevista no art. 36, §4º, da Lei nº 13.140/2015.

---

[620] BRASIL. Tribunal de Contas da União. *Acórdão nº 1.790/2017.* Plenário. Relator: Min. Bruno Dantas. Brasília, 16.8.2017.

Como se percebe, à semelhança dos atos normativos que estabeleceram o acompanhamento concomitante aos atos de desestatização e das revisões tarifárias das distribuidoras de energia elétrica e das concessões rodoviárias, esse recente acórdão constitui mais uma expressão dos movimentos de expansão das competências do Tribunal de Contas da União e seu consequente fortalecimento, com fundamento em base legal inaplicável ao caso, como, aliás, ressaltado pela unidade técnica do TCU.

É o que a pesquisa já mencionada também concluiu, apontando para a postura ativista do Tribunal, que se coloca frequentemente na posição de regulador, participando "intensamente da regulação econômica dos setores regulados", por via de determinações e "recomendações mandatórias", acolhidas muitas vezes pelas agências como argumentos de autoridade.[621]

Esse acórdão também é exemplo de uma postura do TCU que busca o protagonismo em diversas searas da Administração Pública, apresentando-se frequentemente como o guardião do interesse público, seja mediante a interpretação ampliativa de tuas atribuições, seja por meio da edição de atos normativos próprios que fixam competências não previstas na Constituição ou na legislação. A esse respeito, é oportuna a reflexão de Flávio Garcia Cabral:

> Dentre os traços do "novo" TCU, o mais emblemático é, sem sombra de dúvida, a atuação ativista da Corte. Entende-se por "ativismo de contas" o comportamento dos Tribunais de Contas que, a pretexto de se mostrarem proativos ou de serem encarados como concretizadores de direitos fundamentais ou controladores de políticas públicas, acabam por exercer suas atribuições em desconformidade com o que permite o texto constitucional e infraconstitucional, demonstrando a subjetividade na tomada de decisões por seus membros.[622]

Em 2021, o grande destaque a ser apresentado está no Acórdão nº 2.032/2021, relatado pelo Ministro Raimundo Carreiro, em que o

---

[621] MARQUES NETO, Floriano de Azevedo; PALMA, Juliana Bonacorsi de; REHEM, Danilo, MERLOTTO, Nara; GABRIEL, Yasser. Reputação institucional e o controle das Agências Reguladoras pelo TCU. *Revista de Direito Administrativo*, Rio de Janeiro, v. 278, n. 2, p. 37-70, maio/ago. 2019.

[622] CABRAL, Flávio Garcia. Como o Tribunal de Contas da União tem se comportado ao longo da Constituição de 1988? *A&C – Revista de Direito Administrativo e Constitucional*, Belo Horizonte, n. 85, p. 161-183, jul./set. 2021, p. 173.

TCU analisou o processo de licitação para as autorizações de radiofrequências do serviço móvel pessoal de 5ª geração, conhecida como telefonia móvel 5G.[623]

Como se verá, o Plenário emitiu uma série de recomendações à ANATEL e ao Ministério das Comunicações, em vez de determinações propostas pela SeinfraCom e pelo Ministério Público de Contas, com fundamento na deferência à agência reguladora e autocontenção do TCU, ainda que em face de ilegalidades apontadas no processo, o que torna importante a sua análise mais detida.

O certame, realizado em 4 e 5 de novembro de 2021,[624] foi o maior até então realizado pela ANATEL, em processo instaurado pela Agência em 2018, estimado no valor total de R$ 45,7 bilhões e com a previsão de leilão de diversos lotes de frequências, com cerca de R$ 37,1 bilhões em compromissos das operadoras.

Esse exame realizado pelo Tribunal encontra-se em extenso acórdão de 448 páginas, em que foram analisados os principais aspectos da licitação, com a frequente ressalva da SeinfraCom ao longo do relatório sobre o reduzido período de análise – 31 dias – inferior ao prazo regulamentar da IN nº 81/2018, o que teria impedido o aprofundamento das questões, a exemplo do que foi verificado na primeira etapa das desestatizações, como assinalado no Capítulo 3, seção 3.1.

Ainda assim, a unidade técnica examinou diversos aspectos do edital, muitos dos quais foram apontados como ilegais, o que, em sua maioria, foi corroborado pelo Ministério Público de Contas, cumprindo salientar que o exame da legislação seguiu, dentre outros diplomas legais e regulamentares, a Lei nº 9.472/97, uma vez que a Lei nº 8.987/95 não é aplicável ao setor. Embora com algumas discordâncias pontuais, o Ministério Público de Contas acompanhou a proposta da unidade técnica.

Os principais aspectos analisados pela SeinfraCom podem ser elencados, de forma sintética, no seguinte rol: a) criação de nova modalidade de inexigibilidade de licitação; b) ausência de garantia da execução de compromisso de obras pela Entidade Administradora da

---

[623] BRASIL. Tribunal de Contas da União. *Acórdão nº 2.032*. Plenário. Relator: Min. Raimundo Carreiro. Brasília, 25.8.2021.

[624] O leilão alcançou o valor de R$ 47,2 bilhões. Disponível em: https://www.gov.br/anatel/pt-br/assuntos/noticias/leilao-da-tecnologia-de-quinta-geracao-alcanca-r-47-2-bilhoes. Acesso em: 7 nov. 2021.

Faixa de 3,5 GHZ (EAF); c) ausência de verificação, como condição de participação, da limitação do espectro adquirido; d) previsão de desistência imotivada e sem sanções para os proponentes dos lotes de 26 GHz; e) destinação dos valores que excederem as obrigações adicionais; e) disputa entre proponentes de lotes; f) diversos aspectos relacionados à precificação das faixas de frequência licitadas; g) compromissos de abrangência das faixas de frequência 700 MHz, 2,3 GHz e 3,5 GHz; h) estrutura de governança da Entidade Administradora de Faixa – EAF, de natureza privada, a ser criada pelas licitantes vencedoras; i) implantação da rede privativa da Administração Pública Federal e do Programa Amazônia Integrada e Sustentável (PAIS) e j) ausência de compromissos para a conectividade de escolas públicas.

Dentre os aspectos mais longamente analisados pela unidade técnica, com possibilidade de dano ao Erário, destacam-se a precificação das faixas de frequência, que reduziriam o valor da licitação, a rede privativa federal e do PAIS, bem como a ausência da inclusão das escolas públicas dentre os compromissos das licitantes vencedoras.

Em relação à precificação das faixas, foi questionada a modelagem da frequência de 26 GHz, baseada em *benchmarking*, em especial a adoção do índice de Paridade do Poder de Compra (PPC) para o PIB da OCDE como taxa de conversão do dólar para reais, em vez do índice PPC do Fundo Monetário Internacional (FMI), que seria mais elevado e aplicável a todos os países que serviram de parâmetro para a Agência.

Segundo o TCU, o uso do PPC do FMI ou da taxa de câmbio de mercado alteraria significativamente o preço mínimo dessa faixa de frequência, que foi considerado subestimado em R$ 2,12 bilhões. Foi apontado também que essa faixa de frequência não estabelecia nenhum compromisso para o vencedor do certame.

Aqui já é possível fazer uma observação no processo quanto à expedição de determinações, recomendações e ciência, a par do mérito da questão, conforme estabelecido na Resolução TCU nº 315/2020. A Unidade Técnica propôs a *determinação* à ANATEL para a adoção do mesmo tipo de taxa de conversão do dólar em razão da possibilidade de distorções e subestimação do valor do lote, o que foi acolhido pela Agência, conforme voto do Relator, que, ao final, manteve a determinação.

Contudo, não houve a indicação de qualquer dispositivo constitucional, legal ou regulamentar violado, fundamentando-se a proposta em jurisprudência do TCU relacionada ao preço justo a ser pago pela vencedora do certame, o que não encontra previsão no art. 6º, II, da Resolução nº 315/2020.[625]

Aliás, saliente-se que a indicação da jurisprudência infringida pelo controlado era um dos requisitos para as determinações, conforme estabelecia a Resolução TCU nº 265/2014, que foi *revogada* pela Resolução nº 315/2020. No entanto, tal critério para fundamentação das determinações continuou a ser apresentado pela SeinfraCom em relação a diversos aspectos técnicos e acolhido pelo Plenário em grande parte das deliberações.

Ainda em relação à precificação das faixas de frequência, outro aspecto a ser destacado é a taxa de depreciação das estações e dos equipamentos de transmissão, em especial os cabos de fibra ótica. A ANATEL estimou a vida útil das estações em 10 anos e em 5 anos para os equipamentos de transmissão (fibras óticas), ao contrário do procedimento adotado pelas maiores empresas de telefonia móvel e da legislação da Receita Federal.

Esse prazo impacta os investimentos da operação, em face da previsão de substituição periódica desses ativos, cuja correção foi estimada pela unidade técnica no aumento de R$ 40 bilhões na soma dos preços mínimos das faixas de frequência. A proposta da SeinfraCom consistiu na determinação à ANATEL para realizar as correções na depreciação desses bens novamente em face da ofensa à jurisprudência do Tribunal, no que foi acompanhada pelo Ministério Público de Contas.

A ANATEL justificou a modelagem com base em outras categorias de enquadramento previstas pelas normas da Receita Federal. E, conforme consta no voto do Relator, a Agência apresentou várias objeções a essas correções, inclusive decisões pretéritas do Tribunal em outros editais, e a inviabilidade desses ajustes para o edital analisado.

Por isso, a determinação foi convertida em recomendação pelo Relator, o que foi acolhido pelo Plenário, à exceção do Ministro Revisor Aroldo Cedraz, que apontou a restrição de prazo para a elaboração de seu voto, bem como diversas distorções de modelagem que

---

[625] Art. 6º As determinações devem observar, ainda, as seguintes exigências: I - conter prazo para cumprimento, salvo nos casos de obrigação de não fazer; II - *indicar o critério constitucional, legal ou regulamentar infringido e a base normativa que legitima o TCU a expedir a deliberação;* e III - possuir redação objetiva, clara, concisa, precisa e ordenada de maneira lógica (grifos nossos). *In:* BRASIL. Resolução nº 315, de 22 de abril de 2020. Tribunal de Contas da União.

O CONTROLE DAS AGÊNCIAS REGULADORAS FEDERAIS DE SERVIÇOS PÚBLICOS PELO TRIBUNAL DE CONTAS DA UNIÃO

implicariam redução do preço dos lotes, incluindo a depreciação dos ativos referidos.[626]

A implantação da rede privativa para a Administração Pública Federal foi um dos grandes pontos impugnados pela SeinfraCom, Ministério Público de Contas e pelo Ministro Aroldo Cedraz, com valor estimado mínimo de R$ 1 bilhão, com fundamento de que tal rede constitui atividade-meio e, assim, não deveria integrar o edital como compromisso da licitação.

Além disso, foram alegadas, dentre outras questões, a violação das normas de licitação para a contratação comum de bens e serviços, o descumprimento das regras constitucionais e legais orçamentárias e fiscais, incluindo o teto de gastos, bem como ausência de especificações mínimas, obrigações, garantia da execução e de sanções, além de risco de dano relevante ao Erário.

A proposta da SeinfraCom de determinar a exclusão dessa rede foi afastada pelo Relator e demais Ministros, à exceção do Revisor, com fundamento no interesse da coletividade, previsto genericamente no art. 135 da Lei nº 9.472/97, e que deve o TCU, nos casos que apresentam incertezas, adotar a autocontenção e prestigiar a política pública.

Assim, o Plenário, nos itens 9.4.5 e 9.5.3 do Acórdão, reconheceu o não atendimento de diversos dispositivos da Lei nº 9.472/97 quanto à rede privativa, mas se limitou a dar ciência à ANATEL e ao Ministério das Comunicações do descumprimento dessas exigências legais, que serão acompanhadas pelo TCU em processo específico.

Em relação ao Programa Amazônia Integrada e Sustentável (PAIS), que consiste na instalação de fibras óticas no leito de alguns rios da Amazônia, a SeinfraCom apresentou basicamente as mesmas violações constitucionais e legais atribuídas à rede privativa federal, bem como risco de dano ao Erário, razão pela qual também propôs a determinação de sua exclusão do edital. O Ministério Público de Contas também opinou pela exclusão desse serviço, ainda que com alguma divergência em relação a alguns fundamentos adotados pela unidade técnica.

O Plenário, à semelhança da rede privativa, em que pese a ausência de especificações legais mínimas do edital, limitou-se a dar ciência à ANATEL e ao Ministério das Comunicações acerca da violação à

---

[626] BRASIL. Tribunal de Contas da União. *Acórdão nº 2.032*. Plenário. Relator: Min. Raimundo Carreiro. Brasília, 25.8.2021. Voto Revisor do Min. Aroldo Cedraz (p. 384- 421).

Lei nº 9.472/97 e à Resolução Anatel nº 65/1998 quanto à definição do objeto e das obrigações no edital.[627]

Prosseguindo no exame dos pontos do acórdão selecionados, é importante referir a conectividade das escolas públicas, que não foi prevista expressamente no edital como compromisso das operadoras vencedoras da licitação. A unidade técnica fez extensa explanação sobre a cobertura e a conectividade nas escolas, demonstrando a intensa desigualdade entre as regiões brasileiras, bem como os prejuízos que a ausência de conectividade causa à educação pública.

Ao final, a SeinfraCom propôs a *recomendação* para que o Ministério de Comunicações e a ANATEL avaliassem a previsão no edital da obrigação de conectividade das escolas públicas de educação básica, *registrando que não existe legislação específica que determine essa inclusão no certame*. Na mesma linha, a manifestação do Ministério Público de Contas.

Todavia, o Ministro Relator, com a finalidade de concretizar essa política pública, de inegável importância, resolveu *determinar à ANATEL* e ao Ministério das Comunicações a inclusão no edital da obrigação de conectividade das escolas públicas de rede básica por meio de valores decorrentes da aquisição de lotes na faixa de 26 GHz, que não previa obrigações associadas.

Além disso, houve a determinação de que as sanções decorrentes dos descumprimentos de obrigações previstas no edital fossem aplicadas sob a forma de obrigações de fazer relacionadas à conectividade das escolas. Não houve, no entanto, a indicação do fundamento legal específico para essa determinação de previsão editalícia.

Note-se que *ficou expressa a intenção do Relator de formular políticas públicas mediante determinações que invadem a esfera de discricionariedade do gestor e da agência reguladora*, o que já se viu em diversas decisões do Tribunal examinadas anteriormente, de modo que não foi mera iniciativa pessoal do ministro relator, constatada em um processo isolado.

---

[627] BRASIL. Tribunal de Contas da União. *Acórdão nº 2.032*. Plenário. Relator: Min. Raimundo Carreiro. Brasília, 25.8.2021, deliberação 9.4.9 do acórdão: "9.4: dar ciência à Anatel, com fundamento no art. 9º, I, da Resolução TCU 315/2020, de que: [...] a ausência de definição no edital e em seus anexos das características, especificações mínimas, obrigações e compromissos associados à obras de construção de rede de infovias contraria o dever legal e regulamentar de especificar o objeto do certame licitatório, incluindo os respectivos compromissos exigidos, nos termos dos art. 89, inciso III, e 136, §§2º e 3º da LGT, e art. 14, inciso V, da Resolução Anatel 65/1998 [...]".

Portanto, eis um exemplo recente de descumprimento das próprias normas do Tribunal de Contas da União pelo ministro relator de um relevante processo, com vistas à implementação de política pública que, apesar de altamente meritória, está fora das competências do controle externo, cabendo-lhe tão somente a recomendação para a qualificação da Administração Pública, em atuação cooperativa do TCU, como dispõe a Resolução nº 315/2020.

Diga-se, aliás, que essa determinação sem qualquer descumprimento legal apresenta-se contraditória com outras deliberações do acórdão, notadamente as diversas ciências,[628] que apontaram ilegalidades importantes no edital que não foram objeto de determinação, entendendo o Plenário que eram sanáveis, apesar de se referirem a aspectos que já deveriam estar previstos no edital.

Posteriormente, o Ministro Relator alterou sua posição em voto complementar, passando a *recomendar* a previsão editalícia de conectividade das escolas de ensino básico. Mas a finalidade da anterior determinação, contrária à Resolução TCU nº 315/2020, ficou evidenciada no seguinte trecho:

> *7. Penso que a determinação retrataria melhor a preocupação que temos com o tema.* No entanto, considerando as ponderações de Suas Excelências e também o compromisso público assumido pelo Ministro das Comunicações Fábio Faria de que dará a este assunto tratamento idêntico ao que daria se constasse do acórdão do TCU como determinação e não como recomendação, converto a determinação em recomendação [...].[629] (grifos nossos)

Além de deliberações específicas para o Ministério das Comunicações, foram expedidas à ANATEL 11 determinações, 25 recomendações e 12 ciências. Neste acórdão percebe-se que houve preocupação com a deferência ao gestor e ao regulador, sobretudo em questões técnicas que apresentam imprecisão quanto a sua modelagem em face de sua novidade e de incertezas, bem como em questões relacionadas aos conceitos jurídicos indeterminados. Veja-se, a esse respeito, trecho do voto do Ministro Bruno Dantas sobre esse aspecto:

---

[628] A propósito da "ciência", vale lembrar, como dispõe o art. 2º, II, da Resolução TCU nº 315/2020, que essa deliberação tem natureza declaratória sobre irregularidade que não exige providências imediatas, visando à prevenção de situações futuras análogas.

[629] BRASIL. Tribunal de Contas da União. *Acórdão nº 2.032*. Plenário. Relator: Min. Raimundo Carreiro. Brasília, 25.8.2021, voto complementar do Relator.

4. *No campo da regulação, não é incomum nos depararmos com duas ou mais abordagens igualmente válidas para endereçar soluções a determinado problema.* Nesses casos, deve ser respeitada e resguardada a devida liberdade para que o regulador verifique, no caso concreto, qual seria a forma de atuação mais efetiva e eficiente, desde que as escolhas estejam fundamentadas em bases jurídicas e fáticas sólidas e não se afastem da legislação e dos princípios regentes.

5. É essa a tônica que extraio do voto do relator, com cunho de controle de segunda ordem, destinado a verificar a regularidade da atuação da agência no exercício de suas atividades finalísticas, *sem, contudo, se substituir às escolhas do regulador.* Isso não impede que esta Corte sugira opções igualmente válidas, a serem avaliadas sob o juízo de conveniência e oportunidade, ou mesmo custo-benefício, do formulador e executor da política regulatória.

6. *Trata-se de um agir pautado por contínuo aprendizado e busca pelo equilíbrio entre vigilância e autocontenção.*

[...]

Esses temas, tão críticos para o bom andamento do certame e o cumprimento dos compromissos de investimento por parte das operadoras, não deveriam ensejar a revisão e o atraso do certame, muito menos sua exclusão do edital, pois, espera-se, são passíveis de resolução pela Anatel em tempo hábil, sem prejuízo de serem devidamente acompanhados por este Tribunal.[630] (grifos nossos)

Essa autocontenção constitui inovação em relação à jurisprudência pesquisada, pois, em boa parte dos acórdãos de desestatização examinados, ainda que fossem, em sua maioria, referentes a serviços prestados em regime público, houve determinações às agências reguladoras sem indicação de ilegalidades e que se situavam no âmbito da discricionariedade do regulador, como as determinações de apresentação de cronograma para a implementação de recomendações.

O procedimento distinto em relação às dezenas de acórdãos examinados deu-se também em relação à verificação de ilegalidades, que invariavelmente resultaram em determinações. No Acórdão nº 2.032/2021, ao contrário, constatou-se que ilegalidades apontadas pela unidade técnica, pelo Ministério Público de Contas e pelo Ministro Aroldo Cedraz foram objeto tão somente de ciência à ANATEL e ao Ministério das Comunicações para controle posterior.

---

[630] BRASIL. Tribunal de Contas da União. *Acórdão nº 2.032*. Plenário. Relator: Min. Raimundo Carreiro. Brasília, 25.8.2021, voto do Ministro Bruno Dantas.

O CONTROLE DAS AGÊNCIAS REGULADORAS FEDERAIS DE SERVIÇOS PÚBLICOS PELO TRIBUNAL DE CONTAS DA UNIÃO | 265

Por outro lado, verificou-se o exercício de atuação cooperativa importante, relacionada ao fomento à previsão editalícia para a conectividade das escolas públicas de educação básica.

Aqui o TCU cumpriu relevante papel mediante instrumento de controle adequado – a recomendação – em que pese o Ministério das Comunicações tenha referido, como consta no acórdão, que essa recomendação seria adotada como determinação, posição essa que pode ser resultado de discurso político do gestor ou, como se viu em alguns acórdãos no primeiro período da pesquisa, expressão de submissão que não contribui para o respeito das competências constitucionais e legais de outros órgãos e entidades sujeitos ao controle do TCU.

De todo modo, esse precedente é relevante, não só pela importância da licitação, mas também porque aqui ficou assentada novamente a necessidade de autocontenção do Tribunal de Contas da União. Resta, agora, aguardar se o respeito às competências técnicas das agências reguladoras será observado em futuros processos ou se, ao contrário, será entendimento pontual, em virtude do complexo edital da denominada telefonia 5G, que teve ampla cobertura da imprensa e expectativa do setor.

Examinado o controle das telecomunicações, cabe, por fim, verificar no período em exame como foi a atuação do TCU em relação aos transportes rodoviários, ferroviários, aquaviários, aeroportuários e suas infraestruturas, regulados pela ANTT, ANTAQ e ANAC, respectivamente, que contaram com muitas licitações de desestatização em todos esses setores.

3.3.3 O controle dos transportes e das respectivas infraestruturas

Em relação às competências da ANTT, as concessões rodoviárias foram destaque no controle do TCU, em razão das muitas delegações ocorridas no âmbito do Programa de Concessões Rodoviárias Federais, que se encontra atualmente em sua 4ª etapa.[631]

Some-se a isso a relevância econômica e social desse serviço, inclusive para o desenvolvimento de outras atividades econômicas,

---

[631] Conforme a página eletrônica da ANTT, o Programa de Concessões Rodoviárias Federais foi criado pela Portaria Ministerial nº 10/93 e iniciado com a concessão da Ponte Rio-Niterói em 1994. Disponível em: www.antt.gov.br/historico. Acesso em: 26 jan. 2021.

considerando que o transporte rodoviário é o principal meio de circulação de cargas e pessoas no país.

Como já se viu, o TCU emitiu regulamento próprio para a fiscalização das concessões rodoviárias – a Instrução Normativa nº 46/2004 – somente revogado por disposição da Instrução Normativa nº 81/2018, cuja vigência plena deu-se a partir de 1º.01.2019.

Além das concessões, a execução contratual foi objeto de intenso acompanhamento, seja por iniciativa própria, seja por provocação externa, decorrente das solicitações do Congresso Nacional e das representações recebidas no Tribunal.

Ainda que não na mesma intensidade que as concessões rodoviárias, o transporte interestadual e internacional também foi objeto de auditorias e acompanhamentos pelo TCU, visando especialmente à licitação do serviço, uma vez que o transporte foi prestado a título precário durante longo tempo. Aliás, diga-se que tal situação não foi modificada mediante a regular licitação, como estabelece o art. 175 da Constituição, mas sim por alteração da Lei nº 10.233/2001[632] pela Lei nº 12.996/2014, que possibilitou a delegação do transporte internacional e interestadual por meio de autorização, à exceção do transporte interestadual semiurbano.

Em relação às concessões realizadas pela ANTT, ANTAQ e ANAC, examinaram-se 46 acórdãos.[633] O modelo de análise do Tribunal segue o mesmo dos serviços de energia elétrica e de telecomunicações, com grande grau de detalhamento da análise da modelagem realizada pelas unidades técnicas do TCU.

Assim, a par da observância da legislação aplicável, como as Leis nº 8.987/95, nº 10.233/01, nº 11.182/05 e nº 8.666/93, as questões relacionadas à modelagem técnica e econômica das concessões ora foram objeto de determinações substitutivas ou corretivas em razão de "inconsistências" – e não de ilegalidades –, ora foram objeto de recomendações, em face do reconhecimento de que tais questões se situam no âmbito da discricionariedade da Agência.

Conforme já verificado no período anterior, o precedente do Tribunal, expresso no Acórdão nº 1.703/2004, seguido e referido em

---

[632] BRASIL. Lei nº 10.233, de 5 de junho de 2001. *Planalto*. Disponível em: https://www.planalto.gov.br/ccivil_03/leis/leis_2001/l10233.htm. Acesso em: 10 out. 2020.

[633] Acórdãos do Plenário em relação à ANTT: 102/2007, 1.405/2007, 2.104/2008, 2.517/2009, 682/2010, 1.055/2011, 1.125/2011, 1.656/2011, 2.573/2012, 2.903/2012, 3.160/2012, 2.304/2013, 2.604/2013, 3.204/2013, 436/2014, 86/2015, 290/2015, 4.036/2020, 559/2021 e 935/2021.

CAPÍTULO 3
O CONTROLE DAS AGÊNCIAS REGULADORAS FEDERAIS DE SERVIÇOS PÚBLICOS PELO TRIBUNAL DE CONTAS DA UNIÃO | 267

diversas decisões, não foi uniformemente observado pelo Plenário e tampouco pelas unidades técnicas no que diz respeito às competências dessas agências, seja nas delegações, seja na execução dos contratos.

Nesse sentido, o Acórdão nº 2.104/2008, que examinou trechos da concessão rodoviária na BR 116 e na BR 324, ambas na Bahia, *determinou*, dentre outras medidas, a correção de "inconsistências entre os estudos técnicos e o Programa de Exploração Rodoviária (PER), especificando melhor os locais das praças de pedágio", assim como para as próximas concessões, *determinou* também que a ANTT apresentasse, "nos estudos de tráfego, as contagens atuais, assim entendidas aquelas realizadas há menos de 18 meses, efetuadas em mais de um período do ano".

Veja-se, contudo, que nem a área técnica e tampouco o Plenário indicaram as violações legais ou os diplomas legais que determinam, por exemplo, o estudo de tráfego com a periodicidade exigida.[634] A ANTT apresentou embargos de declaração, que não foram acolhidos, e pedido de reexame, no qual foram suscitadas questões específicas da licitação, bem como a competência da Agência.

No Acórdão nº 1.125/2011, que negou provimento ao pedido formulado pela ANTT, o TCU manifestou-se da seguinte forma:

> Primeiro, quanto à suposta desconsideração do espaço próprio de atuação da agência reguladora mediante as determinações exaradas por este Tribunal no Acórdão recorrido, há que se salientar que não se confundem e não se sobrepõem as competências do Tribunal de Contas da União e da Agência Nacional de Transportes Terrestres-ANTT no que concerne ao processo de concessão de rodovias federais.
>
> A ANTT, na condição de agência reguladora dos transportes terrestres, promove a modelagem e condução do processo licitatório, o qual reflete as opções regulatórias da agência competente. Bem assim, após a celebração do contrato de concessão, a ANTT é responsável pela fiscalização do cumprimento das cláusulas contratuais avençadas, consoante previsto no art. 26, inciso VII da Lei 10.233/2001, visando garantir ao usuário a prestação de um serviço adequado.
>
> O Tribunal de Contas, frise-se, não se substitui ao órgão regulador, que é competente para eleger as condições em que se dará tanto a competição entre os interessados, quanto a prestação dos serviços, entre outros aspectos. *A contribuição do Tribunal ao processo consiste em verificar se essas condições são fundamentadas e se amoldam, entre outros, aos princípios da legalidade, da eficiência, da economicidade e da razoabilidade. Além disso,*

---

[634] BRASIL. Tribunal de Contas da União. *Acórdão nº 2.104/2008*. Plenário. Relator: Min. Ubiratan Aguiar. Brasília, 24.09.2008.

não se pode olvidar que a análise e respectiva divulgação de cada estágio do processo de concessão, na forma da IN TCU nº 46/2004, favorece sobremaneira a desejável transparência da Administração (grifos nossos).[635]

Por isso, diverge-se da afirmação atribuída ao TCU de que "o discurso institucional é de que apenas as atividades-meio das Agências Reguladoras são controladas, e não as atividades-fim",[636] pois a pesquisa ora realizada demonstra a convicção do Tribunal manifestada nos acórdãos quanto ao controle das atividades finalísticas das agências.

Note-se que a inexistência de exercício indevido da função reguladora pelo TCU é frequentemente afirmada nos acórdãos que deliberam sobre os recursos das agências, de modo genérico e quase padronizado, sem o enfrentamento específico das determinações sem ilegalidades constatadas, muitas vezes sob o fundamento das vantagens das medidas determinadas pelo Tribunal.

No entanto, algumas decisões eventualmente refletem a orientação firmada no Acórdão nº 1.703/2004. Esse é o caso do Acórdão nº 715/2008,[637] que analisou o reajuste tarifário do transporte interestadual, em que a área técnica propôs a determinação de uma série de medidas para corrigir supostas ilegalidades, que, ao final, foram convertidas pelo Plenário em recomendações, pois se tratavam de opções regulatórias legítimas, e não de ilegalidades.

Assim, foi afirmado no Acórdão nº 715/2008 que não compete ao TCU interferir nas competências legais primárias da Agência, cabendo a emissão de determinações somente em caso de ilegalidades. Contudo, como se viu, há um discurso de respeito às prerrogativas regulatórias que frequentemente não se cumpre nas decisões.

De todo modo, essa tentativa de autocontenção do controle é positiva, tanto para o amadurecimento institucional das agências quanto para a não assunção de riscos regulatórios pelo Tribunal em razão do indevido exercício da competência das agências.

---

[635] BRASIL. Tribunal de Contas da União. *Acórdão nº 1.125/2011*. Plenário. Relator: Min. Raimundo Carreiro. Brasília, 4.5.2011.

[636] MARQUES NETO, Floriano de Azevedo; PALMA, Juliana Bonacorsi de; REHEM, Danilo, MERLOTTO, Nara; GABRIEL, Yasser. Reputação institucional e o controle das Agências Reguladoras pelo TCU. *Revista de Direito Administrativo*, Rio de Janeiro, v. 278, n. 2, p. 37-70, maio/ago. 2019, p. 46.

[637] BRASIL. Tribunal de Contas da União. *Acórdão nº 715/2008*. Plenário. Relator: Min. Augusto Nardes. Brasília, 23.04.2008.

O CONTROLE DAS AGÊNCIAS REGULADORAS FEDERAIS DE SERVIÇOS PÚBLICOS PELO TRIBUNAL DE CONTAS DA UNIÃO

Ainda em relação ao transporte rodoviário, cabe a referência do Acórdão nº 2.517/2009,[638] em que o Tribunal analisou a ilegalidade do transporte interestadual e internacional, que operava a título precário, como ocorre em grande parte dos estados e municípios brasileiros.

Chamou a atenção a proposta de encaminhamento da unidade técnica para que o tribunal, *excepcionalmente*, autorizasse a ANTT a contratar diretamente empresa especializada em pesquisa de demanda para a modelagem do transporte, desde que compatível com o preço de mercado. Trata-se de proposta que, se acolhida, infringiria a lei, pois não cabe ao Tribunal autorizar contratação fora das hipóteses legais e do processo administrativo de contratação.

O Plenário efetivamente não autorizou a contratação, mas *determinou* à ANTT que examinasse, diante da relevância e urgência da licitação do transporte, a *possibilidade* de contratar diretamente empresas de pesquisas. Veja-se aqui novamente que a determinação foi adotada de forma equivocada: o correto segundo a legislação emitida pelo tribunal seria a *emissão de recomendação*, e não de determinação, postura essa que, todavia, é muito comum nos acórdãos do TCU, como ressaltado.

No que tange ao acompanhamento da execução dos contratos regulados pela ANTT, ganham destaque as concessões rodoviárias, especialmente a qualidade do serviço e o equilíbrio econômico-financeiro, com expressivas críticas do Tribunal à Agência, inclusive com aplicação de multas aos gestores da ANTT.

Entre as decisões relevantes, o Acórdão nº 2.927/2011[639] abordou amplamente a modelagem econômico-financeira dos contratos de concessão da Nova Dutra, Concessionária Rio-Teresópolis (CRT), Concessionária Ponte Rio-Niterói e Concessionária da Rodovia Osório-Porto Alegre S.A. (CONCEPA), integrantes da 1ª etapa do Programa de Concessão Rodoviária Federal, em aspectos como investimentos, fluxo de caixa original e marginal, revisões ordinárias e compartilhamento dos ganhos de produtividade com os usuários.

Em especial, foi examinada a manutenção da taxa de rentabilidade das concessionárias, fixadas entre 17% e 24%, condizentes com realidade econômica que não mais se verificava, tendo em vista a estabilidade econômica do país e a definição da TIR dos novos projetos em, no máximo, 8,95%.

---

[638] BRASIL. Tribunal de Contas da União. *Acórdão nº 2.517/2009*. Plenário. Relator: Min. Walton Alencar Rodrigues. Brasília, 28.10.2009.

[639] BRASIL. Tribunal de Contas da União. *Acórdão nº 2.927/2011*. Plenário. Relator: Min. Walton Alencar Rodrigues. Brasília, 9.11.2011.

A Sefid/TCU propôs a determinação à ANTT para a adoção da Resolução nº 3.651/2011, emitida pela Agência e referente ao fluxo de caixa marginal para novos investimentos, bem como supressões e remanejamentos de investimentos, de *forma retroativa*, desde o Acórdão nº 2.154/2007. Propôs também a determinação para a previsão contratual de revisões periódicas.

No voto foi reconhecido o grande desequilíbrio contratual em favor das concessionárias. Em relação à função do Tribunal nesses contratos, o Ministro Walton Alencar Rodrigues asseverou que não cabe ao TCU impor à ANTT a adoção de métodos específicos para o reequilíbrio, mas sim apontar a inobservância de dispositivos legais e contratuais e exigir da Agência o respectivo cumprimento. E, quanto à metodologia e o momento do reequilíbrio econômico-financeiro, o Ministro Relator manifestou-se da seguinte forma:

> Entendo que *a decisão a respeito da data a partir da qual deve ser efetuado o reequilíbrio, bem como a decisão a respeito da forma de realização dessa revisão, constituem escolhas regulatórias* que se inserem no âmbito decisório da ANTT, não do TCU.
>
> *Cabe ao TCU, uma vez identificadas as irregularidades, determinar à agência a adoção de medidas para sua correção, mas não definir, em substituição ao órgão regulador, as providências que por ele deverão ser tomadas.*
>
> A ANTT está em melhores condições de sopesar os princípios que regem as concessões de serviço público, em atenção aos interesses dos usuários e dos concessionários.
>
> [...]
>
> Assim, ao contrário da proposta consignada pela unidade instrutiva, não se pode determinar à ANTT a adoção de qualquer metodologia específica, muito menos a aplicação retroativa da Resolução ANTT 3.651/2011. Cabe à Agência definir a melhor metodologia para recompor o desequilíbrio identificado (grifos nossos).[640]

Desse modo, foi determinada à ANTT a realização do reequilíbrio econômico-financeiro dos quatro contratos referidos e a inserção de cláusulas de revisão periódica nos contratos, decisão essa que não foi objeto de recurso.

---

[640] BRASIL. Tribunal de Contas da União. *Acórdão nº 2.927/2011.* Plenário. Relator: Min. Walton Alencar Rodrigues. Brasília, 9.11.2011, capítulo VI do voto.

Em que pese o mérito dessas determinações em face do desequilíbrio constatado em favor das concessionárias e prejudicial aos usuários, não se pode deixar de fazer a reflexão acerca do alcance das competências constitucionais do TCU, pois a matéria não envolvia diretamente recursos e patrimônio públicos, já que não se estava tratando das rodovias propriamente ditas, mas da observância da execução contratual à lei no que diz respeito ao equilíbrio econômico-financeiro das concessões.

Isso não significa que, verificando ilegalidade contratual não relacionada diretamente as suas competências, o Tribunal deveria ficar inerte, mas sim que lhe caberia exercer outra importante competência, que é a *representação ao órgão ou entidade competente, como o Ministério Público*, conforme já tratado na seção 2.5.8 do Capítulo 2.

Constata-se, mais uma vez, que o Tribunal, por força de suas resoluções, em especial aquelas que determinaram o acompanhamento dos processos de desestatização e da execução contratual, e com fundamento em princípios como a legalidade e a eficiência, realiza o amplo controle das agências reguladoras, com grau de deferência casuístico, como se tem demonstrado.

É claro que tal comportamento institucional deve-se também – e muito – às agências reguladoras, não só porque têm existência bem mais recente do que o TCU, mas sobretudo porque permitem a ocupação de relevante espaço institucional, seja por conta de suas fragilidades institucionais, incluindo a defesa de suas prerrogativas, seja porque não contam ainda com a legitimação social, uma vez que são muitas vezes associadas à defesa dos direitos dos delegatários em prejuízo dos usuários.

Nesse sentido, com ênfase à defesa das prerrogativas regulatórias com vistas à consolidação das agências, é a manifestação de Floriano de Azevedo Marques Neto, Juliana Bonacorsi de Palma *et al.*:

> Espera-se que uma Agência Reguladora, dotada de autonomia e independência, zele por suas competências regulatórias e busque ao máximo preservá-las. Por esse motivo, é essencial que as Agências busquem *dialogar com o controlador*, qualquer que seja a instituição envolvida. Ao receber uma determinação da instância controladora, cabe às Agências Reguladoras analisar a demanda recebida e fundamentar o motivo pelo qual realizam, ou não, a ação questionada, bem como as implicações práticas em se acatar as determinações. Trata-se de um comportamento institucional de defesa das competências previstas em lei: ainda que a determinação seja acatada, por liberalidade da Agência ou por dever

legal, o diálogo com o controlador reforça a capacidade institucional da Agência e resguarda suas competências regulatórias (grifos dos autores)[641]

O controle das concessões rodoviárias resultou em multas aos gestores em decorrência da atuação finalística da ANTT, por vezes identificadas com as prerrogativas de poder concedente. É o caso do Acórdão nº 2.061/2015,[642] em que o TCU aplicou multa aos gestores da Coordenadoria da ANTT na Bahia em face de diversas "impropriedades" na fiscalização de rodovias concedidas, em especial a aceitação de trabalhos iniciais e da cobrança de pedágio sem a satisfação dos parâmetros de desempenho contratuais.

Mais recentemente, cite-se o Acórdão nº 1.366/2019,[643] em que foram apontadas em relatório de auditoria realizada em 2011 diversas e graves infrações contratuais da concessionária sem atuação adequada da ANTT na fiscalização da concessão das rodovias federais entre Santa Catarina e Paraná, incluindo o denominado Contorno de Florianópolis.

Nessa decisão, foram aplicadas multas ao diretor, ao superintendente e a um gerente da ANTT em razão da atuação inadequada da Agência quanto à fiscalização da qualidade dos serviços, ao equilíbrio econômico-financeiro, à não aplicação de sanções à concessionária, à autorização de postergação de obras e à autorização para execução de obras não obrigatórias. Tais atos foram entendidos como expressão de erro grosseiro, embasados em parecer elaborado "sem o mínimo rigor técnico".[644]

Ainda com relação à possibilidade de sanção aos dirigentes das agências em razão de atos administrativos regulatórios, cabe trazer para a análise sobre a matéria a recente decisão do TCU – Acórdão nº 2.477/2020 – em que foi analisada a revisão extraordinária em

---

[641] MARQUES NETO, Floriano de Azevedo; PALMA, Juliana Bonacorsi de; REHEM, Danilo, MERLOTTO, Nara; GABRIEL, Yasser. Reputação institucional e o controle das Agências Reguladoras pelo TCU. *Revista de Direito Administrativo*, Rio de Janeiro, v. 278, n. 2, p.37-70, maio/ago. 2019, p. 54.

[642] BRASIL. Tribunal de Contas da União. *Acórdão nº 2.061/2015*. Plenário. Rel. Min. José Múcio Monteiro. Julg. em 19.08.2015.

[643] BRASIL. Tribunal de Contas da União. *Acórdão nº 1.366/2019*. Plenário. Relator: Min. Marcos Bemquerer Costa. Brasília, 12.06.2019.

[644] O acórdão foi objeto de pedido de reexame pelos gestores, analisado no Acórdão nº 1.416/2020, em que foi afastada a multa do diretor da ANTT, único do colegiado a ser punido, mantendo-se as multas aos demais gestores. *In*: BRASIL. Tribunal de Contas da União. *Acórdão nº 1.416/2020*. Plenário. Relator: Min. Benjamin Zymler. Brasília, 3.06.2020.

concessão rodoviária devido à incidência da Lei nº 13.103/2015, denominada Lei dos Caminhoneiros, que autorizou maior peso bruto no eixo dos veículos, resultando em maior custo com a manutenção do pavimento das rodovias.

Em síntese, esse acórdão determinou que a Agência se abstivesse de promover a majoração tarifária autorizada pela Resolução ANTT nº 5.236/2016, mantendo a retificação provisória da tarifa até a retificação definitiva, uma vez que a Agência teria adotado premissas equivocadas em seus estudos, "cujas falhas metodológicas geraram o incremento exorbitante nos custos de manutenção da rodovia concedida"[645] e, consequentemente, o indevido aumento de 14,5% sobre a tarifa básica.

Além disso, e em função dos graves erros técnicos atribuídos aos estudos da ANTT, foi determinada a audiência de alguns de seus dirigentes, o que prenuncia a possibilidade de aplicação de sanção. Sobre o tema, o Ministro Benjamin Zymler adotou cautela sobre o controle subjetivo, embora, no caso concreto, tenha anuído com a audiência, pois entendeu haver indícios de culpa grave:

> 5. Assim sendo, no âmbito do controle objetivo, esta Corte deve pautar sua atuação pela observância dos limites da discricionariedade dos entes reguladores, agindo sempre que houver indícios de descumprimento de normas, mas se mantendo a distância quando se tratando de escolhas lícitas. 6. Se isso é verdade no controle dos atos praticados pelos reguladores, em especial aqueles referentes à área finalística das agências, essa regra deve ser observada com mais rigor no caso do controle subjetivo dos atos praticados pelos dirigentes dessas entidades. Afinal, não se pode perder de vista que eles lidam com questões complexas, materialmente relevantes e que atraem diversos interesses, precisando, por via de consequência, dispor de garantias mínimas para poder decidir, sempre de forma fundamentada, de acordo com suas convicções. 7. Por conseguinte, julgo que *o TCU só deve punir um dirigente de agência reguladora quando ele atuou com dolo ou com culpa grave suficientemente demonstrada nos autos.* Uma escolha considerada inapropriada ou inferior à outra não pode ensejar a aplicação de uma sanção, *sob pena de provocar o fenômeno comumente chamado de "apagão das canetas"* (grifos nossos).[646]

---

[645] BRASIL. Tribunal de Contas da União. *Acórdão nº 2.477/2020.* Plenário. Relator: Min. Augusto Nardes. Brasília, 16.09.2020.

[646] BRASIL. Tribunal de Contas da União. *Acórdão nº 2.477/2020.* Plenário. Relator: Min. Augusto Nardes. Brasília, 16.09.2020, declaração de voto do Min. Benjamin Zymler.

Essa manifestação é particularmente relevante quer por sua atualidade, quer pela maior frequência de tais situações, de modo que constitui precedente importante em relação à aplicação de multas aos gestores em razão de divergências técnicas, com potencial reflexo nas decisões regulatórias e inclusive na atratividade dos cargos de direção das agências.

No ano de 2021, houve intensa atuação do Tribunal nas áreas reguladas pela ANTT, frequentemente sob o fundamento de resguardo do interesse público em face de denúncias e representações, muitas vezes sem qualquer relação direta com a preservação de recursos públicos *lato sensu*.

Isso não significa, como já observado, que as ações da Agência foram adequadas ou que inexistiram irregularidades. Aqui não se trata de mérito dos atos regulatórios, mas sim do alcance da competência do TCU, como requisito prévio para o controle dos atos regulatórios que, em relação às agências reguladoras, dá-se de modo amplo desde o início da instituição dessas entidades, em conformidade com a interpretação ampliativa do próprio Tribunal.

Tampouco se está afirmando que as ilegalidades constatadas em matérias que não são da competência constitucional do Tribunal devam ser escusadas. De forma alguma. O que se demonstra é que o TCU não exerce a competência de representação às autoridades para que sejam adotadas as medidas cabíveis, preferindo ampliar sua atuação para o resguardo do interesse público, agindo frequentemente como revisor geral dos atos das agências reguladoras.

O Acórdão nº 559/2021,[647] em que foi apreciada pelo Plenário a medida cautelar deferida pelo Ministro Raimundo Carreiro, é bem representativo da atualidade dessa conclusão. A cautelar suspendeu a Deliberação ANTT nº 955/2019 e de todas as autorizações do transporte internacional e interestadual emitidas pela Agência a partir desse ato regulatório e determinou à Agência a abstenção da autorização para novos mercados, em razão da denúncia de irregularidades na emissão de autorizações e de concentração do mercado pelas maiores empresas.

Contudo, a cautelar foi modificada pelo Plenário quanto à suspensão das autorizações vigentes, com o voto divergente do Ministro Walton Alencar, que considerou inexistentes os pressupostos para o deferimento da medida.

---

[647] BRASIL. Tribunal de Contas da União. *Acórdão nº 559/2021*. Plenário. Relator: Min. Raimundo Carreiro. Brasília, 17.3.2021.

O voto do Ministro João Augusto Nardes mencionou os graves prejuízos decorrentes da suspensão das autorizações vigentes, que atingiria 63 empresas e seus empregados, que seriam passíveis de demissão, em especial no momento de pandemia, bem como os prejuízos aos 2,5 milhões de passageiros atendidos, que também seriam prejudicados.

O Ministro Benjamin Zymler, por sua vez, afirmou que a verificação das regras de mercado nas autorizações do transporte é próxima das regras e princípios de Direito Econômico, o que implica "afastamento lógico" entre as competências do TCU e do CADE.

No entanto, apesar da sinalização de que a matéria, ao menos em parte, tem por objeto a concentração econômica, não houve o reconhecimento da incompetência quanto a esse específico aspecto que foi tangenciado no voto do Ministro Benjamin Zymler, em que pese a menção feita ao respeito às competências das agências reguladoras pelo TCU.[648]

Ainda quanto ao transporte rodoviário, cabe referir o Acórdão nº 2083/2021,[649] que resultou de representação do Ministério Público Federal acerca de eventuais irregularidades na concessão de gratuidades a idosos, deficientes e jovens de baixa renda. A medida cautelar foi indeferida em face da ausência dos respectivos pressupostos.

Apesar do reconhecimento pela unidade técnica e pelo relator da inexistência de qualquer distorção na Resolução ANTT 4.770/20215 e da competência da Agência para determinar as frequências mínimas, foi *determinada* à Agência a apresentação de estudo para comprovar a adequação do art. 33 dessa Resolução ao mercado de cada estado.

Aqui está demonstrada a amplitude do controle do TCU, que abrange também o Direito do Consumidor – ao qual não se nega a fundamental relevância – e matéria de concorrência e Direito Econômico.

E, ainda em 2021, prossegue o mesmo problema já exaustivamente tratado, que é o descumprimento, pelo TCU, de seu importante precedente – o Acórdão nº 1.703/2004 – bem como da Resolução

---

[648] "Exatamente por isso, qualquer determinação ou recomendação deve ser proposta com parcimônia, sob pena de, substituindo-se ao regulador, adentrar-se em atos praticados no exercício das competências discricionárias dos entes reguladores. Cumpre lembrar que uma das características fundamentais das agências é exatamente a competência para fazer escolhas lícitas, com as quais o TCU pode ou não concordar, mas sempre respeitar". BRASIL. Tribunal de Contas da União. *Acórdão nº 559/2021*. Plenário. Relator: Min. Raimundo Carreiro. Brasília, 17.3.2021, voto do Ministro Benjamin Zymler.

[649] BRASIL. Tribunal de Contas da União. *Acórdão nº 2.083/2021*. Plenário. Relator: Min. Raimundo Carreiro. Brasília, 1.9.2021.

nº 315/2020, pois, apesar de reconhecida a inexistência de ilegalidade na atuação da Agência, foi *determinada* a apresentação de um estudo para comprovar ou não a ausência de ilegalidade.

Em contraponto ao Acórdão nº 2.083/2021,[650] cita-se o Acórdão nº 935/2021, referente à representação feita por deputados federais e senadores do Estado do Tocantins quanto aos alegados investimentos desproporcionais previstos no Edital de Concessão nº 1/2021 em relação às rodovias do Estado de Goiás. Essa decisão reconheceu a inexistência de ilegalidade no edital ou descumprimento de deliberação do Acórdão nº 4.036/2021 pela Agência.

Por isso, foi indeferida a cautelar e emitida pelo TCU tão somente a recomendação ao Ministério da Infraestrutura e à ANTT para adotarem providências, durante a execução contratual, para viabilizar a antecipação de investimentos prioritários no Estado do Tocantins, cumprindo-se, nesse acordão, a Resolução nº 315/2020.

Por fim, vale referir a auditoria operacional realizada em 2021 na primeira ferrovia concedida da extinta RFFSA, pertinente à malha oeste, ocorrida em 1996, conforme referido na seção 3.1. Trata-se de detalhada auditoria, que revelou o estado de precariedade dos serviços prestados pela concessionária, com atualmente apenas três usuários e dezenas de multas aplicadas pela ANTT, o que, contudo, não tem repercutido na melhoria dos serviços concedidos.

O Acórdão nº 1.422/2021[651] apresenta o diagnóstico dos serviços prestados pela concessionária e do impacto de sua má qualidade na economia regional e no transporte rodoviário, bem como da atuação da ANTT, em trabalho que pode contribuir para a qualificação do setor e da própria Agência, em que pese a recomendação do relator à Casa Civil para a criação de agência reguladora específica.

A unidade técnica do Tribunal, em conformidade com a finalidade da auditoria operacional já estudada no Capítulo 2, propôs uma série de recomendações à ANTT, visando à definição de sistema de avaliação da qualidade do serviço, ao estudo da demanda regional, bem como à qualificação da comunicação com os usuários e da fiscalização.

No entanto, em desacordo com a Resolução nº 315/2020, foi também *determinada* à ANTT a *realização de estudos* dos impactos da

---

[650] BRASIL. Tribunal de Contas da União. *Acórdão nº 935/2021*. Plenário. Relator: Min. Vital do Rêgo. Brasília, 28.4.2021.

[651] BRASIL. Tribunal de Contas da União. *Acórdão nº 1.422/2021*. Plenário. Relator: Min. Raimundo Carreiro. Brasília, 16.6.2021.

concentração do controle das ferrovias previamente à definição do planejamento para as Malhas Oeste e Sul, após o término das concessões atuais e no prazo de 120 dias. Note-se que não foram apontados os dispositivos legais descumpridos pela Agência, mas apenas os dispositivos da Lei nº 10.233/2001 que lhe atribuem competências.

De igual forma, foi *determinada* à Agência a *avaliação* da previsão, nas normas regulatórias, de "comprovação de que todas as concessões controladas por empresas do mesmo grupo econômico estejam adimplentes e com desempenho satisfatório, como requisito obrigatório para a postulação de novas autorizações por parte da Agência". Não houve também a indicação do dispositivo legal violado.

Veja-se, por outro lado, que o TCU recomendou que a ANTT *"reveja os normativos* referentes à comunicação de acidentes ferroviários, de modo a considerar que a omissão deliberada de comunicação de um único acidente grave acarrete a imediata reprovação da meta de segurança do período" e que "promova *estudos* de demanda regionalizados".

Não há, como se pode perceber, distinção de fundo em relação às determinações e recomendações desse acórdão, sobretudo porque em relação às primeiras não houve a indicação da infração à legislação aplicável, conforme *impõe* o art. 6º, II, da Resolução TCU nº 315/2020.[652]

Isso leva à conclusão de que a diferença entre essas deliberações é subjetiva e decorre da maior relevância conferida pelo relator a algumas medidas em detrimento de outras que, uma vez determinadas, passarão a ser monitoradas pelo Tribunal. Com essa atuação, descumpre seus próprios padrões normativos, o que, aliás, foi apontado em diversos acórdãos em relação à atuação das agências reguladoras.

Por isso, *em nome da segurança jurídica e da previsibilidade de suas deliberações, é preciso que o Tribunal observe com rigor os dispositivos da Resolução nº 315/2020*, evitando subjetividades no caso concreto que muitas vezes resultam em determinações sem qualquer ofensa à legislação pelas agências reguladoras, visando ao seu monitoramento futuro e à maior coerção no cumprimento pelos gestores de atos que seriam não mandatórios.

---

[652] Art. 6º As determinações *devem* observar, ainda, as seguintes *exigências*: I - conter prazo para cumprimento, salvo nos casos de obrigação de não fazer; II - *indicar o critério constitucional, legal ou regulamentar infringido* e a base normativa que legitima o TCU a expedir a deliberação; e III - possuir redação objetiva, clara, concisa, precisa e ordenada de maneira lógica (grifos nossos).

Em relação à ANTAQ, dentre os 14 acórdãos[653] de desestatização examinados, destaca-se aqui o Acórdão nº 3.661/2013,[654] emitido em razão do exame do 1º estágio de licitação de 29 áreas portuárias nos portos de Santos, Belém Miramar, Outeiro, Santarém e Vila do Conde, para a movimentação de diferentes tipos de cargas, já sob a égide do novo marco legal portuário. Tais projetos integravam a iniciativa do governo federal para a licitação de 159 áreas portuárias e a concessão de dois portos públicos a cargo da Secretaria de Portos (SEP) e da ANTAQ.

O TCU analisou de forma amostral nove projetos de arrendamento, compreendendo aspectos como a concorrência inter e intra-portos, estudos de demanda e modelagem, critérios de outorga, viabilidade técnica e econômico-financeira e modicidade tarifária, regulação econômica, realizando também o exame macroeconômico e as projeções para a estimativa de cargas, investimentos e receita total (item 17 do Acórdão nº 3.661/13).

Acompanhando a proposta da Ministra Ana Arraes, com apoio nas conclusões das unidades técnicas, o Plenário deliberou pela aprovação dos editais de licitação *condicionados* à observância de 19 determinações que veicularam alterações, inclusões e supressões nos editais, relacionadas à modelagem, estrutura tarifária, bens reversíveis, quantitativos de obras civis e parâmetros de desempenho, dentre outros.

O Acórdão nº 3.661/2013 foi objeto de pedido de reexame pela Secretaria de Portos da Presidência da República – e não pela ANTAQ –, analisado no Acórdão nº 1.077/2015,[655] em que alegou a impropriedade econômica do estabelecimento de tarifa-teto para todos os terminais, como determinado pelo TCU, podendo certos terminais, por suas características específicas, operar com liberdade tarifária, em regime concorrencial, sem prejuízo da fiscalização de eventuais abusos.

A unidade técnica reconheceu que o regime tarifário não era incompatível com a legislação aplicável, desde que fundamentada. No Plenário, o tema foi alvo de intenso debate, com cinco votos escritos, além do relator, em que a concorrência entre os portos e terminais foi longamente examinada, apontando-se as falhas dos estudos de

---

[653] Acórdãos do Plenário: 885/2007, 1.028/2007, 2.244/2007, 801/2008, 447/2009, 883/2010, 3.661/2013, 1.555/2014, 1.077/2015, 2.413/2015, 2.666/2017, 122/2018, 1.471/2018, 2.261/2018.

[654] BRASIL. Tribunal de Contas da União. *Acórdão nº 3.661/2013*. Plenário. Rel. Min. Ana Arraes. Julg. em 10.12.2013.

[655] BRASIL. Tribunal de Contas da União. *Acórdão nº 1.077/2015*. Plenário. Relator: Min. Aroldo Cedraz. Brasília, 06.05.2015.

viabilidade técnica, econômico-financeira e ambiental, deficiências estruturais da Agência, bem como as competências da ANTAQ em matéria de regulação econômica.

No voto, sinalizando a alteração de sua inicial posição, o Ministro Relator Aroldo Cedraz analisa as possibilidades de regulação econômica que se apresentavam, denotando não só a efetiva participação do TCU na modelagem dos projetos de desestatização em todas as áreas econômicas *lato sensu*, mas sim *autêntico compartilhamento de atuação com o Poder Concedente nos projetos de delegação de serviços públicos*, com forte controle dos atos discricionários.[656]

O Acórdão nº 1.077/2015 foi paradigma no setor portuário, tendo em vista que abordou as competências do Poder Concedente e da ANTAQ em face do novo diploma legal do setor. Houve intenso debate sobre a regulação econômica e a forma de definição de tarifas e, ao final, o acolhimento parcial do pedido de reexame para, dentre outras disposições, retirar a *exigência* de utilização da regulação por tarifa-teto, com o reconhecimento de que a modelagem tarifária compete ao poder concedente (item 9.1.1 do acórdão). Além disso, o Plenário deixou expressamente registrado, como item do acórdão, que:

> [...] o Tribunal de Contas da União, no uso de suas competências constitucionais, exerce o controle do poder discricionário da administração pública, através da proteção e concretização dos princípios

---

[656] Trecho do voto do Ministro Relator: "73.3. Devemos perguntar: qual o papel do TCU no Estado contemporâneo e como partícipe da construção do desenvolvimento nacional? [...] Nesse sentido, *devemos acompanhar firmemente a efetivação desses projetos, vistos por este Tribunal como compromissos governamentais, implementando forte controle* para que os esforços da Secretaria de Portos e da Antaq sejam concretizados, bem assim as novas medidas decorrentes da presente decisão. Para isso, necessário se faz o *desenvolvimento de uma nova modelagem de controle externo* por indicadores, metas, resultados e cobrança de condutas dos órgãos e entes públicos e privados envolvidos (inclusive pela teleologia da norma, que passa a parâmetro de fiscalização e não apenas de interpretação jurídica), com fóco finalístico na qualidade dos serviços prestados aos usuários e o incremento de valor para a sociedade (grifos do Relator) [...] 84. Para finalizar, entendo firmada a conclusão jurídica de que as tarifas-teto são uma solução dentre o leque de modelagens à disposição do Poder Concedente e o Agente Regulador, caracterizando-se a determinação deste Tribunal de Contas da União como substituição das competências constitucional e legal reservadas aos Poderes Legislativo e Executivo. *O que não impede o controle da omissão, deficiência ou excesso no uso do poder discricionário*, tendo como parâmetros os princípios e diretrizes detalhados neste Voto. Verificados, como no caso, *fragilidades*, cabe a este Tribunal *determinar* que o Poder Concedente e o agente regulador adotem medidas corretivas, tais como as descritas acima, mas cuja definição não nos compete, preservado o exercício de seu controle (grifos nossos). *In:* BRASIL. Tribunal de Contas da União. *Acórdão nº 1.077/2015*. Plenário. Relator: Min. Aroldo Cedraz. Brasília, 06.05.2015.

constitucionais e diretrizes legais aplicáveis, bem assim pelo critério da razoabilidade, controlando eventuais omissões, excessos ou insuficiências na atuação os órgãos e entidades envolvidos;[657]

De outra parte, constatou-se, novamente, a adoção equivocada da determinação com o objetivo de dotar a medida pretendida pelo TCU de efetividade, conforme verificados em diversos acórdãos, quer no início do período em exame, quer mais recentemente.

Nesse sentido, pode-se apontar o Acórdão nº 2.666/2017, no qual o Plenário expediu *determinação* ao Ministério de Transportes, Portos e Aviação Civil e à ANTAQ com evidente caráter de recomendação: "avaliem a inclusão, nos editais do processo concessório dos terminais portuários BEL05, BEL06 e MIR01, de cláusula que impeça a concentração horizontal do mercado, ante a possibilidade de participação nos leilões do atual operador do arrendamento".[658]

Nitidamente, essa determinação não apresenta caráter mandatório quanto ao mérito da medida, que, aliás, envolve Direito Concorrencial, e também não está fundamentada em descumprimento expresso de disposição legal, corroborando o que fora afirmado anteriormente em relação à inobservância, pelo Tribunal, de seus próprios parâmetros decisórios.

Em relação à *execução dos contratos* públicos no setor portuário, é oportuno referir o Acórdão nº 632/2007, do início do período analisado. Trata-se de fiscalização do TCU realizada na Administração do Porto de Antonina e Paranaguá (e não na ANTAQ) a pedido do Congresso Nacional, cujo acórdão deliberou pela audiência do superintendente.[659]

Esse acórdão permitiu a *atuação direta* do TCU em atividade regulada em relação à qual a fiscalização do Tribunal verificara irregularidades. Em que pese a atividade envolver patrimônio público federal, *a Agência não foi instada a manifestar-se* em face de sua competência direta na matéria, de modo que *essa decisão refletiu a posição do Tribunal*

---

[657] BRASIL. Tribunal de Contas da União. *Acórdão nº 1.077/2015*. Plenário. Relator: Min. Aroldo Cedraz. Brasília, 06.05.2015, item 9.6 do acórdão. Observe-se que a Secretaria Especial de Portos reformulou o Estudo de Viabilidade Técnica, Econômico-Financeira e Ambiental (EVTEA), com redefinição de áreas e alteração do critério de julgamento, entregando novo estudo ao Tribunal em 17.07.2015, conforme referido no Acórdão nº 2.413/2015, que aprovou o primeiro estágio do processo.

[658] BRASIL. Tribunal de Contas da União. *Acórdão nº 2.666/2017*. Plenário. Relator: Min. Ana Arraes. Brasília, 29.11.2017.

[659] BRASIL. Tribunal de Contas da União. *Acórdão nº 632/2007*. Plenário. Relator: Min. Augusto Nardes. Brasília, 18.4.2007.

já superada pelo Acórdão nº 1.703/2004, de relatoria do Ministro Benjamin Zymler, embora tenha sido posterior a este acórdão.

Além disso, essa decisão reafirma o que foi dito, referente à atuação intensa do TCU nos setores econômicos regulados, quer na modelagem de desestatização, quer na execução contratual, por meio de suas decisões, o que também constitui fator de fortalecimento institucional, que vem se afirmando desde a criação das primeiras agências, ainda que tenha havido autocontenção do Tribunal em alguns acórdãos, como visto.

Aliás, sobre essa autocontenção e deferência às escolhas regulatórias mencionadas em alguns acórdãos, Gustavo Leonardo Maia Pereira apresenta interessante reflexão sobre as desestatizações analisadas pelo Tribunal, que pode ser estendida aos demais processos de controle:

> [...] o Tribunal faz uma análise microscópica de toda a modelagem e estrutura contratual das concessões e decide, ponto a ponto, se "aceita" ou não a opção regulatória. Mesmo quando diz manifestar *deferência* à posição do regulador, o que está, na prática, é ratificando a opção regulatória, por com ela concordar, ou pelo menos não possuir convicção formada em sentido contrário.[660]

Aspecto relevante a ser destacado diz respeito à aplicação de multa aos diretores da ANTAQ em decorrência do exercício da atividade-fim, o que foi identificado apenas em relação à ANTT, como já se viu. É o caso do Acórdão nº 598/2013,[661] em que, por força de recurso de revisão do MPC/TCU, foi aplicada multa ao Diretor-Geral da Agência por autorizar aterro no Porto de Vitória para a empresa produtora de cabos para a exploração do pré-sal.

O Acórdão nº 1.704/2018, emitido em auditoria operacional, é um exemplo importante de aplicação de sanções em decorrência da atividade reguladora típica. A decisão resultou na aplicação de multa a três diretores da ANTAQ por alegada omissão na normatização setorial.[662]

---

[660] PEREIRA, Gustavo Leonardo Maia. O TCU e o controle das agências reguladoras de infraestrutura: controlador ou regulador? 2019. 194 f. Dissertação (Mestrado em Direito) – Fundação Getúlio Vargas, Escola de Direito de São Paulo, 2019, p. 184.

[661] BRASIL. Tribunal de Contas da União. *Acórdão nº 598/2013*. Plenário. Relator: Min. José Jorge Brasília, 20.03.2013.

[662] BRASIL. Tribunal de Contas da União. *Acórdão nº 1.704/2018*. Plenário. Relator: Min. Ana Arraes Brasília, 25.7.2018.

Essa decisão abordou problema recorrente em alguns grandes portos nacionais, referente à cobrança de tarifa adicional para o transporte e segregação de carga pelos terminais portuários aos recintos alfandegados independentes nas importações, denominada *Terminal Handling Charge 2 (THC2)*, questão essa que já foi referida no acórdão do primeiro período de análise da ANTAQ.

A matéria foi intensamente discutida na Agência, TCU, CADE e Justiça Federal, com decisões favoráveis e contrárias à cobrança da tarifa ao final tratada na Resolução nº 2.389/2012, emitida pela ANTAQ, que facultou a cobrança mediante preços livremente negociados, constituindo matéria concorrencial do mercado de armazenagem alfandegada.[663] Recentemente, foi emitida a Resolução Normativa nº 32/2019 pela ANTAQ abrangendo a cobrança dessa tarifa.

Pela sua relevância, cabe o exame um pouco mais aprofundado dessa decisão, que *determinou* a revisão da regulamentação da matéria, de modo a adequar a cobrança da THC2 às Leis nº 12.815/2013 (Portos) e nº 12.529/11 (Defesa da Concorrência), "com vistas a dar cumprimento a sua obrigação legal de harmonizar e arbitrar conflitos de interesse entre terminais portuários e recintos alfandegados independentes", aplicando, ao final, a multa de R$ 30.000,00 a cada diretor da ANTAQ.

O fundamento mencionado na decisão para a aplicação de sanções foi a omissão da Agência em regulamentar questão conflituosa, que teria optado pela não regulamentação da questão sem a devida justificativa técnica. Eis um trecho do voto da Ministra Ana Arraes:

> 122. A então diretoria da Antaq optou por não regular o ponto conflituoso, eximindo-se, assim, de cumprir sua obrigação legal de minimizar falhas de mercado decorrentes de concorrência imperfeita e de impedir

---

[663] Veja-se, por exemplo, o Acórdão nº 2.479/2007, em que o Tribunal, analisando idêntica tarifa cobrada no Porto de Salvador, emitiu decisão com a seguinte ementa: "REPRESENTAÇÃO. POSSÍVEIS IRREGULARIDADES NA COBRANÇA DE TAXA ADICIONAL DE MOVIMENTAÇÃO DE CONTÊINERES NO PORTO DE SALVADOR PELA EMPRESA TECON S.A., ARRENDATÁRIA DO TERMINAL DE CONTÊINERES DA COMPANHIA DOCAS DO ESTADO DA BAHIA. AUDIÊNCIA DOS RESPONSÁVEIS. RAZÕES DE JUSTIFICATIVA ACOLHIDAS. COMPETÊNCIA DA ANTAQ PARA MANIFESTAÇÃO CONCLUSIVA SOBRE A MATÉRIA. JULGAMENTO PELA ILEGALIDADE DA COBRANÇA POR PARTE DA ANTAQ. QUESTÃO EM DISCUSSÃO NO ÂMBITO DO PODER JUDICIÁRIO. MATÉRIA OBJETO DE DIREITO PRIVADO. AUSÊNCIA DE DANO AO ERÁRIO. DETERMINAÇÃO À ANTAQ. ARQUIVAMENTO. Tarifa denominada THC2 não tem natureza tributária, mas contratual e, assim sendo, abrange a discussão de matéria de direito privado, a qual só às partes cabe contestação judicial, até porque se trata de um direito disponível, do qual a parte que se sentir prejudicada poderá, até mesmo, abrir mão". *In*: BRASIL. Tribunal de Contas da União. *Acórdão nº 2.479/2007*. Plenário. Relator: Min. Augusto Nardes. Brasília, 21.11.2007.

O CONTROLE DAS AGÊNCIAS REGULADORAS FEDERAIS DE SERVIÇOS PÚBLICOS PELO TRIBUNAL DE CONTAS DA UNIÃO

ocorrência de infrações da ordem econômica. Os ex-diretores suprimiram, sem justificativa, o único instrumento regulatório que limitaria a prática de preços abusivos pelos operadores portuários que cobrassem THC 2 dos recintos alfandegados independentes.

[...]

125. São cabíveis, ainda, multas aos ex-diretores da Antaq, pois o tratamento dado pela norma ao assunto não buscou solucionar conflito histórico sobre a questão, esquivando-se de regular o mercado de concorrência nitidamente imperfeita, impedir infrações à ordem econômica e garantir a modicidade das tarifas, finalidades para as quais a agência deve legalmente orientar sua atuação.

126. Quanto à questão inicial de ilegalidade da Resolução 2.389/2012, suscitada pela auditoria, considero não estar configurada infringência por parte do texto normativo produzido pela Antaq, que se mostrou ineficaz para ações de regulação, mas não caracterizou afronta ao ordenamento jurídico, pois não há ilegalidade aparente frente à Lei dos Portos.[664]

Os diretores da ANTAQ apresentaram embargos de declaração, examinados no Acórdão nº 1.540/2019,[665] ao final rejeitados, apontando oito contradições da decisão, dentre elas a inexistência de omissão, que não pode ser confundida com a aprovação do mérito da norma, reconhecimento da competência da Agência, inexistência de dolo ou erro grosseiro dos diretores, bem como o reconhecimento da legalidade da resolução emitida pela Agência, que adotara três mecanismos regulatórios: *price cap*, livre negociação e arbitragem de conflitos pela Companhia Docas.

Esse processo foi recentemente concluído no Acórdão nº 1.530/ 2021, relatado pelo Ministro Bruno Dantas, que, discordando da Secretaria de Recursos e do Ministério Público de Contas, votou pelo provimento do recurso dos diretores da Agência com fundamento na ausência de ilegalidade da Resolução ANTAQ nº 2.389/2012 e no esclarecimento da motivação do ato normativo pelos recorrentes. Foi alegado pelo Relator que não houve "omissão normativa ou descumprimento da obrigação legal de minimizar as falhas de mercado", encontrando-se a norma "aderente aos objetivos iniciais do regulador".[666]

---

[664] BRASIL. Tribunal de Contas da União. *Acórdão nº 1.704/2018*. Plenário. Relator: Min. Ana Arraes Julg. em 25.7.2018, item 122 do voto.

[665] BRASIL. Tribunal de Contas da União. *Acórdão nº 1.540/2019*. Plenário. Relator: Min. Ana Arraes Brasília, 3.7.2019.

[666] BRASIL. Tribunal de Contas da União. *Acórdão nº 1.530/2021*. Plenário. Relator: Min. Bruno Dantas. Brasília, 30.06.2021.

Além disso, considerando a imputação de ineficiência normativa realizada pela Serur à Agência, que não teria conseguido reduzir os conflitos do setor em relação à TCH2, o Relator apresentou importante reflexão no voto quanto à aplicação de sanções por ineficiência do regulador e às consequências possíveis desse controle:

> Por consequência, estaremos induzindo a omissão das agências reguladoras e dos gestores públicos, *que podem evitar decisões inovadoras por receio de terem seus atos questionados.* Retomo aqui minha preocupação, já externalizada em outras ocasiões, no sentido de haver um equilíbrio entre gestão e controle, *devendo a atuação deste último ser permeada por auto-contenção e deferência às escolhas propriamente regulatórias.*
>
> Afinal, se houve a atuação do regulador, mas a medida foi insuficiente para solucionar o conflito, a conduta só poderia ser reprovável sob o critério da eficácia. *E não me parece razoável que a Corte passe a sancionar reguladores sob essa perspectiva do controle.* Assim como não seria cabível a sanção de gestores simplesmente por atuarem de forma distinta da que o Tribunal considera adequada sob o prisma da regulação propriamente dita. É esse o espírito da deferência do controle ao órgão institucionalmente incumbido de realizar a atividade regulatória.[667]

Portanto, em que pese a longa tramitação do processo, instaurado em 2014 e com quatro acórdãos, essa decisão constitui exemplo positivo de deferência à regulação, que, no entanto, ainda tem se apresentado de forma casuística, como demonstrado ao longo da pesquisa.

Ainda em relação à ANTAQ, verificou-se uma série de acórdãos que examinaram a legalidade das resoluções normativas da Agência, como é o caso do Acórdão nº 380/2018,[668] que deliberou sobre a Resolução Normativa nº 01/2015, estabelecendo os critérios para a autorização do afretamento de embarcações estrangeiras pela Agência, o que, para alguns, violaria a Lei nº 9.432/97 e a livre concorrência.

Esse e os dois acórdãos a ele relacionados merecem, uma vez mais, o olhar detido sobre seu objeto, pois dizem respeito à normatização setorial exercida pelas agências reguladoras. A representação recebida no TCU com pedido de suspensão da Resolução Normativa ANTAQ nº 1/2015 foi admitida com base no interesse público, "pois eventuais irregularidades na Resolução Normativa – ANTAQ 1/2015

---

[667] BRASIL. Tribunal de Contas da União. *Acórdão nº 1.530/2021.* Plenário. Relator: Min. Bruno Dantas. Brasília, 30.06.2021.

[668] BRASIL. Tribunal de Contas da União. *Acórdão nº 380/2018.* Plenário. Relator: Min. Bruno Dantas Brasília, 28.02.2018.

O CONTROLE DAS AGÊNCIAS REGULADORAS FEDERAIS DE SERVIÇOS PÚBLICOS PELO TRIBUNAL DE CONTAS DA UNIÃO | **285**

poderiam, em tese, causar prejuízo ao setor de navegação de cabotagem brasileiro".

No entanto, a unidade técnica acolheu as razões da ANTAQ, opinando pelo indeferimento da medida, uma vez que a norma regulatória tinha por objetivo a implementação de política pública de fomento à frota mercante nacional e para evitar o expediente denominado "venda de bandeira", não havendo ilegalidade em sua emissão.

Esse não foi o entendimento do Relator, que alegou a exorbitância da reserva legal pela Agência. Contudo, o julgamento não foi unânime. O Ministro Weder de Oliveira considerou legítimo o ato normativo da Agência sustentando a deferência do Tribunal às competências regulatórias. No entanto, por maioria, foi determinada cautelarmente à Agência a abstenção da exigência prevista no dispositivo normativo impugnado.

A ANTAQ interpôs agravo contra a medida cautelar deferida pelo TCU, deliberado no Acórdão nº 775/2018,[669] no qual foi debatida intensamente a competência normativa da Agência, sua natureza e alcance, constituindo importante precedente sobre a matéria, incluindo a concepção mais atualizada acerca da legalidade e sua compreensão no Estado Regulador. No entanto, o Plenário manteve sua posição inicial, com o improvimento do agravo por maioria.

O Acórdão nº 1.693/2020[670] examinou o mérito da Resolução ANTAQ nº 1/2015, no qual foram apresentados os argumentos da Agência em relação à legalidade da norma, bem como alegações técnicas acerca da necessidade de intervenção regulatória no afretamento de embarcações estrangeiras. A unidade técnica manteve o entendimento sobre a legalidade da norma em questão. O Ministério Público de Contas, da mesma forma, considerou inexistente a ilegalidade apontada.

Todavia, o Ministro Relator Bruno Dantas manteve sua posição anterior, que restou vencedora, sustentando que a deferência aos atos normativos regulatórios "pressupõe que a regulação técnica, além de obedecer aos limites impostos pelas normas superiores, eminentemente às normas constitucionais, como neste caso, esteja devidamente fundamentada no processo que lhe deu origem".[671]

---

[669] BRASIL. Tribunal de Contas da União. *Acórdão nº 775/2018*. Plenário. Relator: Min. Bruno Dantas. Brasília, 11.4.2018.

[670] BRASIL. Tribunal de Contas da União. *Acórdão nº 1.693/2020*. Plenário. Relator: Min. Bruno Dantas. Brasília, 01.7.2020.

[671] BRASIL. Tribunal de Contas da União. *Acórdão nº 1.693/2020*. Plenário. Relator: Min. Bruno Dantas. Brasília, 01.7.2020, item 48 do voto.

Com isso, a representação foi julgada procedente e confirmada a determinação à ANTAQ para não exigir as condições para o afretamento de embarcação estrangeira previstas no ato normativo impugnado. Todavia, o processo TC 003.667/2018-9 continua em tramitação, uma vez que o recurso interposto pela Agência em 31.07.2020 ainda não julgado.[672]

Esse processo demonstra que o TCU, a depender do caso concreto, atua como autêntico tribunal de revisão administrativa, pois a alegação de interesse público, locução absolutamente genérica que traduz conceito jurídico indeterminado, e a edição de um ato normativo pela agência reguladora podem levar ao escrutínio e invalidação da competência normativa adotada como instrumento para a implementação de políticas públicas, invalidação essa muitas vezes motivada por interesses privados levados ao Tribunal.

Com isso, não se está eximindo as agências de suas muitas fragilidades e equívocos. Mas o caso referido, que apresentou argumentos importantes favoráveis à norma, e que contou com o apoio da unidade técnica do TCU, do Ministério Público de Contas e de parte dos ministros, apontaria para a autocontenção do Tribunal, de modo a evitar a restrição à atuação da ANTAQ e à implementação de política pública importante.

No que diz respeito ao setor aeroportuário e às atribuições da ANAC, o período em exame é caracterizado, a partir de 2011, em razão do Decreto nº 724/2011, por diversas delegações em importantes aeroportos nacionais,[673] motivadas pelas deficiências de infraestrutura para aeronaves de maior porte e para o atendimento da demanda crescente de passageiros, bem como pela realização da Copa do Mundo de 2014, que incluiu diversas capitais que foram sedes do evento, e também em razão dos Jogos Olímpicos e Paralímpicos de 2016.

Dessa forma, a Empresa Brasileira de Infraestrutura Aeroportuária (INFRAERO) tem gradativamente reduzido suas atividades, embora permaneça como acionista nos aeroportos de Brasília, Guarulhos, Viracopos, Confins e Galeão, e com operações em 27 aeroportos.[674]

---

[672] Informação processual disponível em: https://pesquisa.apps.tcu.gov.br/#/push/processo?numero=00366720189. Acesso em: 30 jan. 2022.

[673] A pesquisa examinou 12 acórdãos referentes às desestatizações: 939/2011, 3.232/2011, 1.795/2011, 157/2012, 1.846/2012, 2.466/2013, 2.666/2013, 2.905/2014, 957/2016 e 4.064/2020, 407/2021 e 2.321/2021.

[674] Disponível em: https://transparencia.infraero.gov.br/sobre-a-infraero. Acesso em: 2 fev. 2021.

O CONTROLE DAS AGÊNCIAS REGULADORAS FEDERAIS DE SERVIÇOS PÚBLICOS PELO TRIBUNAL DE CONTAS DA UNIÃO

CAPÍTULO 3 | 287

Assim, em 2011 foram examinadas pelo TCU as concessões nos aeroportos de São Gonçalo do Amarante, Guarulhos, Brasília, Campinas. Em 2016, em nova etapa do programa de desestatização, foram examinadas as concessões dos aeroportos de Salvador, Fortaleza, Florianópolis e Porto Alegre, dentre outros.

Observe-se que a quinta rodada de licitações, realizada em 2019, apresentou modelagem diferente para a concessão de doze aeroportos, realizando-se a licitação em três blocos, que apresentavam aeroportos com porte, movimentação e rentabilidade diversos, de forma a estabelecer subsídio interno à concessão. Em 2020, a sexta rodada seguiu a mesma metodologia, com a outorga de vinte e dois aeroportos.[675]

À semelhança das demais concessões, os documentos integrantes do primeiro estágio da concessão, exigidos pela IN nº 27/98, vigente até 2018, foram intensamente escrutinados, com exame do Plano de Exploração Aeroportuária, adequação da rentabilidade, investimentos, matriz de riscos, orçamentos de obras, custos operacionais, receitas, equilíbrio econômico-financeiro, indicadores de desempenho, compartilhamento de produtividade, aspectos ambientais, desapropriações e reassentamentos, legalidade dos critérios de competição no certame, dentre outros.

Em regra, foram aprovados com condicionamentos expressos em determinações os estágios relacionados à viabilidade técnica, econômico-financeira e ambiental, além do cumprimento de disposições legais referentes à licitação. A par disso, foram emitidas também diversas recomendações pelo TCU.

A primeira concessão realizada no âmbito federal foi o aeroporto de São Gonçalo do Amarante, na região metropolitana de Natal, em que estava prevista a conclusão da construção, exploração e manutenção desse aeroporto.[676] O TCU aprovou com ressalvas o primeiro estágio do processo, a par de apresentar determinações e recomendações à ANAC, conforme Acórdão nº 939/2011.[677]

Dado o ineditismo da concessão, o Tribunal afirmou sua função da seguinte forma, aplicável a todas as demais concessões objeto de

---

[675] BRASIL. Tribunal de Contas da União. *Acórdão nº 4.064/2020*. Plenário. Relator: Min. Augusto Nardes. Brasília, 8.12.2020.

[676] Os aeroportos de São Gonçalo do Amarante e de Viracopos são objeto de relicitação, cujo acompanhamento ocorre, no TCU, nos Processos nº 028.391/2020-9 e 009.470/2020-4, respectivamente.

[677] Os demais estágios foram examinados nos Acórdãos nº 1.795/2011 (aprovação do segundo estágio) e 1.846/2012 (aprovação, com ressalvas, do terceiro e quarto estágios).

controle, demonstrando a compreensão do TCU acerca do alcance de suas atribuições:

> *É responsabilidade desta Corte* zelar para que o poder concedente assegure que a concessão sob análise seja balizada pelos princípios da reserva legal, da transparência, da isonomia e da publicidade, *de forma que os agentes envolvidos tenham a segurança jurídica necessária à estabilidade do futuro empreendimento e a sociedade brasileira, especialmente o usuário do novo terminal aeroportuário, desfrute de um nível adequado de qualidade* na prestação dos serviços concedidos a tarifas módicas.[678] (grifos nossos)

Como se constata, *o TCU apresenta-se como garantidor da segurança jurídica para os empreendedores e do serviço público adequado para os usuários, que constituem nítidas finalidades das agências reguladoras,* para as quais essas entidades foram instituídas em decorrência do novo papel do Estado na economia estabelecido pela Constituição Federal. O Tribunal atua como supervisor das agências reguladoras, função essa que a Constituição não lhe confere.

Cabe retomar ponto que continua a ser objeto de divergências entre as unidades técnicas e o Plenário, bem como de contradições no próprio Plenário, verificadas também nos acórdãos relacionados à ANAC. Trata-se da natureza das recomendações.

Como já se viu na seção 3.2, o TCU firmou orientação de que as recomendações têm lugar diante da discricionariedade das agências reguladoras, que podem avaliar a implementação ou não de tais medidas.

Contudo, no controle do setor aeroportuário também houve a forte expectativa do Tribunal quanto ao *cumprimento das recomendações*, que são inclusive monitoradas, apresentando por vezes, ainda que subliminarmente, o caráter de determinação. O Acórdão nº 2.905/2014, por exemplo, que examinou o 2º, 3º e 4º estágios das outorgas dos aeroportos do Galeão e de Confins, refere que a ANAC não implementou uma série de recomendações.

E, ao contrário da unidade técnica, que acentuou a não obrigatoriedade das medidas recomendadas, o Ministro Relator Marcos Bemquerer manifestou-se da seguinte forma, especificamente quanto à recomendação à ANAC para adoção de medidas destinadas à reversão de parte das receitas extraordinárias para a modicidade tarifária:

---

[678] BRASIL. Tribunal de Contas da União. *Acórdão nº 939/2011*. Plenário. Relator: Min. Valmir Campelo. Brasília, 13.04.2011.

CAPÍTULO 3
O CONTROLE DAS AGÊNCIAS REGULADORAS FEDERAIS DE SERVIÇOS PÚBLICOS PELO TRIBUNAL DE CONTAS DA UNIÃO | 289

26. No caso, repito que *a recomendação visou a dar plena eficácia ao princípio da modicidade das tarifas,* e não é demais lembrar que um princípio tem significativa relevância no ordenamento jurídico, pois constitui, segundo a melhor doutrina, pressuposto lógico e necessário das diversas normas. Destarte, *aqui também seria possível realizar determinação sobre o ponto, a qual seria inteiramente justificável ante a ausência de justificativas nestes autos que contemplem outros argumentos além daqueles já avaliados e considerados insuficientes pelo Tribunal* para dar plena eficácia ao princípio de modicidade tarifária [...]

27. Ressalto que o ordenamento jurídico impõe ao poder concedente diversos encargos na concessão de serviço público, entre os quais se inclui o poder de disciplinar o serviço concedido, fiscalizar permanentemente sua prestação e cumprir e fazer cumprir as disposições regulamentares do serviço (art. 29, incisos I e VI, da Lei 8.987/1995), *razão pela qual o gestor não pode se negar, sem justificativas, a cumprir as recomendações do Tribunal efetuadas com o intento de atender os mandamentos do Direito, sob pena de responsabilidade.* Além disso, ainda que não se trate de recomendação específica para o caso em questão, *é esperado que o gestor eficiente esteja sempre atento às orientações do TCU em deliberações anteriores* e atue, com presteza, no sentido de atendê-las em procedimentos da mesma natureza quando não houver razão legítima para não segui-las (grifos nossos).[679]

Como se percebe nesse excerto, e sem entrar no mérito da medida, o Ministro Bemquerer afirmou que a recomendação poderia ser convertida em determinação na hipótese de descumprimento e, assim, acarretar a responsabilidade do gestor, caso o TCU tivesse entendido que as justificativas da Agência não foram adequadas, o que pode ser compreendido como uma espécie de ameaça aos dirigentes em caso de não acolhimento das recomendações.

Observe-se que no *mesmo processo* do acordão referido, em decisão anterior – o Acórdão nº 2.466/2013 – houve manifestação contrária da Ministra Relatora Ana Arraes em relação às recomendações:

28. *Por se tratar de recomendações, sem força coercitiva e sem prazo para atendimento,* e pelo fato de não serem específicas para a outorga em tela, bem como em razão de os destinatários terem afirmado que, quando possível, envidarão esforços no cumprimento das medidas dos subitens 9.4.1, 9.4.2 e 9.6, não há necessidade de outras providências pelo Tribunal nesta oportunidade. (grifos nossos)[680]

---

[679] BRASIL. Tribunal de Contas da União. *Acórdão nº 2.905/2014.* Plenário. Relatora: Min. Marcos Bemquerer Costa. Brasília, 29.10.2014.

[680] BRASIL. Tribunal de Contas da União. *Acórdão nº 2.466/2013.* Plenário. Relatora: Min. Ana Arraes. Brasília, 11.09.2013, item 28 do voto.

Recentemente, no Acórdão nº 596/2019, em que foram analisados o segundo, terceiro e quarto estágios do aeroporto de Florianópolis, o Ministro Relator Walton Alencar Rodrigues expressamente consignou que as recomendações não são obrigatórias, *divergindo da unidade técnica*.[681]

Portanto, no setor aeroportuário, também se percebe, passado longo tempo desde o Acórdão nº 1.703/2004, que o Tribunal de Contas da União continua a apresentar divergências entre as unidades técnicas e o Plenário e entre os próprios ministros quanto à observância desse importante precedente. Assim, as determinações têm sido emitidas pelo TCU frequentemente para compelir as agências ao cumprimento de suas posições em detrimento das escolhas técnicas do regulador.

O TCU também atuou intensamente em auditorias operacionais do setor, examinando em profundidade diversas dimensões dos serviços concedidos, bem como a atuação dos órgãos e entidades que atuam no setor, com apresentação de diagnóstico dos diversos aspectos e contribuições relevantes para a qualificação dos serviços.

Dentre essas auditorias, destaca-se o Acórdão nº 2.686/2011,[682] que fez ampla análise da estrutura organizacional da ANAC e sua função na aviação civil, processo decisório e transparência, serviços aéreos, regulação econômica, infraestrutura aeroportuária, segurança, competência sancionatória, dentre outros, com emissão de determinações e recomendações.[683]

O Acórdão nº 548/2014[684] apresenta resultados da auditoria operacional relacionada à atuação da ANAC e da Infraero nos contratos de concessão dos aeroportos de Brasília, Guarulhos e Viracopos, com ampla análise do TCU. De igual forma ao que foi constatado em dezenas de acórdãos, a par de recomendações relevantes para a qualificação da

---

[681] "Em relação aos demais itens (9.4.1 do Acórdão 3.232/2011-TCU-Plenário e 9.6.3 do Acórdão 2.466/2013-TCU-Plenário), verifico tratarem-se de recomendações cuja implementação não é obrigatória, razão pela qual deixo de acolher a proposta de considerá-las como falhas a merecerem alertas dirigidos à Anac." *In*: BRASIL. Tribunal de Contas da União. Acórdão nº 596/2019. Plenário. Relator: Min. Walton Alencar Rodrigues. Brasília, 20.3.2019.

[682] BRASIL. Tribunal de Contas da União. *Acórdão nº 2.686/2011*. Plenário. Relator: Min. Augusto Sherman Cavalcanti. Brasília, 5.10.2011.

[683] Registrem-se também as auditorias operacionais examinadas no Acórdão nº 1.103/2011-Plenário, Acórdão nº 2.799/2010 (referente ao atendimento telefônico aos usuários, que envolvem outras agências) e Acórdão nº 2.799/2010, referente ao planejamento da aviação civil.

[684] BRASIL. Tribunal de Contas da União. *Acórdão nº 548/2014*. Plenário. Relator: Min. Aroldo Cedraz. Brasília, 12.3.2014.

atuação da Agência, foram realizadas determinações sem apontamentos de ofensa à lei.[685]

Por outro lado, o Acórdão nº 2.210/15,[686] que examinou auditoria operacional sobre a qualidade dos serviços nos aeroportos concedidos e operados pela Infraero, limitou-se à emissão de recomendações para a qualificação desses serviços e da regulação exercida pela ANAC.

Importa examinar, também, acórdão recente que tratou de tema largamente discutido na imprensa, referente à desregulamentação da franquia de bagagem aérea, que foi objeto de Solicitação do Congresso Nacional, a fim de verificar se a medida acarretou aumento de preços das passagens, ao contrário do que fora noticiado na imprensa. A questão foi normatizada na Resolução ANAC nº 400/2016, amplamente examinada no Acórdão nº 2.955/2018,[687] juntamente com a legislação de outros países.

A unidade técnica considerou que a desregulamentação foi precedida dos estudos técnicos necessários realizados pela ANAC e não teve como fundamento a redução das tarifas, mas sim o estímulo à concorrência para as companhias aéreas de baixo custo, o alinhamento às práticas internacionais e a correção de distorções, pois passageiros que não despachavam bagagem subsidiavam aqueles que realizavam o despacho.

Portanto, houve deferência às atribuições da agência reguladora nessa decisão, ainda que essa deferência possa ter eventualmente resultado da concordância com o teor da normatização, como apontado anteriormente, por ocasião do exame do controle da ANTAQ.

---

[685] Observe-se que o teor da proposta técnica de determinação, acolhida pelo Plenário, para que a ANAC encaminhasse em 60 dias o relatório de desempenho do Projeto de Gestão da Exploração Aeroportuária e após semestralmente, *não apresentou base legal para essa medida*. A unidade técnica justificou a determinação desta forma: "Não obstante, tendo em vista a relevância dos propósitos atribuídos ao Projeto GEA, apresentado como a principal iniciativa para refletir sobre a estruturação da Agência quanto ao acompanhamento das concessões aeroportuárias, entendemos *oportuno* que o Tribunal acompanhe o seu desdobramento. Esta Corte entende o caráter propositivo, e não vinculativo, do trabalho em desenvolvimento no Projeto. Compreende também que a atuação do gestor público, ainda que limitado pelo ordenamento jurídico, deve gozar de certa flexibilidade. A determinação proposta pela equipe de auditoria não tem por objetivo engessar ou limitar a atuação da Anac, apenas acompanhar o desdobramento de pontos considerados mais relevantes (grifos nossos)". *In:* BRASIL. Tribunal de Contas da União. Acórdão nº 548/2014. Plenário. Relator: Min. Aroldo Cedraz. Brasília, 12.3.2014.

[686] BRASIL. Tribunal de Contas da União. *Acórdão nº 2.210/2015*. Plenário. Relator: Min. Ana Arraes. Brasília, 2.9.2015.

[687] BRASIL. Tribunal de Contas da União. *Acórdão nº 2.955/2018*. Plenário. Relator: Min. Bruno Dantas. Brasília, 12.12.2018.

Em relação ao ano de 2021, foram examinados os Acórdãos nºs 407/2021 e 2.321/2021, relacionados à implantação de novo sistema de transporte rápido de passageiros (*Automated People Mover* – APM) pela concessionária do Aeroporto de Guarulhos, no trajeto entre os terminais de passageiros e a Estação Aeroporto do trem metropolitano.

Em resumo, o TCU apontou a ausência de estudos técnicos e econômico-financeiros dos interessados no processo, em especial do Ministério da Infraestrutura, para avaliar o interesse público e a viabilidade na implantação do novo sistema de transporte rápido, considerando o prazo remanescente de oito anos da concessão do Aeroporto de Guarulhos, o alto valor estimado para o serviço e o reequilíbrio econômico-financeiro da concessão a ser executado provavelmente mediante a redução do valor de outorga pago pela concessionária.

Além disso, salientou o Tribunal que o trajeto em questão já é servido por ônibus, sem custo para os passageiros e para o poder concedente, o que exigiria a apresentação das alternativas possíveis para a qualificação do transporte em questão.

Nesse acórdão, em face da ausência do *periculum in mora*, o relator deixou de acolher a proposta da unidade técnica para a suspensão cautelar dos efeitos de um ofício emitido pelo Ministério da Infraestrutura referente à inclusão do APM no rol de obrigações da concessionária.[688]

No entanto, como o termo aditivo ao contrato de concessão para a implantação do APM[689] foi assinado pela ANAC e concessionária em 6.9.2021, o TCU, no Acórdão nº 2.321/2021 e com base no art. 276, §1º, do Regimento Interno, referendou a cautelar expedida pelo Ministro Relator, que suspendera os efeitos do Termo Aditivo nº 8/2021 até a manifestação do Tribunal quanto ao mérito do processo,[690] com fundamento na deficiência de motivação quanto à existência de interesse público no projeto.

---

[688] Em relação à ANAC, o Acórdão nº 407/21 estabeleceu o seguinte: "9.4. determinar à Anac que comunique e encaminhe ao TCU, tão logo o conclua, o resultado das análises sobre a apresentação das novas propostas de preços das empresas selecionadas para a implantação do sistema APM, eventuais alterações da matriz de riscos, bem como os impactos no reequilíbrio econômico financeiro no contrato de concessão firmado com a GRU Airport, caso se decida ao fim e ao cabo pela solução em estudo;". *In*: BRASIL. Tribunal de Contas da União. *Acórdão nº 407/2021*. Plenário. Relator: Min. Vital do Rêgo. Brasília, 3.3.2021.

[689] Informação disponível em: https://www.gov.br/infraestrutura/pt-br/assuntos/noticias/2021/9/people-mover-governo-federal-aeroporto-de-guarulhos. Acesso em: 17 out. 2021.

[690] BRASIL. Tribunal de Contas da União. *Acórdão nº 2.321/2021*. Plenário. Relator: Min. Vital do Rêgo. Brasília, 29.9.2021.

O CONTROLE DAS AGÊNCIAS REGULADORAS FEDERAIS DE SERVIÇOS PÚBLICOS PELO TRIBUNAL DE CONTAS DA UNIÃO

Afora a questão da ampla motivação técnica e econômico-financeira que deveria embasar esse tipo de contratação, o que, segundo o TCU não foi realizado pelos órgãos e entidades competentes, aqui o interesse do Erário estaria, em tese, caracterizado em face da expressiva redução do valor de outorga[691] e das contribuições mensais, já que o projeto implicaria nova obrigação contratual da concessionária e o respectivo reequilíbrio econômico-financeiro do contrato.

A questão que se apresenta é sobre o alcance da competência cautelar do TCU, que suspendeu os efeitos do Termo Aditivo nº 8/2021 com fundamento no art. 276, *caput*, do Regimento Interno, constante no Despacho nº 138, exarado pelo Relator e confirmado no Acórdão nº 2.321/2021.

Observe-se que o dispositivo regimental se refere à suspensão "de ato ou procedimento impugnado", o que não poderia ganhar a extensão para atingir contratos administrativos – e naturalmente seus aditivos –, tendo em vista que *a Constituição Federal não habilita o TCU para a suspensão de efeitos de contratos administrativos*, cuja competência é atribuída ao Congresso Nacional, como dispõe o art. 71, §1º, da Constituição Federal,[692] tema já tratado na seção 2.5.5.

Nesse caso específico, sequer pode-se falar em omissão do Congresso Nacional ou do Poder Executivo, que possibilitaria, segundo parte da doutrina, a sustação do contrato pelo TCU, em atuação subsidiária. Como relatado, o Tribunal, ciente do termo aditivo, suspendeu diretamente os seus efeitos, sem possibilitar o exercício dessa competência pelo Poder Legislativo.

Portanto, novamente se constata a emissão de atos de comando pelo Tribunal mediante a interpretação ampliativa de suas competências, contrariando o que determina expressamente a Constituição Federal e, neste caso específico, exercendo atribuições substitutivas do Poder Legislativo, em grave precedente, que demonstra o ativismo crescente do TCU, conforme verificado no exame de sua jurisprudência.

---

[691] Conforme o Termo Aditivo nº 8/2021, o valor a ser reduzido é de R$ 376.058.944,00, além da redução de R$ 1.242.752,00 da Contribuição Mensal após a entrada em operação do novo sistema de transporte. Disponível em: https://www.gov.br/anac/pt-br/assuntos/concessoes/aeroportos-concedidos/guarulhos/arquivos/02termos-aditivos/gru-2013-termo-aditivo-n-008-2021-2013-efeitos-cautelarmente-suspensos-nos-termos-da-decisao-de-16-09-2021-proferida-no-processo-n-011-655-2020-8-do-tcu/view. Acesso em: 17 out. 2021.

[692] Constituição Federal: "Art. 71 [...] §1º No caso de contrato, o ato de sustação será adotado diretamente pelo Congresso Nacional, que solicitará, de imediato, ao Poder Executivo as medidas cabíveis".

Diante da pesquisa realizada no período de 2007 a 2021, é possível alinhar as seguintes *conclusões parciais:*

1. Nos processos de desestatização o TCU exerce o controle sobre todos os aspectos da modelagem das delegações, em especial sobre a modelagem econômico-financeira, com acentuada atuação reguladora, mediante determinações emitidas, em grande parte dos acórdãos, sem qualquer apontamento de ilegalidade.

2. As agências reguladoras, nos processos de desestatização, manejaram com mais intensidade os recursos regimentais cabíveis para a alteração de determinações não relacionadas a ilegalidades, que visavam a compelir as agências a adotarem as posições técnicas do TCU.

3. Constatou-se instabilidade entre as unidades técnicas e o Plenário, bem como entre os próprios ministros quanto à adoção dos próprios parâmetros definidos no Acórdão nº 1.703/2004 em relação à emissão de determinações para a constatação de ilegalidades e de recomendações para questões de discricionariedade regulatória, inclusive com forte expectativa do TCU de cumprimento das recomendações, que foram muitas vezes objeto de monitoramento pelo Tribunal.

4. No que diz respeito às revisões tarifárias da distribuição de energia elétrica, verificou-se tensão importante entre a ANEEL e o TCU até aproximadamente o ano de 2008, com determinações do Tribunal à Agência em face de divergências técnicas, e não por descumprimento da legislação. Em muitos desses processos houve comandos do Tribunal para a revogação de atos regulatórios já emitidos e em vigor, o que exigiu a atuação recursal intensa da Agência na defesa de suas prerrogativas.

5. De igual forma, as concessões rodoviárias continuaram a ser objeto de intenso controle do TCU, inclusive no âmbito da discricionariedade da ANTT.

6. A despeito de decisões que observaram as competências regulatórias, a maioria dos acórdãos do TCU pesquisados no período ingressou na regulação setorial, estabelecendo para as agências medidas que se situam no âmbito de sua discricionariedade, o que implicou interposição de recursos pelas agências com mais frequência, resultando em alteração dos comandos do Tribunal, ainda que de modo parcial.

7. A atuação reguladora do Tribunal foi verificada inclusive em recentes acórdãos, relacionados à competência normativa das agências, como é o caso do Acórdão nº 518/2018, referente às bandeiras tarifárias de energia elétrica, e do Acórdão nº 380/2018, relativo à disciplina normativa para o afretamento de embarcações estrangeiras,

temas relacionados exclusivamente às competências discricionárias regulatórias.

8. Verificou-se também, de forma inédita, a aplicação de multas aos gestores (diretores, superintendentes e gerentes) da ANTAQ e da ANTT em decorrência de atos realizados no âmbito das atividades finalísticas dessas agências.

9. A ANEEL destacou-se na defesa de suas prerrogativas, notando-se o incremento da atuação da ANTT, sobretudo em relação às concessões rodoviárias, largamente escrutinadas pelo TCU.

CONSIDERAÇÕES FINAIS

A efetiva autonomia qualificada das agências reguladoras tem finalidade alinhada à função do Estado na economia definida pela Constituição Federal, que instaurou o denominado Estado Regulador, orientado pelo princípio da subsidiariedade.

Portanto, esse atributo de seu regime não se justifica por si. É elemento instrumental que permeia todo o plexo de atividades regulatórias, destinado a assegurar a prestação de serviços públicos adequados aos usuários, a estimular setores econômicos estratégicos, a conferir segurança jurídica aos agentes regulados e a promover a estabilidade setorial.

Dessa forma, a regulação eficiente e voltada para as suas finalidades legais, que são heterogêneas, constitui relevante fator de desenvolvimento econômico e social, bem como de efetividade na implementação de políticas públicas. Além disso, a regulação pode constituir também instrumento de promoção da cidadania, tendo em vista que uma das principais atribuições das agências – a normatização setorial – deve assumir feição participativa, dialética e transparente para os diversos grupos de interesse, na linha da administração pública dialógica.

E, nesse aspecto, há um grande desafio das agências reguladoras a ser enfrentado, referente à profunda assimetria de informações entre agentes regulados e consumidores, constituindo dever institucional das agências atuar para a mitigação dessa falha regulatória e para a ampliação do conhecimento setorial e da própria função reguladora pela sociedade, a fim de promover a democracia na regulação.

Por isso, o processo administrativo ganha importância, não devendo ser compreendido como uma instância burocrática de decisões, mas sim como instrumento de limitação de poder das agências e de exercício de garantias fundamentais, que requer a motivação adequada dos atos administrativos pelo regulador e a ampliação da transparência, expressando o Estado Democrático de Direito na regulação setorial.

A Lei nº 13.848/2019 constitui importante avanço nesse caminho, pois estabelece elementos que contribuem não somente para o fortalecimento da autonomia regulatória, mas também para a qualificação do processo decisório, para a promoção da participação e do controle social, bem como para o aperfeiçoamento técnico das agências.

Constituem medidas importantes previstas nessa lei a Análise de Impacto Regulatório, o procedimento para as consultas públicas, a função independente da ouvidoria, bem como as alterações realizadas na Lei nº 9.986/2000, referentes às condições de provimento dos cargos de direção e aos impedimentos dos dirigentes das agências, o que foi objeto de recente julgamento do Supremo Tribunal Federal na ADI nº 6.276, como já referido.

Contudo, decorridas mais de duas décadas da criação das primeiras agências reguladoras, a defesa de sua autonomia qualificada é ainda necessária, uma vez que não há o pleno respeito a esse fundamental atributo dessas entidades, o que ocorre com maior ou menor intensidade conforme a postura das agências em relação à defesa de seu regime jurídico e de suas prerrogativas legais perante as demais instituições.

E, nessa seara de interlocução institucional, ganha relevo o intenso controle exercido pelo Tribunal de Contas da União sobre as atividades finalísticas das agências reguladoras desde a instituição das primeiras entidades, quer em relação aos atos de delegação de serviços públicos, quer sobre a regulação da execução contratual pelos delegatários de serviços públicos.

A Lei nº 13.848/2019 prevê o controle finalístico das agências reguladoras pelo TCU, o que não significa, contudo, a autorização legal para a regulação substitutiva pelo controlador, como se verificou na presente pesquisa, que demonstrou, na maioria expressiva dos acórdãos pesquisados, inclusive em decisões recentes, a emissão de determinações com nítido conteúdo regulatório sem o apontamento de qualquer descumprimento legal pela agência, contrariando precedentes e a legislação do próprio Tribunal.

E nas desestatizações dos serviços públicos, a atuação do TCU foi intensa, realizada sobretudo mediante determinações emitidas também para viabilizar, em grande parte dos acórdãos, a prevalência da posição técnica do Tribunal, que interferiu de modo consistente na modelagem das licitações, e não apenas por meio da atividade cooperativa manifestada nas recomendações.

Além disso, como largamente demonstrado, as recomendações não se destinam apenas à qualificação da atividade da agência no campo discricionário, conforme também consta em alguns precedentes do TCU, em especial no Acórdão nº 1.703/2004, emitido pelo Plenário. Há forte expectativa das unidades técnicas, muitas vezes igualmente declarada pelo Plenário, de efetivo cumprimento das recomendações pelas agências reguladoras.

Constatou-se também que o teor de algumas determinações visa ao *enforcement* indevido das recomendações emitidas pelo Tribunal, que as emite e determina a apresentação de plano de ação pela agência para a implementação dessas recomendações, em prazo fixado pelo TCU.

As determinações têm ainda, muitas vezes, a finalidade de compelir o Poder Executivo à implementação de política pública considerada relevante pelo Tribunal, como ocorreu, por exemplo, no exame do leilão da telefonia móvel de 5ª geração. Embora meritória, o Ministro Relator do Acórdão nº 2.032/2021 *determinou* em seu voto inicial, sem fundamento legal específico, a previsão no edital de implantação da conectividade das escolas públicas, medida essa que foi alterada posteriormente para recomendação.

Com a recente emissão da Resolução nº 315/2020, fica a expectativa de que os atos de determinação e recomendação do Tribunal sejam emitidos conforme seus pressupostos e suas finalidades, reduzindo a insegurança dos gestores e promovendo o respeito às competências discricionárias das agências e ao necessário diálogo institucional.

No entanto, ainda que em número significativamente menor do que o grupo de decisões que avançaram sobre as competências regulatórias, verificou-se que, em algumas decisões, o Plenário, divergindo das unidades técnicas, apresentou deferência às competências regulatórias discricionárias, limitando-se a expedir recomendações, muitas das quais foram efetivamente acolhidas pelas agências.

Em que pese a existência de decisões do TCU em que objetivamente ocorreu a observância das competências regulatórias, a pesquisa realizada, que abrangeu diversos instrumentos e temas de controle, confirma a segunda hipótese do problema apresentado na introdução, expressa no exercício de amplas atribuições regulatórias pelo Tribunal de Contas da União.

Constatou-se, na grande maioria dos acórdãos, que o TCU ingressou no campo das competências discricionárias das agências, muitas vezes com fundamento em atos normativos próprios, mediante a emissão de determinações sem o apontamento de ilegalidades e de recomendações "mandatórias", cujo cumprimento foi frequentemente monitorado pelo Tribunal.

Tal conclusão não é infirmada pelos julgados que eventualmente observaram as atribuições legais das agências, uma vez que não constituíram o padrão de controle das atividades finalísticas das agências pelo TCU, podendo inclusive terem decorrido da concordância do Plenário com o mérito dos atos regulatórios sob controle, e não da efetiva deferência às atribuições das agências.

Essa atuação regulatória do Tribunal acarreta insegurança jurídica para os reguladores, constituindo aspecto contrário à independência técnica das agências e à finalidade da Lei nº 13.848/2019, que não autoriza o controle dos atos discricionários legítimos emitidos pelas agências reguladoras.

E, nos setores econômicos regulados, a atuação do TCU repercute no ambiente de segurança jurídica e estabilidade setorial, como se viu em algumas decisões que estabeleciam inclusive comandos retroativos no âmbito contratual, o que, ao fim, pode impactar em alguma medida a atratividade dos investimentos necessários aos projetos de infraestrutura e a qualificação dos serviços públicos regulados.

Há que ressaltar, também, que a determinação, pelo TCU, de medidas de competência das agências reguladoras pode, como aspecto bastante negativo, tornar ineficaz o devido processo regulatório, que requer em muitos casos a Análise de Impacto Regulatório, bem como a realização de consultas e audiências públicas, acabando por desconsiderar todo o processo prévio de discussão normativa pública realizada pela agência, com substituição indevida do entendimento do regulador pela posição do Tribunal.

Com efeito, se o teor da medida discricionária é determinado pelo TCU, como se verificou em número significativo de acórdãos, e o eventual descumprimento acarreta a possibilidade de aplicação de sanções aos dirigentes, o processo e a finalidade da discussão pública da proposta normativa tornam-se secundários, com o risco de se tornarem meramente formais, assim como a participação dos interessados e o controle social na formação do ato normativo regulatório.

Além disso, essa interferência atrai riscos regulatórios para o Tribunal de Contas de União, que podem ocorrer tanto em razão da modelagem de desestatizações quanto no controle indevido das execuções contratuais, com a desconstituição de decisões regulatórias regularmente emitidas e a substituição da discricionariedade das agências pelos atos do Tribunal.

Como já foi dito, o controle finalístico das agências reguladoras pelo TCU está previsto na Lei nº 13.848/2019. No entanto, isso não significa que a emissão de atos de comando possa realizar-se segundo qualquer parâmetro de controle. Conforme examinado, a Constituição Federal estabelece que a emissão de atos constitutivos e desconstitutivos pelo TCU, incluindo a aplicação de sanções, requer o descumprimento de lei em matéria financeira *lato sensu*, já que ao Tribunal não é conferida a competência constitucional revisora da Administração Pública.

E embora integrem a legalidade administrativa, entendida em seu conceito amplo, os princípios jurídicos, isoladamente, não autorizariam, em regra, a emissão de atos de comando, cujo descumprimento é passível de sancionamento dos gestores, tendo em vista sua baixa densidade normativa, que lhes confere plasticidade na interpretação e aplicação do Direito, com margem a subjetividades e casuísmos.

Isso não significa, evidentemente, a redução da função dos princípios no controle externo, dada a sua relevância no ordenamento jurídico e, especialmente, para a Administração Pública. O TCU amplamente os utiliza para o diagnóstico e a qualificação da gestão pública, em diversos instrumentos de controle mediante recomendações, especialmente nas auditorias operacionais.

Cumpre também assinalar que as recomendações, embora não sejam vinculativas, não são inócuas e contribuem para o aperfeiçoamento institucional das agências e para a função reguladora, sendo frequentemente por elas acolhidas, ainda que em muitos casos possam expressar a resignação dos respectivos gestores e o receio de responsabilização pelo Tribunal, ou falta de compreensão quanto à natureza não mandatória da medida.

Outro aspecto que merece referência diz respeito à autoimagem do TCU acerca de sua função constitucional. Como se viu, muitas decisões expressam que o Tribunal é o garantidor do interesse público, da legalidade *lato sensu* e da segurança jurídica.

Além de tal entendimento não estar em conformidade com suas atribuições constitucionais, também não se coaduna com a administração dialógica e policêntrica, que requer a atuação e cooperação de todas as instituições públicas para o grande e premente desafio de qualificação da gestão pública, em conformidade com suas respectivas competências.

É preciso mencionar, de igual forma, a constatação de tendência ampliativa da atuação do Tribunal de Contas da União, ora realizada mediante atos normativos, ora em suas decisões, como é o caso do Acórdão nº 1.790/2017, anteriormente analisado, que possibilitou a atuação e a anuência do TCU em processo de mediação realizada no âmbito judicial, sem previsão legal expressa dessa competência.

Assim, em que pesem as contribuições técnicas positivas constatadas nos acórdãos examinados quanto à desestatização e à execução contratual dos serviços públicos delegados, o TCU tem atribuições e matérias delimitadas pela Constituição Federal. E tampouco sua competência para exercer as prerrogativas das agências reguladoras pode ser definida em face dos denominados benefícios do controle, o que subverteria completamente o conceito jurídico de competência.

Portanto, em face desse cenário, dois movimentos institucionais mostram-se indispensáveis. O primeiro é a autocontenção do Tribunal quanto às competências legais das agências reguladoras, que exercem função própria no Estado Regulador, não atribuída ao Tribunal de Contas da União.

É preciso que o TCU respeite seus próprios precedentes, incluindo as unidades técnicas e o Plenário, o que frequentemente não acontece, resultando em insegurança jurídica para os dirigentes das agências reguladoras e para os agentes regulados.

O Tribunal, que exerce relevantes competências constitucionais, não detém a prerrogativa de supervisão geral da Administração Pública. E, nesse aspecto, a representação aos demais órgãos e entidades públicas acerca de ilegalidades que não estão em sua esfera de atuação é competência constitucional que deveria ser exercida com maior frequência, em vez da atuação substitutiva dessas instâncias pelo TCU, muitas vezes fundamentadas em atos próprios.

Outro movimento necessário é o das próprias agências reguladoras quanto à defesa de suas prerrogativas e de sua independência técnica. Sem a consciência e a efetiva atuação de seus dirigentes para a defesa permanente de suas atribuições legais, *inclusive no âmbito judicial*, a autonomia qualificada das agências dificilmente será consolidada, tendo em vista a tendência ampliativa das atribuições do Tribunal.

Sob o ponto de vista pragmático, a qualificação do exercício das suas amplas atribuições, bem como a ampliação da motivação, da transparência e do controle social constituem medidas que podem contribuir para a maior deferência do TCU em relação às atribuições reguladoras.

Embora tais medidas não se destinem a fixar competências, as falhas das agências reguladoras são utilizadas muitas vezes pelo

Tribunal para justificar seu ativismo e a ampliação do controle em áreas que não lhe competem, apresentando-se para a sociedade como o garantidor da legalidade administrativa em todas as vertentes, como foi constatado nesta pesquisa.

Também é necessária a maior atuação das agências junto aos usuários dos serviços regulados, uma vez que essas entidades são instituições jovens e que não contam plenamente com a legitimação social, sendo muitas vezes identificadas com a defesa dos agentes regulados, e não propriamente com a qualidade dos serviços públicos e com seus destinatários.

É preciso promover a transparência da atuação das agências e o incentivo à participação social com maior equilíbrio entre agentes e usuários, e não a participação meramente formal, como ocorre atualmente, em face da grande assimetria de informações entre as empresas delegatárias e os destinatários dos serviços públicos.

Assim, com a edição da Lei nº 13.848/2019, caberá ao TCU e às agências reguladoras encontrar o ponto de equilíbrio entre o controle externo e o cumprimento da legislação que tem por finalidade inequívoca o fortalecimento das agências reguladoras e da regulação, com o objetivo de promover o desenvolvimento dos serviços públicos que são essenciais para o cidadão e estratégicos para a economia.

Para isso, o efetivo diálogo institucional é um dos instrumentos que ganha grande importância, considerando o Estado Democrático de Direito, os direitos fundamentais e, especialmente, o ambiente administrativo – que inclui o controle externo –, caracterizado não mais por uma posição autoritária de entidades e órgãos, mas sim pela postura cooperativa, democrática e deferente às prerrogativas legais de cada um com vistas à consecução de suas finalidades.

REFERÊNCIAS

A HISTÓRIA DA AGERGS. *Marco Regulatório*. Edição Especial. Porto Alegre: AGERGS, jul. 2001.

ALMEIDA, Carlos Wellington Leite de. Auditoria operacional: conceito, proposta e crítica. *Revista do Tribunal de Contas da União*, Brasília, n. 123, p. 42-59, jan./abr. 2012.

ALVES, Francisco Sérgio Maia. Controle da Administração Pública pelo Tribunal de Contas da União: espaço objetivo de incidência e parâmetro de legalidade. *Interesse Público – IP*, Belo Horizonte, ano 20, n. 108, p. 197-223, mar./abr. 2018.

ARAGÃO, Alexandre Santos de. *Agências reguladoras e a evolução do direito administrativo econômico*. Rio de Janeiro: Forense, 2003.

ARAGÃO, Alexandre Santos de. Considerações iniciais sobre a lei geral das agências reguladoras. *Revista de Direito da Administração Pública*, Rio de Janeiro, v. 1, n. 1, p. 7-23, jan./jun. 2020.

ARAGÃO, Alexandre Santos de. A legitimação democrática das agências reguladoras. *Revista de Direito Público da Economia – RDPE*. Belo Horizonte, ano 2, n. 6, p. 9-26, abr./jun. 2004.

ARAÚJO, Luiz Eduardo Diniz. A Agência Nacional de Energia Elétrica, o Tribunal de Contas da União e a fiscalização dos processos de revisão tarifária dos contratos de concessão de distribuição de energia elétrica. *Revista da Escola de Magistratura Federal da 5ª Região*, n. 15, p. 181-192, ago. 2007. Disponível em: https://revista.trf5.jus.br/index.php/esmafe/issue/view/13. Acesso em: 20 nov. 2020.

BAGATIN, Andreia Cristina. *Captura das agências reguladoras independentes*. São Paulo: Saraiva, 2013.

BANCO NACIONAL DE DESENVOLVIMENTO ECONÔMICO E SOCIAL – BNDES. *Programa Nacional de Desestatização:* Relatório de Atividades 1996. Rio de Janeiro: BNDES. Disponível em: https://www.bndes.gov.br/wps/portal/site/home/transparencia/desestatizacao/relatorios-de-atividades-pnd. Acesso em: 16 out. 2020.

BANCO NACIONAL DE DESENVOLVIMENTO ECONÔMICO E SOCIAL – BNDES. *Programa Nacional de Desestatização: Relatório de Atividades 1992*. Rio de Janeiro: BNDES. Disponível em: https://www.bndes.gov.br/wps/portal/site/home/transparencia/desestatizacao/relatorios-de-atividades-pnd. Acesso em: 16 out. 2020.

BARBOSA, Rui. Exposição de motivos de Rui Barbosa sobre a criação do TCU. *Revista do Tribunal de Contas da União*, Brasília, v. 30, n. 82, p. 253-262, out./dez. 1999.

BARROSO, Luís Roberto. Agências reguladoras, constituição, transformações do Estado e legitimidade democrática. *Revista de Direito Administrativo*, Rio de Janeiro, v. 229, p. 285-311, jul./set. 2002.

BARROSO, Luís Roberto. Tribunais de Contas: algumas incompetências. *Revista de Direito Administrativo*, Rio de Janeiro, n. 203, p. 131-140, jan./mar. 1996.

BARROSO, Luís Roberto. Constituição, Ordem Econômica e Agências Reguladoras. *In:* MOREIRA NETO, Diogo de Figueiredo. *Direito Regulatório*. Rio de Janeiro: Renovar, 2003.

BASTOS, Celso Ribeiro. *Curso de Direito Constitucional*. 22. ed. atual. São Paulo: Saraiva, 2001.

BATISTA, Paulo Nogueira. *O Consenso de Washington*. A visão neoliberal dos problemas latino-americanos. 1994. Disponível em: http://fau.usp.br/cursos/graduacao/arq_urbanismo/disciplinas/aup0270/4dossie/nogueira94/nog94-cons-washn.pdf. Acesso em: 21 abr. 2020.

BINENBOJM, Gustavo. *Poder de polícia, ordenação, regulação*: transformações político-jurídicos, econômicas e institucionais do direito administrativo ordenador. 3. ed. Belo Horizonte: Fórum, 2020.

BINENBOJM, Gustavo. *Uma teoria do direito administrativo*: direitos fundamentais, democracia e constitucionalização. 3. ed. rev. e atual. Rio de Janeiro: Renovar, 2014.

BRITO, Carlos Ayres. O regime constitucional dos tribunais de contas. *Revista Interesse Público*, Porto Alegre, n. 13, p. 177-187, jan./mar. 2002.

BRUNA, Sérgio Varella. *Agências reguladoras: poder normativo, consulta pública, revisão judicial*. São Paulo, Editora Revista dos Tribunais, 2003.

BUGARIN, Bento José. O controle externo: evolução, características e perspectivas. *Revista do Tribunal de Contas da União*, Brasília, v. 31, n. 86, p. 338-352, out./dez. 2000.

BUGARIN, Bento José. Acompanhamento, pelo TCU, do Programa Nacional de Desestatização. *Revista do TCU*, v. 26, n. 64, p. 13-22, abr./jun. 1995.

CABRAL, Flávio Garcia; SARAI, Leandro; IWAKURA, Cristiane Rodrigues. Tribunal de Contas da União (TCU) e as Agências Reguladoras: limites e excessos da *accountability* horizontal. *Revista da CGU*, Brasília, v. 13, n. 24, p. 207-219, jul./dez. 2021.

CABRAL, Flávio Garcia. Como o Tribunal de Contas da União tem se comportado ao longo da Constituição de 1988? *A&C – Revista de Direito Administrativo e Constitucional*, Belo Horizonte, n. 85, p. 161-183, jul./set. 2021.

CABRAL, Flávio Garcia. Qual a natureza da função exercida pelo Tribunal de Contas da União (TCU)? *Revista de Direito da Administração Pública*, v. 1, n. 1, p. 253-272, jan./jun. 2019.

CANOTILHO, Gomes J. J. *Direito Constitucional e Teoria da Constituição*. 7. ed. 21ª reimp. Coimbra: Almedina, 2003.

CARRIGAN, Christopher; COGLIANESE, Cary. Capturing regulatory reality: Stigler's The theory of economic regulation. *Faculty Scholarship at Penn Law*. 2016. Disponível em: https://scholarship.law.upenn.edu/faculty_scholarship/1650. Acesso em: 3 jun. 2021.

REFERÊNCIAS | 307

CARVALHO, Fábio Lins de Lessa; RODRIGUES, Ricardo Schneider. O Tribunal de Contas no Brasil e seus congêneres europeus: um estudo comparativo. *A&C – Revista de Direito Administrativo & Constitucional*, Belo Horizonte, ano 18, n. 71, p. 225-248, jan./mar. 2018.

CARVALHO FILHO, José dos Santos. *Manual de Direito Administrativo*. 16. ed. rev., ampl. e atual. Rio de Janeiro: Lumen Juris, 2006.

CARVALHO FILHO, José dos Santos; ALMEIDA, Fernando Dias Menezes de. Tratado de direito administrativo [livro eletrônico]: controle da administração pública e responsabilidade do Estado. *In*: DI PIETRO, Maria Sylvia Zanella (coord.). *Tratado de Direito Administrativo*. v. 7. São Paulo: Revista dos Tribunais, 2015.

CENTRO DE DESENVOLVIMENTO E PLANEJAMENTO REGIONAL (CEDEPLAR). Faculdade de Ciências Econômicas. Universidade Federal de Minas Gerais. Disponível em: https://diamantina.cedeplar.ufmg.br/portal/download/diamantina-2002/D49.pdf. Acesso em: 11 out. 2020.

CENTRO DE ESTUDO EM REGULAÇÃO E INFRAESTRUTURA (FGV CERI). *Regulação e Infraestrutura: em busca de uma nova arquitetura*. 2018. Disponível em: https://ceri.fgv.br/sites/default/files/publicacoes/2018-10/63_63_regulacao-e-infraestrutura-em-busca-de-uma-nova-arquitetura-2018.pdf. Acesso em: 24 jul. 2020.

CINTRA, Antônio Carlos de Araújo; GRINOVER, Ada Pellegrini; DINAMARCO, Cândido Rangel. *Teoria Geral do Processo*. 24. ed. São Paulo: Malheiros, 2009.

CORREIO, Luís Gustavo Faria Guimarães. Comentários sobre a lei geral de agências reguladoras. *Revista de Direito da Administração Pública*, Rio de Janeiro, v. 1, p. 77-111, jul./dez. 2019.

COSTA, Frederico Lustosa da; PECI, Alketa. Desestatização como estratégia de reforma do Estado: análise preliminar da privatização no Brasil da Nova República. *Revista de Administração Pública*, Rio de Janeiro, v. 33, n. 3, p. 191-205, maio/jun. 1999.

CUNHA, Bruno Queiroz. Nota Técnica nº 22/2018 – *Projeto de Lei nº 6.621/2016*: a proposta de Lei das Agências Reguladoras. Diretoria de Estudos e Políticas do Estado, das Instituições e da Democracia. Instituto de Pesquisa Econômica Aplicada – IPEA. 18.04.2018. Disponível em: https://www.ipea.gov.br/portal/index.php?option=com_content&view=article&id=33065&catid=189&Itemid=6. Acesso em: 15 jul. 2020.

DECLARAÇÃO de Lima sobre Diretrizes para Preceitos de Auditoria. Disponível em: https://portal.tcu.gov.br/biblioteca-digital/declaracao-de-lima.htm. Acesso em: 29 ago. 2020.

DECLARAÇÃO dos Direitos do Homem e do Cidadão. 1789. Disponível em: http://www.direitoshumanos.usp.br/. Acesso em: 15 ago. 2020.

DECOMAIN, Pedro Roberto. *Tribunais de Contas no Brasil*. São Paulo: Dialética, 2006.

DI PIETRO, Maria Sylvia Zanella. *Curso de Direito Administrativo*. 11. ed. São Paulo: Atlas, 1999.

DI PIETRO, Maria Sylvia Zanella. *Parcerias na administração pública*: concessão, permissão, franquia, terceirização e outras formas. 3. ed. São Paulo: Atlas, 1999.

DUARTE JR., Ricardo. A natureza jurídica dos atos normativos elaborados pelas agências reguladoras. *A&C – Revista de Direito Administrativo e Constitucional*, Belo Horizonte, n. 61, p. 181-207, jul./set. 2015.

DUQUE, Marcelo Schenk; RAMOS, Rafael. Comentários ao art. 1º da Lei nº 13.655/2018. *In*: DUQUE, Marcelo Schenk; RAMOS, Rafael (coord.). *Segurança jurídica na aplicação do Direito Público*: Comentários à Lei 13.655/2018. Salvador: Juspodivm, 2019.

FAGUNDES, Miguel Seabra. *O controle dos atos administrativos pelo Poder Judiciário*. 6. ed. rev. e atual. São Paulo: Saraiva, 1984.

FERNANDO Collor (verbete). Centro de Pesquisa e Documentação (CEDOC). Fundação Getúlio Vargas. Disponível em: http://www.fgv.br/cpdoc/acervo/dicionarios/verbete-biografico/collor-fernando. Acesso em: 8 out. 2020.

FERNANDES, Jorge Ulisses Jacoby. *Tribunais de Contas do Brasil*: jurisdição e competência. 4. ed. rev. atual. e ampl. Belo Horizonte: Fórum, 2016.

FERRAZ, Sérgio; DALLARI, Adilson Abreu. *Processo administrativo*. São Paulo: Malheiros, 2001.

FIGUEIREDO, Pedro Henrique Poli de. *A regulação do serviço público concedido*. Porto Alegre: Síntese, 1999.

FONSECA, João Bosco Leopoldino da. *Direito Econômico*. 8. ed. rev. e atual. Rio de Janeiro: Forense, 2015.

FRANÇA, Phillip Gil. *O controle da administração pública*: tutela jurisdicional, regulação econômica e desenvolvimento. 2. ed. rev. atual. e ampl. São Paulo: Revista dos Tribunais, 2010.

FREITAS, Juarez. Teoria da regulação administrativa sustentável. *Revista de Direito Administrativo*, Rio de Janeiro, v. 270, p. 117-145, set./dez. 2015.

FREITAS, Juarez. *O controle dos atos administrativos e os princípios fundamentais*. 5. ed. rev. e ampl. São Paulo: Malheiros, 2013.

FREITAS, Juarez. *Discricionariedade administrativa e o direito fundamental à boa administração pública*. São Paulo: Malheiros, 2007.

FURTADO, Lucas Rocha. *Curso de Direito Administrativo*. 4. ed. rev. e atual. Belo Horizonte: Fórum, 2013.

GARCÍA DE ENTERRÍA, Eduardo; FERNÁNDEZ, Tomás-Ramón. *Curso de Derecho Administrativo*. Notas de Agustín Gordillo. 1. ed. Buenos Aires: La Ley, 2006, v. 1.

GRAU, Eros Roberto. *A ordem econômica na Constituição* de 1988. 10. ed., rev. e atual. São Paulo: Malheiros, 2006.

GRAU, Eros Roberto. *O direito posto e o direito pressuposto*. 3. ed. São Paulo: Malheiros, 2000.

GRECO, Antônio do Monte Furtado; COUTINHO, Carlos Sidnei. *AÇOMINAS*: um exemplo polêmico de privatização. Centro de Desenvolvimento e Planejamento Regional (CEDEPLAR). Faculdade de Ciências Econômicas. Universidade Federal de Minas Gerais.

REFERÊNCIAS | 309

Disponível em: https://diamantina.cedeplar.ufmg.br/portal/download/diamantina-2002/ D49.pdf. Acesso em: 11 out. 2020.

GROTTI, Dinorá Adelaide Musetti. As agências reguladoras. *Revista Interesse Público*, Porto Alegre, n. 22, p. 29-55, nov./dez. 2003.

GUEDES, Osmar Carvalho; FERNANDES, Maria Luciene Cartaxo; FERREIRA, Antônio Roberto Melo. O Tribunal de Contas e as privatizações: um enfoque na avaliação financeira de estatais. *Revista do Tribunal de Contas de Pernambuco*, v. 10, n. 10, p. 90-100, 1999.

GUERRA, Evandro Martins; PAULA, Denise Mariano de. A Função jurisdicional dos Tribunais de Contas. *Revista Controle – Doutrina e Artigos*, v. 10, n. 2, p. 56-97, 31 dez. 2012.

GUERRA, Sérgio. *Controle Judicial dos Atos Regulatórios*. Rio de Janeiro: Lumen Juris, 2005.

HELLER, Gabriel; SOUZA, Guilherme Carvalho e. Função de controle externo e função administrativa: separação e colaboração na Constituição de 1988. *Revista de Direito Administrativo*. Rio de Janeiro, v. 278, n. 2, p. 71-96, maio/ago. 2019.

JORDÃO, Eduardo. A intervenção do TCU sobre editais de licitação não publicados: controlador ou administrador? *Revista Brasileira de Direito Público – RBDP*, Belo Horizonte, ano 12, n. 47, p. 209-230, out./dez. 2014.

JORDÃO, Eduardo; CUNHA, Luiz Filippe. Da AIR Prospectiva para a AIR Retrospectiva. *In*: LEAL, Fernando; MENDONÇA, José Vicente Santos de (org.). *Transformações do direito administrativo*: liberdades econômicas e regulação. Rio de Janeiro: FGV Direito Rio, 2019. Pdf.

JUSTEN FILHO, Marçal. *O direito das agências reguladoras independentes*. São Paulo: Dialética, 2002.

JUSTEN FILHO, Marçal. *Curso de Direito Administrativo*. São Paulo: Saraiva, 2005.

LIMA, Luiz Henrique. *Controle externo*: teoria, jurisprudência e mais de 500 questões (recurso eletrônico). 4. ed. rev., ampl. e atual. Rio de Janeiro: Elsevier Campus, 2011.

LIMA, Ruy Cirne. *Princípios de Direito Administrativo*. 6. ed. São Paulo: Revista dos Tribunais, 1987.

MAJONE, Giandomenico. As transformações do Estado Regulador. Traduzido por Tatiana Mesquita. *Revista de Direito Administrativo*, Rio de Janeiro, n. 262, p. 11-43, jan./ abr. 2013.

MAFFINI, Rafael. *Elementos de Direito Administrativo*: atualizado até a Lei 13.303/2016 – Estatuto das Estatais. Porto Alegre: Livraria do Advogado, 2016.

MAFFINI, Rafael. Discricionariedade administrativa: controle de exercício e controle de atribuição. *Revista do Instituto do Direito Brasileiro*, Faculdade de Direito da Universidade de Coimbra, n. 5, p. 2.827-2.848, 2012. Disponível em: www.idb-fdul.com. Acesso em: 10 jun. 2020.

MAFFINI, Rafael. Comentários ao art. 24 da LINDB. *In*: DUQUE, Marcelo Schenk; RAMOS, Rafael (coord.). *Segurança jurídica na aplicação do Direito Público*: Comentários à Lei 13.655/2018. Salvador: Juspodivm, 2019.

MAFFINI, Rafael. Administração Pública Dialógica (proteção procedimental da segurança em torno da Súmula Vinculante nº 3, do Supremo Tribunal Federal). *Revista de Direito Administrativo*, Rio de Janeiro, v. 253, p. 159-172, 2010.

MAFFINI, Rafael. ADI nº 4.568: os atos normativos *intra legem* na jurisprudência do Supremo Tribunal Federal. *In:* PEREIRA, Flávio Henrique Unes *et al.* (coord.). *O Direito Administrativo na jurisprudência do STF e do STJ:* homenagem ao Professor Celso Antônio Bandeira de Mello. Belo Horizonte: Fórum, 2014.

MARINONI, Luiz Guilherme; ARENHART, Sérgio Cruz; MITIDIERO, Daniel. *Novo Curso de Processo Civil*. Teoria do Processo Civil. São Paulo: Revista dos Tribunais, 2017. v. 1.

MARQUES NETO, Floriano de Azevedo; PALMA, Juliana Bonacorsi de; REHEM, Danilo, MERLOTTO, Nara; GABRIEL, Yasser. Reputação institucional e o controle das Agências Reguladoras pelo TCU. *Revista de Direito Administrativo*, Rio de Janeiro, v. 278, n. 2, p. 37-70, maio/ago. 2019.

MARQUES NETO, Floriano de Azevedo. A nova regulação dos serviços públicos. *Revista de Direito Administrativo*, Rio de Janeiro, n. 228, p. 13-29, abr./jun. 2002.

MARQUES NETO, Floriano de Azevedo. *Agências reguladoras independentes:* fundamentos e seu regime jurídico. Belo Horizonte: Fórum, 2005.

MARQUES NETO, Floriano de Azevedo. A nova regulação estatal e as agências independentes. *In:* SUNDFELD, Carlos Ari (coord.). *Direito Administrativo Econômico.* São Paulo: Malheiros, 2000.

MEDAUAR, Odete. *Direito Administrativo Moderno*. 21. ed. rev. atual. e ampl. Belo Horizonte: Fórum, 2018.

MELLO, Celso Antônio Bandeira de. *Discricionariedade e controle jurisdicional*. 2. ed. São Paulo: Malheiros, 2017.

MELLO, Celso Antônio Bandeira de. *Curso de Direito Administrativo*. 15. ed. rev., ampl. e atual. São Paulo: Malheiros, 2003.

MENDES, Conrado Hübner. A reforma do Estado e as agências reguladoras: estabelecendo os parâmetros de discussão. *In:* SUNDFELD, Carlos Ari (coord.). *Direito Administrativo Econômico.* São Paulo: Malheiros, 2000.

MENDES, Gilmar Ferreira; BRANCO, Paulo Gustavo Gonet. *Curso de Direito Constitucional.* 13. ed. rev. e atual. São Paulo: Saraiva Educação, 2018.

MIRAGEM, Bruno. *A nova administração pública e o Direito Administrativo*. 2. ed. rev. e atual. São Paulo: Revista dos Tribunais, 2013.

MOREIRA, Egon Bockmann; CAGGIANO, Heloísa Conrado. O poder normativo das agências reguladoras na jurisprudência do STF; mutação constitucional do princípio da legalidade? *Revista de Direito Público da Economia – RDPE*, Belo Horizonte, n. 43, p. 35-57, jul./set. 2013.

MOREIRA NETO, Diogo de Figueiredo. *Mutações do Direito Administrativo*. 2. ed. atual. e ampl. Rio de Janeiro: Renovar, 2001.

REFERÊNCIAS | 311

MOREIRA NETO, Diogo de Figueiredo. *Poder, Direito e Estado:* o direito administrativo em tempos de globalização – *in memoriam* de Marcos Juruena Villela Souto. Belo Horizonte: Fórum, 2011.

MOREIRA NETO, Diogo de Figueiredo. Algumas notas sobre órgãos constitucionalmente autônomos (um estudo de caso sobre os tribunais de contas no Brasil). *Revista de Direito Administrativo*, Rio de Janeiro, n. 223, p. 1-24, jan./mar. 2001.

MOREIRA NETO, Diogo de Figueiredo. O parlamento e a sociedade como destinatários do trabalho dos tribunais de contas. *In:* SOUSA, Alfredo José de *et al. O novo Tribunal de Contas:* órgão protetor dos direitos fundamentais. Belo Horizonte: Fórum, 2003.

MURY, Luiz Gilberto Monclaro. Auditorias operacionais com foco no princípio da efetividade: breve panorama dos tribunais de contas do Brasil. *Revista do TCU*, n. 142, p. 73-87, maio/dez. 2018.

ORGANIZAÇÃO PARA A COOPERAÇÃO E DESENVOLVIMENTO ECONÔMICO (OCDE). *Relatório sobre a Reforma Regulatória. Brasil:* fortalecendo a governança para o crescimento. Brasília, 28.05.2008. Disponível em: http://www.biblioteca.presidencia.gov.br/publicacoes-oficiais/catalogo/lula/ocde-2013-relatorio-sobre-a-reforma-regulatoria-brasil-fortalecendo-a-governanca-para-o-crescimento. Acesso em: 8 jun. 2020.

ORGANIZAÇÃO PARA A COOPERAÇÃO E DESENVOLVIMENTO ECONÔMICO (OCDE). *Recomendação do Conselho sobre Política Regulatória e Governança.* 22.03.2012. Disponível em: www.oecd.org/regreform/regulatorypolicy/2012recommendation.htm. Acesso em: 18 jul. 2020.

ORGANISATION FOR ECONOMIC CO-OPERATION AND DEVELOPMENT (OECD). *Introductory Handbook for Undertaking Regulatory Impact Analysis* (RIA). Version 1.0. October 2008. Acesso em: 18 jul. 2020.

ORGANISATION FOR ECONOMIC CO-OPERATION AND DEVELOPMENT (OECD). *Regulatory Policy Outlook 2018*, OCDE Publishing, Paris, 2018. Disponível em: https://doi.org/10.1787/9789264303072-pt. Acesso em: 11 jun. 2020.

ORGANISATION FOR ECONOMIC CO-OPERATION AND DEVELOPMENT (OECD). *Recommendation of the Council on Improving the Quality of Government Regulation*, OECD/LEGAL/0278. Disponível em: https://legalinstruments.oecd.org/en/instruments/OECD-LEGAL-0278. Acesso em: 16 jul. 2020.

ORGANISATION FOR ECONOMIC CO-OPERATION AND DEVELOPMENT (OECD). (1997a), *Regulatory Impact Analysis: Best Practices for Regulatory Quality and Performance*, Paris. Disponível em: http://www.oecd.org/gov/regulatory-policy/2391768.pdf. Acesso em: 17 jul. 2020.

ORGANISATION FOR ECONOMIC CO-OPERATION AND DEVELOPMENT (OECD). (2005c), *Guiding Principles for Regulatory Quality and Performance*, Paris. Disponível em: http://www.oecd.org/fr/reformereg/34976533.pdf. Acesso em: 17 jul. 2020.

OLIVEIRA, Regis Fernandes. *Delegação e avocação administrativas.* 2. ed. rev., atual. e ampl. São Paulo: Revista dos Tribunais, 2005.

PAIVA, Sílvia Maria Caldeira. A privatização no Brasil: breve avaliação e perspectivas. *Indicadores Econômicos Fundação de Economia e Estatística*, v. 22, n. 2, p. 104-117, 1994.

PAOLI, José S. Estudo sobre a organização e funcionamento das ouvidorias das agências, incluindo comparação entre os casos existentes no Brasil e a experiência internacional. *In:* PROENÇA, Jadir Dias (org.). *PRO-REG:* Contribuições para melhoria da qualidade da regulação no Brasil. Brasília: Semear/Presidência da República, 2010.

PELEGRINI, Márcia. *A competência sancionatória do Tribunal de Contas no exercício da função controladora* – contornos constitucionais. Tese de Doutorado em Direito do Estado. Pontifícia Universidade Católica – SP. São Paulo, 2008. Disponível em: http://dominiopublico.mec.gov.br/download/teste/arqs/cp074525.pdf. Acesso em: 20 ago. 2020.

PEREIRA, César A. Guimarães. Discricionariedade e apreciações técnicas da administração. *Revista de Direito Administrativo,* Rio de Janeiro, v. 231, p. 217-267, jan./mar. 2003.

PEREIRA, Gustavo Leonardo Maia. *O TCU e o controle das agências reguladoras de infraestrutura: controlador ou regulador?* 2019. 194 f. Dissertação (Mestrado em Direito) – Fundação Getúlio Vargas, Escola de Direito de São Paulo, 2019.

PFEIFFER, Roberto Augusto Castellanos. Código de Defesa do Consumidor e serviços públicos: balanço e perspectivas. *Revista de Direito do Consumidor,* v. 104, p. 65-98, mar./abr. 2016.

POLLINI JÚNIOR, Airton Brazil. *A Aliança para o Progresso versus o Consenso de Washington:* recomendações dos organismos econômicos internacionais. 1999. 111f. Dissertação (Mestrado em Economia) – Universidade Estadual de Campinas – UNICAMP. Campinas 1999. Disponível em: http://repositorio.unicamp.br/jspui/handle/REPOSIP/285388. Acesso em: 14 abr. 2020.

POLLIT, Christopher; SUMMA, Hikka. Auditoria Operacional e reforma da administração pública. *In:* POLLIT, Christopher *et al. Desempenho ou legalidade?* Auditoria operacional e de gestão pública em cinco países. Tradução Pedro Buck. Belo Horizonte: Fórum, 2008.

ROSILHO, André Janjácomo. *Controle da Administração Pública pelo Tribunal de Contas da União.* 2016, 358 f. Tese (Doutorado em Direito) – Universidade de São Paulo, São Paulo, 2016. Disponível em: https://teses.usp.br/teses/disponiveis/2/2134/tde-08022017-165131/publico/Andre_Rosilho_Controle_da_Administracao_Publica_pelo_TCU_INTEGRALpdf. Acesso em: 25 ago. 2020.

SALOMÃO FILHO, Calixto. *Regulação da atividade econômica:* princípios e fundamentos jurídicos. 2. ed. rev. e ampl. São Paulo: Malheiros, 2008.

SCAPIN, Romano. *A expedição de provimentos provisórios pelos Tribunais de Contas:* das "medidas cautelares" à técnica antecipatória no controle externo brasileiro. Belo Horizonte: Fórum, 2019.

SCLIAR, Wremyr. Controle externo brasileiro. Poder Legislativo e Tribunal de Contas. *Revista de Informação Legislativa,* v. 46, n. 181, p. 249-275, jan./mar. 2009, p. 260. Disponível em: http://www2.senado.leg.br/bdsf/handle/id/194906. Acesso em: 14 ago. 2020.

SEIFTER, Miriam. Understanding state agency independence. *Michigan Law Review,* v. 117, n. 8, p. 1537-1591, jun. 2019, p. 1547-1550. Disponível em: www.heinonline.org. Acesso em: 20 maio 2020.

REFERÊNCIAS | 313

SILVA, Almiro do Couto e. *Conceitos fundamentais do direito no Estado Constitucional.* São Paulo: Malheiros, 2015.

SILVA, José Afonso da. *Curso de Direito Constitucional Positivo.* 4. ed. rev. e atual. São Paulo: Malheiros, 2019.

SILVA, Laís Sales do Prado e; SANTOS, Murilo Giordan; PAULINO, Virgínia Juliane Adami. Audiências públicas: histórico, conceito, características e estudo de caso. *A&C – Revista de Direito Administrativo & Constitucional,* Belo Horizonte, n. 62, out./dez. 2015.

SODRÉ, Marcelo Gomes (coord.). *Agências reguladoras e a tutela dos consumidores.* Série Pensando o Direito nº 21/2010. Instituto Brasileiro de Defesa do Consumidor – IDEC. Brasília: Ministério da Justiça. 2010. Disponível em: https://www.justica.gov.br/seus-direitos/elaboracao-legislativa/pensando-o-direito/publicacoes/anexos/21pensando_direito.pdf/view. Acesso em: 21 jun. 2019.

SOUTO, Marcos Juruena Villela. *Direito administrativo Regulatório.* Rio de Janeiro: Lumen Juris, 2002.

SPECK, Bruno Wilhelm. *Inovação e rotina no Tribunal de Contas da União:* o papel da instituição superior de controle financeiro no sistema político-administrativo do Brasil. São Paulo: Fundação Konrad Adenauer, 2000.

STIGLER, George J. The theory of economic regulation. *The Bell Journal Economics and Management Science,* v. 2, n. 1, 1971. Disponível em: www.sjsu.edu/faculty/watkins/stigler. htm. Acesso em: 5 jun. 2021.

SUNDFELD, Carlos Ari. *Direito Administrativo Ordenador.* 1. ed. São Paulo: Malheiros, 1997.

SUNDFELD, Carlos Ari. Introdução às Agências Reguladoras. *In:* SUNDFELD, Carlos Ari (coord.). *Direito Administrativo Econômico.* São Paulo: Malheiros, 2000, p. 18-38.

SUNDFELD, Carlos Ari. *Fundamentos de Direito Público.* 2. ed. São Paulo: Malheiros, 1996.

SUNDFELD, Carlos Ari; CÂMARA, Jacintho Arruda. O Tribunal de Contas da União e a regulação. *Fórum de Contratação e Gestão Pública – FGCP,* Belo Horizonte, ano 17, n. 194, p. 73-79, fev. 2018.

SUNDFELD, Carlos Ari. Controle das Contratações Públicas pelos Tribunais de Contas. *Revista de Direito Administrativo,* Rio de Janeiro, v. 257, p. 111-144, maio/ago. 2011.

TÁCITO, Caio. O retorno do pêndulo: serviço público e empresa privada. O exemplo brasileiro. *Revista de Direito Administrativo,* Rio de Janeiro, v. 202, p. 1-10, out./dez. 1995.

TORRES, Ricardo Lobo. A legitimidade democrática e o Tribunal de Contas. *Revista de Direito Constitucional e Internacional,* v. 4, p. 1183-1202, maio 2011. Disponível em: Revista dos Tribunais Online. Acesso em: 8 ago. 2020.

TRIBUNAL DE CONTAS DA UNIÃO. *Manual de Auditoria Operacional.* Brasília, nov. 2020, p. 11. Disponível em: https://portal.tcu.gov.br/controle-externo/normas-e-orientacoes/normas-de-fiscalizacao/auditoria-operacional.htm. Acesso em: 11 fev. 2021.

TRIBUNAL DE CONTAS DA UNIÃO. *Glossário de Termos do Controle Externo.* Brasília, set. 2017. Disponível em: https://portal.tcu.gov.br/busca/#gsc.tab=0&gsc.q=gloss%C3%A1rio. Acesso em: 2 set. 2020.

WILLEMAN, Mariana Montebello. O princípio republicano e os Tribunais de Contas. *Interesse Público – IP*, Belo Horizonte, ano 10, n. 50, p. 277-302, jul./ago. 2008.

ZYMLER, Benjamin. O papel do Tribunal de Contas da União no controle das Agências Reguladoras. *Fórum Administrativo Direito Público – FA*, Belo Horizonte, ano 2, n. 11, jan. 2002. Disponível em: http://www.bidforum.com.br/bid/PDI0006.aspx?pdiCntd=1216. Acesso em: 28 nov. 2020.

ZYMLER, Benjamin; ALMEIDA, Guilherme Henrique de La Rocque. *O controle externo das concessões de serviços públicos e das parcerias público-privadas*. Belo Horizonte: Fórum, 2008.

Esta obra foi composta em fonte Palatino Linotype, corpo 10
e impressa em papel Pólen Soft 70g (miolo) e Supremo 250g (capa)
pela Gráfica Formato, em Belo Horizonte/MG.